사회의 종교

루만 유작에서 출간되는 이 책에서는 이미 출간된 학문, 예술, 법, 종교에 관한 저술들의 영향력 있는 연구가 속행된다. 사회학의 고전학자들은 종교사회학을 사회이론의 핵심적인 부분으로 간주했다. 물론 그들에게 그렇게 종교와 무관하게 구축된 근대사회로 나타나는 곳에서 그리고 바로 그곳에서 그렇게 보았다. 니클라스 루만이 죽기 얼마 전까지 작업했던 이 책은 이 요구를 근대사회 내부의 자율적인 소통체계로 기술하면서 새롭게 이어받는다. 그 작업을 위해 사용한 개념들, 즉 "내재성"과 "초월성"의 구분을 통한 소통의 이항적 코드화를 강조하는 개념들은 근대사회에서의 종교의 상황과 미래에 관한 비교 판단에 기여할 것이다.

사회의 종교

니클라스 루만

안드레 키절링 펴냄

이철 옮김

Niklas Luhmann: *Die Religion der Gesellschaft* ⓒ 2000, Suhrkamp, Berlin, Germany.
All rights reserved.
Korean Translation Copyright ⓒ 2018 by Theorie Publishing
This Korean edition is published by arrangement with Suhrkamp Verlag through Bestun Agency, Korea.

이 책의 한국어판 저작권은 베스툰 에이전시를 통한 저작권자와의 독점 계약으로 이론 출판사에 있습니다. 신저작권법에 의해 한국 내에서 보호를 받는 저작물이 므로 무단 전재와 복제를 금합니다.

사회의 종교

인쇄	2024년 12월 31일
발행	2024년 12월 31일
저자	니클라스 루만
번역	이 철
펴낸곳	이론출판사(yeol6204@gmail.com)
펴낸이	현숙열
주소	서울 중랑구 면목동 겸재40길7, E-202
전화	070-7522-2700 FAX 0504-166-6149
출판등록	323-2014-000062(2014.07.07)
ISBN	979-11-990603-0-2 (93300)
가격	43,000

목 차

제1장   의미, 형식, 종교   7

제2장   코드화   63

제3장   종교의 기능   133

제4장   우연성 공식, 신   171

제5장   종교적 소통의 외부분화   215

제6장   종교적 조직들   259

제7장   종교의 진화   287

제8장   세속화   319

제9장   자기기술   367

편집자 메모   409

색인   413

일러두기

1. 판본은 Niklas Luhmann, *Die Religion der Gesellschaft*, 6. Aufl. Frankfurt a. M. 2022를 사용했다.
2. . 원문에서 이탤릭체로 표현된 부분은 이 책에서는 진한 활자로 강조했다.
3. 옮긴이가 덧붙인 내용들은 [ ] 안에 넣었다.
4. 인용 쪽수를 표현할 때, 독일어에서 '다음 쪽까지'를 뜻하는 f.와, '이하 여러 쪽'을 뜻하는 ff.는 구체적인 사례에 일일이 적용하였다. 즉 "9f."는 "9-10"으로, "9ff."는 "9이하"로 옮겼다. a.a.O.(위에 인용된 곳)나 ders.(같은 책)는 그대로 두었고 기타 약칭은 범례에 따랐다.

제1장

의미, 형식, 종교

제1장 의미, 형식, 종교

I.

가장 먼저 제기되고 답을 찾아야 할 질문은 다음과 같다. 우리는 특정한 사회현상이 종교라는 것을 무엇을 가지고 알 수 있는가?

이 질문은 신자들에게 의미가 없을지도 모른다. 그들은 자신이 믿는 것을 지시할 수 있으며, 그것을 고수할 수 있다. 그들은 종교로서 지시함으로써 추가로 어떤 것을 얻을 수 있다는 것을 부인할 수도 있을 것이다. 그런 지시를 심지어 거부할 수도 있을 것이다. 종교라는 지시의 신빙성을 부인할 다른 사태들과 함께, 하나의 현상 분류가 있어서 그 분류들과 함께 그들 자신이 하나의 범주로 옮겨진다는 것을 보기 때문이다. 그렇다면 종교 개념은 관용 개념이라고 볼 수 있는 문화 개념을 함의하는 개념인 것으로 보인다.

종교를 믿지 않거나 종교 개념으로 지시하고자 하는 모든 것을 믿지 않으려는 다른 사람들이나, 마지막으로 같은 맥락에서 고유한 신앙에 스스로를 고정할 의무감 없이 종교에 관해 소통하고자 하는 모든 사람은 반대로 개념, 개념 범위, 개념적 구획의 문제를 제기할 것이다. 여기서는 오늘날 "존재론적" 해법도 "분석적인" 해법도 도움이 되지 않는다. 존재론적 전통에서는, 전통에서 종교가 되는 것이 종교의 본질로부터 생겨나기 때문에 전혀 문제가 되지 않았을 것이며, 그 후에는 기껏해야 오류들을 인식하고 제거해야 할 일만 남아 있을 것이다 — 반면 분석가들은 신앙에 가깝게 표현된 인식 조정을 보는 것처럼. 개념들이 아니라 오직 법칙들만이 진리 능력이 있다고 보기 때문에, 자신의 개념들의 범위를 스스로 규정할 자유를 요구한다. 그러나 그는 (그에게 방법론적으로 승인된) 고유한 자의성 제한의 문제에 직면하고, 이 문제는 (최소한의 "경험"을 통해서) 해결될 수 없었다. 존재론자는 종교에 너무 근접하여 작동하는 반면, 분석가는 종교로부터 너무 거리를 두고 작동한다. 그 둘을 모두 취하는 방식의 검증은 이제는 그 둘 "가운데" 어딘가에서 사용할 만한 해법을 찾는 데 있을 것이다. (우리가 보기에는) 사용 불가능한 그 두 가지 해법은 매개를 위한 최소한의 기준점도 제공하지 않는다.

약간 더 구체적인 층위에서 대답을 찾아보면, 사회학적 대답(뒤르켐)과 현상학적 대답(루돌프 오토)을 구분할 수 있다.[1] 그러나 우리는 현재로서는 그 대답이 어떤 내용인지에 대해서보다 그것들이 어떻게 처리되었는지에 더 큰 관심이 있다.

뒤르켐[2]은 종교를 도덕적 사실(이와 함께 사회적 사실)로 표현한다. 사회는 종교와 도덕을 통해, 자기 자신을 사실성 논란이 있는 신이 더 이상 제공할 수 없는 초월로 만들어낸다.

---

[1] 동시대 사회학의 맥락에서 Volkhard Krech/Hartmann Tyrell (Hrsg.), *Religionssoziologie um 1900*, Würzburg 1995; 종교사회학의 후속 발전에 관해 Hartmann Tyrell, "Religionssoziologie", in: *Geschichte und Gesellschaft 22* (1996), 428-457쪽을 보라.

[2] 주저로서 Emile Durkheim, *Les formes élémentaires de la vie religieuse: Le système totémique en Australie*, 5. Aufl. Paris 1968 (독일어 판본, Frankfurt 1981)을 보라. 그 밖에도 특히 "Détermination du fait moral", in: Emile Durkheim, *Sociologie et philosophie*, Paris 1951, 49-90쪽(독일어 판본, Frankfurt 1967)의 논문을 보라.

도덕적 사실로서의 종교는 욕망(désir)의 계기, 즉 가치 평가의 계기를 통해, 그리고 허용된 것의 범위를 제한하는 성스러움(sacré)을 통해 이중적으로 규정되어 있다. 도덕과 그와 함께 종교는 확대와 금지의 이중 과정을 통해 생겨난다는 것을 볼 수 있다. 그 기초에는 자기무한화가 놓여 있으며, 그것은 형식들에 매여 있는 동시에 통일성(동일성)^{역주}으로서, 안정된 긴장(tension stabilisée)으로서 작동 능력을 가지게 된다. 그 후에는 형식들은 통일성(동일성)이 다시 차이로 해체될 수 있을, 허용할 수 없는 가능성을 배경으로 주의할 것을 **명령한다**. 종교의 형식 특징은 이 기반에서 성스러운/세속적인이라는 후속 구분을 통해 생겨난다. 즉 도덕은 두 면이 번갈아 가며 서로를 요구하는 구분을 통해 규정되어 있는 반면, 종교는 배제 관계를 통해 특징지어진다. 그 두 경우에 그 개념은 포괄적인 체계로서의 사회를 목표로 삼는다. 그 점은 성스러운 것만을 성스러운 것으로서 목표로 삼을 뿐만 아니라 성스러운/세속적인의 구분의 장소도 목표로 삼는다면, 종교에 대해서도 타당하다. 즉 사회는 종교의 영역을 신성하다고 지시될 수 없는 모든 것에 맞서 신성한 것으로서 구분한다. 그러나 뒤르켐은 구분 자체에서 종교의 형식을 보지 않고, 특수하게 종교적인 형식에 따른 성스러운 것의 영역을 알아내고자 한다(우리는 이 점에서 뒤르켐과 구분되고자 하기에, 그것을 확인해 두고자 한다).

막스 베버의 종교사회학에 대해서도 비슷한 점을 적용할 수 있다. 베버는 종교의 본질에 대한 개념적인 확정을 회피하고는, "규정된 종류의 공동

역주) "동일성"을 뜻한다. Identität의 "동일성"이 두 가지 서로 다른 것의 같음을 말하는 반면, Einheit는 삼중 동일성을 뜻한다. "실재-가상-알아 챔(awareness)"의 삼중 동일성, "잠재성-실현 가능성-현재성(actuality)"의 삼중 동일성이며, "환경-경계-체계"의 삼중 동일성의 의미이자 "과거/미래-현재"의 삼중 동일성을 뜻하기도 한다. 이 발상에 대해서는 George Spencer-Brown, *Laws of Form*의 1994년 미국판 서문을 보라.

행위의 조건들과 효과들"³에 대한 관심을 출발점으로 삼는 데 만족한다(그리고 그것은 물론 우리가 종교가 무엇이라고 생각하는지를 이 질문에서 결정할 수 없으며 관찰해야 한다는 것을 말해줄 뿐이다). 막스 베버는 인간 행위가 어떻게 문화적인 의미로 갖추어져 있으며 이 방식으로 이해될 수 있을지를 질문한다는 데서 문제가 있었다. 베버는 그 점으로부터 경제나 성애 같은 다른 생활 질서 또한 각자 고유한 영역에서 어떻게 이 기능을 넘겨받을 수 있었는지의 질문을 도출하여 제기한다. 종교 자체는 일상적인 관할과 비일상적인 관할의 구분에서 출발하며, 종교적인 추가 의미 내용들로 세계를 덧입히며 그 내용들이 병리적으로 확산하면서 고유한 합리화 욕구를 창출하는 형식 욕구가 비일상적인 것에 있다는 것을 발견한다.⁴ 게오르크 짐멜 또한 경계 설정을 통해 종교의 편에서 상승 형식들을 만들어낼 가능성을 제공하는 출발 차이 — 여기서는 종교적인 것(religioid)과 종교의 차이 — 에 주목한다.⁵ 레네 지라르(René Girard)의 종교이론은 마찬가지로 확장과 제한의 이중 구조를 따른다. 그 이론은 욕망이 모방 갈등에 끌려 들어가고, 제한적이기 때문에 종교로 나타나는 종교적 "금지"(interdits)의 개입을 불러들인다고 전제한

  루만의 직계 제자 노진철이 이 개념을 루만이 "동일성"의 의미로 사용한다고 전해 준 이래, "동일성"과 "(차이)동일성"의 번역과 "통일성"의 번역이 — 격한 논쟁을 겪으면서 — 병존해 왔다. 역자는 그 동안 고집해왔던 "(차이)동일성"을 "통일성"으로 옮기면서, 독자들이 이 개념을 삼중 동일성이라는 의미에서의 통일성으로 읽기를 바란다.
  원어 Einheit를 루만이 "(차이)동일성"이나 "동일성"의 의미로 사용했으며, 루만 텍스트에서 이 개념을 "동일성"이나 "(차이)동일성"으로 읽어야만, 텍스트를 정확하게 파악할 수 있기 때문이다. 이 책에서 "통일성"을 선택하는 것은, 번역 기술적인 고려 때문이면서 "Einheit"에 대한 루만의 발상을 이 개념의 국내 의미론적 역사와 논의에 포함시키는 의미가 있다.
3 *Wirtschaft und Gesellschaft*, 3. Aufl. Tübingen 1948, Bd. 1, 227쪽에 있는 재인용에 따르면 그렇다.
4 간결하게 다룬 개괄을 보려면, "Religionssoziologie" 단원, in: Max Weber, *Wirtschaft und Gesellschaft*, a. a. O., 227쪽 이하를 보라.
5 Georg Simmel, "Zur Soziologie der Religion", *Neue Deutsche Rundschau 9* (1898), 111-123쪽; ders., *Die Religion*, Frankfurt 1912를 보라.

다.[6] 모방 갈등 자체, 즉 사람들이 같은 욕망을 가지고 있다는 이유로 서로 다툰다는 위험한 역설은 상징화되어야 하며, 그것은 구원하는 것으로 작용하는 희생자의 형식으로 일어난다.

우리는 이 이야기에서 알려진 종교사회학적인 개념 토론의 완전성은 차치하고도, 토론 자체를 중요하게 생각하지 않는다. 현재로서는 종교를 인식할 수 있는 것이 무엇인지의 질문에서 유용한 가능성을 위한 보기들만 중요하게 생각한다. 그리고 어쩌면 언급된 사례에서는 특수한 동학이 중요할 것이다 — 제한을 전제하는 상승 가능성들이나 상승을 가능하게 하는 제한들이 중요할 것이다. 그래서 종교에서 항상 돈을 생각하는 것은 완전히 빗나간 일은 아닐 것이다. 그것은 만연한 "유물론"에 맞서 문화를 다시 타당하게 하는 것이 관건인 시대에 비밀스러운 상징적인 동일성이다. 그리고 그것은 바로 이 동일성이다 — 그것은 그 후에는 사회가 될 것이다.

뒤르켐과 짐멜 모두 성스러운 모든 것이나 사회적 생활의 모든 종교적인(religioide) 구속만을 종교로 생각하지 않는 보다 좁은 종교 개념을 사용한다. 뒤르켐은 종교가 신앙의 체계화를 통해서 비로소 생겨난다고 보며, 짐멜은 종교가 분명하며 객관화되었고 그리하여 가능한 의심을 불러일으키며 비판 능력이 있는 형식 의식을 통해서야 비로소 생겨난다고 본다. 이 구분은 까다로우며 처음에는 비개연적인 형식들의 출현을 조사하는 진화이론적인 연구에서 특히 나름의 선한 의미를 가지고 있으며 그 의미를 유지할 것이다. 그러나 그 구분은 종교 개념을 관련짓는 나중의 종교 사회학적 연구에서 포기되었거나 잊혀졌다.[7] 20세기의 종교적인 새로운 발전들은 이

---

6 René Girard, *La violence et le sacré*, Paris 1972; ders., *Des choses cachées depuis la fondation du monde*, Paris 1978을 보라.
7 그 점에 대해 Philipp E. Hammond, "Introduction", in: ders. (Hrsg.), *The Sacred in a Secular Age: Toward Revision in the Scientific Study of Religion*, Berkeley Cal. 1985, 1-6쪽을 보라.

구분에 분명하게 분류될 수 없기 때문이다. 그것들은 그런 의미에서 종교들인 것도 아니고, 거의 종교와 무관하게 새로운 성스러운 형식들을 수립하는 것으로 파악될 수도 없다.

사회학적 접근들이 가능성들을 지향하는 종교적인 신앙 내용과 거리를 두고자 시도하는 반면(뒤르켐은 이 방법론적 목표를 신 개념과 비밀 종교의식이 없는 원시 종교들로 거슬러 올라감으로써 분명하게 한다), 현상학적 개념 모색은 정확하게 반대 방향에서 접근한다. 그 접근은 어떻게 의미 내용들이 종교로서, 그리고 그 후 "성스러운 것"으로서 나타나는지를 종교가 기술하는 것을 통해 종교를 규정하고자 시도한다.[8] 현상학적 분석은 "사태 자체로"라는 직접적인 포착 가능성에서 출발한다. 즉 그 분석은 사회의 조건들을 통해 상대화될 수 없는 포착 방식을 선택한다.[9] 이 경우에는 그 지점에서부터 종교의 시간성과 역사성을 고려하는 데까지 이르기 어려운 문제가 있다(의식에 관련된 후설의 시간 분석들은 그렇게 하기에 충분하지 않다).

성스러운 것을 신성으로 규정하는 것은 관찰자를 위한 명령으로 이해할 경우에는 역설에 이른다. 성스러운 것은 유혹하며 경직되도록 만든다. 그것은 오싹한 매혹을 만들어낸다. 그러나 그때 민감한 구분들에 주의해야 한다. 신을 지향하는 종교에서 출발하더라도, 경외와 공포를 만들어내는 것은 신의 **의도**가 아니라 신의 "신성한" **본질**이다. 그리고 그 밖에도 신은 공포를 자극하는 사건 그 자체가 아니다. 신은 **오직 그 사건 안에만** 있다.[10]

---

8   우리는 Rudolf Otto, *Das Heilige: Über das Irrationale in der Idee des Göttlichen und sein Verhältnis zum Rationalen* (1917), (31.-35. Auflage München 1963에서 재인용)를 기준으로 삼는다. 그 기술이 처음부터 부합하는 체험을 아는 사람들에게만 규정되어 있다는 점이 이제는 중요하다. 이 전제조건이 해당하지 않는 사람은 "여기서 독서를 중단할 것이 요청된다"(a. a. O. 8쪽). 그 점은 막스 베버의 견해에 맞서는 숨겨진 논점이었을지도 모른다.
9   현상학이 원래 의미에서 무엇을 의도하는지를 오해하는 사회학적 "현상학자들"은 다른 방식으로 전형적인 모습을 취한다.
10 "그는 천둥 가운데 있을지도 모르지만, 천둥은 아니다"라고 John S. Mbiti, *Concepts of*

어쨌든 (얼마나 역설적이든) 통일성이 전제되어야 한다. 구원은 위험(Gefahr) 가운데 있고, 구속은 타락 가운데 있다. 그 대신 18세기 이래 사람들은 신학자들과 그들의 선한 신을 통해 순치된 종교와의 갈등을 회피하기 위해, "승화된"(sublim)이나 "고상한"이라는 표현을 선택했다. 어쨌든 성스러운 것은 역설의 현상 형식이다.

사회현상학에서는 후설이 현상학의 근거로 삼은 초월이론적인 배경이 이론 초기의 그런 위험과 비용을 통제하지 못하면서 쉬츠를 거치며 삭제된다는 점이 돋보인다. 달리 말하면, 경험적/초월적이라는 거대 구분을 포기한다는 것이다. 그와 함께, 후설이 의식의 지향된 처리에서 자기준거(노에시스)와 타자준거(노에마)의 통일성을 지적할 때 사용했으며 초월적인 것으로서 선언된 의식 분석도 포기한다. 인간학적 분석이나 심리학적 분석이나 심지어 생물학적 분석으로 단순하게 퇴행하는 데 대한 하이데거의 경고를 듣지 않는다.[11] 그 대신 단순히 동조 상태에 있을 것을 독자들에게 요구한다.[12] 그러나 그 경우에 의식의 초월성에 놓여 있는, 보편성을 위한, 즉 **모든** 경험적 의식에 타당한 진술들이 가능하다는 점의 근거를 설명하지도 않는다. 이것을 포기하는 것은 — 사회학자들의 관점에서도 그러하며 바로 그들의 관점에서도 그러나, 또한 위르겐 하버마스처럼 언어를 지향하는 철학자들의 관점에서도 — 훌륭한 이유가 있을지도 모른다. 그러나 그런 포기는 물론 현상 주시를 통해 이론 문제를 몰아내는 것으로 이어져서는 안 된다. 성스러운 것의 역설은 분석의 끝과 시작이다. 이제 관찰자는 종교를

God in Africa, London 1970, 8에서 표현되어 있다. 이미 헤겔에게서 우리는 예를 들어 가능한 보기로서의 범신론을 거부하는 이 구분이 (정신적으로 발전시킬 수 없다는) 것을 발견한다. Vorlesungen über die Philosophie der Religion I, Werke Bd. 16, Frankfurt 1969, 98쪽을 보라.
11 나는 Sein und Zeit, (6. Aufl. Tübingen 1949, 45 이하에서 재인용)의 유명한 10절을 의도한다.
12 위 각주 8을 참조할 것.

제1장 **의미, 형식, 종교** 15

다른 관찰자에게도 타당할 수 있으며 (관건이 되는!) 단순한 신앙 견해와 구분되는 방식으로 어떻게 구분하는가의 질문을 항상 가지고 있기 때문이다.

사회학에서도 수용되는 전통의 종교 개념은 전적으로 인간의 인적 존재(personale Sein)와의 관련을 고수한다.[13] 그러나 사회학은 이해 가능성과 신빙성을 상실하고자 하지 않는다면, 그렇지 않은 경우와 그 밖에 다른 경우에 인간에 대해 말해지는 것에 스스로 구속된다. 또는 사회학은 그렇게 함으로써 적어도 접촉을 유지해야 한다. 그러나 이런 "인본주의" 전통은 "인간"으로서 이해하여 알고 있는 것의 변이를 통해서, 그리고 그 밖에도 다수의 매우 다양한 인간 유형의 보기들을 고려해야 함으로써 스스로 위험에 처한다. 그리고 하나의 개념 형성으로 모든 개별 인간에 적합해지는 것은 그렇게 쉬운 일로 드러나지 않는다.

이미 종교 개념의 이러한 인본주의적인 정의가 의문시될 때는, 종교를 의식 현상으로 환원시키는 것은 더욱 의문시된다. 의식은 신경 생리학적 작동들의 결과들의 외부화에 기여하며(그래서 현상이 된다), 그로써 인간 체험과 행위의 조종에 타자준거와 자기준거의 차이를 도입하는 데 기여한다. 그러나 종교는 이 차이의 의미에 대해 질문하거나 이 차이의 통일성을 고유한 의미 부여의 원천 지점으로 파악할 수 있어야 한다. 그것은 의식의 "자기"를 다시금 "대상"으로 만들고, 의식을 영혼, 정신, 인물 같은 개념하에 사물처럼 아날로그식으로 다룬다는 것을 의미할 것이기 때문이다. 종교는 의식의 도식(주체/객체, 관찰자/대상)을 가지고 충분하게 파악할 수 없다. 종교는 이 차이의 양쪽에 자리 잡고 있기 때문이다.

종교사회학은 이렇게 인간에 집중함으로 인해, 소통을 다루지 않는다(아니면 기껏해야 아주 부수적인 의미에서만 소통으로 다룬다). 우리는 이 결함을 (그것

---

13 Keiji Nishitani, *Was ist Religion?*, 독일어 판본, Frankfurt 1982만을 참조할 것.

이 전적으로 하나의 결함이라면) 사회학적 종교이론의 과제를 새롭게 기술하는 출발점으로 삼을 것이다. 달리 말하면, 우리는 인간 개념을 소통 개념으로 대체하고, 그로써 전통의 인간학적 종교이론을 사회이론으로 대체하고자 한다. 우리는 그 과정에서 어떤 이득이 있을 것인지의 질문에 대해서는 이어지는 여러 장에서 상세하게 다룰 것이다. 현재로서는 이 은유법 교체, 즉 이 새로운 기술의 급진성을 암시하는 것만 중요하다.

종교의 본질 질문에 대한 답을 모색하는 지금까지의 시도에서는 질문의 고유한 틀을 폭파하는 경향들이 드러난다. 그런 시도들은 자크 데리다나 폴 드 만(Paul de Man)을 인용해 말할 수 있을 것처럼, "해체 가능한" 것으로서 입증된다. 그들이 선포한 목표의 기반을 파괴하는 것은 텍스트들이다. 그 점은 특히 논리학과 인식론의 고전적인 수단들과 관련하여 타당하다. 종교사회학은 종교적으로 구속되지 않은 기술을 제공할 수 있다는 주장과 함께 종교를 사회적 사실로서나 사회적 형식으로 다룬다. 그러나 종교가 형식 자체를 생성시킬 수 있도록 하기 위해, 종교를 논리학이나 인식론에 대한 구속으로부터 해방시키는 사회에서 이 기술의 입지와 진리성은 어디에 있는가? 종교현상학은 "현상들"을 "사실들"과 단순히 혼동하고 "상호"주관성의 역설을 상호객관성으로 오해하고자 하지 않는다면, 초월이론적인 전제들을 수용해야 한다. 그러나 동시에 같은 사회에는 자기편에서 "주체"에 관해 말하며 주체의 초월적인 자기확실성을 의문시하며 의미를 제공함으로써 자기불확실성에 반응하고자 시도하는 종교들도 있다.

종교가 자기편에서 제한과 배제를 통해 형식들을 구성한다면, 종교에 대한 모든 설명이 마찬가지로 제한과 배제의 방법에 의존해야 하기에 종교적인 것이 아닌가? 아니면 달리 질문한다면, 종교가 ("이것으로 선택하고 저것으로 선택하지 않는") 형식들의 배제 능력을 정초할 수 있다는 요구를 자기편에서 제기한다면, 종교의 과학적인 기술이 있을 수 있을까? 여기서 인과과학적으로 접근할 수 있을까, 아니면 순환적이며 순환의 작동적 자기제한에 기초하는 설명을 선호하는 사이버네틱스 이론을 참조해야 할 것인가? 그리고 종교가 역설적인 관찰방식이라면, 이어지는 관찰들이 연결될 수 있는 형식들(구분들)의 생성은 어떻게 설명할 것인가? 그리고 이 두 질문은 같은 질문이 아닌가? 그것은 순환적이며 자기준거적인 관계들을 다루는 질문이 아닌가?

어떤 이가 종교가 무엇이며 종교적인 것을 비종교적인 것으로부터 어떻게 구분할 수 있을지를 말할 수 있다고 생각하자마자, 다음 순간 누군가 와서 이 기준(예를 들어 존재하는 신에 대한 관련)을 부정하며 **그리고 바로 그 기준이 종교적인 자질이 있다고 주장할 수 있다**. 그것이 종교가 아니라면, 즉 어떤 이가 종교라고 생각하는 것을 부정한다면, 그것은 무엇이 되어야 할 것인가? 문제는 비트겐슈타인이 의도했던 것처럼, "가족유사성들"의 점차적인 확장에 있는 것으로 보이지 않으며, (비트겐슈타인의 출발점이었지만) 정확한 정의의 불가능성에 있는 것도 아니다. 여기서는 일단 추측으로만 제기되어야 하는 것인데, 오히려 종교는 자기 자신을 지시할 수 있으며 자기 자신에게 형식을 부여할 수 있는 그런 사태들인 것으로 보인다. 그러나 그것은 종교가 자기 자신을 정의하고 그 정의와 양립 불가능한 모든 것을 배제한다는 것을 뜻하는 것이기도 하다. 그러나 예를 들어 다른 종교들, 이교도들, 지상의 도시(civitas terrena), 악인들이 관건일 때, 어떻게 그런 일이 일어나는가? 자기주제화는 배제된 것의 포함을 통해서만, 즉 부정적인 상관물의 도움으로만 가능하다. 체계는 체계가 아닌 것을 함께 통제할 때만 자율적이다. 종교는 그런 사태와 관련하여 외적으로 2차 질서 관찰의 양상에서만, 고유한 자기관찰의 관찰로서만 정의될 수 있다 — 외부로부터 본질을 투입하여 정의할 수 있는 것이 아니다.

Ⅱ.

우리는 심리적 체계와 사회적 체계들이 사용할 수 있으며 모든 형식 형성을 위해 가장 일반적이며 초월할 수 없는 매체를 의미라고 부른다. 의미 개념은 수백 년 전부터 많이 그리고 다의적으로 사용되고 있다 — 아리스토텔레스를 인용하여 이른바 많이(pollachos legomenon)라고 말할 수 있을 것이다.[14] 의미 개념이 사물에 사용될 수 없다는 것은 그 정도까지만 분명한 것으로 보인다(개구리의 의미를 질문하는 것은 별 의미가 없다). 역사상으로 보면, 의미 의미론(Sinnsemantik)은 존재론적 세계기술이 대체되거나 새로운 기술에 자리를 내어준다는 것을 환기한다. 그러나 이것은 아직 "의미"가 무엇을 뜻할 수 있을 것인지 규명하는 것은 아니다. 우리는 구분, 물론 매체와 형식 간 구분에의 소급을 통해 이런 모호함을 제거하고자 시도할 것이다. "의미의 의미"에 대해 불충분하게 정식화된 질문을 이 구분으로 대체해야 할 것이다.[15]

매체 개념을 통해서는, 의미가 관찰될 수 없다는 점이 확정된다 — 빛이 관찰될 수 없는 것과 마찬가지다.[16] 관찰들은 구분 가능한 형식들을 전제하며 이 형식들은 매체에서만 그리고 형식 형성의 다른 가능성들이 그 순간 배제되는 방식으로만 형성될 수 있다. 의미의 관찰 불가능성은 이것이 종교와 관계가 있을 수 있다는 데 대한 최초 암시를 주기도 한다.

---

14 아리스토텔레스에게서는 존재와 관련되어 있다.
15 예를 들어 Luc Ferry, *L'homme-Dieu ou le Sens de la vie: essai*, Paris 1996, 19쪽의 "Sens du sens"가 "이 모든 의미 내용들의 궁극적인 의미 내용"으로 설명된 것을 보라.
16 굴절되었으며 구별될 수 있는 빛만을 자기 안에 들여놓을 수 있으며 그로써 빛이라는 매체가 가시화될 수 있도록 만든다는 바로 그 점을 독특성으로서 취하는 고딕 식 교회 건축에 대한 암시가 이 지점에서 떠오른다. 이것은 종교가 의미를 관찰 가능하고 기술 가능하게 되도록 만들 것을 요구한다는 점을 위한 상징으로서 이해할 수 있을 것이다.

모든 심리적 체계들과 사회적 체계들은 자신들의 작동을 오직 이런 의미 매체에서만 규정하고 재생산한다. "무의미한" 교란들이 있을 수도 있지만, 그 교란들에 대해서는 그 즉시 의미 형식들이 모색되고 발견된다. 그렇지 않은 경우라면 그 교란들은 상기되지도 않고, 연결 작동들의 연결을 위해 사용될 수도 없을 것이다. 체계 고유 매체의 이런 보편성은 체계가 고유한 작동을 통해서만 작동할 수 있(으며 자신의 환경에서는 작동할 수 없다)는, 또는 달리 말해 체계가 작동상 폐쇄적 체계라는 체계이론적인 통찰의 이면이다. 내부에서부터 이 매체의 경계에 부딪힐 수 있다. 그러나 이 경계는 그 후 넘어설 수 있는 선(線)의 형식을 취하는 것이 아니라, 후설의 멋진 은유를 사용하면 지평 형식을 취한다.[17] 그리고 세계는 의미처리 체계들에게 오직 지평으로만 주어진다 ― 물론 멀리 떨어진, 어딘가 다른 곳에서 그려진 선으로서 주어지는 것이 아니라, 모든 개별 작동의 회귀성의 함의자로서, 즉 작동의 동일시 가능성의 함의자로서 주어진다.

따라서 매체로서의 의미는 부정될 수 없다. 다른 식으로는 작동으로서 가능하지 않을 텐데, 모든 부정은 부정된 것의 규정, 즉 의미를 전제한다. 이때 부정된 것의 규정을 위해, 이 기준 자체가 의미를 가지는지 아닌지의 질문까지만 이끄는 "의미 기준"을 필요로 하는 것은 아니다. 물론 의미 매체에서 예를 들어 세계가 의미를 취하지 않는 돌과 같은 실재들(Entitäten)이 있다는 생각에 이를 수 있다. 그것은 그 밖에도 두뇌의 경우에도 적용될 수 있을 것이다. 즉 의미 매체는 고유한 경계에 대한 암시를 포함하고 있다. 그러나 이 말은 유의미한 작동들을 통해서는 그 경계를 횡단할 수 없다는 점을 뜻하기도 한다. 그 경계는 내부 면으로부터 접할 수 있을 뿐이고, 경계 형식의 의미를 가지고 외부에 어떤 것이 틀림없이 있을 것이라는 점이

---

17 예를 들어 Edmund Husserl, *Erfahrung und Urteil: Untersuchungen zur Genealogie der Logik*, Hamburg 1948, §§ 8쪽과 9쪽 (26쪽 이하)를 볼 것.

지시되도록 한다.[18]

그래서 심리적 체험과 소통에서 바로 그런 무의미성에 형식을 부여하는 방식으로 무의미성을 다루어낼 수 있다.[19] 이 형식은 그 경우에 연결 작동들을 위한 사용 불가능성을 상징한다. 아니면 다른 연결 가능성을 모색할 필연성을 상징하기도 한다. 그것은 전통에서 "역설"이라고 일컬어진다. 모든 규정된[역주] 의미가 자신의 고유한 부정 가능성을 포함한다는 우리의 개념적인 출발점이 옳다면, 그 부정이 실행될 수 없을 세계 의미는 있을 수 없다. 또는 일종의 신 증명 학설로 표현한다면, 존재가 필수적인 술어로서 할당될 의미는 없다. 의미는 긍정적으로 표현될 수 있는 동시에 부정적으로 표현될 수 있는 것으로만 주어져 있다. 이 구분의 한 면을 삭제한다면, 다른 면도 그 의미를 잃을 것이다. 그 결과 모든 의미(와 또한 모든 최종 의미)가 자신의 고유한 통일성을 오직 역설로서만, 즉 긍정과 부정의 같음, 진리와 허위의 같음, 좋은과 나쁜의 같음으로서만 주장할 수 있다는 결론에 이른다 ─ 어떤 긍정적인 확정이나 부정적인 확정이든 상관없이 그렇다. 그래서 모든 다른 것의 수립을 가능하게 하는 토대가 되는 통일성은 없다. 항상 규정되는 것은 역설의 전개 형식을 취해야 한다 ─ (어떤 식으로든 믿을 만하며, 그렇지만 그로써 역설의 통일성을 역사적으로 상대적인) 규정 가능한 동일성들의 구분으로 대체하는 형식을 취해야 한다. 이 경험은 더 이상 사전 규정된

역주) 원어는 bestimmt이다. 이 역어는 통상 "특정한"으로 번역되는 것이며, 역자도 그렇게 번역해왔다. 그러나 루만의 이론적 출발점이 체계/요소라는 미리 선택된 구분이 아니고, 작동의 결과 생겨나는 규정된 요소와 미규정된 요소의 구분이기 때문에, 이 개념은 "규정된"으로 번역되어야 할 경우가 많다.

18 Gilles Deleuze, *Logique du sens*, Paris 1969는 의미의 역설을 비-의미의 역설로서 규정하고, 비-의미에서 의미로서의 의미의 성찰에 직면하고("고유한 의미 내용을 표현하는 이름은 무의미한 일일 수밖에 없다." a.a.O.84쪽), 그 후 "무의미는 ... 의미 내용을 부여하면서 의미 부재에 저항한다"(a.a.O.89쪽)를 덧붙이고, 이러한 의미 부재를 결국 하위의미(Untersinn)라고 명명할 때(a.a.O.111쪽)에서 비슷한 어떤 것을 의도하는 것으로 보인다.

19 분화된 문학 작업을 직시하면서, Winfried Menninghaus, *Lob des Unsinns: Über Kant, Tieck und Blaubart*, Frankfurt 1995를 참조할 것.

제1장 **의미, 형식, 종교**

신에게서 대답을 얻을 수 없는 휠덜린의 경우에도 반복된다. "우리의 생각과 존재가 실행되는 분리들을" 최종 통일성의 방향으로 극복해나가고 이것을 시문으로 소통하고자 할 때는 오직 역설적인 표현들만 남는다.[20]

근거가 없으며 해체될 필요가 있고 보완이 요구되는 역설 형식에서 그래도 우리가 의미에 관해 이미 알고 있는 것이 입증된다. 부정적 자기준거 또한 어떤 것을 진술하며 상징화하며 불가능성으로서 선언하는 형식으로 응집된다. 우리는 그 점을 다시 상세하게 다룰 것이다. 현재로서는 역설들이 유의미한 작동함의 관계망에서, 그리고 오직 여기서만 실재를 획득한다는 것을 확인해 두어야 한다.

아주 형식적으로는 의미란 오직 한 가지만 배제되어 있다는 점, 즉 어떤 것이 배제될 수 있다는 점을 통해 특징지어질 수 있다. 기존 문헌에서는 이 진술을 충족시키기 위해 우리가 앞 절에서 다룬, 종교 개념 규정을 위한 두 가지 발상에 정확하게 부합하는 두 가지 방법을 제안한다. 두 경우에 유의미한 작동들이 선택들로서 나타난다는 점에서 출발해야 했다. 세계가 (관찰자에게) 복잡하며 그래서 요소들(=작동들)의 모든 결합을 위해 다른 가능성들을 고려하지 않거나 거부하는 가운데 선택적으로만 실행될 수 있다고 말할 수 있다 — 그렇지만 여기서 말하는 다른 가능성들은 작동에서 여전히 가시화될 수 있으며 작동의 선택을 우연적인 것으로서 나타나도록 할 수 있다. 세계는 제한을 통해서만 그리고 시간을 요구함으로써만 자기 자신을 실현할 수 있다.[21] 그렇지 않으면 현상학적 전통에서 유의미한 형식들의 출

---

20 그 점에 대해 (인용의 증명과 함께) Bernhard Lypp, "Poetische Religion", in Walter Jaeschke/Helmut Holzhey (Hrsg.), *Früher Idealismus und Frühromantik: Der Streit um die Grundlagen der Ästhetik (1795-1805)*, Hamburg 1990, 80-111쪽을 참조할 것. 우주 관련 시문학으로부터 자기준거와 타자준거를 지향한 (낭만주의적) 시문학으로의 이행에 관해, Earl R. Wasserman, *The Subtler Language: Critical Readings of Neoclassical and Romantic Poems*, Baltimore 1959도 참조할 것.
21 그러므로 헤겔이 의도한 것처럼, 정신으로 그렇게 되는 것은 아니다. 그것은 정신 현상학

현함을 분석하고, 모든 지향된 항목이 하나의 의미 핵의 형식으로, 즉 의미 현재화의 수많은 다른 가능성들을 지시하며, 부분적으로는 동시적으로 함께 존재하는 것과 부분적으로는 연결 가능성들을 지시하는 형식으로 주어져 있다는 점을 확인할 수 있다. 이 두 가지 서술 가능성들의 구분은 객체와 주체의 구분에 근거한다. 복잡성 공리는 객관적(반대 진영에서는 객관주의적) 세계 개념을 대변한다. 현상학은 유의미한 의식 수행의 주관적(즉 주관주의적) 분석으로 이해된다. 그러나 이제 그 두 출발점이 같은 결과를 만들어 낸다면, 객체/주체 구분은 "정신"에서 제거되지 않고 붕괴된다. 그렇지 않으면 그 구분은 피상적인 것으로서 나타나게 된다 — 그 구분은 관찰자가 지향하는 바에 따라서 실행될 수 있거나 실행될 수 없는 구분으로서 나타난다.

체계이론적 입장을 전제하면, 즉 체계/환경 구분을 전제하면, 고전적 '객체/주체-차이'를 체계들의 구분으로 소급하자는 생각을 하게 된다. 객관적인 것은 소통에서 입증되는 것이다. 주관적인 것은 의식 과정에서 입증되며, 소통이 그 자체로서 함께 속하지 않는 것을 주관적인 것으로 주변화하는 반면, 의식 과정 자체가 소통에서 입증되는 것을 객관적이라고 생각하는 것이다. 이 주장은 체계이론의 우월성에 대한 요구를 타당하게 하는 근거로 이해되어서는 안 될 것이다. 주장의 논점은 관찰자들이 어떤 구분을 사용하는지의 질문(구분!)의 도움으로 관찰자들을 관찰해야 한다는 데 있다.

그 점과 관련하여 의미 개념을 한 번 더 생각해보자. 우리는 주체들과 객체들 및 체계준거를 제쳐 두고서, 현실성(현재성(Aktualität))과 가능성(잠재성)

에서 상응하는 4장의 도입에서 다음과 같다. "이성은 모든 실재가 되는 확실성이 진리로 격상되면서, 그 확실성이 자기 자신에게는 자신의 세계로서 의식되고, 세계에 대해서는 세계 자신으로서 의식되면서 정신이 된다".

의 순수하게 양상이론적인 구분을 가지고 의미 개념을 규정할 수 있을 것이며, 물론 정확하게 이 구분의 통일성을 표현하는 개념으로서 규정할 수 있을 것이다. 의미는 (어떤 것이 발생하는) 현재적 체험이나 소통에서 다른 가능성들이 지시될 때만 (그것이 무엇이든) 어떤 것을 가지며, 현재성도 이 지시 없이는 유의미한 현재성으로서 전혀 가능하지 않을 것처럼 그렇게 된다. 그에 따르면 (그리고 다시, 그렇게 구분하는 관찰자에게 있어서) 의미는 현실성(Wirklichkeit)과 가능성 간 차이의 통일성이다.

가능한 것의 양상이론적인 형식은 "매체"를 가지고 의도되었을 것을 더 정확하게 규정하는 데 적절하다. 가능성들은 서로 간에 느슨하게만 연관되어 있다. 가능성 중 하나가 현재화되어 있으며, 그 점으로부터 규정된 다른 가능성들도 실현된다는 점을 즉각 추론할 수 있다.[22] 많든 적든 연결을 개연적으로 만들어서 결국에는 모든 다른 가능성의 배제에까지 이르며, 그 후에는 관찰자에게 그 점이 필연성으로 나타나는 조건화들이 있을 수 있다. 우리는 여기서 연결 가능한 양상논리적인 문제들이라는 잘못된 길로 들어서지 않고, 이 토대에서는 느슨한 연동과 단단한 연동의 구분을 가지고 작동할 수 있다는 점만 확인해 둔다. 우리는 (일단은 지각 매체의 경우에 대해서만 작업된) 프릿츠 하이더의 제안[23]을 수용하면서, 매체를 느슨한 연동과 단단한 연동 간 차이의 통일성으로서 기술할 수 있다. 이 말은 설명이 필요하다.

---

22 그래서 우리는 이 영역에 대해, 비슷한 이론 상황에서 종종 사용되는 "지식"이라는 표현을 회피하며, 그보다는 Michael Polanyi, *Implizites wissen*, 독일어 판본 Frankfurt 1985에서의 "암묵적 지식"(implizites Wissen)이나 Jürgen Habermas, *Faktizität und Geltung: Beiträge zur Diskurstheorie des Rechts und des demokratischen Rechtsstaats*, Frankfurt 1992, 37쪽 이하에 있는 "배경 지식"(Hintergrundwissen)이라는 말을 사용할 것이다.
23 "Ding und Medium", in: *Symposion 1* (1926), 109-157쪽을 보라. 이 구분은 이 논문의 영어 번역, *Psychological Issues* 1/3 (1959), 1-34쪽을 거치며 다시 살아난다. 또한 Karl E. Weick, *Der Prozeß des Organisierens*, 독일어 판본 Frankfurt 1985, 특히 163쪽 이하, 271쪽 이하도 참조할 것.

대량으로 존재하는 느슨하게 연동된 의미 조각들(예를 들어 낱말들)은 매체적 기반으로서 기여한다. 의미 조각들은 그런 의미 조각들을 전제하는 의미 선택 과정에서 단단한 형식들(지각 가능한 사물들, 이해 가능한 진술들)로 연동된다. 느슨한/단단한 연동이라는 구분의 이쪽 면(단단한 면)에서만 구분은 연결 능력이 있다(우리 보기에서는 사물들만 볼 수 있으며, 이해될 수 있는 통보들만 따르거나 대답할 수 있다). 그러나 모든 연결은 형식을 선택해야 하기에, 즉 구분을 실행해야 하기에, 모든 유의미한 작동함에서 동시에 다른 가능성들의 매체가 생성되고 결국 어떤 것도 더 이상 배제하지 않는 표시될 수 없는 세계 상태가 생성된다. 언제나 말해지지 않은 어떤 것이 유보된 상태로 남으며, 그래서 규정되는 모든 것이 해체 가능한 것으로도 남는다.[24] 모든 구분은 또 다른 구분들이 도입될 수 있는 주변을 자신에게 만들어 준다.[25] 문학에서는 비록 완전하게 폐쇄되어 있더라도, 예를 들어 예술적으로 폐쇄되어 있더라도, 텍스트로부터 다른 텍스트로의 지시가 항상 함께 작용하여, 모든 텍스트가 폐쇄될 수 없는 관련 틀 안에서 지탱될 수 있다는 것을 표현하기 위해 이와 비슷한 생각을 "간텍스트성"(Intertextualität)이라는 개념으로 표현한다 — 그리고 그것은 성스러운 텍스트들의 문학 비평 분석에도 적용될 수 있을 것이며, 이 텍스트들에 의해 부인되어야 할 것이다. 의미는 유예이며, "차연"(différance, 데리다)이며, "제한되지 않은 기호 현상"(unlimited semiosis)이며, 그래서 계속될 것이라는 점을 결국 확신할 수 있기에, 어딘가에 확고한 지지점이 있다는 것을 모든 현재화에서 믿을 수 있어야 한다.

모든 존재론적 규정 상태들의 시간 관계들로의 해체가 이런 사정에 부

---

24 오늘날 확산한 통찰에 대해 예를 들어 Jonathan Culler, *Framing the Sign: Criticism and its Institutions*, Oxford 1988을 볼 것.
25 Eva Meyer, "Der Unterschied, der eine Umgebung schafft", in: Ars Electronica (Hrsg.), *Im Netz der Systeme*, Berlin 1990, 110-122쪽을 참조하여 표현했다.

합한다. 연결 능력이란 모든 현재화가 현재화와 함께 벌써 다시 소멸하는 사건의 형식을 취해야 한다는 것을 뜻하기도 한다. 그래서 형식들은, 그렇게 하는 것이 형식들을 항상 살려내는 것이 아니기는 하지만, (재식별 가능한) 구조의 형식을 취해야 한다. 따라서 의미 매체와 모든 파생 매체들(예를 들어 언어)에 대해서, 사용되지 않은 것은 안정적인 반면 사용된 것은 불안정하다는 철칙이 유효하다. 이 해법의 가장 큰 장점은, 그런 철칙을 사용할 수 있는 체계들이 그 해법으로 인해 일시적인 상태에 일시적으로 적응할 수 있게 된다는 데 있다. 따라서 체계들은 더 복잡하며, 시간적으로 불안정한 환경에 스스로를 들여놓을 수 있다. 체계들은 한 번 환경에 맞추어지면, 환경에 고착된 상태를 유지하지 않는다. 그리고 이것은 외부분화와 작동상 자율을 달리 표현하는 것이다.

따라서 (느슨한 연동과 단단한 연동 간 통일성으로서의) 매체의 통일성은 시간 속에서 스스로를 드러낸다. 형식들의 현재화(재현재화를 포함하여)는 동시에 매체적 기반의 재생산에 기여한다. 낱말들은 충분히 빈번하게 사용될 때, 즉 문장들 중에서 언제나 '같으면서-그리고-다른' 의미를 부여할 때만 상기된다. 즉 매체는 구분의 통일성으로서만 재생산될 수 있다. 그러나 마찬가지로 분명한 것은 이 일이 오직 한 면에서만, 즉 작동상 사용될 수 있는 구분 면에서만 일어날 수 있다는 점이다.

의미가 의미를 사용하는 작동의 시점에서 현재화될 수 있다고 하더라도, 매체는 매체로서 보이지 않는 상태로 유지된다. 매체는 매체로서 유지된다 ― 즉 느슨한 연동과 단단한 연동 간 차이의 통일성 및 현실성과 가능성 간 차이의 통일성으로서 유지된다. 현재적이며 형식을 규정하는 작동함에서 매체는 물론 재생산되기는 하지만, 어떤 경우에도 막 배제되는 것의 잠재화 형식으로나 형식 조합의 다른 가능성들의 상기함 형식으로만 재생산될 뿐이다. 모든 결정, 심지어 "오직 가능한 것", "비개연적인 것", "불가능한 것"으로서의 결정조차도, 그런 결정을 통해 함께 재생산되는 "무표 공간"으로부터의 결정으로서 일어난다. 매체에 "의미"라는 지시를 부여하고 무표 공간에 "세계"라는 지시를 부여할 때만, 이러한 의미론적 형식 부여는 그로 인해 지시된 작동 영역 내에서 일어난다. 그런 의미 부여는 낱말을 사용하며, 경우에 따라서는 수많은 다른 개념들과 구분되면서 개념을 사용한다. 그리고 그때 그 의미 부여가 같은 과정에서 지시할 수 없는 바로 그 차이를 자신에게 허용한다.

매체로서의 의미를 지시하는 것은 의미를 부정할 수 없는 범주로서 지시하는 것이 된다. 부정은 자기편에서 다시금 가장 일반적인 매체인 의미를 전제하는 지시이기 때문이다. 의미의 부정은 결과적으로 "수행적 자기모순"(performativen Selbstwiderspruch)이 된다. 즉 어떤 것을 "무의미하다"(sinnlos)고 지시하면, "의미"와는 다른 반대 개념이 전제되어 있어야 한다는 것이다. 그러나 이 문제에 대해서는 언어가 보조 수단을 만들어준다. 언어는 의미 매체를 사용하면서 "의미 있는"(sinnvoll)과 "의미 없는"(sinnlos)을 구분될 수 있게 만든다. 그러나 그로써 "의미 있는"이라는 말을 통해 무엇이 의도되었을 수 있는지를 규명해야 하는 문제가 남겨진다.

알로이 한(Alois Hahn)의 제안에 따르면, 무의미성(Sinnlosigkeit)의 느낌과 의미 있는 의미의 모색을 심리적 체계들 및 사회적 체계들의 자기기술과 관련지을 수 있다.[26] 이 경우에 자기기술을 통해 체계들의 동일성(Identität)이 지시된다는 것, 체계 내에서 교체될 수 없는 것으로서 다루어져야 하는 것이 지시된다는 점이 전제되어 있다. 이런 정황에서 구조들, 즉 의미 있는

---

26 Alois Hahn, "Sinn und Sinnlosigkeit", in: Hans Haferkamp/Michael Schmid (Hrsg.), *Sinn, Kommunikation und soziale Differenzierung: Beiträge zu Luhmanns Theorie sozialer Systeme*, Frankfurt 1987, 155-164쪽을 볼 것. Georg Lohmann, "Autopoiesis und die Unmöglichkeit von Sinnverlust: Ein marginaler Zugang zu Niklas Luhmanns Theorie 'Sozialer Systeme'", 위 책 165-184쪽도 참조할 것.

것과 의미 없는 것이 쪼개지는 구조들이 함께 작용한다. 그래서 종교체계의 경우에 이 체계에 대해 무엇이 의미 없을지를 인식하고자 한다면, 제안된 신앙 내용들에 주목해야 한다. 물론 그렇다고 해서 이 진술 자체가 의미를 현재화하며 다른 식으로는 전혀 가능하지 않을 것이라는 점에서는 어떤 것도 달라지지 않는다. 그리고 우리는 어쩌면 여기서 종교적 소통의 뿌리와 맞닿아 있는 문제를 추적하고 있는지도 모른다.

물론 유의미한(sinnhaft) 발화에서 의미 있는(sinnvoll) 발화로의 이행은 종교가 쓰라린 경험을 할 수밖에 없었던 위험과 비용을 감수한다. 의미 있는 것으로 주장된 것은 그 이행을 통해 해석, 재기술, 새로운 기술에 노출된다. 이와 함께 종교적으로 의미 있는 주제는 시간 진행에 노출되어 있다. 해석들과 새로운 기술들은 언제나 연속성과 불연속성을 만들어내며, 물론 불연속성을 통해 연속성을 만들어낸다. 그러나 이제 여전히 가능한 신앙의 형식들은 이와 함께 변화된다. 그것들은 예를 들어 해석될 수 있는 "텍스트"가 된다. 시대에 적합한 새로운 의미들로 채워 넣을 수 있는 "텍스트"가 된다. 그렇게 되기 위해서는 텍스트의 문자적 포착이 도움이 되기는 하지만, 문자적/구술적의 구분은 결정적인 통찰을 가능하게 하는 것은 아니다. 그보다는 텍스트가 신앙 대상으로서 타당해지는 것은 지속적인 "재기술"(redescription)에 의존한다.[27] 은유적으로 표현한다면, 텍스트는 오직 이런 의미에서만 살아 있는 텍스트일 수 있고 그렇게 유지될 수 있다. 그러나 "재기술"은 회고적으로만 가능하며, 그 후 무엇이 달리 기술될 것인지에 대해 신자들을 무지 상태에 남겨둘 수 있는 소통이다. 알려진 것처럼, 사람들은 근본적인 텍스트 부분과 부수적인 텍스트 부분들의 구분을 통해 그 문

---

27 우리는 재기술(Wiederbeschreibung)과 새 기술(Neubeschreibung)을 계속 구분하여야 한다고 강요받을 필요가 없기에, "재기술"(redescription)이라는 표현을 선호한다 — 그것은 고유한 질문을 남기는 구분이다.

제를 해결하고자 시도한다. 텍스트가 오직 상징적인 의미만 가진다는 테제는 다른 기능을 가진다. 그러나 의미 있는 것으로서 주장되는 소통의 위험을 이 방식으로 효과적으로 방비할 수는 없다. 그 위험은 사실 차원이 아니라, 시간 차원에 놓여 있기 때문이다. 종교를 텍스트로 고정하는 것은 종교에 맞서서도 사용될 수 있는 민감성 영역을 열어 준다.

우리가 종교를 이런 사전 고려들에 따라 의미 매체의 형식 영역에서 찾아야 한다는 것은 더 설명할 필요가 없을 것이다. 그러나 이와 함께 종교가 어떤 구분을 (세계의 나머지와는 달리) 특화하며, "의미 없는 것"을 거부하고 의미 없는 삶에서 의미 있는 삶에 이르는 다리를 구축하여 자신에게 무엇을 가능하게 할 것인지에 대해서는 아직 아무 것도 결정되어 있지 않다. 그리고 구분들을 질문할 때, 보통 그 구분의 실행자, 즉 관찰자를 질문한다. 그러면 질문은 다음과 같을 것이다. 누가 종교의 관찰자인가? 신학자들은 어쩌면 그 관찰자가 신이라는 놀라운 대답을 할 것이다. 신학자들 자신이 관찰자가 되지 않아도 되도록 그렇게 대답하는 것인가? 그렇다면 우리는 그 말을 믿어야 하는가?

III.

다음 단계에서 우리는 세계가 어떻게 구분들을 생성시키는지를 질문해야 한다. 한 면은 연결 능력이 있는 작동들에 내맡겨지고 다른 면은 무표 상태로 남는다는 바로 그 점으로 인해 필수적으로 함께 작용하는 이 특이한-비대칭적 형식은 어떤 이유에서 그리고 어떤 방법으로 형성되는가? 그리고 그 밖에도 우리는 다음을 질문해야 한다. 세계가 창조의 행위에서처럼 구분들의 실행을 허용한다면, 세계 자체로부터 무엇이 만들어지는가? [그것은] 하늘과 땅[일 것이다]. 그리고 어째서 이런 시작이며 다른 시작이 아닌가? 어째서 분할이 시작되는가? 달리 말해, 비재귀적인 존재의 구분이 시작되는가? 그 방법을 통해서만 구분을 실행하는 시작이 그 구분 자체에 들어서는 것을 피할 수 있기 때문일까?

우리는 처음에는 구분을 실행하는 것이 관찰자라는 대답을 가지고 작업했다. 그리고 그 결과 관찰자가 어떤 구분을 실행하며 그가 자신의 의미 수단을 어떻게 특화하는지를 알고자 할 때는 그 관찰자를 관찰해야 한다는 대답을 가지고 작업했다. 우리는 이 용어학을 고수하고자 하며, 그 후에는 자기포함론적 개념이 관건이기에, 그 용어학을 자기적용 과정에서 규명해야 한다. 관찰자와 구분의 구분은 그 자체가 구분이며, 그러면 여기서 누가 관찰자인지를 질문해야 한다. 아니면 더 정확하게 질문하면 다음과 같다. 그 관찰자는 자신의 구분을 스스로 구분할 수 있도록 어떻게 창조되어 있어야 하는가? 조지 스펜서-브라운은 "하나의 구분을 그리라"라는 명령으로부터, 산술과 대수의 질문들을 오직 하나의 연산자(Operator)를 가지고 다루어낼 수 있는 산법(Kalkül)을 발전시키려는 시도에서, 마찬가지로 이 문제에 직면했다 — 그리고는 그 문제를 동일성으로 해체한다.[28] 그러나 그것은 다른 질문들을 막을 필요가 없다. 모든 차이이론적 분석에서는 동일성은 오히려 불안하게 만드는 개념이기 때문이다.

---

28 *Laws of Form*, 신판본 New York 1979, 76쪽을 보라. "관찰자는 자신이 점유하는 공간을 구분하기 때문에, 또한 표시이기도 하다 ... 이제 우리는 첫 구분, 표시, 관찰자가 서로 교환 가능할 뿐만 아니라, 형식에 있어서 동일하다는 것을 본다." (스펜서-브라운을 긴밀하게 참조하면서) Louis H. Kauffman, "Self-Reference and Recursive Forms", in: *Journal of Social and Biological Structures* 10 (1987), 53-72쪽 (53쪽)도 참조할 것. "적어도 하나의 구분이 자기-준거의 현존과 관련되어 있다. 자기(the self)는 자기로부터 나타나며, 그런 자기의 지시는 자기로부터 분리된 것으로서 보일 수 있다. 모든 구분은 '구분하는 구분'의 자기-준거를 포함한다. 그러므로 자기-준거와 구분의 관념은 분리 불가능하(며 그래서 개념적으로 동일하)다."

우리는 일반적으로 작동들과 특수하게 관찰들이 개별 사건들로 일어날 수 없으며, 작동들이 아니라 자원들과 장애들만 제공하는 환경에 맞서 이 재생산 연관을 경계짓는 것을 도와주는 회귀적 관계망을 전제한다고 고려하면서 [스펜서-브라운의 산법적 사유를] 속행한다. 이 출발점은 체계 형성을 지시한다. 정확하게 말하면, 자기 자신을 분화시킬 뿐만 아니라 그 분화에 연결되어 자기 자신을 환경으로부터 구분할 능력을 또 다른 조건에서 가지는 작동상 폐쇄적인 자기생산적 체계들의 형성을 지시한다. 여기서 체계와 환경의 구분은 자기 자신 내부에 복제 투입된다. 그리고 이 일은 우리의 전제에서 도출될 수 있는 것처럼, 연결 능력을 준비하는 면인 체계 면에서 일어난다. 그것은 스펜서-브라운의 용어로는 형식 내부로의 형식의 "재-진입"(re-entry)이며 이와 함께 수수께끼 같은 과정이며, 그 과정은 이미 처음부터 그 산법이 전제되어 있었다는 것을 산법의 마지막에 와서야 보여준다.[29]

이를 통해 무슨 일이 일어났는지를 분명하게 하기 위해, 우리는 자기 자신을 구분하는 구분의 동어반복 아래로 체계와 환경의 구분이라는 다른 구분을 밀어 넣었다. 여기서 세계는 이 사건의 "발생 장소"(Worin)로 유지된다. 이 구분이나 저 구분으로 표시되지 않았으며, 모든 표시에 대해 다른 면을 형성하는 상태로 유지된다. 다른 구분으로 대체하는 것은 논리적으로 정당화할 수 없다. 그러나 제안된 방법으로 행하고자 하지 않는 사람은, 동어반복의 역설(다른 것이 같은 것이다)에 매달려 있지 않으려면 그 일을 다른 방식으로 실행해야 한다. 그러나 대체함의 작동은 논리적인 작동이 아니다. 그것은 그런데도 세계와 양립 가능하다. 그리고 그 작동을 작동의 과실(果實)에서 식별할 수 있다.

---

[29] A. a. O. 56-57쪽, 69쪽 이하.

그러므로 "표시된" 관찰자의 동일성은 체계의 동일성이다. 그 점은 물론 체계가 자신의 환경만을 관찰한다는 성급한 결론으로 호도해서는 안 된다. 그 점이 동물들의 경우에 어느 정도나 유효하며 인간의 지각들에 대해서도 얼마나 유효할 것인지는 토론할 만한 재료다. 그러나 우리가 수용하기로 허용한 복잡한 이론 건축은 우리가 그런 잘못된 결론을 내리지 못하도록 막아준다. 관찰자는 의식으로서든 사회적 체계로서든, 자기 자신의 내부에 이중 복제된, 체계와 환경의 구분, 즉 자기준거와 타자준거의 구분을 지향할 수 있다. 그리고 관찰자는 (비록 모든 준거를 내적으로 생산하더라도) 이 일을 해야 한다. 그렇지 않으면 그는 고유한 상태들을 끊임없이 환경의 상태들과 혼동할 것이며 환경을 통해 전혀 교란될 수조차 없을 것이기 때문이다. 즉 학습할 수도 없을 것이기 때문이다. 어떤 고유한 작동을 통해서도 환경 내부에 들어서거나 환경을 접촉할 수도 없는 작동상 폐쇄적 체계가 관건인 바로 그때, 생존(=자기생산의 속행)은 자기준거와 타자준거의 내적으로 사용 가능한 구분, 즉 학습 과정을 조종하는 구분에 완전하게 의존한다. 이와 함께 항상 구조들에 구축되는 것은 내적 압축물(Kondensat)로 남는다. 그것은 구성으로 남는다.[30] 구성들은 입증되지 않으며 체계들은 자신들의 고유한 구성(고유한 구성인데도!)을 직접 파괴한다는 데 대해서는 충분한 사례들이 있다. 공산주의적 사회주의의 국가 구성과 경제 구성을 실제적인 사례로 삼을 수 있을 것이다. 그러나 다른 한편 자기준거와 타자준거의 차이를 통한 자기규정은 진화상 선택을 위한 불가피한 전제조건이다. 의식의 모든 고도 형식들과 모든 사회적 소통은 그 점에 의존한 상태로 유지된다. 낱말들(자기준거)과 사물들(타자준거)을 구분하는 법을 배우지 않았다면, 어떤 사회도 작동조차 할 수 없었을 것이다.

---

30 Niklas Luhmann, *Erkenntnis als Konstruktion*, Bern 1988도 볼 것.

세계의 무표 공간으로부터의 작동함으로서 지시된 어떤 것을 붙잡고 그리하여 이 일을 세계의 무표 영역으로부터 구분하는 구분함 그 자체와 비교했을 때 — 즉 이런 구분함이라는 정상 형식과 비교했을 때 — 자기준거와 타자준거의 구분은 **양면에서 연결할 수 있다**는 중요한 장점이 있다. 체계는 자신이 관찰하는 것을 관찰할 수 있다.[31] 체계는 관찰의 연속들을 환경과 관련지을 수도 있지만, 자기 자신과 관련지을 수도 있다. 체계는 또한 끊임없이 저쪽 면과 이쪽 면으로 횡단할 수 있다. 즉 **지향을 상실하지 않으면서**, '자기 경계/타자 경계'를 횡단하고 되돌아올 수 있다. 스펜서-브라운의 "횡단 법칙"(law of crossing)은 이 특수 조건에서는 적용되지 않는다.[32] 이 조건에서 고유한 상태들(예를 들어 고유한 운동 가능성들)을 더 잘 이해하기 위해 외적으로 귀속된 특화들을 사용할 수 있다. 그리고 반대로 환경이 다른 면들을 보여주는 경험을 한다면, 고유한 상태의 수정을 고려할 수 있다. 오직 이렇게 뚜렷하게 제한하는 조건에서만 정보와 정보 처리라는 말을 사용해야 한다 — 베이트슨이 말하는 차이를 만드는 차이로서 이해된 정보 말이다.

우리는 작동이 의미 매체를 생산하고 재생산하며 실재하는 세계에서 진행하고 실재 외부의 초월적인 영역에서 진행되지 않는다는 점을 분명하게 하기 위해, 주체라는 고전적인 개념을 관찰자 개념으로 대체하였다. 그것은 물론 실재 개념에 대한 귀결을 가진다. 실재는 이와 함께 수사학적 구성물이 된다. 그것은 "쓰기와 읽기의 정통 관행에의 순응"(conformity to

---

[31] 이것이 "2차 질서 사이버네틱스"(second order cybernetics)의 출발점이었다. 그 점에 대해 *Cybernetics and Human Knowing* 4 (1997), 3-15쪽의 하인츠 폰 푀르스터 인터뷰를 보라.

[32] 다음 내용이 유효하다. "한 번 더 실행된 횡단의 값은 그 횡단의 값이 아니다."(a. a. O. 2쪽). 또는 달리 말하면, 면들은 어떤 것도 경계를 넘겨서 이쪽으로 가지고 오지 않으면 서로를 특화시킬 수 없다. 우리는 정보를 축적하거나 수정하고자 할 때는 형식의 내부 면에 머물러야 한다. 다른 면이 무표 상태로서 규정 불가능하게 유지되기 때문에, 그것은 "무화 형식"(form of cancellation)에 대해 유효하다.

orthodox practices of writing and reading)³³이 된다. 소통은 이 형식을 가지고 실재에 대한 대립 개념을 형성할 가능성을 가지게 된다 — 그것이 동일성이든 주관성이든 말이다.

그러나 작동상 폐쇄를 통해 산출된 "실재 상실"(Realitätsverlust)의 균형을 잡기 위해 자기준거와 타자준거의 이 구분을 사용하는 관찰자는 어디에 있는가? 우리가 지금까지 말한 모든 것에 따르면, 자기준거의 "자기"를 관찰자라고 생각하는 것은 단순한 논리적 실수일 것이다. 주체-철학은 이 추측으로 인해 실망을 체험했으며, 우리는 그런 일을 반복할 필요가 없다.³⁴ 관찰자는 자기준거와 타자준거의 차이의 통일성이다. 관찰자는 그런 이유로 스스로를 지시할 수 없다. 그는 자기 자신에게는 보여질 수 없다.

그리고 관찰자에게 체계와 환경의 차이의 통일성으로서 틀림없이 기능했을 세계도 가시화될 수 없다. 이중 면에서 지시 능력이 있는 구분함의 전체적인 관찰 도구는 관찰자 자신이 관찰하는 입지가 되는 세계의 무표 공

---

33 Richard Harvey Brown, "Rhetoric, Textuality, and the Postmodern Turn in Sociological Theory", in: Steven Seidman (Hrsg.), *The Postmodern Turn: New Perspectives on Social Theory*, Cambridge Engl. 1994, 229-241쪽 (229쪽)에 그렇게 되어 있다. "사회적 실재의 수사학적 구성"(The rhetorical construction of social reality)이라는 하위 제목 이하의 설명도 볼 것. 이미 이 순간에 우리는 종교가 내재적/초월적이라는 코드를 구축하기 위해 실재 개념의 이런 수사학적 구성을 사용할 수 있다는 점을 환기할 수 있다.

34 이 점에 대해, 생각하는 "자아"의 자기입증의 방향으로, 즉 자기지시를 통해 제거될 수 있는 데카르트식 의심과, Nishitani, a. a. O., 55쪽 이하의 불교적 종교의 "큰 의심"의 구분을 볼 것. 우리는 물론 데카르트만을 생각해서는 안 된다. 버클리(Berkeley)의 "영혼"(spirit)이나 사르트르의 "순수 영혼"(pour soi) 같은 개념들은, 의식된 작동에서 함께 의식된 의식, 즉 자기 혼자만으로는 아직 대상이 되지 않은, 즉 아직 인식이지 않은 의식을 관련짓는다. "마음, 영혼, 영혼(soul), 또는 자아 자신"에 대해 George Berkeley, *Of the Principles of Human Knowledge, Part I, II*, (Everyman's Library, London 1957 판본, 114쪽에서 재인용)을 볼 것. "내가 어떤 낱말을 가지고 내 생각 중 하나를 표현하지 않고 그 생각들과 완전히 다른 어떤 것을 표현하는지, 그 생각들이 어디에 있는지, 어떤 것이 같은 것인지, 어떤 점에서 지각되는지." 사르트르에 대해서는 *L'être e le néant: Essai d'ontologic phénoménologique*, 30. Aufl. Paris 1950, 115쪽 이하를 볼 것. 종교사회학 또한 짐멜에서 루크만에 이르기까지 종교를 항상 주관적 의식과 관련지었으며, 그때 자기 자신을 의식하는 의식을 전제하였다.

간 내에 자신이 있다는 것을 발견한다. 이 사실은 의식, 사회, 언어, 문화(그리고 우리가 여기서 벌써 종교를 말할 수 있을까?)를 비로소 가능하게 만드는 이 진화상 성취인 의미에 의해 전혀 영향을 받지 않는다. 차이의 통일성을 관찰하는 지향(Intention)은 가능한 것으로 유지되며, 그 지향으로 인해 의미가 의미 세계에서 만들어진다는 것을 인정할 수 있다. 그러나 이 의미는 역설의 형식, 즉 다른 것의 같음이라는 기본 역설 형식을 취한다.

IV.

우리는 세계와 관찰자의 관찰 불가능성을 관찰했다. 이와 함께 우리는 종교를 관찰하기 시작했다. 그것은 물론 몇 가지 측면에서 더 정밀하게 표현되어야 한다. 우리는 구분들을 새로 구분해야 한다.

관찰자/세계의 구분은 관찰자/관찰된 것의 구분과 구분된다. 이 구분은 (누가 관찰하는지도 모르고, 어떻게 관찰하는지도 모르는) 세계가 자기 자신을 관찰할 때 사용하는, '관찰 불가능한/관찰 가능한'의 구분이라는 결과를 낳는다. 2차 질서의 절대적으로 관찰 가능한 관찰들이 있다. 그러나 어떤 질서에서든 항상 관찰 작동은 관찰 불가능한 것에서 관찰 가능한 것으로 전진한다. 하나의 구분을 그리라는 스펜서-브라운의 명령[35]은 **바로 이** 경계를 횡단하라는 명령이다. 관찰함의 어떤 층위에서도 그런 첫구분을 하지 않을 방법은 없다 — 관찰자를 관찰할 때도 우회할 수 없으며, 관찰자로서의 자신을 관찰할 때도 마찬가지로 없다. 더 간단하게 말하면, 관찰함 작동은 자기 자

---

35 A. a. O. 3쪽

신에게 관찰 불가능한 상태로 남는다. 그 작동은 구분을 사용한다. **그 구분의 비대칭**은 **그 비대칭의** 대칭을 대신하며 은폐한다. 관찰함은 자신의 구분 내부에서 움직이지, 그 외부에서 움직이지 않는다. 모든 관찰함의 경우에, "구분은 완전한 자기제한"이라는 점이 유효하다.[36] 그러나 모든 관찰함은 배제된 3항, 즉 구분에서 직접 구분될 수 없는, 구분의 통일성을 가지고 있다. 모든 관찰함은 "맹점"을 필요로 한다고 말해진다. 아니면 초월이론적인 표현 방식으로는, 관찰의 관찰 불가능성이 관찰 가능성의 조건이자 대상들에 대한 접근 가능성의 조건이다.

관찰자들을 (사물로서, 즉 "주체들"로서 관찰하지 "객체들"로서 관찰하는 것이 아니라) 관찰자들로서 관찰한다면, 이것은 두 층위에서 고려 대상이 되어야 한다. 2차 질서 관찰자는 1차 질서 관찰자가 보지 않는다는 것을 볼 때만, 즉 1차 질서 관찰자가 보지 않는 것을 보지 않는다는 것을 볼 때만, 그를 (사물로서가 아니라) 관찰자로서 관찰할 수 있다. 이것은 부정들의 도움으로만 **표현할**(관찰할) 수 있다. 그러나 바로 이것은 사실에 부합하지 않는다. 관찰작동은 (그것이 비록 부정할 때도) 부정과 무관하게(negationsfrei) 작동하기 때문이다. 그 작동은 자신이 하는 것을 한다. 작동이 자신이 하는 것을 하는 것 안에 작동의 실재가 있다.

그런 발견은 예를 들어 다른 관찰자의 자유로서, 전통적인 방식으로 표현할 수 있다. 또는 그 관찰자가 결정하는 방식에 대한 존중 규범으로 표현할 수도 있고, 주체의 "내적 무한성"으로 표현할 수도 있다. 그러면 자신이 도덕성에 가까이 있다는 것을 발견한다. 그리고 제한들을 예정할 필연성에 직면한다. 그러나 그런 표현들은 이미 사회적인 귀속 습관을 사용하며, 심리적 체계들에 대해서만 들어맞지 (우리가 관찰자에 관해 말할 때 항상 함께 관련

---

36 Spencer Brown a. a. O. 1쪽.

짓는) 사회적 체계들에 대해 들어맞는 것은 아니다. 그래서 이런 상태에서는 문화적으로 특수한 종교 개념들이나 역사적으로 특수한 종교 개념들만 획득할 수 있다. 개념들의 권리는 물론 부인되어서는 안 되겠지만, 우리는 다른 가능성들을 미결정 상태에 두고자 한다.

우리는 관찰 불가능성의 영역, 즉 관찰함의 전제조건으로서의 관찰함과 세계(즉 무표 상태)에 문제들의 출발점이 있으며, 이 문제들은 그 후 종교라는 의미 형식들로 다루어지고 진화에 내맡겨진다고 추측한다. 이 추측은 아직 특화된 내용을 가지고 있지 않다. 그러나 그것은 의미 매체에 대한 우리의 분석을 통해 보호받고 있다. 이 매체는 여기서 질문 대상이 되는 바로 그 과잉 능력을 제공하기 때문이다. 관찰 불가능한 것 역시 ― 우리는 그것을 여기서 그 밖의 다른 방식으로 다루어낼 수 없을 것이다 ― 작동들 내부에 의미로서 구축해 넣을 수 있다. 의미는 배제 가능성을 가지고 있지 않기 때문이다. 접근 불가능하게 남는 것에 부정의 형식을 부여할 수도 있고, 논리적으로 요구가 까다로울 때는 역설의 형식을 부여할 수도 있다. 어쩌면 지시가 의도된 것에 들어맞지 않는다는 것을 알면서도 그것을 지시할 수도 있으며, 그 지시로부터 정확하게 이 부적절성을 의도적으로 반영하는 상징들에 대한 이해를 발전시킬 수도 있다. 과거의 사이버네틱스 개념들을 가지고 표현한다면, "필수적 다양성"(requisite variety) 문제가 관건이며,[37] 모든 해법의 출발점은 하나의 신비를 다른 신비를 통해 통제하려는 시도에 있는 것으로 보인다.

그 점을 위해서는 물론 확실한 유일하게-올바른 지침이 있는 것은 아니다. 다수의 그런 가능성들은 우리에게 종교 진화의 분석을 위한 선개념들

---

37 W. Ross Ashby, *An Introduction to Cybernetics*, London 1956, 206쪽 이하를 볼 것. ders., "Requisite Variety and Its Implications for the Control of Complex Systems", in: *Cybernetica 1* (1958), 83-99쪽도 볼 것.

을 부여한다. 그러나 우리는 현재로서는 관찰 자체에 놓여 있는 관찰함의 구조적 장애가 교란 요인으로서, 의미 부여 촉구 그 자체로서 의미의 우주 안에 포함될 수 있다는 점만을 확정해 두고자 한다. 종교는 배제된 것의 포함과 관계가 있다. 그것은 처음에는 대상적이며, 그 후에는 지역적이며 그 후에는 보편적인 부재자의 현존과 관계가 있다. 그러나 이곳과 다른 곳에서 종교와 종교의 사회학적 분석에서 종교에 관해 생각되고 말해진 모든 것은 의도된 것에 대한 암호에 불과할 수 있다.

V.

우리는 이 지점에서 한 번 더 스펜서-브라운의 개념의 도움을 받으며, 물론 그의 산법의 경계 개념인 "재-진입" 개념의 도움을 받을 수 있다. 재-진입이라는 말은 아주 상이한 구분들과 관련된 가운데 할 수 있다. 우리는 체계와 환경 간 구분의 체계 내 재-진입 가능성을 언급했다.[38] 반면 종교의 경우에는 '관찰 가능한/관찰 불가능한'이라는 구분의 관찰 불가능한 것 내부로의 재-진입이 관건이다.

단순한 관찰함은 지시될 수 있는 것을 다른 모든 것으로부터 구분하는 경계의 횡단을 필요로 한다. 이 경계는 사전에 준비되어 있는 것이 아니다. 그것은 횡단될 때 비로소 생겨난다. 그 구분은 틀림없이 작동의 계기이지만(그렇지 않으면 어떤 것도 다른 것과 구분되는 조건에서 지시할 수 없을 것이다), 형식으로서 표시될 필요는 없다. 그것은 재-진입의 경우에는 달라진다. 이 작

---

38 3절을 참조할 것.

동은 스스로 만들어낸 자신의 영역에 다시 들어서는 구분이 지시될 때만 실행될 수 있기 때문이다. 스펜서-브라운의 용어로 말하면, "cross"(횡단하라는 명령)는 "표시자"(marker, 형식의 지시)로서 사용되어야 한다.[39] 그리고 표시자를 횡단의 목적으로 사용하지 않으면서 그 일을 할 수 있다.

우리는 이러한 재-진입 가능성을 위해 많은 수학적인 전제들이 필요한 조건들(산법에 있는 작동의 전사(前史)들)을 여기서 더 자세히 살펴볼 필요는 없다. 그보다는 그로 인해 가능해진 작동의 형식이 더 중요하다. 재-진입은 두 개의 구분을 같은 구분으로 사용하고 '횡단자/표시자'의 구분을 양가적인 것으로 취한다는 이유로 역설적인 작동이다. 그러나 바로 그 순간 재-진입은 작동이 전제하는 상상적 공간과 구분되는 작동이기도 하다. 그 공간은 구분을 통해 쪼개진다 — 그리고 그로 인해 통일성으로서 관찰 불가능해진다. 이 구분은 형식으로서 표시된다 — 두 면을 가진 형식으로 말이다. 그러면 그 구분은 형식의 한 면 내부로 복제 투입된다. 그리고 바로 그것을 위해 쪼개진 공간에 그런 자기운동성(이나 자기지시 능력)을 승인하는 상상적 공간을 전제해야 한다. 어쩌면 이 상상적 공간은 재-진입이 실행될 때 비로소 생겨난다고 말해야 할 것이다. 그러나 어쨌든, 작동의 특수성은 그 작동 실행의 수단이 되는 구분의 특수성을 통해 보장된다 — 이 구분이며 다른 구분이 아니라는 점으로 보장된다.

재-진입 서술이 그 이름 뒤에 나오는 것은, 처음에 출발 구분이 내려지고 그 후 그 구분 안에서 재-진입이 실행되어야 한다는 인상을 불러일으킨다. 처음에는 연극이 공연될 무대가 설치되어야 한다. 그리고 그 무대는 객석 공간과 분리되어, 어디에 실재의 자리가 있고 어디에 그럴싸한 실재의 자리가 있는지가 분명해져야 한다. 그러나 무대 위에서도 기만, 오류, 관

---

[39] A. a. O. 64-65쪽.

찰 불가능성이 공연될 수 있다. 그리고 관객들은 그 차이 자체가 진리 내에서의 기만이라는 점을 도외시할 때는, 진리와 기만의 공연된 차이를 실재로 이해한다. 자기 자신의 무효화에서 저항에 직면하는 재-진입을 통해서만, 연극은 세계를 상징할 수 있다.[40] 그러나 사정이 그렇다면, 반대 방향에서도 마찬가지로 훌륭하게 접근하고 형식 속에서 형식에 우선권을 부여할 수 있을까? 자기 자신을 재현하는 세계를 가지고, 예를 들어 '성스러운/세속적인'의 구분을 가지고 더 이상 꾸려나갈 수 없을 때, 틀의 틀로서의 출발 구분을 덧붙여서 고안해낼 생각을 할 수는 없을까? 일종의 "틀 세우기"(framing up)의 내부에서 외부를 향해 구분을 투사하여 그 구분이 자기 자신을 포함하도록 할 수는 없을까?

이런 종류의 질문들은 부수적이다. 어쩌면 이 지점에서 수학적 산법의 구성은 사회문화적 진화와는 선호가 다를 것이다. 우리가 이 질문을 미결정 상태로 둘 수 있다는 것, 더 나아가 그렇게 해야 한다는 것은 관찰 개념을 구분 사용으로 개념화함으로써 선규정되어 있다. 관찰한다는 것은 사전에 주어진 세계 구조들을 모사한다는 것을 뜻하는 것도 아니고, 그래서 일치하는 어떤 것을 생산한다는 것을 뜻하는 것도 아니기 때문이다(그래서 옳거나 그르게 일어날 수 있을 것임을 뜻하는 것도 아니고, 모델이나 목적에 따라 성공하거나 실패할 수 있을 것임을 뜻하는 것도 아니기 때문이다). 관찰함은 구분함을 통한 연결 능력의 생산이다. 그리고 그 후 계속할 수 있는 능력과 도달 가능한 복잡성을 출발의 효과성을 통해 결정한다. 우리 목적을 위해서는 처음에는, 문제를 보는 것과 하나의 연속이나 다른 연속을 위한 선결정을 회피하는 것으로 충분하다.

그러나 우리는 현안에 집중할 것이다. 지금은 '관찰 가능한/관찰 불가능

---

40 이 점에 대해 David Roberts, "Die Paradoxie der Form: Literatur und Selbstreferenz", in: Dirk Baecker (Hrsg.), *Probleme der Form*, Frankfurt 1993, 22-44쪽을 볼 것.

한'의 구분이 중요하며, 우리는 이 구분을 출발점으로 삼았다. 다른 구분들은 종교라는 관찰 영역이 어떻게 발전되는지에 따라 그 결과로 비로소 나타난다. 그러나 출발은 '관찰 가능한/관찰 불가능한'의 구분으로 실행되어야 한다. 그 구분은 경계의 의미 있는(생산적인) 횡단을 허용하지 않는다. 횡단할 때는 "무화(無化) 형식" 법칙이 적용되는 "횡단 법칙"이 유효하다. 그래서 되돌아올 때는, 아무 것도 없었던 것처럼 그곳에 있게 된다.[41] 관찰함은 관찰 가능한 것의 면에서만 발생할 수 있기 때문이다(그리고 그것은 다른 면이 있다는 이유만으로 이쪽 면이 있을 때도 그렇다). 그것은 관찰 불가능한 것을 관찰 가능하게 만드는 것 — 그것을 모사하는 것, 서술하는 것 등 — 도 아니다. 이것은 단순히 범주 오류이거나, 아니면 다른 종류의 구분으로의 이행일 것이다. 그 모든 것에 따르면, 형식의 형식 내로의 재-진입, 즉 **그 구분이** 구분 자신에 의해 구분된 것 안으로 재-진입한다는 것만이 관건일 수 있다. 달리 말하면, 관찰 가능한 것 안에서(그 밖의 다른 곳 어디에서 가능하다는 것인가?) '관찰 가능한/관찰 불가능한'의 **이 차이**가 관찰될 수 있게 만들어져야 한다(그 밖의 다른 어디서도 만들어질 수 없다). 이 구분의 한 면이나 다른 면이 중요한 것이 아니다. 그 구분의 형식이 중요하다. 구분 자체가 중요하다는 것이다.

종교는 자기 자신에 대해 종종 충분한 정보를 주지 않기 때문에, 결과에 도달하기 위해서는 이 복잡한 사전 고려가 필수적이다. 의미 형식들은 그 의미가 관찰 가능한과 관찰 불가능한의 차이의 통일성을 역으로 지시하고 **그렇게 하기 위해** 형식을 발견할 때, 종교적인 것으로서 체험된다. 종교는

---

41 종교적 문헌, 특히 불교 영역은 종종 정확한 반대 부분을 보고한다. 종교적 해체 경험으로부터 귀환한 후에는 세계 사물들은 더 이상 같은 것이 아니라고 한다. 그 보고에 따르면, 그것은 종교가 자신의 고유한 성과에 주목하게 되는 것은 바로 이러한 논리적인 위치이다.

약 백 년 전부터 처음으로 주제로서 나타난 "의미 위기"(Sinnkrise)와는 관계가 없다. "의미 상실", "동일성 상실", "가치 상실" 같은 주제들은 거대한 역사적인 사지 절단 다음에 나타나는 환상통[42]에 불과하다 — 왕의 살해와 학교, 공장, 사무실로 인해 사람들이 집에 머무르지 않게 된 사건들 다음에 나타나는 통증 말이다. 그리고 그것이 맞는 말이라면, 그것은 그 문제를 다루어내라고 종교에 요구하는 것이다. 종교는 의미를 충족시켜야 할 "욕구"로서 이해하지도 않는다. 종교는 성공 전망을 가지고 "의미 모색"을 공급하기 위해 거기에 있는 것도 아니다. 그것은 여전히 인간학적-기능적인 규정들이다. 그것은 또한 자크 데리다가 연구하는 문제가 아니기도 하다. 기호 사용이 반복될 수 없으며 그래서 상황이 교체될 때마다 같은 것으로 유지되는 준거들을 가질 수 없다는 생각 말이다. 그리고 의미 현존의 형이상학이 결과적으로 우리를 속였다는 생각 말이다. 시간이 모든 것을 변화시키며 항상 그것은 절대적으로 그러하여서 새로운 내용을 기입할 것이 요구되는 상황이 될 수 있다. 또는 모든 "차연"(différence)이 결국 차이의 유예, 즉 "차연"이며 그 결과 모든 저항이 해체될 수 있다. 그런 일은 절대적으로 일어날 수 있지만, 종교와 우주론의 오랜 성스러운 동맹이나 신학과 존재론적 형이상학의 오랜 성스러운 동맹을 해체할 뿐이며, **이것 또한 종교였다는 점을 부인할 수는 없다.** 이것 또한 도대체 왜 그렇게 되는지의 질문까지만 이어지기 때문이다. 그것은 존재와 비존재 도식, 참석/부재 도식, 또는 반복/비반복(반복(itération)) 도식에서 구분이 실행되지 다르게 되지 않는지의 질문까지만 이어진다. 이렇게 하는 것이 전적으로 의미를 만들 수 있다는 데 대해서는 논란의 여지가 없다. 질문은 그렇게나 또한 다르게 구분될 때 무엇이 관찰되지 않은 채 유지되는지의 질문으로 남겨진다. 그리고 종

---

42 Gudmund Hernes, "Comments", in: Pierre Bourdieu/James S. Coleman (Hrsg.), *Social Theory for a Changing Society*, Boulder - New York 1991, 125-126쪽을 볼 것.

교의 문제, 즉 다른 모든 세계 기획으로부터 종교를 구분하는 문제는 유일하게 다음 질문밖에 없다. 사정이 이러하다면 의미는 어떻게 가능한가?

이제부터 재구성할 수 있을 것처럼, 관찰 불가능성은 여기서 실제적인 접근 불가능성을 뜻하는 것이 아니라, 관찰함 자체를 관찰 불가능하게 만드는 것을 뜻한다. 그리고 그것은 항상 이중적인 것이다. 하나는 관찰함 그 자체이며, 다른 하나는 세계의 무표 상태다. 즉 관찰함이 스스로 지시하는 것을 구분하는 입지가 되는 세계 상태다. 따라서 종교를 통해 보상되는 것은 결점, 걱정, 불확실성이 아니다. 그것은 '어떤 것 - 그리고 - 다른 - 아무 것도 아닌 것'으로의 모든 확정의 필수적인 조건이다. 체험에서든 행위에서든, 심리적 체계에서든 사회적 체계에서든 마찬가지로 그렇다.

모든 구분은 한 번 표시되어 있기만 하면, 다른 구분을 향할 자유를 부여한다. 바로 그 표시는 지시하는 것으로의 단순한 돌출과는 달리 구분을 구분될 수 있게 만들기 때문에, 이 효과를 가진다. 고타르트 귄터의 용어로는 이것은 "이접 작동"(transjunktionale Operation)일 것이다. 즉 구분이 수용될 것인지 거부될 것인지에 관해 결정하는 작동일 것이다.[43] 그것은 이 추상화 상황에서 벌써 종교와 자유의 연관을 가리킬 수도 있을 것이며, 그 자유가 의심을 위한 자유일 뿐이라고 하더라도 그렇게 할 수 있을 것이다.

더욱이 종교가 ― 더 부수적이기는 하지만 구축 능력이 있도록 ― 궁극적인 결론 사상으로서 역설을 제공할 수 있을 뿐이며 그것과 관련된 작동 방식으로서 흔히 "신앙"이라고 부르는 것만을 제공할 수 있을 뿐이라는 것이 밝혀진다. 종교적 의미는 이 방향에서도 지시에 열려 있다(verweisungsoffen). 주도 차이의 통일성 질문을 제기하고 거기서 좌초하는 것

---

43 "Cybernetic Ontology and Transjunctional Operations", in: Gotthard Günther, *Beiträge zur Grundlegung einer operationsfähigen Dialektik Bd. 1*, Hamburg 1976, 249-328쪽을 볼 것.

은 항상 가능한 일로 남는다. 그러나 바로 그렇기에, 그리고 불가피하게 그렇기에, 거기에는 특별한 확실성과 비난하지 않는 투의 "그건 원래 그런거야"의 어법이 있다.

VI.

신학은 '예/아니오-코드'에서 작동하는 언어에 구속되고 존재/비존재 구분에서 출발하는 존재론적 형이상학에 구속된 채, 부정과 함께 자기만의 어려움을 가지게 되었다. 신학은 고유한 진술들을 부정 신학으로 정식화하는 것을 감당해낼 수 있었다. 신학은 신이라는 존재를 부인하는 것을 감당해낼 수 없었다. 그러나 주어진 조건에서는 부정은 기본적이며 더 이상 분석 불가능한 작동으로서 남는다. 이 사정은 앞서 제기한 고려의 결과를 수용한다면 달리 생각할 수 있다.

세계와 의미는 이제 부정될 수 없는 사태들로 소개되고, 구분함은 관찰함 작동의 구성적인 계기가 되어서 관찰 가능성 자체를 파괴하지 않고서는 구분의 한 면을 부정하여 삭제할 수 없다. 어쨌든 구분들을 작동으로 사용할 때 구분의 다른 면이 전혀 존재하지 않는다는 이유로 분명하게 인식할 수 없다는 점을 출발점으로 삼을 수는 없다. 구분의 다른 면은 물론 그때그때 선택된 지시에서는 배제되어야 하지만, 그런데도 연결 작동을 위해서는 접근 가능하게 유지되어야 한다. 구분의 한 면과 다른 면 사이의 경계는 그것이 횡단될 수 있고 다른 면도 지시될 수 있다는 것을 함께 생각할 때만 상상할 수 있다. 그래서 경계 횡단, 즉 스펜서-브라운이 말하는 "횡단"(crossing)은 부정으로 파악될 수 없는 것이기도 하다. 그래서 스펜서-브라운의 경우에, 지시한다는 것이 무표 공간과 유표 공간 사이의 경계 횡단(과 그와 함께 재생산)을 필요로 하기에, "크로스"는 지시의 지시가 된다. 불교는 부정의 가능성들을 확장하여 그 가능성 내부에 존재의 이유를 구축해 넣는다. 그러나 그 경우에도 그 공간의 내부 구축을 통해, 모든 규정된 것이 자신의 "무표 공간"과 구분되어야 하지만 바로 그 때문에 부정될 수 없는 세계와 일치하게 되는지 아닌지의 질문을 하게 된다.[44] 무표 공간은 관찰 불가능하지만, 그 이유로 인해 '아무 것도 아닌 것'(Nichts)은 아니다.

부정은 이 모든 것에 따르면, 아주 전제조건이 많은 작동이다. 부정은 특히 (우리가 세계와 부정함 작동의 의미를 부정할 수 없기에) 부정된 것의 특화를 전제한다. 그리고 부정될 수 있는 것은 긍정될 수도 있는 것과 같은 것으로 유지되어야 하기에 기억을 전제한다. 즉 부정의 가능성들은 충분하게 복잡한 체계들만이 사용할 수 있다.

추측하건대 구분 횡단 가능성이 제공되며 **그리고 그 가능성을 부정하고자 할** 때, 즉 구분의 같은 면에 머무르고자 할 때, 예를 들어 토마토를 토마토로 계속 다루고자 하지 그 순간에 가능한 것으로서 보이는 것으로 사과로 계속 다루어나가고자 하지 않을 때만, 부정을 사용한다. 따라서 부정은 횡단 거부일 것이다. 그래서 지각에서는 통상 부정을 전혀 사용하지 않으며, 오직 분명한 차이들만 사용한다. 여기서 부정은 기만 방어 작동에 불과하다. 이 점은 아래에서 다시 상세하게 다룰 텐데, 이항적 코드화를 설치하기 위해 부정은 횡단이 가능한 것으로 유지되고 미리 예견되어 있기에 그 반대로 구성적인 구성요소다. 부정은 여기서 그리고 오직 여기서만 횡단의 성찰이다 — 즉 경계를 횡단할 것이냐 **횡단하지 않을 것이냐**라는 가능성의 지속적인 제공 가능성이다.

---

44   이 점은 Nishitani, a. a. O.에 대한 것이다.

그것은 동시에 우리가 지속적으로 관련된 언어적인 어려움들을 설명한다. 언어는 문법적으로 질서화된 기호들의 집합에 불과한 것이 아니라, 통보되어야 하는 모든 것을 위해 예-프레임과 아니오-프레임을 제공하는 이항적으로 코드화된 소통 양식이기 때문이다. 우리는 언어를 사용해야 하기에, 세계가 — 유표 공간이나 사물의 유한성과의 차이에서 — **무표** 공간이거나 **무**한성이라는 인상이 생겨난다. 그러나 그것은 세계를 **언어 형식으로** 지시하고자 할 때, 즉 **언어 형식으로** 구분하고자 할 때 생겨나는 언어 문제에 불과하다. 그러나 모든 구분(바로 이 이 구분 또한 세계 내에서의 작동으로서 현재성을 획득한다)과 '유표 공간/무표 공간의 구분'도 사용될 때 그 구분을 수용하는 (우리 표현에 따르면) 무표 공간을 창출한다.

가끔 이런 종류의 이론들은 긍정적인 것의 우선권 명제로서 기술된다. 그것 역시 부적절하다. 그것이 부정적일 수도 있다는 것을 전제할 때만 긍정적인 것에 관해 말할 수 있기 때문이다. 그러나 바로 그 점에 관해 의심해야 할 것이다. 오히려 우리는 유의미하게 처리하는 체계들의 특이성과 세계와 의미, 마지막으로 종교가 그 체계들에게 의미할 수 있는 것에 관해 말할 수 있다. 그래서 정확하게 이 체계준거의 선택이 관건일 때만 "우선권"(Primat)이라는 말을 할 수 있다 — 즉 그것이 바로 이 체계준거의 입지에서 "내부"와 "외부"를 지시하며 어쨌든 그런 체계 내에서만 일어날 수 있는 결정일 때만 그 말을 할 수 있다. 존재-신학적 전통(onto-theologische Tradition)이 존재와 비존재 구분을 수용한 위치에, 체계준거를 언급할 것이 요구되는 '내부/외부-구분'이 들어선다.

VII.

위의 고려들은 관찰자로서의 심리적 체계들과 관련되어 전통에서 친숙한 영역에 남아 있다. 눈이 눈 자체가 본다는 것을 보지 못한다는 것은 플라톤에서 피히테의 모순에까지 이어진 상투 문구다. 바로 그 때문에 눈은 성찰을 위해 정신(Seele)의 특별한 부분을 필요로 한다.[45] 그 밖에도 인간 인식 능력의 인지적인 불충분성은 어떤 식으로든 놀라운 어떤 것이 아니기도 하다. 결국 불 역시 자기 스스로를 태운다(그리고 그로 인해 꺼질 수 없다). 그러나 이하의 서술에서는 지각이 중요한 것도 아니고 의식이 중요한 것도 아니다. 의식은 신경생리학적 작동들의 (내적으로 처리된) 결과들의 외부화를 수행한다. 의식은 "외부 세계"(Außenwelt)의 구성을 수행하고 그래서 타자준거와 자기준거의 구분을 가지고 작동한다. 그래서 의식은 '주체/객체-도식'에 구속된 상태로 유지되며, 재귀적 관점에서도 자기 자신을 오직 사물 아날로그적으로, 오직 주객체(Subobjekt)로서만, 오직 정신(Seele)으로서만 정신(Geist), 자기, 자아(Ich)를 떠올릴 수 있을 뿐이다. 그러나 종교는 특히 이런 '주체/객체-구분'의 의미에 대해서도 아직 질문할 수 있고 — 결국 질문해야 한다는 — 데서 문제를 가지고 있다.

종교적인 주제 선택에서 인간과의 관련이 함께 진행된다는 것은 이와 함께 반박되어서는 안 되겠지만, 그것은 종교의 주제들을 끌어들이지 종교의 기초적 작동들을 끌어들이지는 않는다. 예를 들어 인간이 된 신의 신화나 개별 인간이 아주 많은 이들 중 한 인간일 뿐이라는 점을 잊게 만드는 자아 주관성 신화 같은 강력한 신화들이 있다. 그러나 이 신화들은 소통의 압

---

45 Aristoteles, De anima III.

축물로만 있다.

그래서 우리는 사회학 이론의 맥락에서 종교를 오직 소통적 사건으로만 파악할 수 있다. 의식 과정 또한 함께 작용한다는 사실은 어떤 식으로든 반박되어서는 안 될 일이다. 의식 없이는 소통도 없다. 그러나 종교의 실현은 사회질서 그 자체의 실현과 마찬가지로, (제각기 자기 안에서 폐쇄된) 의식 작동들의 합계로서 파악될 수는 없다. 그런 구도에서는 사회질서의 창발은 극도의 비개연성 문제에 부딪힐 것이다 — 미켈란젤로의 조각품이 대리석이 깨어질 때의 조각들로부터 만들어졌다고 보는 것만큼이나 비개연적이다. 사회질서의 생성, 그러나 그것의 지속적인 유지와 재생산 또한 바로 이것을 유발하는 작동들에 기초해서만 설명할 수 있다 — 실제로 일어나며 자기 자신을 재생산하는 소통에 근거해서만 가능하다. 즉 유일하게 종교적 소통만이 관건이다. 소통에서 소통의 의미로서 현재화되는 종교적 의미만이 관건이다. 그래서 여기서는 예를 들어 신성(Gottheiten)처럼 종교가 자기 자신에 관해 만들어내는 진술들과는 달리, 그것들의 존재에 관해 말해지는 종교적인 실재들(Entitäten)과 관계가 있다. 우리는 오직 이것이 말해진다는 데만 관심이 있다(그것이 말해지지 않는다면, 그것이 맞는지 아닌지에 대해 숙고할 계기를 가지지 못할 것이기 때문이다). 그 밖에도 우리는 (제각기 개별화된) 의식 상태들에 관한 진술도 추상화할 것이다. "인간화"가 중요하지 않다는 것이다. 19세기 양식에서 종교의 인간학적인 재생산이 관건인 것도 아니다. 그래서 소통은 심리적, 유기체적, 화학적, 물리적 종류의 규정된 구조적 연동들이 보장되어 있을 때만 당연하게 가능하다고 전제할 수 있는 조건에서, 우리가 허용하는 유일한 체계준거다.

의식의 고유한 성과 분석은 종교를 결코 이해될 수 있게 만들지 못할 것이며, 특히 고등 형식 종교의 진화를 설명하지 못할 것이다. (비교적 발달된 동물들의 경우와 마찬가지로 인간의) 의식의 중심 성과는 두뇌의 신경생리학적 처리 과정들의 결과를 "외부 세계"로 나타나게 하고, 그로 인해 의식을 가지고 살아가는 유기체들이 자기준거와 타자준거의 차이를 지향할 수 있게 된다는 데 근거한다. 이런 일은 직접적인 지각을 통해 일어날 수도 있지만, 상이한 종류의 시뮬레이션을 통해 일어날 수도 있다. 그로 인해 주어진 구분 능력이 인간에게서 언어를 통해 상승되고 일종의 기억과 학습 능력을 갖추게 되었다는 것도 안다. 인간은 언어 형식으로 지각했던(들었거나 읽었던) 것을 상기할 수 있다. 그래서 의식의 진정한 작동의 영역에서는 관찰 불가능한 것이 실재 지표를 통해 표현되면, 그것은 항상 존재하는 다른 어떤 것 "배후"나 "내부"에 숨겨진 것으로 나타날 것이다. 종교적 소통은 의식에서 떠올릴 수 있는 것을 제공하는 것이 관건이면, "배후"나 "내부"의 그런 은유도 사용한다. 그러나 "예"(수용)와 "아니오"(거부)를 따르는, 소통의 언어적 코드화는 종교가 점유하고 발전시키는 의미론적 공간을 연다. 의도된 것, 통보된 것, 이해되어야 할 것이 **의식에 접근 불가능하다**는 바로 그 점에만 근거하는 의미는 오직 소통을 통해서만 실현될 수 있다. 그로써, 그 배후에 있음, '어떤 것 내부에 있음', 비가시성, 모사 불가능성이 은유들로 구축되어 표시되며, 의식은 이 언어에 익숙해져야 한다. 그러나 이때 설교되는 것과 관련된 의식 상관물은 고도로 불확실하며 소통에 의해 선포되는 사용될 수 없는 것으로서 남겨진다. 소통은 고유한 작동의 폐쇄와 새로운 시작의 조건으로서 이해함의 고유한 형식들을 생성시키며, 소통은 의식의 변덕스러움이 소통 자체를 교란하는 한에서만 그 완고함을 등록할 뿐이다. 소통적 자기생산의 기반에서 이루어지는 고유한 사회문화적 진화의 조건은 바로 거기에 있다. 그 조건은 소통이 같은 순간 의식에서 진행되는 데 대해 고도로 **무차별적**이면서도 동시에 특화(되었지만, 자기규정)된 방식으로 **민감하다**는 데 근거한다.

따라서 우리는 소통을 고유한 작동으로부터 자기 자신을 재생산하는 작동 방식으로서, 즉 "자기생산적" 체계의 작동 방식으로서 파악하고자 한다. 소통은 정보, 통보, 이해의 종합, 즉 그 의미에 있어서 소통이 속행될 수 있을 만큼 수렴하는 종합이 실현될 것을 요구한다. 확인적(konstative, 정보를 제공하는) 소통의 구성요소와 수행적(performative, 통보하는) 소통의 구성요소들은 모든 소통적 작동에서 균등해지고 그 맥락에서 이해되어야 한다. 그런 점에서 종교적 **신앙**은 언제나 **고백**으로 남는다. 그러나 이 사건의 **통일성**은 소통으로 생산되지 (어쩔 수 없이 불확실한) 참여자들의 의식 상태로 생산되는 것은 아니다.

소통은 언제나 관찰작동이다. 소통은 최소한의 요건으로 (1) 정보와 통보가 구분될 수 있으며, (2) 이 구분을 만들어내는 입지점이 되는 구성요소인 이해 자체가 통보와 중첩되지 않는다는 것을 전제하기 때문이다. 심리적 체계들의 참여에 대한 요구들은 그에 따라 복잡해지며, 그것들은 그 후 소통을 교란하면서 소통에 역영향을 미친다. 그러나 소통은 (구체적인 인간에서 출발하는 것이 아니라) 사회적 체계들에서 출발하면, 일차적 작동이며 일차적 작동으로 남는다. 그리고 이 지점에서 출발하는 연구에서는 같은 순간 심리적으로 발생하는 것을 제쳐둘 수 있다. 심리적으로 현재화되는 것들 중 소통상으로 적절해지고자 하는 것은, 소통으로 주목을 끌 수 있어야 한다. 그렇지 않으면 그것은 사회라는 사회적 체계에 대해 아무런 귀결이 없는 환경의 변화로서 남는다.

소통이 정보, 통보, 이해의 세 가지 구성요소의 종합으로서 파악되면, 이 개념은 이 구성요소들의 한 요소나 다른 요소의 물화를 허용하는 것도 아니고 존재론적 우선권을 허용하는 것도 아니다. 소통은 원천을 가지고 있지 않다 — 그런 원천을 정보의 사물 의미에서 가지고 있는 것도 아니고, 어떤 것을 통보하는 주체적 행위자에서 가지고 있는 것도 아니며, 궁극적으로 사회의 맥락과 이해를 가능하게 하는 그 맥락의 제도들에서 가지고 있는 것도 아니다. 소통은 소통의 고유한 생산물이다.[46] 그래서 소통은 연결되는 소통이 의외의 정보, 통보의 의도, 또는 이해의 어려움 중 어디에서 문제를 찾는지에 따라서, 지향의 주안점을 끊임없이 교체할 수 있다. 이 분석은 의미를 포기할 수 없이 전제하는 것으로 소급된다. 의미는 구성요소들의 그런 주도 교체를 가능하게 하며 그 안에서 재생산되는 매체이기 때문이다. 이런 점에서 객체들, 주체들, 이해의 조건들은 미리 주어진 본질적인 것들이 아니다. 의미는 소통의 "고유값"이다 ─ 소통의 회귀성(Rekursivität)에 근거하여 보장되는 "고유값"이다.

우리는 이 소통 개념을 이 자리에서 자세한 설명 없이 전제해야 한다.[47] 그러나 이하의 분석을 위해서는 관찰자에 관해 말해지는 모든 것이 소통에 대해서도 유효하다는 점이 중요하다. 그래서 사회적 체계들 또한 관찰하는 체계들이다 ─ 그리고 이것은 고유한 구분들을 가지며 특히 고유한 지각 능력을 가지지 않는 특유한 관찰 체계들이다. 이 사실은 관찰함의 관찰 불가능성의 핵심 전제들에 대해서도 유효하다. 물론 소통체계는 의식체계들처럼 자기 자신을 관련지을 능력이 있다. 소통은 기초적 작동의 층위에서 소통을 지시하여, 그 후 그 소통에 관해 소통되도록 할 수 있다. 그 밖에도 소통체계는 주제에 관해 고유한 동일성을 만들어낼 수 있고, 자기지시들을 활용할 수 있고, 자기기술들을 작성할 수 있고, 자기 자신에 관한 이론을 구축하고 토론에 제출할 수 있다. 그러나 언제나 다른 소통적 작동들이 체계 안에 있다는 것을 배제하는 것이 아니라, (비트겐슈타인의 규칙(Regel) 개념처럼) 바로 전제하는 작동을 통해서만 그렇게 할 수 있다.

---

46 구성요소들에 대한 비슷한 이해이기는 하지만 약간 다른 규정을 보려면, Deleuze a. a. O. 22쪽 이하를 볼 것.
47 계속되는 내용은 Niklas Luhmann, *Soziale Systeme: Grundriß einer allgemeinen Theorie*, Frankfurt 1984를 볼 것.

즉 여기서도 성찰은 항상 관찰 자체에서 주제화되지 않으며 그 관찰의 맹점으로 기능하는 사전 구분을 통해 그리고 사전 구분에 매여 조건화되어 있다. 그리고 같은 내용이 소통적 작동의 기초적 층위인 정보, 통보, 이해의 구분과 관련하여 유효하다. 소통은 그렇게 구분된 것의 통일성의 현재화 순간에 자기 자신을 지시할 수 없다. 소통은 오직 작동만 할 수 있다. 그리고 이 통일성이 관건일 때 연결 소통이 투입되어야 하며, 그 소통은 그 자체가 자기 자신을 오직 작동상으로만 실현할 수 있다. 우리는 서로 이해했는가?

이하의 장들은 작동과 관찰의 구분, 세계와 관찰의 관찰 불가능성, 구분된 것의 같음의 역설, 또는 구분의 자기 자신 내의 재-진입 같은 (고유한 논리에 따라) 상이한 명칭을 가지는 이 문제와 항상 새롭게 관련될 것이다. 이해에 대해서는, 우리가 이를 통해 소통이라는 관찰작동을 관련지을 수도 있고, 그 관찰작동을 철저하게 관련지을 수 있다는 것이 중요하다. 우리는 일상 소통에서 관찰 불가능성의 책임이 "인간"에 있는 것으로 생각하지 소통에 있는 것으로 생각하지 않는다는 점과 종교적인(예를 들어 신비적으로 지향하는) 소통의 관점 및 표현의 결점들이 인간 내부의 구성조건들에 귀속된다는 점으로 인해 호도되어서는 안 된다. 그것은 소통적으로 생산된, 관찰함의 관찰 불가능성의 심층적인 역설을 은폐하는 의미론적 형식 중 하나에 불과하다. 그리고 이 말이 옳다면, 심리학이나 인간학이 아니라 사회학이 종교에 대한 관할을 주장할 수 있는 종교과학인 것이다.

VIII.

작동/관찰의 구분으로 작업된 통찰들은 인지 능력들의 범위를 질문할 때 반복되고 구축될 수 있다. 종교적 전통을 위해서는 항상 인간의 제한된 인지적 능력에서 출발하여, 신을 위한 대립 개념으로서 전지함 같은 부가어를 예약해 두는 것이 당연한 것이었다. 오늘날의 인지과학에서는 인간/신(유한/무한) 구분으로 표현되지 않는 문제들이 등장한다. 출발 전제는 어떤 체계도 인지를 통해 자신의 환경 적응을 보장할 수 없다는 것이다.[48] 인지는 체계 작동에서 근거가 되는 추가 기제에 불과하다 — 즉 일시적인 환경 조건에 체계의 일시적인 적응을 가능하게 하면서, 다른 한편 거기서 세계나(체계 관점에서는 환경이) 체계의 자기재생산을 관용한다는 점이 전제되어야 하는 기제일 뿐이다.

이 점은 모든 살아 있는 유기체들의 경우와 인간 의식에 있어서만 유효한 것이 아니라, 모든 종류의 소통체계들의 경우에도 변화된 형식으로 유효하다. 물론 모든 소통은 필연적으로 "정보"라는 구성요소를 활성화한다(또는 그렇지 않으면 그것은 소통이 아닐 것이다). 소통은 어떤 규정된 것을 관련지어야 하며, 그 관련 기준에 정보 형식을 부여해야 한다. 소통은 자신이 지시하는 것을, 차이를 만드는 차이로 파악해야 하며, 이때 그 차이는 인지적으로 처리된다.[49] 그러나 소통이 완전하게 성립하기 위해서는 그 밖에

---

48 유기체들의 경우에 대해 A. Moreno/J. Fernandez/A. Etxeberria, "Computational Darwinism as a Basis for Cognition", in: *Revue Internationale de systémique* 6 (1992), 205-221쪽을 볼 것.
49 베이트슨의 정보 개념, 차이를 만드는 차이. Gregory Bateson, *Ökologie des Geistes: Anthropologische, psychologische, biologische und epistemologische Perspektiven*, 독일어판본. Frankfurt 1981, 488쪽을 볼 것.

도 정보의 통보가 필요하며, 마침내 연결 소통을 위해 충분한, 통보와 정보의 차이를 지향하는 이해가 필요하다. 즉 소통은 결코 자기 자신을 재생산하는, 정보에 지탱하는 인지에 불과한 것이 아니다. 소통의 고유 성과는 이 환경 조건을 체계 내에 복제 투입하는("재현함") 것이 아니라, **고유한** 작동 방식의 정보적(확인적)이며 통보적(수행적)인 구성요소들의 끊임없는 중개다. 소통은 두뇌처럼 환경 의존적으로 작동하지만, 환경과 접촉하지 않으면서 작동한다. 소통 역시 이 작동의 체계를 다른 작동들과의 회귀적인 포착에서 재생산하는 작동으로서 이 소통 자체의 내부에서 직접 파악하고 주제화할 수 없는 환경 전제조건들을 자신에게 허용해야 하기 때문이다. 소통은 그 소통을 정상적으로는 관용하는 환경, 특히 의식체계들을 전제하지만, 충분히 불연속적이며 의외성으로 가득 찬 생태학적 환경도 전제한다. 그래서 누락들과 중단들은 배제되어 있지만, 그것들은 교란들로서 소통에 작용할 수 있어야 하며 세계의 정상 상태에 대한 사건으로 정의될 수 있어야 한다.

반복적으로 사용 가능한 지식, 기호를 의미론적으로 의미 있는 것으로 선호함의 형식으로나, 지식의 획득과 검증을 위해 입증된 방법의 형식으로 이루어지는, 인지적 정보 처리에 특화된 구조 형성도 그 점에 있어서는 아무 것도 변화시키지 못한다. 첫째, 그런 구조들은 소통을 통한 활성화를 전제하기 때문이다. 그런 구조들은 작동과 무관하게 존재하는 존립들(Bestände)이다. 그리고 그 밖에도 그 구조들의 진화는 일시적인 상태들에 대한 일시적인 적응을 가능하게 하는, 모든 인지의 주도적 관심에 의해 조종된다. 그래서 갈수록 더 나으며 더 적절하며 갈수록 더 예리해지는 "그 모습대로의" 세계를 파악하는 것이 관건이 아닐뿐더러 결코 그렇게 될 수도 없다. 오히려 체계가 자기 자신을 계속 그렇게 구축해나가는 수단이 되는 끊임없는 내적 구성이 중요할 뿐이다. 그래서 구분들의 디지털화, 저장,

세밀화 방향으로의 인지적 능력들의 구축이나, 모든 지식의 사전 계산된 변경 가능성을 통한 학습 속도는 체계의 세계 확실성을 개선하는 것이 아니라, 기껏해야 체계의 고유한 교란 가능성을 상승시킬 뿐이다. 그렇다고 하면 체계는 더 많은 의외성들과 아직 미지의 것을 유형화하여 처리하고 그래서 이해 가능해지는 소통의 영역을 확장할 수 있다. 그러나 사회체계의 적응 가능성 개선을 위한 보증이 그곳에 있는 것은 아니다. 그렇다면 진화는 체계가 환경에 더 잘 적응할 수 있도록 기여하는 지식의 선택을 뜻한다고 볼 수 없게 된다. 그것은 비개연적인 것으로 강요된 복잡성에도 불구하고 — 그렇지 않으면 사이버네틱스 용어로는 일탈 강화에도 불구하고[50] — 체계의 자기생산 속행의 수단이 될 수 있는 형식들의 검증에 불과할 뿐이다. 진화의 성과는 생성 개연성이 낮은 경우에도 높은 유지 개연성을 만들어낸다는 데 있으며, 그것은 체계 형성을 뜻한다.

소통적 작동함의 자기생산은 아직 점유되지 않았으며 여전히 미지의 미래를 투사한다 — 이것만은 확실한데 그 미래 속에서는 항상 다른 작동들이 가능해진다. 불확실성은 끝없는 불확실성을 뜻한다. 모든 규정에서 새로이 구성되는 불확실성을 뜻한다. 그것은 수정 가능성들을 보장하고, 그렇게 되기에 충분하다. 그렇게 되기 위해 초월적인 보증자가 필요하지 않으며, 선험들이 필요한 것도 아니다. 그런 수정의 유예는 정치, 경제, 학문 등 거의 모든 기능체계에서, 그리고 오늘날에는 심지어 친밀관계들에서도 충분할 것이다. 그러나 더 많은 것이 요구될 때는 다른 종류의 의미 자원들을 도입해야 한다.

---

50 특별히 이 점에 대해 Magoroh Maruyama, "The Second Cybernetics: Deviation-Amplifying Mutual Causal Processes", in: *General Systems 8* (1963), 233-244쪽을 볼 것. "das Postscript to the Second Cybernetics" in: *American Scientist 51* (1963), 250-256쪽도 참조할 것.

이러한 이론적 출발점들은 생명 진화에 대해서도 사회라는 소통체계의 진화에 대해서도 광범위한 귀결을 갖는다. 그 출발점들은 존재에 적합하게 미리 주어진 전통적인 전제와 결별하며, 이치적인 '예/아니오-논리'로 파악할 수 있는 세계와도 결별한다. 종교는 이 출발점에서부터 존재론과 연대해야 한다. 즉 우주론을 수용하거나, 존재하는 모든 것을 창조했고 유지하는 창조자(존재 술어)까지 전제해야 한다. 반면 출발점을 작동적 구성주의로 전환하고 모든 인지의 작동상의 전제를 강조하는 것은 전혀 다른 문제 제기 방식을 취한다. 세계와 지속적으로 전제할 수 있는 체계들의 적응 상태가 관찰에서 벗어나고 인지적인 처리로부터 더더욱 벗어난다면, 체계는 어떻게 의미 신뢰 같은 어떤 것을 발전시킬 수 있을까? 그리고 종교가 그 점을 관할한다는 추측은 완전히 터무니없는 것이 아니다.

IX.

이 장을 매듭짓는 고려는 죽음의 의미와 관련되어야 할 것이다. 죽음은 모든 종교와 모든 종교이론에서 중요한 역할을 할 것이다. 죽음은 인간 생명의 기본 경험에 속하며, 물론 모든 이와 관련되어 그들의 삶의 운명들과 사회적 신분과 무관한 경험으로 다루어진다. 그 점을 전혀 고려하지 않더라도, 죽음은 시간적으로도 모든 순간에 발생할 수 있다는 특수한 속성을 가진다. 사회적으로 보면, 다른 사람들의 체험된 죽음뿐만 아니라 어떤 순간에도 일어날 수 있는 자기 죽음이 중요하다. 이런 보편주의들은 죽음의 의미가 종교가 자신을 입증해야 하는 문제라는 점을 다른 설명 없이도 보여준다. 죽음은 다른 기능체계들과 조직들에 있어서 제한된 역할만 수행한다. 의학은 환자가 사망하는 순간 노력을 중단한다. 보험회사는 죽음을 상당히 정확하게 계산할 수 있는 수량으로 생각하며, 그 수량에서 통계학을 고유한 역설의 근거로 삼는다 — 즉 다수 인구에서의 예측 정확성은 개별 사례들의 예측 불가능성을 **통해 조건화되는** 것으로서의 역설이 된다. 조직들은 죽음을 후속 문제들로 경험하며, 정치체계들은 상황에 따라 죽음으로 인해 상당한 불확실성의 계기들에 직면하게 된다. 법은 죽음에 법적 결과들을 부여한다. 이런 사례들의 어떤 경우에도 죽음의 의미로 인해 체계 기능이 핵심적으로 문제화되는 것은 아니다.

종교는 이 점에서 다른 것으로 보인다. 어떤 종교도 이 문제에 대해 어떤 것을 말해야 한다는 것을 회피할 수 없는 것으로 보인다. 함께 체험하는 이들이 당혹감을 표현하고 사회적 참여를 확인할 수 있는 의례를 제공하지 않으면서 죽음을 단순히 일어나도록 내버려 두는 종교는 없다.[51] 또한 죽은 이들이 영적으로 계속 살아 있을 것이라는 신앙 또한 널리 확산하여 있다. 사자들은 종종 재앙을 초래하며 그래서 진정시켜야 하는 선조들로서, 또는 미사를 집전해야 하는 불행한 영혼들로서 계속 살아 있는 것으로 믿어진다. 육체적 생명의 의미론은, 육체적 죽음을 넘어서서 지속하거나 그 죽음을 통해 해방되거나, (생명이 수태와 출생을 통해 생겨나는 것처럼) 경우에 따라 죽음에서 비로소 생겨나는 어떤 것을 가리키는 특징들을 포함한다. 기독교적 종교가 표현하는 것 같은 분명한 '육체/영혼-구분'은 그 경우에 전제될 수 없다. 오히려 그 구분은 특히 육체 의미론의 상당한 축소를 낳았고 그

---

51 그것은 이런 종류의 모든 의례가 반드시 종교적으로 함축적인 의미가 있다는 것을 뜻할 필요는 없다. 이탈리아 남부 마을에서는 누군가 죽으면, 홀아비/미망인이 일정한 시간 동안 집을 떠나서는 안 되고, 개인적인 가까움의 엄격하게 규제된 순서에 따라 친척들, 친구들, 이웃들의 돌봄을 받아야 하는 관습이 있다. 문제는 어느 정도 인위적으로 이중화되며, 그래서 사전에 규정된 행동을 통해 해결될 수 있는 형식으로 옮겨진다. 또는 달리 말하면, 죽음은 의무들과 행동 제한들을 통해 추가적인 부담을 지게 되며, 차이는 유예되고, 요구들이 당혹스럽고-정확하게 채워지는지에 대해 주목하게 된다.

후 자연과학적-의학적인 재-복잡화(Re-Komplexifizierung)에 넘겨져 있을 수 있었던 특별한 종류의 진화상 성취다.

기독교적 우주론은 두 가지 상이한 시간 사상에서 죽음을 성찰하며, **그 둘 모두 삶**을 지시하며 생명으로 표현한다. 영원(Aeternitas)은 모든 시간과 동시적인 신의 삶의 시간이다. 그것은 단순하며, 그래서 생성과 소멸이 없는, 그래서 계승이 없는 해체 불가능한 삶의 시간이다. 반면 시간(Tempus)은 영혼을 통해서만 영생에 참여할 수 있는 해체될 수 있는 합성(compositum)의 삶으로서의 인간 삶의 시간이다. 시간들의 차이, 즉 "시간"(Tempus)의 차이 포함적인 시간은 창조를 통해 비로소 생겨난다. 그래서 창조 이전의 시간을 질문하는 것은 의미가 없다.[52] 그 두 시간 개념의 괴리는 미래의 식별 불가능성을 통해 표시되는 동시에 해체된다. 그것은 죽음의 시점을 알 수 없다는 것을 뜻할 뿐만 아니라, 죽음과 함께 시작되는 미래가 식별될 수 없다는 것을 뜻하기도 한다 — 그리고 이것은 그 후 신학자들의 전문지식을 통해, 특히 천국과 지옥의 도식을 통해 채워지는 틈새이기도 하다. 그래서 사제들의 상담과 마찬가지로 개인 상담은 죽음과 함께 천국의 구원에 도달하고 영원히 지옥으로 추방되지 않도록 보장하거나 신의 은총을 통해 개연적인 것으로 만드는 생활 영위 규칙들을 수립하고 주의해야 할 과제를 넘겨받는다. 이러한 이중 시간 우주론은 삶/죽음 구분을 다른 구분으로 넘어서, 그로써 살아 있는 육체에 관련된 오래된 용어들(예를 들어 그리스어에서 영원의 탑(aion))이 더 이상 제공할 수 없는 의미를 부여하는 "틀"이 되기도 한다.

일반 종교이론에서는 (사회를 위한) 기능과 (다른 체계들을 위한) 성과들을 분명하게 구분하지 않는다. 인간학적인 전제들의 기초에서, 인간들은 가

---

52 Augustinus, *Confessiones XI*, 12쪽 이하.

까운 사람들이 죽었을 때 위로를 필요로 하며 자기 죽음이 임박했을 때 격려를 필요로 한다는 것을 전제한다. 죽음에는 모든 삶이 반영되며, 삶은 마지막으로부터 통일성으로서 파악 가능해지며, 종교는 그 점에 의미 부여를 연결할 수 있다. 그런 정황에 부합하는 의례들은 근대적이며 기능주의적인 해석에서 긴장 해소의 "잠재적" 기능과 고통의 압력을 무난한 활동으로 전환하는 "잠재적" 기능을 부여받는다. 그것은 종교적인 신앙 수단과 위로 및 의례의 성과들과 관련되는 내용으로 전적으로 옳은 말일 수 있다. 진화상으로 보면, 죽음의 사례에서 현재화되며 이 경우를 위해 반복될 수 있는 전형들을 마련하는 규정된 의미론들과 실천들의 발전과 입증 선택을 위한 자극들이 바로 여기에 있다고 추측할 수 있다. 그러나 그 점은 아직 사회 전체에 대한 종교의 기능과 죽음의 종교적인 처리에 관해 말하고 있는 것은 아니다.

처음에는 일단 생물학적 죽음으로서의 죽음이 중요한 것이 아니라, 죽음에 대한 지식이 중요하다. 지식은 소통 가능한 지식이다. 지식은 의미 매체에서 현재화되며, 오직 삶과 죽음의 구분에 힘입어 그렇게 된다. 이 문제의 해법은 죽음을 삶으로 재수용하는 아주 전형적인 형식을 취한다.[53] 죽음 이후의 삶을 전제하든, 신의 영원한 삶을 인간의 시간적 삶과 비교하든. 죽음은 의식에 대해서도 소통에 대해서도 의미 자유로운 작동들이 없기에 오직 의미 매체에서만 나타날 수 있거나, 더 정확하게 말해 의미 매체의 형식들 중 하나로서만 나타날 수 있다. 그리고 문제는 죽음의 이른바 "무의미성"이 아니라 바로 이 지점에 있는 것으로 보인다.[54]

---

53 그것은 형식적으로 본다면, 삶/죽음 구분의 자기 자신 내로의 "재-진입"이며, 그것은 해결할 수 없는 미결정성의 모든 귀결을 가진다. 이점에 관한 분석은 Spencer Brown a. a. O. 56쪽 이하에서 읽을 수 있다.
54 우리는 여기서 물론 의미 개념을 다시 구분해야 한다. 죽음의 강제적인 의미 형식성은 죽음이 삶과 관련하여 규정된 기대들과의 관련에서도 "의미 있는" 것으로서 체험되고 소통

의미는 자기생산 체계의 매체이다. 바로 그 점이 (의식적이거나 소통적) 작동들의 층위에서 마지막이 예견되어 있지 않다는 사실의 근거가 된다. 생산되는 모든 요소는 요소들의 재생산 맥락을 통해서 생산되며, 그리고 그 맥락을 위해 생산된다. 따라서 "마지막" 요소는 있을 수 없다. "마지막" 요소는 요소가 아닐 것이기 때문이다. 여기서 우리는 같은 구조를 의미 매체에서 발견하며 그리고 특수하게 의미의 시간 형식에서 발견한다. 모든 의미 형식은 다른 가능성들에 대한 지시들의 도움으로 형성된다. 그래서 시간적으로 본다면, 이전이나 이후의 질문이 제기되지 않을 절대적인 시작도 절대적인 종말도 없다. 예를 들어 신의 생명의 영원한 현존(Gegenwart)에 대한 어거스틴의 학설과 이 점의 근거가 되는 시편 인용에서 나타나는 것처럼,[55] 이 질문을 기각하는 것은 상상할 수 없고 그 자체가 역설적이며 차이 없는 시간 개념을 가지고 작동하며, 바로 이 때문에 종교적인 것으로 입증된다. 그런 속행들은 의미 매체에서는 신앙의 진술이 아닌 다른 것으로 나타나지 않는다. 미래와 과거가 없으며 해와 날이 없고 승계가 없는 무차별적인 시간은 그 자체가 하나의 절개(Einschnitt)이며 문자의 행위다 — 살아 있는 인간의 시간 이해와 구분된다는 점에 근거하여 데리다적 의미에서 그렇다.

그래서 자기생산적 작동 층위와 그 작동의 관찰에 기여하는 의미론 층위에서는 "그 이후"가 없는 종말도, "그 이후"가 없는 죽음도 있을 수 없다. 의식은 마지막 생각을 생각할 수 없고, 그래서 마지막 생각이 어떻게 느낄지를 생각하지도 못한다. 그리고 의식은 모든 죽음의 경우 다음에도 항상 소통이 계속될 수 있다는 것을 당연한 것으로 이해한다. 그리고 의식은 또한 발생한 것이 적어도 후속 소통이 가능하게 남을 정도로만 이해될 수 있

될 수 있다는 것을 진술한다.
55 다시 Confessiones a. a. O., 특히 XI, 14쪽, 17-20쪽을 참조할 것.

다는 것을 이해한다. 심리적 체계들과 사회적 체계들을 위해서(그리고 **그 두 체계 모두를** 위해 의미가 그 체계들의 작동을 관찰하기 위한 매체로서 중요하기에), 죽음은 확실한 지식인 동시에 확실한 무지다. 의미 매체는 죽음을 파악하는 데서 자기 자신과의 모순에 처한다. 다른 면이 있다는 것을 전제해야 하는 경계 형식에 모순되는 한계 체험이 중요하다. 그래서 이 점에 근거하는 모든 해석은 그것이 오직 해석에 불과하다는 것을 부인할 수 없다. 그 해석은 자신의 고유한 무지를 존재론적으로 세계 내부에 위치시킬 수 있다. 그 해석은 무지를 거의 우주론화할 수 있다. 그 해석은 무지를 내재성/초월성 도식으로 해석할 수 있다. 그러나 그것은 죽음을 개별 문제로 취하여 그 대신 제안을 제시하는 방식으로 일어날 수는 없다(그것은 그 즉시 다시 반박할 수 있을 것이다). 그런 해석들은 오직 종교로서만 신빙성을 획득한다. 즉 체계로서만 획득하며, 그 체계는 세계 지식을 충분히 동원할 수 있으며 중복들을 충분히 현재화할 수 있어서, 죽음은 의미 자체가 역설적으로 경험될 수 있는 사례로 물러서고, 알려져 있으며 신뢰할 만한 것으로 다루어질 수 있는 세계 내부에 수용될 수 있다.

제 2 장

코드화

제2장 코드화

I.

　종교는 그것이 무엇이든 의미 매체 내부에서의 형식들의 형성에 의존한다. 모든 다른 의미처리와 마찬가지 방식이다. 그러나 그것을 통해서는 아직 종교의 특수한 것이 어디에 있는지를 알 수 없다. 그런데도 우리는 다음 단계로 넘어가기 위해 앞 장에서 시작된 형식 분석을 참조할 수 있다. 우리는 예를 들어 이미 존재하는 어떤 것을 질문하는 것처럼 "종교의 의미"를 질문함으로써 도움을 받지 못한다. 이 질문에 대한 모든 대답은 형식을 사용해야 하기 때문이다. 말하자면 어떤 것, 바로 종교를 지시하고 "다른 모든 것"을 배제하는 구분을 내려야 하기 때문이다. 그러나 종교는 어떻게 "다른 모든 것"을 배제하는 고유한 형식 내부 면을 변명처럼 사용하는 의미 부여를 수용하여, 세계의 무표 상태와 바로 그 관찰자에 더 이상 관심을 기울이지 않아도 될 수 있을 것인가?

　유표와 무표 간 경계가 어떻게 그려졌든, 우리는 정확하게 바로 그곳에 문제가 있다고 보는 의미 부여만을 종교로서 타당한 것으로 다룰 수밖에 없다.

　그것은 특히 **모든** 형식 사용이 무표 상태를 만들어내기 때문에 종교를 관여시킨다는 것을 뜻한다(물론 표시가 없이는 "표시되지 **않은**" 어떤 것도 없을 것이다. 그리고 세계는 유표/무표의 구분을 통해 일단 상상적 공간으로 변형되어야 한다). 그런데도 종교는 **보편적인** 의미 관할에서 바로 유표/무표(관찰 가능한/관찰 불가능한)의 구분이라는 **특수** 구분에 유념하고 있다. 그러나 구분의 다른 면, 구분의 외부 면이 표시에서 벗어나며 **그리고 바로 이 점이 표시의 조건 그 자체**라면, 이것이 어떻게 구분으로 지시될 수 있는가, 즉 형식이 표시될 수 있는가?

우리는 종교의 코드를 질문하면서 이 문제에 대한 두 번째 이해를 부여한다. 코드는 코드로서 기여하는 구분의 두 면이 비록 양의 값과 음의 값 구분의 도움에 의존하기는 하지만 지시될 수 있다는 것을 전제한다. 우리는 이 점을 나중에 다시 다룰 것이다. 현재로서는 앞선 문제, 즉 종교의 코드가 유표/무표 구분으로 점유된 자리를 원천적이며 보편적인 형식을 취하는 방식으로 넘겨받으면, 무슨 일이 일어나는가의 문제에 관심을 기울인다. 다음 내용을 추측할 수 있을 것이다. 그렇게 됨으로써 종교 자체가 구분 가능해진다. 즉 (다른 코드가 아니라) 이 코드를 가진 체계로서 구분 가능해진다. 그 밖에도 그 경우에는 관찰자가 관찰 가능해진다. 즉 이 형식을 사용하는 그리고 이 구분의 도움으로 그가 지시하는 것에 종교적인 의미를 부여하는 누군가로서 관찰 가능해진다. 그리고 벌써 이와 함께 타락이 세계로 들어온다.

실제로 코드의 두 면은 이제 각각 무표 상태에 맞서 구분되어야 할 것이다. 두 가지 무표 상태는 이것이 디지털화, 즉 표시를 전제할 것이기에 존재할 수 없다. 그것은 분명하게도 논리적인 질서의 이유로 인해 배제된 제3항이다. 즉 질서 잡힌 세계에서 허용될 수 없는 혼란이다. 그러나 이제 세계로부터 배제된 것은 바로 세계 자체가 아니었던가? 이렇게 세계 안에서 세계에 이르게 되는가? 어떻게 배제된 3항의 포함에 이를 수 있는가?

이 질문이 이끄는 대로 분석을 진행해나가면, 도움이 되는 다수의 가능성을 신속하게 식별하게 된다. 이야기될 수 있으며 서로 맞추어진 구분들의 연속화인 이야기들을 통해 신빙성을 얻는 세계 생성 신화들이 있다. 배제된 것에 질서가 있다는 것을 보여주는 배제들, 금기들, 순수 규정들 및 정화 규정들이 있다.[1] 다른 해법은 세계 자체를 구분 가능하다고 생각하는 것이다. 세계는 다른 어떤 것을 그 반대편에 세워 지시될 수 있게 된다 — 그것이 신이든, 무이든 상관없이 그렇다. 그러면 이 구분의 비세계-면을 이해 불가능성을 암시하는 상징으로 채울 수 있다. 그것은 세계 자체를 관찰 가능성의 양식으로 전제할 수 있다는 이유로 충분할 것으로 보인다. 천국에서처럼, 인식 금지가 투입될 수 있다. 또는 그 후 관찰자가 사탕이라는 생각을 투입할 수 있다. 종교는 이 모든 것과 함께 규정된 역사적 사회에서 소통과 불확실성 흡수의 목적에 충분한 코드화의 의미론을 가지고 온다. 종교는 시성되고 질문자들을 주변화한다.

그러나 질문들이 코드의 통일성, 긍정적(예컨대 좋은)과 부정적(예컨대 나쁜)의 통일성, 유표와 무표의 통일성, 형식 필수적인 구분 그 자체의 통일성으로 물러서는 것을 확실하게 배제할 수 없다. 철학자들은 회의(무를 결과하는)가 "모든 철학의 자유로운 면"으로 함께 제시되어야 한다는 것을 인정한다.[2] 그러나 그것은 우리 문제의 정식화를 위한 다른 변항에 불과하다. 모든 규정하는 지시의 이면에는 항상 그 지시에 있어서 관찰 불가능한, 지시의 차이의 통일성이 숨겨져 있다. 그리고 그것은 역설을 뜻한다.

---

1 이 점에 대해서는 잘 알려진 논저인 Mary Douglas, *Purity and Danger: An Analysis of Concepts of Pollution and Taboo*, Harmondsworth UK 1970이 있다.
2 Georg Wilhelm Friedrich Hegel, *Verhältnis des Skeptizismus zur Philosophie, Darstellung seiner verschiedenen Modifikationen und Vergleichung des neuesten mit dem alten*, Werke Bd. 2, Frankfurt 1970, 213-272쪽 (229쪽)에 그렇게 되어 있다. 이 문헌을 환기시켜 준 카를 에버하르트 쇼르에게 감사한다.

II.

　한 가지가 확실하다면, 그것은 다음 내용이다. 역설(그리고 역설이 동어반복의 형식을 가지고 있다는 역설)이 동일성으로 변환될 때는 언제나 의미 상실이 일어난다는 것이다. 구속하는 신의 동일성으로든 구속하는 무의 동일성으로든, 원칙의 동일성으로든 마찬가지다. 역설을 연결 능력이 있는 동일성으로 해체하고자 하면, 그렇게 하기 위해 구분이 필요하다. 어떤 정보도 자기로부터 내어놓지 않는 역설의 블랙홀을 위해서는, 연결되면서 기대할 수 있을 것을 제한하는 구분 가능한 동일성들이 대체되어야 한다. 언어는 문장 주체를 속성이나 활동으로 갖추어주면서, 그 점을 속여 알지 못하게 한다. 그러나 이런 귀속 습관을 도외시하면, 즉시 차이를 볼 수 있다. 신과 구속, 무와 구원, 원칙과 인정의 차이. 우리는 그 밖에도 어떤 구분이 '관찰 가능한/관찰 불가능한'의 구분을 대체하여, 역설이 능력이 풍성한 동일성들—바로 "신"과 "구속" 같은—로 전개될 수 있는지를 질문할 수 있다.

　역설의 전개가 관건이 되자마자, 역사 또한 관건이 된다. 변형은 논리적으로 일어나는 것이 아니라 창조적으로 일어나며, 필수적인 형식으로 일어나는 것이 아니라 우연적으로 일어나기 때문이다.[3] 그래서 사회는 어떤 지시들을 가지고 신빙성 있게 작동할 수 있는가에 따라서, 적절한 역설 해체를 선택할 수 있다.[4] 그것은 규정된 유형들이 구분 가능해야 하며 그래서

3　Klaus Krippendorff, "Paradox and Information", in: Brenda Derwin/Melvin J. Voigt (Hrsg.), *Progress in Communication Sciences Bd. 5*, Norwood N. J. 1984, 45-71쪽을 참조할 것.
4　법 영역에서의 사례연구로 Niklas Luhmann, "The Third Question: The Creative Use of Paradoxes in Law and Legal History", in: *Journal of Law and Society 15* (1988), 153-165쪽을 볼 것.

"비판"에 내맡겨져 있다는 것을 진술하기도 한다. 무표 상태라는 매복 지점으로부터의 의외의 공격들은, 그곳이 무표라는 바로 그 이유로 인해 결코 효과적으로 배제되지 못한다. 장기적(진화상) 안정성은 그러면 오직 수정 가능성을 통해서만 획득할 수 있다. 항상 다른 유형 안에서 같은 것이다. 동일성은 반복을 통해 구성되지만, 반복은 다른 상황에서 발생하며, 다른 맥락들, 종종 다른 반대 개념에서 같은 것을 부각시키는 다른 구분들을 활성화하기도 한다. 반복에서는 그 후 동일한 것으로 입증되는 것이 압축되는 동시에 확인되며, 하나의 의미 핵(본질, essentia)으로 환원되고 "(임의의 어떤) 것을 위한" "의미 내용"의 확장을 통해 확인된다. 존재론적 형이상학은 실체적인 규정 상태와 우연적인 규정 상태의 구분을 통해 그 점을 고려했다. 그래서 스스로 살아남는 동일성 형성에 이르렀다. 보전할 가치가 있는 소통을 대변하는 보전할 가치가 있는 의미론에 이르렀다.[5]

그러나 모든 의미의 지시 과잉들은 규정 상태들을 **제한들로** 보며, 다른 면을 질문할 가능성을 열린 상태로 유지한다. 그로부터 중세의 논쟁적 질문(quaestiones disputatae) 기법으로부터 바로 학자들의 스포츠가 만들어졌으며, 그것은 그 후 제기된 논쟁 질문에 대답하기에 더 이상 권위가 충분하지 않았을 때, 학자들의 스포츠는 바로 역설화의 소통적 제한을 낳았다.[6] 언제나 원천, 역설, 그로써, 종교의 종교로의 재식별 가능성이 사라지는 형식으로 되돌아가는 길이 있는 것이다. 그러나 동시에 종교는 바로 그 때문에, "모든 것이 가능하다"는 무관심에 빠져들지 않기 위해, 이것을 방해하는 경

---

5   Eric A. Havelock, Preface to Plato, Cambridge Mass. 1963, 134쪽 등에서는 "보전된 소통"(preserved communication)이라는 말을 한다. ders., *Origins of Western Literacy*, Toronto 1976, 49쪽도 참조할 것.
6   르네상스-문학의 역설-선호의 이 계보학에 관해 A. E. Malloch, "The Technique and Function of the Renaissance Paradox", in: *Studies in Philology 53* (1956), 191-203쪽을 참조할 것.

향(이나 체계 내에서의 체계의 자기관찰의 작은 순환에 넘겨주기 위해 그것을 방해하는 경향)을 활성화한다. 그래서 질문은 어떤 의미 형식들이 얼마나 오래 그리고 어떤 사회에 대해 이 일을 해내는지의 질문으로 유지된다.

우리는 종교의 맥락에서 나타난 수많은 가능한 구분 중 종교를 종교로 인식할 수 있게 해주는 구분을 모색한다. 종교를 종교로 인식하는 것, 그것은 처음에는 관찰자들이 상호 이해하고 — 아니면 이해하지 않는 — 귀속 과정이다. 종교의 "본질"에 관한 고전적인 질문은 상이한 관찰자들에 의해 상이하게 답변될 수 있다. 즉 그렇게 외부로부터 질문을 제기하면, 종교의 구분은 종종 종교로서 자질화되어 있는 것으로 보고자 하는 의미 내용들을 지향하면서 상이하게 내려질 수 있다. 어떤 사람은 성찬에서의 대안적인 식사가 이미 그런 의미 내용에 속한다고 보며, 다른 이들은 그렇게 보지 않는다. 본질 질문에 머무르고 마찬가지로 존재론적 문제 처리에 머무르면, 오늘의 사회 조건에서는 종교적인 다원주의는 회피할 수 없다 — 그리고 이것은 각자 신도들을 가지는 다수 종교의 의미에서뿐만 아니라, 도대체 어떤 의미 내용들을 종교적인 것으로 질화(質化)하는지에 관해 이견이 있다는 의미에서도 그렇다.

그래서 우리는 문제 제기를 뒤로 미루고, 유일한 관찰자인 종교 자체만 질문한다. 그렇다면 질문은 다음과 같을 것이다. 종교적 소통은 자신이 종교적 소통이라는 것을 어떤 점에서 인식하는가? 또는 다른 말로 하면, 종교는 **자기 자신을** 어떻게 구분하는가? 우리는 외적 관찰자로서 종교의 자기관찰을 신뢰한다. 우리는 무엇이 스스로를 종교라고 기술하는지를 미리 규정하지 않은 채, 그것을 그냥 받아들이고자 한다. 물론 우리는 그 일을 위해 형식의 형식 내로의 재-진입이라는 기본 역설을 재정식화하는 주도 구분이 있다고 전제한다(그리고 사람들은 이 점에서 착각을 일으켜 경험적으로 반박할 수 있을 것이다). 우리는 종교가 스스로 구분되고 차이(Unterschied)를 자기 자신 안에 복제 투입하는 빌미를 가지고 있다고 전제한다. 즉 우리는 종교가 자기준거와 타자준거의 구분을 사용하고, 또한 이 준거의 "자기"가 아직 종교가 **어떻게** 스스로를 종교로 식별하는가의 질문에 대답하는 것은 아니라고 전제한다.

III.

우리는 첫 번째 고려 과정에서, 어떤 것이 관찰되어야 한다면 의미세계(나 다른 말로 실재)가 쪼개져 있어야 한다는 테제로 소급한다. 그러나 그것은 일단 모든 관찰이 작동상 실행된 구분에 의존한다는 점을 진술할 뿐이다. 종교적 소통은 (여전히 너무 일반적인) **실재 이중화**로서 지시할 수 있을 특수 사례이다. 어떤 사물들이나 사건들에 대해서는, (접근 가능성이 유지되는) 보통의 세계로부터 끄집어내어 특별한 영기(靈氣), 즉 특별한 준거 범위를 갖추어주는 특별한 의미 내용들이 부여된다. 비슷한 것이 놀이로서의 표시나 예술이나 통계학적 분석의 경우에도 적용된다 — 그것들은 종교와 어쩌면 놀라우면서 완전하게 필적하지 않는 친연 관계에 있다.[7] 그런 **구분**은 모든 사회적 체계들에 있는 것으로 보인다.[8] 상태들이나 사건들이 그 구분에

7　놀이(와 판타지)에 관해서는 Gregory Bateson, *Ökologie des Geistes: Anthropologische, psychologische, biologische und epistemologische Perspektiven*, 독일어 판본. Frankfurt 1981, 241쪽 이하; 예술에 관해서는 Arthur C. Danto, *Die Verklärung des Gewöhnlichen: Eine Philosophie der Kunst*, 독일어 판본, Frankfurt 1984; 통계학과 그것의 확률주의적인 결론에 관해서는 George Spencer Brown, *Probability and Scientific Inference*, London 1957, 1쪽 이하를 볼 것. 단순히 (기호론적) 표시들에 대해서는 Jonathan Culler, *Framing the Sign: Criticism and its Institutions*, Oxford 1988도 볼 것

8　Erving Goffman, *Relations in Public: Microstudies of the Public Order*, Harmondsworth UK 1971을 볼 것.

할당되는 방식만 변이하며, 가능한 분화들의 출발점을 그 방식에서 발견할 수 있으며, 그 분화들은 오류들, 규범 위반들, 종교적 문제들, 예술적인 특수 성과 등을 궁극적으로 구분하여 별도로 범주화한다. 후설 현상학의 "초월적 환원"도 이 도식을 따른다. 존재론적 질문과 세계에 대한 "자연적 태도"(natürliche Einstellung)는 배제되며(판단 중지, Epoché), 그렇게 획득된, 가능성들의 이런저런 변이 자유는 변이하는 사정을 견뎌내는 안정적인 고유값들(여기서는 아직 "본질"이라고 불리는)을 발견하는 데 사용된다.

그것은 세계에 대해 실재 개념이 질화하는 의미를 수용하는 결과를 낳는다. 이를 통해 비로소, 지시될 수 있는, 즉 다른 것으로부터 구분될 수 있는 실재가 생겨난다(그리고 그와 함께 운명이 만들어진다). 그러면 세계는 이런 좁은 의미에서 실재적이지 않은데도 관찰자 지위로서 기여하며 그 입지에서 관찰 가능한 어떤 것을 포함하게 된다. 그러면 더 이상 세계는 현재 모습대로 있으면서 존재하며 실재하는 모든 것이 아니다. 그보다는 실재하는 실재라고 말할 수 있는 특별한 실재가 그 실재와 구분되는 어떤 것이 있음으로 인해 만들어진다. 종교과학적인 관심은 지금까지 배타적이라고까지 할 수는 없지만 현저하게 신성한 것이나 성스러운 것의 특수 현상의 이해에 초점을 맞추어왔으며, "그것은 무엇인가?"라는 질문으로 사실을 파악할 수 있을 것이라는 전제에서 그렇게 했다. 반면 차이이론적인 질문의 안내를 받으면, 세계가 성스러운 것과 다른 것으로 분리되면 **다른** 면에서 무엇이 발생하는지를 추가로 질문할 수 있다. 실재 구분의 원천인 어떤 것이 세계 내부에 있을 때에야 비로소 관찰자를 위해 실재가 생겨난다. 실재는 그 과정을 통해서야 비로소 더 유동적인 상상의 세계와 비교했을 때 어느 정도 경화될 수 있다. 그리고 그렇게 될 때에야 비로소, 관계들, 반영 관계들, 실재하는 실재와 상상적 실재의 이 두 세계 부분들을 서로 결합하는 개입 활동들에 관해 추측들을 제출할 수 있다. 이런 점에서 종교의 주된 성과는, 이 범주에 포함되어 있지 **않은** 것을 관찰을 위해 마련하면서 실재를 구성하는 것이었다.

이미 기호의 언어적인 사용에 그런 혁명이 결합되어 있었음에 틀림없으며, 혁명은 비약적인 결과들을 낳았다. 한편으로, 인지는 실수하는 능력을 갖추었고, 소통은 거짓말하는 능력을 갖추었다. 그렇게 표현해도 된다면, 준거는 그 경우에는 실재적이지 않은 실재들을 관찰할 수 있다. 그러나 그것으로는 충분하지 않다. 그 밖에도 인위적으로 그리고 합의하면서 실재를 이중화할 수 있다. 환원시켜 확장할 수 있다는 것이다. 위에서 언급한 놀이, 예술, 통계, 종교의 사례들이 바로 이 점에 관한 것이다. 이런 이중화는 오류의 경우와는 달리, 재소멸을 위해 규정되어 있는 것이 아니라, 긍정적으로 함축되어 있으며 보전할 만한 가치가 있는 것으로서 재생산된다. 그것은 마치 하나의 구분을 실행하라는 모든 관찰함의 최초 명령을 세계에 투사하여, 그 결과 다른 구분들, 지시들, 관찰들을 구분의 어떤 면에서 연결할 것인지를 항상 언급해야 한다.

그것은 또 다른 질문을 낳는다. 실재와 상상 사이에서 진지하게 의도된 (그런데도 오류일 수 없는) 그런 구분은 어떻게 재생산되는가? 혼란을 방지하는 기호가 있어야 한다 — 실재의 복제가 연속되는 결과에 할당된다는 것을 인식할 수 있도록 해주는 예언자들이나 축구공들, 또는 우리가 개연적인 것/비개연적인 것의 영역에 머무르고, 예컨대 구체적인 사건들을 추론하는 실수를 하지 않도록 보장하는 놀이 규칙들이나 통계 규칙들 같은 유사대상들이 있어야 한다.[9] 그러나 바로 종교의 경우에 혼란을 허용할 가능성, 혼란을 특정한 상황에서, 예를 들어 열광적인 의례의 형식으로 계획에 맞추어 만들어낼 가능성들이 있어야 하지 않는가?

---

9 Michel Serres, *Genèse*, Paris 1982, 146쪽 이하의 의미에서 그렇다.

종교적인 것의 어쩌면 가장 주목할 만한, 상상적 실재를 위한 초기 표시 형식은 **비밀스러운** 것의 형식을 통한 **소통의 제한**에서 발견할 수 있다. 그 비밀스러운 것은 특별한 정황이나 특별히 정통한 사람들 사이에서만 추론될 수 있다(즉, 원칙적으로 처음에는 추론될 수 없다). 성스러운 것은 평범화에 맞서는 이런 비밀 형식을 통해 스스로를 구분하고 보호한다. 이와 함께 실재 이중화 그 자체에 놓여 있으며 실재의 다른 면에 관해 제기될 수 있는 주장들의 임의성 문제는 사회적 통제의 실재에 예속되어 있다. **누구나** 와서 **임의의 어떤** 것을 주장할 수 있는 것은 아니다. 고전 사회학은 이것을 사회통제의 전제조건으로서의 제도화 개념이라고 달리 표현하고 있다.

성스러운 것을 비밀로 서술하는 것은 막대한 장점이 있다. 그런 서술은 우리가 지각하는 것을 낯설게 만들면서도 지각 가능한 것의 상태로 둔다. 예를 들어 뼈들,[10] 입상(立像)들, 그림들, 산들과 샘들이나 동물들 같은 특정한 자연 대상들이 중요하다. 즉 앞 절의 개념으로는 재-진입의 예증이 관건이다. 그것은 "포착하기 위한" 어떤 것이다 — 그리고 동시에 그것 이상이어서, 그렇게 할 수 있는데도 현실적으로 붙잡을 수 없게 된다. 이중화의 문제는 "수치"(Scheu, aidós)를 통해 보호받는 양가성으로 넘겨져 대상에서 특수한 다의성으로 중립화된다.

비밀은 지각 가능한 것에서 객관화될 수 있다는 점에서, 소통에서 전제할 수 있다. 비밀은 보여줄 수 있는 것처럼 존재하는 신비로 남는다. 그것은 다른 사람들도 보기 때문에 볼 수 있다. 그로써 비밀이 비밀로서 소통되어야 하자마자 나타나는 문제를 다루어낼 수 있다. 비밀은 소통에서 추측이나 짐작에 내맡겨지기 때문이다. 비밀은 소통을 통해 구성되는 것이 아니라 오직 해체될 뿐이다. 비밀은 수행적 모순 없이는 소통의 인공물로 서

---

10 명시적으로 소통에 관련된 조사인 Fredrik Barth, *Ritual and Knowledge among the Baktaman of New Guinea*, Oslo—New Haven 1975의 경우에 그렇다.

술될 수 없다. 소통적 맥락에서는 금기화를 통해 도움받을 수 없다. 결과적으로 금기 위반은 더 이상 배제될 수 없다. 금기 또한 다른 면인 금기 위반을 형식으로 가지고 있기 때문이다. 그것은 적절한 상황에서 금기 위반, 승낙받지 못한 행동이 새로운 종교 수립으로 나타날 수 있는 결과를 낳는다(그리고 이것은 진화 가능성을 환기한다).

다른 해법은 비밀이 모순이나 심지어 역설로서 등가적으로 표현되는 데서 찾을 수 있다. 관찰 금지는 모순의 자기봉쇄를 통해 대체되거나, 역설의 경우에는 금기의 주장이 그 반대를 주장함으로써 대체된다. 그래서 신은 경외와 존경의 대상이 되어야 하는 만큼, 자신이 십자가에서 죽는다는 것을 수용할 수 없다. 신은 더 크고 더 작게 생각될 수 없는 것을 넘어서 생각될 때만 상상될 수 있다. 그리고 이것은 결국 도덕이 종교적 이유나 자기모순 등의 내용으로 채워진다는 것을 뜻한다. 그것은 치명적인 일이 될 텐데, 신의 훌륭한 업적들을 신뢰할 바로 그때와 죄를 짓고 뉘우치는 것이 추천할 만한 일이 될 때, 그런 경우가 된다.

신비가 지각할 수 있는 것의 영역에서 유지되는 한에서, 구분이 무너진다는 것, 신성이 스스로 나타난다는 것, 선한 것이나 나쁜 것으로 촉발될 수 있다는 것, 그래서 상징화만이 관건이 아니며 재현만이 관건이 아니라 비일상적인 어떤 것이 관건이라는 것을 생각할 수 있다. 그 비일상적인 것은 정상적인 부재에서 현존으로 옮겨질 수 있어서, 대상들, 사건들, 의례들, 제식들의 신성으로 선포되고 준비된 이 과정을 그것이 실현되는 순간 인식하고 서약들, 희생자들과 그와 비슷한 것들을 통해 고유한 관심에 맞추는 것만 중요하다. 아니면 고대에서처럼, 비밀조직 가입식과 참석을 전제하는 가운데 비밀에 접근할 수 있도록 만드는 신비적인 의례들이 형성된다(그리고 그것은 그 점에 대해 적절하면서도 이해할 만한 형식으로 외부자들에게 보고하는 것을 배제한다).

그것은 물론 다른 종류의 실재이며 사물들 중의 사물이다. 그것은 구분될 수 있는 사건이며, 이와 함께 조건화되고 익숙하게 대응하여 행동할 수 있는 어떤 것이다. 사회의 이러한 종교성 형식은 무효가 되지 않고 소멸하지 않지만, 코드화 개념을 사용하는 구조변동에 이르면 형식이 덧씌워진다. 실재적인 사물들과 사건들 및 실재적으로 상상된 사물들과 사건들의 옛 구분은 계속 실행될 수 있지만, 세계 자체와 관련되며 존재하는 모든 것에 대해 이중적인 평가 — 종교의 경우에 내재적인 것으로, 그리고 초월적인 것으로 평가하는 것 — 를 준비하는 훨씬 더 급진적인 구분을 통해 형식 전환이 된다. 그리고 이전에 이미 종교적이었던 모든 것은 그 후에는 이 새로운 맥락에 적응하고 적절하게 수정되거나 저지되거나 해석되어야 한다. 이제는 실재 이중화가 모든 내재적으로 관찰 가능한 것의 초월적인 의미 상관물로서 더 추상적으로 서술되어야 한다. 그러나 그 일은 그런 식으로 추상적이며 보편적인 의미 도식이 어떤 내용으로 채워질 수 있는지의 질문에 대답할 수 있을 때만 실행될 수 있다.

종교의 시작이 실재 이중화에 있다는 데 대한 인상 깊은 증거들에 속하는 것은 초기 수메르 종교이다. 여기서는 자연과 문화에서 일어나는 세계의 모든 중요한 현상들을 숨은 신들(Hintergötter)의 탓으로 돌리면서 설명한다.[11] 그것은 처음에는 신들과의 관계에서 어떤 질서도, 종교적 우주의 특수 체계화도 전제하지 않는다. 메소포타미아의 수메르-샘 종교의 후속 발전이 비로소 이러한 '점-대 점-귀속'을 '체계-대-체계-귀속'으로 대체한다. 신들의 세계는 그 자체가 가족 형성과 정치적 지배의 전체 사회의 보기에 따라 체계화된다. 그 후 신빙성 유추는 피안과 이편에서의 질서에 기여할 수 있다. 일치는 이 형식들의 필연성을 입증한다 — 그리고 처음에 이편의 실

---

11 Jean Bottéro, *Mésopotamie: L'écriture, la raison et les dieux*, Paris 1987, 259-260쪽을 볼 것.

재와 저편의 실재를 구분했다는 바로 그 이유로 이런 필연성 입증이 이루어진다.

이 발전의 토대는 여전히 고대-원시적인 특징들을 가지고 있다. 신의 의지에 관한 계시들은 상황적으로, 임시변통적으로, 영감의 형식으로 일어난다. 즉 사례별로 그리고 구체적으로 경계 횡단이 일어난다. 고등 종교에 이르렀을 때 비로소 "성전들"을 알게 되었고, 그로써 신의 자기서술로서 계시의 시성화를 알게 되었다. 유럽적인 전통의 풍요로움 중 하나는 유대 전통이 순전히 종교적이며 텍스트 형식으로 고정된 실재 이중화를 확정했으며 이를 통해 기독론에 영향을 준 반면, 그리스 철학은 언어적-개념적인 추상화라는 전혀 다른 길을 취했다는 점이다.[12] 랍비들의 신학은 신과의 소통상 구속력 있는 관계를 고수했으며, 그 결과 텍스트는 기만할 수 없었고 끊임없는 노력을 통해 해석되어야 했다 — 그 결과가 얼마나 모순적으로 나타나는지와는 무관하게 말이다. 그래서 전통의 보전되어야 하는 구조는 역설 전개의 형식으로서 모순적으로 유지된다.[13] 플라톤의 경우에는 역으로 지시들(이름들)이 기만에 취약했으며,[14] 그래서 원래 모습대로의 관념에 대한 상기 형식으로 실재의 근거를 지속적으로 보장할 것을 요구했다. 두 가지 경우에 모두 상기가 중요하다. 첫째 경우에는 창조 계획에 기여한 텍스트의 보전과 현재화가 중요했고, 둘째 경우에는 사물들의 본질을 구성하는 더 이상 순수하게 경험될 수 없는 형식들에 대한 회고가 중요했다. 두 가지 버전은 상상적 실재와 실재하는 실재 사이의 거리를 현재화하며, 그렇게

---

12 이 비교에 대해 Susan A. Handelman, The Slayers of Moses: The Emergence of Rabbinic Interpretation in Modern Literary Theory, Albany N. Y. 1982를 볼 것.
13 David Daube, "Dissent in Bible and Talmud", in: California Law Review 59 (1971), 784-794쪽; Jeffrey I. Roth, "The Justification for Controversy Under Jewish Law", in: California Law Review 76 (1988), 338-387쪽을 참조할 것.
14 Kratylos 436A쪽 이하.

하기 위해 각각의 경우 상이하게 채워지는 프로그램을 제공한다. 두 경우에 상기의 다른 면인 망각은 잊혀진다. 형식들을 돌출시키고 보전하는 어두운 면은 종교적인 형식들의 경우에 그 안에 포함되어 배제된 다른 것으로서 남는다.[15]

IV.

코드 개념은 실재 이중화와 실재하는 실재의 새로운 수립이라는 이 문제가 작동들로 전환될 때 사용할 수 있는 형식을 지시해야 한다. 코드화는 결코 단순한 인식이 아니다. 그것은 결코 실재 이중화의 단순한 지시가 아니다. 코드화는 **다른 종류의 구분**을 투사하면서도 실재 이중화에 근거하여 비로소 가능해지며 그것을 분할된 세계관의 통일성으로 소급하는 그런 이중화다.

코드는 체계가 자기 자신과 고유한 세계 관계를 동일시하는 주도 구분이다. 이 개념 사용은 언어학에서 그리고 부분적으로는 사회학에서의 일반적인 사용과 어느 정도 구분된다.[16] 코드라는 말은 여기서 오직 두 가지 위

---

15 이 점에 대해 Michel Serres, a. a. O., 98쪽 — 물론 틀림없이 충분하지 않은 단순한 전환과 함께 그렇게 된다. 그 전환은 "나는 언제나 종교를 잊혀진 것으로 생각한다"는 언급이다.

16 이 점에 관해 언어학에 있어서는 Roman Jakobson/Morris Halle, *Fundamentals of Language*, Den Haag 1956, 5쪽 이하; 사회학에 대해서는 예를 들어 Shmuel N. Eisenstadt, *Tradition, Change, and Modernity*, New York 1973, 특히 133쪽 이하, 321쪽 이하를 볼 것. 개념적으로 더욱 정밀하게 된 것을 찾는 노력은 결과를 얻지 못했다. 그런 정밀한 개념은 "문화적 상징", 모델, 인지 지도, 범주 구조 같은 공식으로 대체되고 구조적 수준과 상황적 행위 수준을 구분한다. 대부분의 경우 인식이 가능해야 하며, 코드 상징이 정확하게 적용되었는지 그렇지 않은지가 인식될 수 있어야 한다. Talcott Parsons, *Societies: Evolutionary and Comparative Perspectives*, Englewood Cliffs N. J. 1966, 20

치들이나 "값들"만 알며 "배중률"(tertium non datur)이라는 그 밖의 다른 모든 것을 배제하는 엄격한 이항적 도식주의로 이해해야 한다. 코드들은 존재하는 것의 복제 과정에서 생성된다 — 예를 들어 구어가 문자로 복제되거나, 전제된 진리가 가능한 허위로 복제되는 등의 경우를 생각할 수 있다.[17] 처음에는 "아날로그적으로" 파악된 현실, 즉 동시에 함께 기능하는 현실이 "디지털화된다"고 말할 수 있다. 즉 이항 도식으로 재해석되어서, 미리 발견된 것이 그 도식의 한 면만을 요구하며 다른 면은 통제와 성찰을 위해 비워진다고 말할 수도 있을 것이다. 바로 그 점에 있어서 모든 코드화의 인위성을 읽어낼 수 있고, 그 점이 모든 코드화를 구분으로 구분할 가능성의 근거가 된다. 그래서 코드화를 "이접 작동들"[18]에 힘입어 수용하거나, 수용을 회피할 수 있다. 그리고 오직 그 때문에 코드화는 작동들의 체계 소속성을 동일시하는 데 적절하다.

이항적 코드들은 특별한 종류의 구분들이다. 그 코드들은 지시들을 통해 규정된 어떤 것을 무표 상태에 맞서 격리함으로써 구분되는 단순한 지시들이 아니다. 그것들은 다른 한편, 하늘과 땅, 남자와 여자, 또는 도시와 농촌처럼 특화 가능성(=연결 가능성)을 양편에서 전망할 수 있는 질적인 이원성이 아니다. 오히려 그것들은 체계를 긍정적인 값과 부정적인 값의 구분(좋은/나쁜, 진리/허위, 합법/불법, '재산을 소유한/재산을 소유하지 않은')으로 일반적으로 상상되는 비대칭에 고정시킨다.

쪽은 그래서 언어학적 코드 역시 규범적 구조로 다룬다. 그러나 이것은 이치적 도식주의의 공식화가 관건이라는 것 이상의 어떤 것을 말하지 않는다. 우리는 코드화와 프로그램화의 구분을 통해 그 점을 고려할 것이다.
17 다른 일반적인 보기는 다른 모든 수치를 부정확하고 효과가 없는 것으로 배제하는 지표를 확정하는 것이 될 것이다. 그것은 "코드"라고 불린다.
18 Gotthard Günther, "Cybernetic Ontology and Transjunctional Operations", in: ders., *Beiträge zur Grundlegung einer operationsfähigen Dialektik Bd. I*, Hamburg 1976, 249-328쪽에서 말하는 의미에서 그렇게 사용된다.

고타르트 귄터는 구분의 긍정적인 면을 지시 값으로 지시하며, 부정적인 면을 성찰 값으로 지시한다.[19] 이미 그 안에서 (논리적인) 기능 차이가 표현된다. 지시 값은 존재론적인 언어에서 존재나 존재자를 뜻하는 것을 지시하는 데만 기여한다. 따라서 지시하지-않는 값은 처음에는 일반적으로 지시 값의 투입 조건의 성찰로 파악될 수 있는 다른 과제를 위해 준비되어 있다. 이 구분을 논리학에서 경험적 체계 연구로 전환하면, 긍정 값은 체계의 작동을 위한 체계 작동의 연결 능력을 지시하는 의미를 얻는다. 체계는 오직 이 방식으로만 작동할 수 있다. 그러면 부정 값은 다시금 관찰 역시 체계 내적 작동의 형식으로만 일어난다는 척도에 근거하여 그런 작동의 정보로서의 의미를 관찰할 수 있게 만들기 위해 자유로워진다.

이항적이며 그 자체가 비대칭적인 코드는 체계의 작동상 폐쇄의 근거가 되는 다른 구분들과 복잡한 관계를 갖는다. 특히 그런 코드는 체계와 환경의 구분이나 자기준거와 타자준거의 구분과 직교한다는 점이 중요하다. 체계가 자기 자신을 긍정 값으로 드러내고 환경을 부정 값으로 드러낸다면, 그것은 코드가 잘못 적용된 사례일 것이다. 코드화를 통해 도입된 운동성이 이로써 다시 허비될 것이기 때문이다. 체계의 환경 내에는 체계 코드의 상응물이 결코 있을 수 없다. 오히려 코드는 작동상 폐쇄의 내적 조정에 기여한다. 왜냐하면 (경계를 횡단하며 작동할 수 없기에) 고유한 작동들을 가지고 환경에 접촉할 수 없는 체계는 그 자체가 모든 환경 상태를 똑같이 개연성 있는 것으로 생각해야 하기 때문이다. 그러나 코드는 의외성들을 교란들로 다루고 디지털화하고 코드값들의 귀속 문제로서 파악하면서 반복된 사용에 적합한 프로그램들을 발전시킬 수 있다 — 즉 학습할 수 있다. 교란들은

---

19 특별하게 "Strukturelle Minimalbedingungen einer Theorie des objektiven Geistes als Einheit der Geschichte", in: ders., *Beiträge zur Grundlegung einer operationsfähigen Dialektik Bd. III*, Hamburg 1980, 136-182쪽 (140쪽 이하)에서 그렇게 되어 있다.

내적으로 생성된 기대 지평들, 정상성 전제들, 또는 그것을 위해 예견된 미규정성 위치들에서의 차이들, 즉 정보들이 될 수 있는 차이들로서 가시화된다. 코드화된 작동들의 실행에서 발전되는 모든 것은 항상 내적 구성으로 남는다. 그러나 환경 그 자체가 구조들을 드러낼 때 교란들은 임의적으로 나타나지 않기에, 이 도구의 도움으로 내적 질서가 구축될 수 있다. 그리고 그 질서는 물론 환경을 모사하지 않으며 어떤 식으로 환경에 상응하지도 않지만, 환경이 결정적인 (그로써 파괴적으로 작용하는) 관점에서 변화하지 않는 한에서 체계의 자기생산 속행을 개연적으로 만드는 데 충분하다.

코드화의 특수한 구분 형식에서 주목할 만한 가치가 있는 것은, 그 형식 내부에 재귀성이 구축되어 있다는 점과 그 방식이다. 코드들은 지시에만 기여하는, 즉 하나의 값으로 작동하는 구분들과는 구분된다. 코드들은 분리된 것을 종들이나 속들의 방식으로 비재귀적인 존재로 남겨두는 단순한 분할들(하늘과 땅)과 구분된다. 코드들은 구분된 것을 접속하기 위해 존재유추(analogia entis)를 전제해야 하는 복제들(신의 형상)이나 반영들을 단순하게 주장하는 것과도 마찬가지로 구분된다. 궁극적으로 코드들은 재귀성이 구분된 대상들의 속성으로 제시되는 구분들과 구분된다 ─ 그리고 그것들은 그 후에는 남자와 여자나 주인과 노예와 같은 인간들이다. 그 대신 코드화는 재귀성이 **구분 자체로부터 생성**되어서 그 구분 내부에 구축되는 구분들을 사용한다 ─ 구분의 특수 형식과 기능을 구성하는 구분들을 사용한다. 미리 발견된 것과 그로써 직접적으로 관찰할 수 있는 것은 오직 재귀성을 위해서만 복제된다. 그리고 그것은 특수한 능력을 갖춘 어떤 추가물이 덧붙여진다는 것을 뜻하기만 하는 것은 아니다. 그뿐 아니라 구분의 **두** 면이 2차 질서 관찰을 위해 수립되고 **이렇게 수립됨으로 인해** 결합된다. 궁정 값은 부정 값이 없으면 취할 수 없다.[20] 그래서 코드를 강제하면 항상 긍정적인 결과들과 부정적인 결과들이 나타난다.

그러나 그것은 2차 질서 관찰에 대해서만, 즉 체계가 고유한 관찰들을 관찰하는 경우에만 유효하다. 체계들의 직접적인 작동에서는 코드값들에 대한 지시가 불필요한 것으로서 나타난다. 어떤 법원도 판결의 토대를 삼기 위해 합법과 불법의 구분을 사용하지 않는다. 법원은 그 구분을 전제할 뿐이다. 진리와의 관련은 연구 언어의 계기가 아니며, 이것은 예술가가 사람들로부터 어떤 멋진 것을 만들어낸다는 말을 들을 때 이해받았다고 느끼지 못하는 것과 마찬가지다. 그리고 종교의 코드값을 관련지음 또한 위안을 주지 않으며, 설교에 속하지 않으며, 회개와 신앙 주장이 아니다.

그러나 이미 허용한 코드화의 복잡한 구조는 2차 질서에서 가시화된다. 코드화는 경계 횡단의 의미를 변화시킨다. 코드화의 긍정 값은 **반대 값이 긍정적으로 배제되어 있을** 때만, 긍정성을 유지할 수 있다. 긍정 값은 코드의 전체 적용 영역에 대해(다시금 통일성을 위한 지표) 고려될 수 있지만, 규정될 수 있는 작동을 통해 배제될 수 있다고 전제한다. 포퍼의 잘 알려진 말처럼, 진리는 허위일 수도 있을 진술에 대해서만 가능하다. 바르톨루스(Bartolus)는 소유가 처분 가능성으로 특징지어져 있다고, 즉 비소유였거나 비소유일 가능성을 통해 특징지어져 있다고 말한다. 소유의 보호이론과 생성이론은 획득이론에 의해 밀려나고 획득이론의 대상을 정의할 뿐이다. 원죄는 세례를 통해, 죄를 범하고 이를 다시 용서받도록 하는 것이 의미 있는

---

20 그것은 도덕에 대해서도 오래전부터 강조되어 왔다. 예를 들어 Thomas Browne, *Religio Medici* (1643), *Everyman's Library*, London 1965 판본, 71쪽에서 재인용을 보라. "악을 폐지하기 위해 노력하는 그들은 덕목도 파괴한다. 반대로 그것들이 서로를 파괴하더라도 그것들은 여전히 서로에 대해 생명이기 때문이다." 역설의 첨예화에 주목하라! 다른 버전에서는 도덕 코드의 자기준거라는 이 문제는 신정론 문제로 다루어진다. 또는 종교적으로는 종교를 통해 구조화된 역사적 시대에서의 신의 등장으로서 다루어지기도 한다.

상태로 변환될 수 있다. 그래서 코드화된 영역에서는 우연성의 양상 형식이 유효하며, 이 의미 영역에는 지시하는 것이 어떤 상태에 있는지를 결정할 수 있게 만드는 추가 장치들(데리다의 의미에서 보충물(suppléments))이 있어야 한다.

코드는 역설의 정확한 복제이며, 역설의 복제에 기여한다. 그래서 어떤 획득이 이루어졌다는 것을 첫눈에 인식할 수 없다. 긍정 값과 부정 값의 같음이 도대체 어디에 있는지를 질문하자마자, 또는 무엇이 구분의 통일성을 구성하는지를 질문하자마자, 다시금 구분된 것의 동일성이라는 기본 역설에 직면하게 된다. 따라서 여기서도 질문이 제기되어야 하며, 통일성으로의 후퇴가 금지되어야 한다. 그러나 좋은/나쁜, 진리인/허위인, 소유/비소유, '권력 우세/권력 열세' 같은 복수의 코드화가 있다는 점이 장점이다(그리고 그것은 결정적이다). 그래서 우리는 **코드의 내적 통일성에 대한 질문을 제기하는 대신**, 코드를 **서로로부터의 구분**을 통해 동일시할 수 있다. 예를 들어 법이 아니라 도덕이 중요하다. 예를 들어 재산이 중요하지, 권력이 중요하지 않다. 그런 분리는 조합술을 자유롭게 허용한다 — 예를 들어 비도덕적인 법 사용, 법에 합당하지 않은 재산 창출이나, 재산의 권력으로의 바람직하지 못한('바람직한/바람직하지 않은'!) 전환 등을 생각할 수 있다. 코드화 조합 공간의 그런 내부 문제들은 주목과 소통을 자신에게 집중시키고, 바로 그렇게 함으로써 구분된 것의 동일성이라는 역설이 비가시화되는 것을 잊도록 만든다. 그것은 근대적이며 더 이상 위계적으로(계층화로) 질서화되지 않은 사회에서 특별히 유효하다. 이와는 달리 위계들과 그렇게 질서화된 귀족사회들이 그 정점 — "좋은 삶"에서, 마지막에는 신 안에 있는 — 에 선함(능력, 덕목), 재화, 권력, 합법과 불법의 판단(jurisdictio) 권한이 설치된 최고점으로서 모든 긍정적인 값들의 결집을 주장하는 데 의존했다. 초월론은 이 전제조건에서 제1자, 참된 것, 선한 것을 동일한 것으로 선언할 수 있었고, 구분을 자연 개념으로 옮겼다 — 성공한 자연과 실패한 자연이 있다. 반면 체계 분화가 상이한 코드화에 근거하는 기능적으로 분화된 사회에서는 이런 통합의 형식과 도덕의 최고 적합성을 포기해야 한다. 그래서 전형적인 체계 코드들은 도덕적 코드와 구분되고 코드의 '긍정/부정-값'들과 도덕 값들의 일치를 회피한다. 소유와 법, 진리와 정치적 권력조차 비도덕적인 용도에 사용될 수 있어야 한다. 그것들은 단순히 고유한 영역의 의미론적 도구를 통해서만 제한된다 — 그리고 그 점은 모든 것을 주저 없이 도덕적으로 평가할 가능성도 배제하지 않고 열어 준다. 따라서 "다맥락 영역적"(polykontextural) 기술들을 가능하게 하는 논리가 준비되어야 한다.[21]

서로 다른 코드들의 구분에 대한 이런 의존 외에도 코드의 기능적인 비대칭이 이미 역설 해체를 암시한다. 오직 긍정적 값만이 작동 능력이 있다(= 사용될 수 있으며 = 기능 능력이 있다)는 점이 유효하다면, 이 값을 지배적인 것으로 주장할 수 있다. 그러면 다음과 같은 주장을 할 수 있을 것이다. 정당하게 합법과 불법을 구분할 수 있다(그렇지 않으면 판사들은 활동할 수 없을 것이다). 그리고 좋음과 나쁨을 구분하는 것은 좋은 일이다(그렇지 않으면 우리는 모든 것, 심지어 인종주의조차 정당화할 수 있을 것이기 때문이다). 오늘날에는 토론에서 이 주장은 반박하기 어렵다(그리고 나는 이것을 경험에 근거하여 말한다). 대안은 오직 구분된 것의 무차별이라는 역설로의 후퇴밖에 없다. 그리고 역설에 대한 거의 강박적인 두려움에 직면하는데, 이 역설은 자기준거 논리가 함께 실행되지 않도록 한다 — 코드는 코드 자신에 적용될 수 없다.

논리학 역시 '긍정적/부정적-구분들'을 **작동상으로**, 즉 통일성으로서 다루고자 한다면, 다시 구분을 소급해야 한다. 그리고 이를 위한 고전적인 제

---

21 나는 여기서 외부에 대한 무차별을 강조하는 맥락 영역(Kontextur) 개념을 "구분은 완전한 자기제한"이라는 스펜서 브라운의 정의를 가지고 해석한다. 그것이 귄터의 의도에 완전하게 부합하는지에 대해서는 결정하지 않겠다.

안은 연접(連接, Konjunktion)이나 이접(移接, Disjunktion)이다. 통일성은 **결코** 그 자체로 이해되지 **않는다**. 그러나 고타르트 귄터[22]가 보여주듯이, 사실 차원에 고정되어 있지 않고 사회적 차원(귄터의 경우 다수의 주체들, 너-주체성(Du-Subjektivität)과 시간 차원(귄터의 경우 특히 역사적으로 새로운 것)도 관련 지을 수 있는 구조가 풍부한 논리학들에 대한 요구가 있다. 귄터는 추가로 도입할 수 있는 작동을 교차연접(Transjunktion)이라고 명명한다. 그것의 성과는 '긍정적/부정적-구분들'의 선택에 있다. 그것은 달리 말하면, 고전적인 2치 논리학에서 구성될 수 없는, 구분을 수용하거나 거부할 자유를 부여한다. 그래서 논리학에 대한 귀결을 도외시하면, 1차 질서 관찰로부터 2차 질서 관찰로의 이행이 실행된다.[23] 코드화된 체계들이 물론 엄격한 이치성의 전제조건에서 작동(관찰)해야 한다는 것은 분명해진다 — 그리고 이것이 질서를 구축하는 가장 빠른 방법이라는 이유만으로도 그렇게 된다. 코드화된 체계들은 "배중률"(tertium non datur)을 포기할 수 없었던 것이다. 그러나 동시에 논리적인 성찰뿐만 아니라 사회-이론적인 성찰은 그 경우 모든 다른 코드 제안들에 맞선 무차별이 전제되어 있어서, 완전한 논리적 기술은 다른 모든 코드를 거부한 가운데 고유한 코드의 수용을 지시할 수 있는 셋째 값을 수용해야 한다는 것을 보여준다.[24] 이 코드 선택은 "자기-지

---

22   *Cybernetic Ontology* a. a. O.
23   관찰자 이론과 귄터의 논리 간의 결합 노선에 관해서는 Elena Esposito, *L'operazione di osservazione: Costruttivismo e teoria dei sistemi sociali*, Milano 1992를 볼 것.
24   명확하게 하기 위해서는 거부값의 사용이 거부된 구분 안으로 개입하지 않는다는 데 유의해야 한다(그것은 구분의 수용을 전제할 것이기 때문이다). 좋은/나쁜의 도덕적인 구분을 법이 거부할 때, 그것은 그렇게 구분할 수 없다는 것을 뜻하지 않는다. 그것은 심지어 법이 도덕적인 판단에 내맡겨져 있다는 것을 말하는 것은 더더욱 아니다. 그것은 곧 일어날 작동이 법의 코드에 집중하기 위해 이 구분을 사용하지 않는다는 것을 뜻할 뿐이다. 거부되는 구분의 값이 거부되는 것이 아니다. 그렇게 되는 것은 바로 이 구분을 사용할 때만 가능하며, 이 경우에는 구분만이 가능하기 때문이다. "바로 그 선택이 거부되는 것이다"(Günther, *Cybernetic Ontology* a. a. O. 287쪽). 나는 독자들이 이 점에 주의할 것을 요청한다. 그렇지 않으면 규범적으로 민감한 문제에서 끊임없이 오해에 이를 것이기 때

시"(self-indication)라고 말할 수 있을 것이다.[25] 그러나 그것 또한 그 경우에 구분 의존적인 작동일 것이며, 이 구분의 다른 면에 대한 질문으로 끌고 갈 것이다. 관찰자들에게는 종결 작동이 없다. 안정도 없고, 계산의 고정 지점도 없다. 관찰자들은 통일성을 모색하는 가운데 필연적으로 역설에 직면한다. 즉 계속 모색하라는 요청에 직면한다. 관찰자들은 다른 작동들이 이어진다는 전제에서만 자신들의 작동을 생산할 수 있는 자기생산 체계이기 때문이다. 그리고 관찰자들의 세계는 그래서 무한세계이며, 항상 또 다른 가능성을 전망하는 "지평"이다.

추상적일 수밖에 없는 이런 분석의 사회이론적인 적합성은 코드의 수용과 거부 간 구분이 2차 질서 관찰의 층위에서 발생한다는 통찰로부터 생겨난다. 즉 특정한 코드를 사용하는 체계들(이나 인물)의 거부가 중요하지 않다. 반대 거부를 유발하는 도발이 중요하지도 않으며, 대립이 중요하지도 않고 갈등이 중요하지도 않다. 교차연접 작동들의 논리 구조는 (반어라고 말하지 않으려면) 관용 원칙에서 사회전체적인 상관물을 가진다. 다시금 그것은 기능적 분화의 요구이며, 그것은 한편으로는 부분체계들의 작동상 폐쇄를 전제하며 다른 한편으로는 정의와 해법에 적절한 코드가 문제가 되는 다른 체계로 그때그때 문제를 옮길 가능성을 만들어낸다.

결국 코드화와 거부 값의 사회전체적인 질서가 이치적 논리학뿐 아니라, 전통의 메타 코드화, 즉 존재/비존재 구분을 통한 메타 코드화도 붕괴시킨다는 점에 동의해야 한다. 후설의 선험적 현상학이 벌써 이 방향으로 거부 값을 도입했다. 후설은 그것을 판단 중지(Epoché)라고 불렀다. 그것은

문이다.
25 시간에 대한 적절한 이해를 목표로 하는, 아리스토텔레스의 존재본적 "진자관계"에 내한 비판 — *Hegel bei Martin Heidegger, Sein und Zeit*, 6. Aufl. Tübingen 1949, 432-433쪽, 각주 2를 볼 것(원문 각주는 26).

여기서, 그리고 하이데거의 『존재와 시간』에서는 시간 구조를 세계 출현의 조건으로서 한층 더 깊은 곳에 두는 결과를 낳았다.[26] 따라서 작동적 구성주의에서는 동일성의 논리적 법칙을 달리 정식화해야 한다. 그 법칙은 더 이상 "A는 A이다"가 아니라, "A이면 A이다"가 된다. 이 말은 동일성이 작동상 연속에서만 구성될 수 있으며, 그 후 고도로 선택적이며 자기 자신을 구획하는(구분하는) 연속 형성이 실제 가능해지도록 도와주는 구조 조건으로 기능한다는 것을 뜻한다. 그리고 이것 또한 다시금 구분으로 소급된다. 모든 반복은 반복된 것을 동일시해야 하고, 그때 이전 맥락으로부터 넘겨지는 것에 **압축해야** 한다. 그리고 그것은 이 동일성을 **확인해야** 한다. 즉, 그 동일성이 다른 맥락에도 적합하다는 것을 보장해야 한다.[27] 그로 인해 그 밖의 구분들을 위한 전제조건들, 즉 파슨스에 의해 진화이론적인 적합성이 강조된 일반화와 재특화의 전제조건들이 만들어진다.[28]

V.

종교이론에서 이항적 코드를 더 정확하게 이해해야 한다는 요구들은 종

---

26 Francisco J. Varela G., "A Calculus for Self-Reference", in: *International Journal of General Systems* 2 (1975), 5-24쪽에 그렇게 되어 있다(원문 각주는 25).
27 압축/확인의 구분은 조지 스펜서 브라운에게서 유래하며, 그는 추가적인 구분, 즉 ┐┐=┐의 방정식을 왼쪽에서 오른쪽으로 읽을 수 있는(압축) 구분과 오른쪽에서 왼쪽으로 읽을 수 있는(확인) 구분을 통해 그것을 우아한 방식으로 설명했다. (a. a. O. 10). 이 설명은 항상 그렇듯이, 이러한 읽기 방식을 구분할 수 있고 이 구분에서 결정할 수 있는 관찰자를 전제한다. 같은 생각은 하나 이상의 사례에 대한 적용 가능성을 전제하는 비트겐슈타인의 규칙 개념이나 데리다의 차연 개념으로 정식화할 수 있다.
28 Talcott Parsons, *The System of Modern Societies*, Englewood Cliffs N. J. 1971, 26쪽 이하; ders., "Comparative Studies and Evolutionary Change", in: ders., *Social Systems and the Evolution of Action Theory*, New York 1977, 279-320쪽 (특히 307쪽 이하)를 참조할 것.

교가 이항적 코드화를 사용하는 경우에만 성과를 거둘 수 있다. 그것은 자명하게 이해되는 것은 아니며, 그렇게 된다는 것을 보여줄 수 있어야 한다. 종교가 구분될 수 있을 때만 관찰되고 기술될 수 있다는 것은 분명하다. 우리는 또한 이 구분이 종교 자신에 의해 이루어져야 하며, 동일성을 부여하는 구분의 다른 면이 아니라 이 면에 이렇게 자기 위치를 확정하는 것으로 종교가 체계가 된다고 전제한다. 그러나 이를 통해 종교가 — 단순히 거룩한 의미, 사상, 창시자, 신과 동일시하는 것이 아니라 — 구분과 자신을 동일시한다는 것은 결코 기정사실이 아니며 실제로 가능성도 거의 없다. 그래서 종교가 자신을 차이와 동일시하고 고유한 코드의 특화를 통해 이 세계의 세속적인 관심과 구분할 것으로 기대한다면, 그렇게 하는 것이 종교의 자기의미 부여와 크게 모순된다고 생각할 수도 있을 것이다.

그러나 이 의심은 아마도 작동적 구성주의, 차별주의적 철학, 형식 산법과 2차 질서 사이버네틱스의 진술 세계에 관한 부적절한 생각에서 비롯되는 것이다. 충분한 코드 개념은 미리 제시되지 않고, [작동에서] 비로소 제공되어야 한다. 까다로운 신학적 사고(불교도 함께 관련지을 수 있을 것이다)가 항상 동어반복과 역설과 관련이 있었다는 관찰만으로도 새로운 고려를 자극할 수 있을 것이다. 동어반복과 역설이라는 두 형식은 자기 자신을 저지하는 구분들 위에 구축되어 있기 때문이다. 오늘날 "문학 비평"(Literary Criticism)의 본거지를 훨씬 넘어서는 근대적인 "해체주의적" 텍스트 이론도 같은 결과를 낳는다.[29] 종교의 코드를 확인할 수 있다면, 여기에 숨겨진 제안들을 포착하여 단순히 인간의 파악 능력의 불완전성에 대한 고백 이상의 어떤 것을 어쩌면 그곳에서 발견할 수 있을 것이다(그리고 그것은 견고한 동일

---

29 Paul de Man, *Blindness and Insight: Essays in the Rhetoric of Contemporary Criticism*, 2. Aufl. London 1983; *The Resistance to Theory*, Minneapolis 1986의 수많은 논저를 참조할 것.

성을 갖춘, 신과 인간 사이의 구분에 힘입어 역설/동어반복의 전개로 이어질 것이다).

우리는 둘째 문제로 인해 더 큰 어려움을 겪을 것이다. 종교의 분화는 사회학적 사전 정보를 갖춘 관찰자에게는 사회체계의 진화와 관련된 역사적 과정이다 — 문자 발명과 사회 분화의 보다 까다로운 형식들로의 이행과 관련된 과정이다. 우리는 결코 종교가 처음부터 이항적 코드화의 엄격한 형식으로 드러난다고 전제할 수 없다. 그래서 종교의 구분을 언급할 때는 종교적 의미론이 신빙성을 얻을 수 있는 역사적으로 상이한 조건들을 감안해야 한다. 처음에는 종교적인 명명들이 예를 들어 메소포타미아에서는[30] 의례들이 보전될 수 있으며 친숙하며 거주할 수 있는 영토와 위험한 주변 광야라는 일반적인 사회 구분에 밀접하게 접속되어 있다. 더 복잡한 사회에서는 특수하게 종교적인 대립 쌍들이 나타나고, 이와 함께 코드값들의 특별하게 종교적인 지시들도 나타나며, 종교적인 지시들은 이 코드값들을 가지고 다른 가치 쌍들(예를 들어 부자인/가난한 또는 '권력 있는/권력 없는' 같은)과 구분된다. 종교를 다른 주도적 구분과 구분하는 가능성이 비로소 이항적 코드화 개념을 사용하는 것을 의미 있게 만든다.

그러니까 종교의 역사적 의미론과 관련된 것을 동일한 명명들을 전제하여 생각할 수 없다. 그러나 그렇다고 해서 시간 추상적인 코드화 개념을 형성하고 적용하지 못할 것도 아니다. 그런 개념 없이는(또는 달리 말하면, 한 시대는 고유한 개념에 근거해서만 기술될 수 있다는 역사학적 명제를 가지고는) 기껏해야 역사적 "담론"의 비교 불가능성만 확인할 수 있을 뿐이며, 사회구조의 의미론과 역사적이며 참고에 적절한 의미론 간 연관들을 식별할 수 있을지 질문조차 할 수 없을 것이기 때문이다. 우리는 2차 질서 관찰 층위에서 코드라는 시간 추상적인 개념(과 마찬가지로 일련의 다른 체계이론적인 개념들)을

---

30 Gerdien Jonker, *The Topography of Remembrance: The Dead, Tradition and the Collective Memory in Mesopotamia*, Leiden 1995를 참조할 것.

투입하고, 그 후 층위 분리를 고려해야 한다. 그것은 역사적인 종교들이 직접 보고 표현할 수 있는 것과 그것들이 보지 못하는 것에 고유한 권한을 부여해야 한다는 것을 뜻한다. 그러나 그것은 학문체계에서의 이론적인 복잡성 구축에서 입증되는 개념들(이나 입증되지 않는 개념들)의 도움으로 더 추상적인 분석을 할 것을 포기하도록 강제하는 것은 아니다. 이런 점에서도 우리는 작동적 구성주의를 고수하고 작동상 폐쇄적인 체계들의 이론을 고수한다. 개념 노력은 오로지 이 학문의 내부 면에서 구성하는 형식으로만 진행된다. 그 노력은 배타적으로 학문적 성과의 개선에 대해서만 유효하다.

이하 고려들의 테제는 다음과 같다. 종교에 따라 특화된 코드의 의미론적 완성은 종교라는 기능체계의 사회전체적인 분화와 관련되어 있다. 우리는 하나가 다른 것의 원인이 되거나 그 역이 가능하다고 보는 모든 인과적인 확정을 회피할 것이다. 쌍방 촉진이나 진화상 적응의 관계가 중요하다. 그러나 종교가 상황들, 역할들, 의례들, 의미 공식들, 사회 비판적인 거리, 교리의 체계화와 관련하여 분화되는 한에서, 종교에 따라 특화된 코드에 대한 보다 구체적인 이해가 선명해질 수 있을 것이다. 그러나 마찬가지로 모든 자율 획득과 더욱이 "이 세계"의 일상적 사건들에 대한 모든 비판적인 거리가 이 세계에서 설명 능력이 있어야 할 것이며, 그 점으로부터 종교를 위해 차이 지향적인 사고의 계기가 생겨난다. 분화는 코드를 촉진하고, 코드는 분화를 촉진한다. 그래서 진화는 이 연관의 진화이며, 근대사회가 비로소 종교가 **그 사회에 대해** 무엇을 의미하는지를 이해할 수 있게 만들기 위해, 추상적이면서도 분석적으로 복잡한 코드 개념이 요구된다.

VI.

종교에 특화된 코드의 두 값을 지시하기 위해 가장 적절한 것은 **내재성**과 **초월성**의 구분이다. 그러면 내재적인 것을 초월성의 관점에서 고찰할 때는, 소통은 언제나 종교적인 것이 된다고 말할 수 있다. 여기서 내재성은 긍정 값, 즉 심리적 작동들과 소통적 작동들을 위한 연결 능력을 마련하는 값을 대변하며, 초월성은 발생하는 것이 우연적인 것으로 보일 수 있는 입지가 되는 부정적인 값을 대변한다. 귄터의 용어로는 내재성은 코드의 지시 값이고 초월성은 코드의 성찰 값이다. 우리는 (비록 전적으로 선호 코드가 있을 수 있다고 하더라도) 거기서 선호가 표현되지 않는다는 것을 상기할 수 있다. 긍정적인 것은 어떤 의미에서 부정적인 것보다 "더 낫지" 않다. 그 두 값은 코드의 통일성에서 상호 간에 서로를 전제한다. 초월성의 입지에서 보면 이 세계에서의 사건은 종교적인 의미를 획득한다. 그러나 의미 부여는 그 경우에는 초월성의 특수 기능이기도 하다. 의미 부여는 자기 혼자서 존재를 가지고 있지 않다. 그것은 다른 것 쪽으로 경계를 횡단할 모든 가능성이다. 그러나 경계 위에서는 거주할 수 없으며, 언제나 다른 곳에는 "견고한" 성을 건축할 수도 없다.[31] 특히 여기서 달리 판단하는 신을 믿는 종교들이 있다는 것은 그 점을 통해 반박되지 않는다. 그러나 존재 판단들은 1차 질서 관찰자들의 판단이며, 바로 이 지점에서 2차 질서 관찰자들은 그 판단들이 코드의 코드 내부로의 재-진입을 실행하고 은폐하는 기능, 즉 내재성과 초월성의 차이를 생각할 수 있고 말해질 수 있게 만드는 기능을 가진다

---

[31] "우리는 결코 위반에 안주하지 않는다. 우리는 결코 다른 곳에 살지 않는다. 위반은 제한이 항상 작용하고 있다는 것을 함의한다"는 것을 Jacques Derrida, *Positions*, Paris 1972, 21쪽에서 읽을 수 있다.

고 말할 수 있을 것이다.

그러나 지금 우리는 미리 말해두고 있다. 그래서 지금은 특수하게 종교적인 코드가 분화된 사전 역사를 분석해야 할 것이다.

많은 오래된 종교에서 이것은 초월성을 내재성과 결합하는 공간 사상에 기반을 두고 있다. 멀리 있는 것은 물론 도달될 수 없지만, 동시에 그곳에 있을 때 일상의 관점에서 친숙한 세계처럼 그렇게 관찰될 수 있을 어떤 것이기도 하다. 올림프(Olymp) 정상에 올라갈 수 있다면(그리고 두려움 때문에 시도할 수는 없을 것이다), 신들이 어떻게 먹고 마시는지를 볼 수 있을 것이다. 그래서 신학자들은 여기서 이미 그것이 (유대적인 의미나 기독교적인 의미에서의) 초월성이라는 점을 반박할 수 있을 것이다. 그러나 이것은 진화이론적인 의미에서 선행자 유형이다. 그 유형은 초월성이 자신에 대해서만 유효한 존재 술어를 통해 특징 지어지는 것을 허용하지 않는다. 그러나 횡단들은 유동적이며, 전혀 다른 종류의 대상들에 도달할 수 없는 먼 곳을 채워 넣는 것은 종교적 상상력에 맡겨진다. 그래서 종교 비교 관점과 진화이론적인 관점에서는 (오직) 공간적(이기만 한) 이런 초월성의 경우를 거의 배제할 수 없을 것이다 — 진화상 혁신들을 아무리 많이 인정하더라도 그렇게 하지 못한다.

서양의 전통에서는 특히 존재론적 형이상학과 코드화된 종교의 관계가 규명되어야 할 것이다. 이때 종교적 우주론이 형이상학적 기본 전제들로 얼마나 잘 만들어져 있는지를 묘사하는 것으로는 충분하지 않다. 그보다는 존재론뿐만 아니라, 그 논리학이 존재와 비존재의 구분과 그로써 나머지 문제들을 토론하지 않은 채 남겨둔 논리적인 이치성 전제 위에 구축되어 있었다는 것이 결정적이다.[32] 그에 따르면, 모든 사유, 인식을 위한 모든

---

32 이것은 특히 고타르트 귄터(Gotthard Günther)의 주제였다. 그의 *Beiträge zur Grundlegung einer operationsfähigen Dialektik, 3 Bde.* Hamburg 1976-1980을 볼 것.

노력은 존재에서 안정에 이르며, 역으로 논리적으로 추론될 수 없는 존재는 없다. 달리 말하면, 문제를 볼 수 있도록 만들어 주는 풍부한 구조의 논리가 없다. 존재론적 형이상학은 유일한 주도 구분에서 출발한다. 그것은 (고타르트 귄터의 개념성으로 말하면) 세계를 단일 맥락 영역으로 기술한다.

그래서 관찰자가 존재론과 이치적 논리학을 일차 구분으로 지탱할 때 무엇을 볼 수 있으며 무엇을 볼 수 없는지를 되돌아보면서 질문할 수 있다. 아니면 존재와 비존재의 구분과 이치적으로 논리적인 도구를 가지고 **시작**하면 무엇을 잃고 무엇이 비가시화 상태로 남는가? 당연하게도 존재론적 형이상학은 무나 무한성이나 시간 같은 개념들을 형성하고, 그와 함께 종교의 방향으로 일정한 중첩을 만들어낼 수 있다. 문제는 논리적-존재론적인 이치성의 배제 효과에 있다. 달리 말하면 이 도식을 "무비판적으로" 전제했고 자기 자신을 지시할 수 없는 관찰자의 비가시성이 문제가 된다. 여기서 세계, 실재는 관찰되지 않은 상태로 남겨져 있으며, 이치적 논리학을 가지는 형이상학은 자신이 보지 않는 것을 보지 않는다는 것을 그 실재에서 볼 수도 없다(그리고 정식화할 수도 없다). 이런 점에서 신학자들의 영적 공식이 무슨 말을 하든, 형이상학은 신학의 등에 올라타 종교의 필요성을 근세로 끌고 간다.

이것을 고도로 발전된 의미론의 구조와 문제로서 수용하면, 종교가 코드와 자기 자신을 사회의 소통에서 전제되고 수용되는 실재에 어떻게 맞추어 넣을 것인지의 질문이 여전히 남는다. 우리의 출발점은 실재 구분 테제에 있다. 그것은 원래 실재적인 것을 상상적이지만 직접 접근할 수 없는 세계로부터 분리하여, 그렇게 함으로써 위에서 보여준 것처럼,[33] 세계 안에서 "견고한" 실재를 구축한다. 그것은 처음부터 그리고 오랜 시간 동안 코드화

---

33 III절을 참조할 것.

의 완전한 형식으로 일어나지 않는다. 그것은 지각에 가깝게 구성되어, 세계를 친숙하고 알려졌으며 작동상 접근 가능한 영역과 다른 세계로 분할하는 것으로 이루어진다. 우리는 곧바로 코드화를 함께 생각하지 않으면서 이러한 실재의 현존을 "초월성"이라고 명명하고자 한다. 초월을 지시하고자 한다면 경계 횡단을 생각해야 할 것이기 때문이다.

이런 초월성 개념은 아주 상이한 종교적 의미론들을 위한 비교 관점으로서 제안되며, 관할 전문과학의 몇몇 민속 연구에서 제안하는 것보다 종교로서 더욱 진지하게 수용되는 특별히 원시사회 종교들의 의미론에 대해서도 그런 관점으로 제안된다.[34] 초월성은 처음에는 방향의 언급이다. 그것은 경계 횡단을 지시한다. 그러나 처음부터 의미하는 것은, (장소들이 "성화" 되더라도) 영토 경계들이 아니라, 오히려 사회의 외부뿐만 아니라 출발점인 사회 내부에서도 도달할 수 없는 것과의 경계들이다. 초월은 모든 의미를 분해하고 해체하며 횡단할 수 있는 비밀스러운 것이며, 고정되어 있다는 점으로 인해 은폐된 채 그 비밀스러운 것을 숨기고 있다. 그래서 우리는 초월을 존재하는 것, 도달 가능한 것, 친숙한 것을 다른 의미 영역으로 그렇게 정식화할 수 없으며 종교를 통해 막 은폐된 복제인 것으로 해석한다.

작동상 접근 불가능한 영역인 둘째 세계는 처음에는 환상에 제한을 두지 않는다. 아무 것도 검증될 수 없을 것이기에, 모든 것을 주장할 수 있을 것이다 ― 일반적으로 부정을 가지고 고삐가 풀린 채 배회할 수 있는 것과 마찬가지다. 초월함은 의미 가능성 과잉을 생산하고, 그래서 제한의 필요

---

34 그런 비교로 Edwin Dowdy (Hrsg.), *Ways of Transcendence: Insights from Major Religions and Modern Thought*, Bedford Park, South Australia (The Australian Association for the Study of Religions) 1982를 볼 것. 초월을 다루는 사회화로서의 종교의 기능에 대한, 토마스 루크만의 마찬가지로 일반적으로 간주된 규정에 대해서는 "Über die Funktion der Religion", in: Peter Koslowski (Hrsg.), *Die religiöse Dimension der Gesellschaft*, Tübingen 1985, 26-41쪽을 참조할 것.

를 만들어낸다. 종교(religio)라는 낱말의 역사가 재-구속 사상에 근거하는 것은 우연한 일이 아니며, 뒤르켐이 신성한 것(sacré)의 개념에서 제한의 제재를 강조하는 것도 우발이 아니다. 그러나 초월로서 성스러운 것으로 간주할 수 있는 것의 제한은 언제나 (모든 지시하는 작동처럼) 횡단할 수 있을 새로운 경계를 만들어낸다. 이것은 초월이 아직은 제한될 수 없는 것으로 흘러나가는 **바로 그** 초월이 전혀 아니라는 것을 보여줄 것이다.

이 문제로 인해 압박받고 있다는 것은 초기 종교들이 대응 조치를 실행하는 것을 이해할 수 있도록 해준다. 초기 종교들은 소통 제한을 설치하며, 그 제한은 재귀성을 흡수하며 그 자체가 성화된다. 성스러운 것의 규정 상태는 비밀이다. 오직 이 방법을 통해서만, 남자 집회소에서 모든 의례의 관련 기준으로 강조되는 선조 유골이 아주 보통의 뼈이며 그 밖에도 없어지거나 약해지면 수리되어야 하는 것으로 생각할 수 있을 것이다.[35] 그 문제는 사회라는 사회적 체계에 주어진 유일한 작동 방식인 소통을 통해 해결되며, 물론 소통 가능성의 확장과 금지의 이중 과정을 통해 해결된다. 성스러운 것은 비밀로서 서술된다 — 사실을 규정하는 소통의 금지나 불가능성으로서 서술된다. 그리고 호기심 많은 탐구(curiositas)는 본질적인 것을 간과했음을 인식할 수 있도록 해주는 진부한 결과만 얻을 것이라는 정보로 인해 금지되거나 권장되지 않는다.

---

35 이것은 Fredrik Barth a. a. O.를 기초로 하는 내용이다. 그것(이나 다른 종류의 "유물들")을 변환되어 정전화된 폐기물이라고 지칭하겠다는 생각을 할 수도 있을 것이다. 그것은 Culler a. a. O. 108쪽 이하의 의미에서 사용한 것이며, Michael Thompson, *Rubbish Theory: The Creation and Destruction of Value*, Oxford 1979를 참조한 것이다. 톰슨은 자기 관점에서 그런 평가의 불연속성을 형식으로 옮기기 위해 레네 톰스(René Thoms)의 재앙이론을 사용한다. 그 밖에도 부족사회의 종교에 관한 연구에서는 — 비밀이 유지되고 함께 금기시되는 한에서 — 신성한 것을 실용적이면서도 예리하게 구분한다는 데 대한 많은 증거를 발견할 수 있다. 이것은 믿느냐 믿지 않느냐의 질문이 전혀 제기되지 않는다는 것을 전제한다. 또는 달리 표현하면, 여기서 종교는 다른 면, 즉 불신앙에서부터 규정되는 "형식"이 아니다.

원시 종교에서는 일반적으로 '내재성/초월성-구분'은 틀림없이 존재하는 세계의 **분할**로서 제시된다(그리고 그것 역시 코드를 실재 이중화로 생각할 가능성을 억제한다). 코드는 가까움과 멀리 있음의 구분이나 하늘과 땅의 구분을 통해 설명된다.[36] 하늘이라는 종교적인 장소는 종종 죽음 이후에, 그로써 내재성과 초월성의 치명적인 차이가 제거된 후의 영원한 생명 사상과 결합된다. 분명하게 처리된 이해(와 고등 종교의 영향을 받은 이해)에서 초월은 경계 횡단이라는 생각도 발견할 수 있다 — 경계 없이도 존재하는, 즉 내재성으로도 존재하는 것으로 생각된다.[37] 그러면 신은 멀리 있으면서도 가까이 있다고, 즉 신은 어디에나 현존한다고 확실하게 말할 수 있다. 이때 중요하며 쉽게 접근할 수 있으며 "어떤 것-안의-존재"라는 의미론적인 형식을 근거로 취할 수 있다. 신은 규정된 현상이 아니다. 그러나 그는 **규정된 현상 안에** 있다.

세속 세계와 내세 세계의 구분에 대한 전형적이며 확실히 지배적이며 의미론적이면서도 제도적인 반응으로서 중개의 필요를 발견한다 — 대상을 통해서든, 행위를 통해서든 상관없이 말이다. 이러한 형식의 중개가 광범위하고 아마도 보편적으로 확산하여 있다는 것은 동시에 근본적인 구분이 아주 본원적인 성격을 가지며, 어쩌면 종교의 계보학으로 정당하게 간주될 수 있다는 것을 입증한다. 구분 자체는 오직 경계 표시에 의존해서만 파악될 수 있다. 예를 들어 공간들이나 시간들, 또는 사건 일부의 인위적인 비가시화를 통해 도움을 받을 수 있다. 경계 표시 자체는 양가적인 지위

---

36 천국의 문화사에 관해 Bernhard Lang/Colleen McDannell, *Der Himmel: Eine Kulturgeschichte des ewigen Lebens*, 독일어 판본, Frankfurt 1996을 참조할 것. 아프리카 종교의 보기들로는 John S. Mbiti, *Concepts of God in Africa*, London 1970을 볼 것. 그곳의 171쪽 이하에는 주목할 만한 기원에 관한 신화를 볼 수 있다. 즉 신은 처음에는 인간들과 함께 살았거나 그들 근처에 살았다. 그러나 괴롭힘을 피하거나 인간들의 불순종을 처벌하기 위해 그들에게서 떠나갔다고 한다.
37 Mbiti a. a. O. 12쪽 이하를 참조할 것.

를 가진다. 경계 표시는 한 면에도 속하며 다른 면에도 속한다. 즉, 두 면에 속하거나 둘 중 어떤 면에도 속하지 않는다. 그것은 그로써 구분의 통일성을 상징화하고 실행한다. 그래서 표시 자체는 신에게 바쳐진 것(sacrum)이다. 성스러운 동시에 두려운 것이다. 처음부터 차이의 통일성 문제가 있다. 비록 문제로서 성찰되지 않고, 오직 두려움과 경외심을 가지고서, 또는 규정된 "봉헌"의 보호를 받는 가운데만 접근을 허용하더라도 그 문제는 있다. 아니면, 예를 들어 무당이 이 다른 세계로의 여행으로부터 운 좋은 귀환을 보장할 특정한 기술적 조치를 통해 접근을 허용하더라도, 그 문제는 있다. 성스러운 것은 초월적과 내재적의 구분의 통일성을 서술하는 경계에서 어느 정도 압축된다.[38] 종교 자체는 결코 내세에서 일어나지 않는다.

표시가 아니고, 경계 횡단, 갔다가 되돌아오는 횡단이 관건이라면, 중개자가 필수적이다. 중개자들 역시 그때그때 그들의 상태를 도외시하고 상대를 확인하고자 모색할 때는, 역설의 육화들이다. 나사렛 예수는 이 세상의 삶에서 (원죄 없는 인간이더라도) 인간이다. 그는 그리스도로서 하나님의 아들이다. 그는 삼위일체의 부분으로서 하나님이다. 그는 바로 자신의 아버지이기도 하다. 그리고 성부가 그의 고유한 아들인 것처럼 말이다. 신화는 기초가 되는 구분을 방해한다. 초월성(성부)과 내재성(세상에서의 아들의 삶)의 차이는 문제 해석으로 전제되는 동시에 무효화된다. 논리의 포기는 실수가 아니라, 문제의 적절한 형식이다. 이 점을 확인하는 것으로 그대로 둘 수 있지만, 문제의 새로운 기술을 시도할 수도 있다.

표시들과 중개들 모두 초월성에 놓인 낯선 세계를 친숙한 세계에서 나타나도록 하는 데 기여한다. 제한들은 오직 형식들로서만 제도화될 수 있

---

38 여기에 관해서는 수많은 민속지학 증거들이 있다. 간략한 요약은 예를 들어 Edmund Leach, *Culture and Communication: The Logic by which Symbols are Connected*, Cambridge Engl. 1976, 71쪽 이하를 볼 것.

다. 지시될 수 있으며 작동상 연결 능력이 있는 의미 내용들로 제도화될 수 있다. 친숙한 세계의 내재성에서 성스러운 것으로 드러나는 것은 이 대상이나 저 대상들, 이 장소나 저 장소들, 이 몸짓이나 이 행위 또는 저 몸짓이나 저 행위들이어야 한다. 종교를 친숙한/낯선의 차이로서 그 차이의 원래적-구체적인 형식으로 구성하는 차이를 취하면, 종교는 이 형식의 형식 내로의 재-진입을 통해, 친숙한/낯선의 차이가 친숙한 것과 사교적인 것 안에 다시 들어섬을 통해 비로소 생겨난다. 그런 식으로만 종교적으로 낯선 것(초월성)을 단순히 미지의 것이나 이례적인 것과 구분할 수 있기 때문이다. 그러나 이 구분 또한 진화상 성취다. 그리고 오래전부터 아직 예상하지 못한 것이나 이례적인 것, 놀라운 것과 기괴한 것이 종교적인 해석의 계기를 준다는 데서 이 점을 발견할 수 있다.

영역 구획, 즉 성스러운/세속적인(뒤르켐)이나 비일상적/일상적(베버) 같은 단순한 구분을 통해 종교를 특징지었던 고전적 종교사회학과는 달리, 우리는 구분이 자신을 통해 구분된 것 안으로 다시 들어섬의 유형을 통해 더 복잡한 분석을 할 수 있는 동시에 종교에 항상 숨겨져 있는 역설에 접근할 수 있다. 이때 종교적 진화의 질문에서[39] 종교적 판타지의 상상적 영역에서 형식들의 비대화(Hypertrophieren)에 한계가 정해져 있지 않으며, 여기서부터 변이 충동들이 출발한다는 점을 근거로 삼을 수 있다. 그러나 재-진입의 근본적인 역설의 전개가 '시간에 적합하며-확신시키는' 형식들을 요구하며, 그 형식들은 최종적으로 전제될 수 있는 것을 규율한다는 것도 중요하다. 달리 말하면, 내세와 관련하여 의심 없이 명증한 정도까지는 아니더라도 이 세상에서 신빙성 있게 소통이 이루어져야 한다. 그리고 속세와 내세의 차이가 "수행적 모순"(performativer Widerspruch)으로서(예를 들어, 이미 신

---

39 아래의 제7장을 볼 것.

비적인 성과의 실패로서) 소통에 진입하여 소통의 "해체"를 막아야 한다.

완성된 종교 코드화는 구분이 구분 자신에 의해 구분된 것 안으로 "재-진입"한다는 것을 전제한다.[40] 그런 식으로만 코드의 구분을 한 면이나 다른 면의 선택에의 강제로서 파악하는 것을 회피할 수 있다. 양면에서 항상 양면을 발견한다. 논리적인(수학적인) 귀결은 상상을 통해서만 해체될 수 있는 계산 불가능한 불투명성이 생성된다는 것이다. 이와 함께 내재성의 면에서 전체 코드에 참여할 가능성이 생겨나고, 다른 한편 내재성에서 어떤 일이 일어난다는 것이 초월성에 아무런 의미가 없는 것이 아니라고 생각할 가능성이 생겨난다. 신자들은 그런 식으로만 코드에 참여할 수 있다. 오직 그런 식으로만 내재성에서 진행되는 소통이 코드를 관련지을 수 있다. 물론 그런 재-진입은 구조적 미규정성을 낳으며, 이와 함께 지금 필수적인 선택을 주도하는 보충 면(parerga)에 의존한다. 즉, 소통은 기억에 근거해야 하고, 미래와 관련되는 것은 진동 상태에 처하게 된다. 예를 들어 고유한 생명을 타락의 역사와 구원사의 부분으로서 생각할 수 있지만, 구속된 영혼에 속할지 그렇지 않을지의 확실성에 도달하지 못한 채, 원죄가 용서받기만을 희망할 수 있다.

형식의 형식 내로의 재-진입을 통해, 만약 확실하게 성공한다면 종교의 사회적 안정화에 도달할 수 있다. 종교의 안정화는 그 의미 부여를 종교 코드의 일차 구분으로 전환한다. 그리고 이와 함께 일식에서 간질 발작에 이르는 특별한 사건들의 발생으로부터 독자적인 것이 된다. 그러면 종교는 고려 대상이 되는 작동들의 원인도 관련지으며 그로써 세계 진행으로부터 분리되는 방식으로, 기계와 비슷하게 조직될 수 있다. 순환 형식으로 설계된 행동 모델이 등장할 수 있다는 것은 우연한 일이 아니다. 아즈텍 종교에

---

40 조지 스펜서-브라운의 "재-진입"(*Laws of Form*, 재판본 New York 1979, 56-57쪽, 69쪽 이하)을 볼 것.

서 의례의 반복은 세계의 순환과 평행하게 행해지며 그 순환의 유지에 기여한다. 그러면 여전히 필요가 있을 때마다 종교적인 의례를 시작할 수 있다.[41] 그러나 그때는 무엇을 해야 할지를 알고 반복할 수 있다. 그래서 종교는 사이버네틱스의 피드백 기제의 방식으로 기능할 수 있다 — 물론 종교는 환경 사건들(가뭄, 전염병, 전쟁)의 발발과 무관할 수 있다는 중요한 차이가 있으며, 또한 종교의 실행 장치의 고유 논리를 너무 많이 따르면, 과잉 반응과 부실 적응에 이를 수 있다.[42]

재-진입의 실행과 그로 인해 규정된 초월성 상상은 종교마다 서로 다르다. 초월적인 힘의 도움(이나 적어도 위안)을 받지 않으면, 중요한 어떤 것도 성공할 수 없으며, 그것은 아마도 가장 중요하며 어쨌든 가장 오래된 버전이다. 그 버전은 신비적인 절차를 동기화한다 — 추가의 경험적인 원인들을 필요로 한다는 의미에서 그런 것은 아니지만, 거대한 경계들의 다른 면에서 제기될 수 있을 저항들이 제거되어야 한다는 생각에서는 그렇다. 마법은 같은 세계에 있는, 보이는 사물과 보이지 않는 사물의 단순한 구분에 근거한다. 그것은 보이는 것을 넘어서는, 자연의 풍요로움의 표현이다. 따라서 그것은 메타이론도 아니며, 함께 제기되는 모든 논리적인 문제들을 가지는 2차 질서 관찰 양식도 아니다. 가시화된/비가시화된에 따라 세계를 나누는 차이만 설명되지 않은 상태로 남는다. 인과 관계는 알려지지 않은 것으로 남아 있다 — 그리고 바로 그 때문에 믿을 수 있다. 인과 관계는 오류 통제를 허용하지 않으며, 학습을 통한 지식 발전도 허용하지 않는다. 알

---

41 Roy A. Rappaport, *Pigs for the Ancestors: Ritual in the Ecology of a New Guinea People*, New Haven 1967을 볼 것 또한 ders., "The Sacred in Human Evolution", in: *Annual Review of Ecology and Systematics 2* (1971), 23-44쪽; ders., "Ritual, Sanctity and Cybernetics", in: *American Anthropologist 73* (1971), 59-76쪽도 볼 것.
42 이 점에 대해 Roy A. Rappaport, "Maladaptation in Social Systems", in: Jonathan Friedman/Michael J. Rowlands (Hrsg.), *The Evolution of Social Systems*, Pittsburgh 1978, 49-71쪽을 볼 것.

려지지 않은 상태로 남아 있다는 것은 어떤 의미에서 성스러운 것을 인정하도록 만든다. 그리고 그런 상태에 있다는 것은 확실하게 경험에 근거할 수 있는 사람에게 권위를 부여하는 부수 기능을 가진다. 의례들로 확정됨에 따라 관련된 신화가 나타나며, 그 신화들의 이야기는 왜 의례를 지금 하는 방식으로 하는지를 설명한다. 돌이켜 보면, 이것을 순진함(Naivität)으로 생각할 수 있다. 그러나 순진함은 오류가 아니다. 그리고 그것은 결코 급진적인 변화에 이르지 않았다. 역설의 비가시화에서 순수함(Unschuld)을 잃었고 그래서 모든 세계가 죄의 상태에 빠졌고 구원이 필요하다고 생각해야 하는 신학이 등장했을 때도 마찬가지였다.

잘 알려진 것처럼, 막스 베버는 평소의 예리함으로 다음과 같이 표현했다. "종교적으로나 신비적으로 동기화된 행위는 그 독창적인 형식에서 이 세계를 지향한다."[43] 신학적인 편견을 피하고 초기 시대도 종교적으로 동기화된 것으로서 기술할 수 있는 것이 관건이라면, 그렇게 표현하는 것은 의미가 있다. 그러나 바로 다음 단락부터 수정이 이어진다. 즉 차이가 도입된다.[44] 초기 종교에서 벌써 경계에 대한 관점이 없었다면, 실천적인 효용, 이해관심들, 저항들, 위험들로 가득 찬 일상적인 세계는 세계로서 실제로 종합적으로 경험될 수 없을 것이며, "속세적인 것으로서의" 성격 규정 또한 근대적인 재구성으로 남을 것이다. 하르트만 튀렐(Hartmann Tyrell)[45] 역시 막스 베버의 종교 이해를 더 자세하게 설명하고자 시도하면서 바로 이 차

---

43 §1 종교의 기원에 있는 그의 종교사회학 시작 부분에 그렇게 되어 있다. 여기서는 *Wirtschaft und Gesellschaft, 3. Aufl.* Tübingen 1948, Bd. 1, 227쪽에서 인용했다.
44 "결국 대부분 외견적으로 단순한 추상화만이 실행된다. 카리스마의 자질을 갖춘 자연 대상, 인공물, 동물들, 인간들, 스스로를 숨기며 그들의 행동을 어떤 식으로든 규정하는 본질, 즉 정령 신앙의 행동의 어떤 '이면'에 대한 생각이 있다"(a. a. O. 228쪽). "이면" 대신 많은 사례에서 "내부"라는 말이 더 정확할 것이다.
45 "'Das Religiöse' in Max Webers Religionssoziologie", in: *Saeculum* 43 (1992), 172-230쪽 (194쪽).

이를 강조한다. "그러므로 사회적 행위는 '초경험적인 것', 즉 의미 있는 '이면 세계'를 지시하는 **의미 층**이 행위자나 행위자들의 지향에 함께 주어져 있으며 행위가 진행될 때 이 점을 어떤 식으로든 고려하며 처음에는 상징적으로 "고려할" 때 **종교적인** 것이 될 수 있다." 이 차이가 비로소 보완되어야 할 실재를 구성하며, 그 차이의 종교적 형식은 바로 그 점에 놓여 있다. 그러나 이것은 물론 초기에는 행위의 **목적들**이 사후 세계를 목표로 삼아야 한다는 것, 즉 구속 목적이어야 한다는 것을 뜻하지 않는다. 그것은 세상이 종교적으로 분할된 가운데 경험될 수 있다는 것만 뜻할 뿐이다.

우리는 초기 종교에서 사후 세계의 권력자들을 제멋대로이며 변덕스럽고 민감하며 (그런 점에서 또한 영향받을 수 있고, 화해할 수 있는) 행위자로서 만난다. 그들은 인간의 삶이 통제할 수 없는 환경에 내맡겨져 있다는 것을 상징한다. 그들은 사회가 위협받고 있다는 문제를 외부화한 결과이다. 이 세상과 내세로 뚜렷하게 표현된 차이에 대해서는 아직 말할 수 없다. 이 구분이 원칙적인 배제 형식으로 제공될 때, 바로 이 차이는 신들의 세계도 규율할 수 있으며, 그것은 특히 그 세계에 사회전체적으로 친숙한 가족 형성 구조, 정치적 지배, 문자를 복제 투입함으로써 가능해진다. 이 발전은 특히 그 기초에 있어서 고대-원시적인 메소포타미아 종교에서 발견할 수 있다.[46] 여기에는 신들이 문자를 지배하고 해마다 운명을 문자로 고정하는데도 아직 "성전"이 없고, 그래서 그로 인해 조건화된 재-진입의 추상화도 없다. 그 대신 신들이 세계와 맺는 관계의 규제는 점술(Devination) 규칙의 복잡한 체계의 지배를 받는다. 후기 고등 종교가 비로소 성스러운 의미를 성스러운 형식으로 고정하고, 점술의 맥락에서 발전된 문자들을 사용하기도 하며,

---

46 Madeleine David, *Les dieux et le destin en Babylonie*, Paris 1949; Jean Bottéro, *Mésopotamie: L'écriture, la raison et les dieux*, Paris 1987, 243쪽 이하를 참조할 것. 5장도 볼 것.

그래서 그 의미를 특히 구술적인 발전에 넘겨준다.

현재로서는 이런 암시들이 우리의 테제를 분명하게 하기에 충분할 것이다. 종교는 처음부터(우리는 아직은 그 이전에 있는 것을 종교라고 설명하지 않을 것이다) 종교를 동일시하는 구분, 즉 구분된 것 안으로의 구분의 재-진입에서 파악할 수 있는 구분을 통해 특징지어진다. 개념 형성에서의 신중함은 여기서 견지할 만한 가치가 있다. 재-진입을 통해 그 자체로 역설적인 작동, 즉 그 역설이 비가시화되어야 하는 작동이 실행된다. 그 점에 사용된 암호화들이 종교로서 나타난다 — 그러면 종교 자체가 의도된 것의 지식이 아니라는 추가 지식과 함께 모든 고등 종교에서 나타난다.

그 밖에도 자기 자신 안에 복제 투입되는 것이 구분이며 구분으로 남는다는 것을 확인해 두어야 할 것이다. 단순화들은 항상 다시 나타난다 — 그리고 우상숭배로서 투쟁의 대상이 된다.[47] 그러나 여기서 육화된 차이가 숭배 대상이 된다는 것을 보지 않는다면, 조상들을 신들로 생각하는 고대 이집트적인 경건함의 특징을 부인하게 될 것이다. 어거스틴 신학 또한 예를 들면 신이 질서이며 선이지만 일종의 창조에 따르는 숙명으로서 그 반대를 감수해야 한다는 것을 보지 않는다. 어거스틴 신학은 차이에 대한 신의 관심을 주장한다.[48] 결코 단순히 다른 것에 대한 (어쩌면 관습적인) 기호가 중요하지 않다. 상징적인 것에 대해 생각할 수 있게 된 후에도, 이와 함께 오직 하나의 기호보다 더 많은 것이 의도된다. 항상 차이가 실제로 현존한다는 것이 중요하다 — 건축물의 정문을 적당한 크기와 장식으로 설치함으로써

---

47 Louis Schneider, "The Scope of 'The Religious Factor' and the Sociology of Religion: Notes on Definition, Idolatry and Magic", in: *Social Research 41* (1974), 340-361쪽을 참조할 것.

48 De ordine libri duo 1, 6, 18을 볼 것. *Corpus Scriptorum Ecclesiasticorum Latinorum 63* (1922), 재판본. New York 1962, 133쪽에서 재인용. "대조적으로, 우리가 기도에서 간절해지는 어떤 방식으로 모든 사물의 아름다움이 그런 대립으로부터 동시에 형성된다."

이 문턱을 넘어 다른 공간에 들어선다는 것을 암시하는 것처럼 말이다.

오직 친숙한 것의 영역에서만, 오직 (초월성과 구분된 가운데) 내재성이라고 불릴 수 있는 영역에서만 관찰할 수 있다. 어떤 것을 다른 모든 것으로부터 강조하고 이어지는 작동을 위해 준비할 수 있을 때, 오직 여기서만 어떤 것을 지시할 수 있다. 그것은 또한 언젠가 내려질 수 있을 모든 구분이 내재적인 구분들이라는 것을 뜻하기도 한다 — 존재와 비존재의 구분, 성스러운과 세속적인의 구분, 신과 인간의 구분이기도 하다. 그 구분들은 오직 소통을 통해서만 실재를 획득한다. 그러나 모든 지시와 모든 구분과 구분되는 이것은 무표 공간으로 후퇴한다. 그리고 무표 공간에는 이미 설명했듯이,[49] 세계와 관찰자의 고유한 관찰의 맹점으로서의 관찰자가 뒤에 남는다 — 구분될 수 없기에 관찰 불가능하게 뒤로 물러선다.

종교는 이런 불가피한 것들을 단순히 감수하지 않겠다는 시도로 간주할 수 있다. 그래서 구분을 통해 관찰 가능한 세계는 이중화되고 결국 내재성과 초월성의 주도적 차이를 통해 코드의 엄격한 형식으로 옮겨진다. 코드화는 실재의 구분을 더 엄격하게 연동되었으며 더 잘 구분될 수 있는 다른 형식으로 바꾸어 쓴 것과 다른 것이 아니다. 그로 인해 코드화는 새로운 종류의 세계 경험에 어울리게 되며, 높은 우연성과 양립될 수 있게 만들어진다. 한편으로는 동일성들이 그로 인해 탈안정화된다. 이제는 어쨌든 종교적인 관찰의 까다로운 형식에서는 이제 더 이상 사물들이나 사건들은 성스러운/세속적인에 따라 분류할 수 없다. 이제는 **모든 것**이 초월적 관점에서나 내재적 관점에서 반박될 수 있고, 사물들과 사건들이 어떻게 귀속되는지를 알고자 할 때 관찰해야 하는 관찰자가 중요해진다. 그렇게 되기 위해, 이제 종교는 기준들, 규칙들, 프로그램들을 마련해야 한다. 다른 한편 종교

---

49 제1장을 참조할 것.

는 이제 더 이상 특별한 사물들이나 사건들을 지지점으로 삼지 않고, 더 높은 "세계의" 불확실성도 감당해낼 수 있도록 그 자체로 폐쇄적인 세계 해석 구분을 지지점으로 삼는다.

우리는 이 발전에서 어쩌면 가장 독특한 절개가 히브리인들의 종교에 있다고 보며, 내세에서 속세로의 귀환을 단호하게 거부하는 형식에 있다고 본다. 그 후 이어지는 사제 종교가 얼마나 일관성이 없더라도 히브리의 신은 이름이 없다.[50] 그는 그일 수 있는 미래로서 자신을 소개하며 인식(Erkenntnis)과 인식을 통해 다루어짐으로부터 벗어난다. 그는 텍스트로서 자신을 세계에 내던진다. 구축 계획으로서 세계의 근거가 되는 텍스트는 이중 선로의 전통으로서, 미래에 대해 열린, 해석의 **구술적인** 전승에 대한 **문자적인** 고정으로서 제시된다. 그 텍스트는 내재적인 재-진입의 모든 다른 형식을 대체하며, 특히 2차 성전 파괴 이후 그렇게 된다. 그리고 탈무드 전통의 과제는 무한하게 가능한 해석을 논쟁으로 보전하는 것이다. 결정이 필연적일 때, 즉 특히 법적 질문에 있어서 내세로부터의 개입을 통해 더 이상 현혹될 수 없는 다수 원칙이 타당하다.[51] 그러므로 엄격한 의미에서 구분의 자기 자신 내부로의 재-진입은 다른 면인 초월성으로 옮겨진다. 초월적인 신은 세계의 관찰자로서, 관찰자와 관찰의 통일성으로 생각된다. 그리고 이 세계의 모든 성스러운 것은 그에 비하면 단순한 되비침(Reflex)으로 남는다.

---

50 아마도 메소포타미아 전통과의 대립으로서 가장 잘 이해할 수 있을 것이다. 마덕(Marduck) 신은 이름이 50개였으며(왜 51개가 아니었을까?), 이름은 이때 언어적인 지시였을 뿐만 아니라 능력 그 자체였다. 이에 대해 Bottéro a. a. O., 125-126쪽을 볼 것. 이름과 존재의 동일성 포기는 동시에 이름과 신의 모든 이름 목록의 완전성/불완전성의 옳음의 문제를 해결한다.

51 많이 (그리고 다시금 논쟁적으로) 토론된 아크나이 화덕에서 확정되어 있다. 예를 들어 Ishak Englard, "Majority Decision vs. Individual Truth: The Interpretation of the Oven of Achnai Aggadah", in: *Tradition: A Journal of Orthodox Jewish Thought* 15 (1975), 137-151쪽을 볼 것.

바로 그 점을 통해, 형식의 두 면이 두 면에서 다시 나타나는 완전하게 발전된 종교 코드화에 이른다. 이제는 구분의 한 면이 다른 면이 아니라는 점만 전제되어야 하는 조건에서, 가시적/비가시적, 친숙한/낯선, '가까운 영역/먼 영역들'로의 세계 분할이 더 이상 중요하지 않다. 오히려 코드의 두 면은 서로에 대해 의미 부여를 수행하고, 결국 그로 인해 다른 코드화들에 맞서 종교적인 기의화(Signifikation)를 완료한다. 사회학적 관점에서 이것은 가족들과 세대들이라는 귀속된 것으로 주어진 사회적 통일성들의 외부에서 문화적 엘리트들의 생성과 관계가 있을 것이다.[52] 종교는 특화된 것으로 제도화되는 동시에 보편적인 것으로 제도화되며, 그 특수성에 있어서 초월적과 세속적의 첨예화된 차이에 기초한다. 여기서 종교적 코드화를 다른 코드화들과 구분하는 특수성이 생겨난다. 초월성의 부정 값은 코드화 자체의 이유와 원천으로서 투입된다. 초월성은 자신의 코드를 생성시키면서 모든 다른 구분의 상대역이 된다. 그것은 자질 없는 것으로 전제되어야 한다. 니콜라스 쿠자누스가 기록했듯이, 초월은 구분과 비구분의 구분 자체를 낯설게 느낀다.[53] 그것은 다른 코드화들과 비교했을 때, 정초 형식을 변화시킨다. 종교의 경우에 정초는 **배제**를 통해서가 아니라 오직 반대 값의 **포함**을 통해 실현될 수 있으며, 진리가 허위의 배제를 통해서가 아니라 초월적인 의미 부여의 모든 구분을 새롭게 평가함으로써 실현될 수 있다. 그러나 그 후에는 초월로서 투입되는 것은 차별화할 수 있어야 한다 —

---

52 Shmuel Noah Eisenstadt, "Social Division of Labor, Construction of Centers and Institutional Dynamics: A Reassessment of Structural-Evolutionary Perspective", in: *Protosoziologie 7* (1995), 11-22쪽 (16-17쪽)에 그렇게 되어 있다.
53 물론 이것 없이 가능한 신학의 주변에서 최종적으로 관철될 수 있다. 그래서 신의 인격성과 삼중성은 의심될 수 없다. "지혜를 추구하면서"(*de venatione sapientiae*)에서는 다음 내용을 읽을 수 있다. 신은 모든 것 이전에 다르다(*Philosophisch-Theologische Schriften*, hrsg. von Leo Gabriel, Bd. 1, Wien 1964, 1-189쪽, 56쪽에서 인용). 그러나 구분에 의존하는 인간적인 파악의 불충분성은 성찰된다. 그리고 그러면 교회에서 무엇을 가지고 있는지 결국 알 수 있다.

그리고 오직 구속으로 가는 올바른 길에 대한 암시만으로도 그렇다. 그것 역시 재-진입 작동을 적어도 재-진입이 관찰될 수 있도록 하기 위해 필요로 한다.

어떤 다른 코드화도 바로 이 지점에 투입되지는 않는다. 종교의 특수성은 구분함을 지향하는 이런 구분함의 급진성에 있다. 그런 식으로만 무엇이 중요한지 파악할 수 있다. 즉 **모든** 관찰함(모든 구분함, 체험함, 행위함, 소통함)이 **항상** 관찰 불가능성으로부터 작동하며, 이 지점으로 되돌아가는 모든 귀환이 고유한 특화를 인정하지 않는다는 점을 파악할 수 있다. 그래서 역사에서 종교의 등장은 마지막에 와서야 그것이 출발이었음을 볼 수 있다고 하더라도 불가피하게 재-진입의 실행에 묶여 있다.

VII.

종교적 재-진입을 실행하는 구체적인 대상들, 사건들, 행위들은 종교적으로 고무된 소통에서 이 기능을 통해 드러나지도 않고, 형식적-역설적으로 기술되는 것도 아니다. 그런 우연성을 방출하는 관찰 형식들은 사회사의 초기 시대에는 아직 사용될 수 없다. 그 대신 그 형식들은 일정한 양가성으로 나타난다 — 특히 위험한/유용한 구분에 의존하여 나타난다. 그것은 그 경우에 그 자체가 조건화될 수 있는 동조들에 따라 달라진다. 그런 동조들은 현저한 것으로 입증된 대상들이나 의례들로서 분명하며 불변적인 형식을 획득한다. 이런 불변성은 주의를 요하고 오류를 인식할 수 있도록 하는 엄격함을 통해서만, 이것이 "이 면이나 아니면 다른 면"의 내적 형식 경계의 횡단을 방지하려는 의도가 있다는 것을 인식할 수 있다. 횡단은 가능한 작동이 아니다. 그것은 성스러운 대상의 동일성으로 흘러 들어가는 것이라고 말할 수 있을 것이다. 그것은 처음에는 코드로서 기능하는 내세적/초월적의 차이를 명명하지 않아도 되도록 해준다. 그리고 그것은 어떤 관점에서는 그렇게 유지될 것이다. 차이를 숭배할 수는 없다.

형식에 충실하게 그 상태에 머무르고 무한하게 변이하면서 같은 것을 반복하는 것은 처음에는 어떤 것에 의해서도 지장 받지 않는다. 내용들(대상들, 건축물들, 의례들)은 교체될 수 있지만, 양가성을 동일성으로 넘겨주는 형식 유형은 그대로 유지된다. 또는 그것은 적어도 그렇게 가능하다. 그러나 세계가 질문되고 그로써 성스러운 것에서 동일성으로 고정된, 구분의 통일성을 질문하는 일도 일어날 수 있다. 고등 종교들은 이런 우주화 경향에 굴복할 때만 생겨난다. 코드는 세계의 분할로 나타난다. 이야기를 이야기하고 투명성을 원천으로서나 또한 이전과 이후로의 분할의 의미로서 함께 끌고 갈 수 있도록 해주는, 세계의 시간적 분할로서 나타난다. 분할(그리고 우리는 이 단어를 명시적이며 말 그대로 개념으로 선택한다)은 존재론적으로 일어난다. 즉 "있는 것"에 관한 진술의 형식으로 발생한다. 그래서 있지 않은 것과의 차이에서 발생한다. 그러나 존재 형식의 다른 면은 나타나는 모습대로의 세계를 의심할 준비가 되어 있지 않은 한에서, 서서히 약해진다. 그리고 그것이 일어난다면, 이 분할을 부정하는 무는 바로 세계의 분할들(예를 들어 사회적 카스트들)을 생성시키거나 그것과 구분되기 위해 관용하는 초월이다.

지금의 맥락에서 종교사나 종교의 형태 발생 이론이나 종교의 진화가 중요하지 않고, (그렇게 말해도 된다면) 종교 코드의 현상학만 중요하다. 내재성과 초월성의 차이가 종교의 형식으로 가시화된다는 점에서, 귀속 문제들이 생겨난다. 그 점은 모든 코드에 대해 타당하다. 이항적 구조는 긍정 값이나 부정 값 중 어떤 값이 개별 사례에서 고려될 것인지 아직 말해주는 것은 아니기 때문이다. 코드화의 의미는 바로 이 결정을 열어둔다는 데 있다. 즉 코드들은 필수적인 가르침을 제공하는 각각의 경우에 코드 특화된 "보충"[54]을 필요로 한다. 옛 세계에서도 규준(kánon), 기준(kritérion), 규칙(regula) 등과 같은 양식들이 있었는데, 이것들은 정확하게 그 양식들 스스로가 옳다고 강조할 때 이항적 구조와의 관련을 전제했다.[55] 우리는 프로그램들(규정들)이라는 말을 할 것이다. 그래서 합법과 불법에 따르는 상호 배타적인 코드화는 상응하는 제도적 장치들(재판들)을 갖춘 법규범이 있을 때만 도입될 수 있으며, 그 재판들은 개별 사례에서 무엇이 합법적이고 무엇이 불법적인지 결정 가능하게 만들며, 오레스트(Orest)나 미카엘 콜하스(M. Kohlhaas)의 경우처럼 합법성을 주장하는 것이 불법성으로 추락하지 않도록 해준다. 교사는 무엇을 요구할 수 있을지를 알아낼 수 있을 교육의 규칙이 고정되어 있을 때만 좋은 성적과 나쁜 성적을 배분할 수 있다. 진리 코드는 이론과 방법론을 필요로 하며, 소유 코드는 화폐화의 경우에 경제 계산(예산, 대차대조표)을 수립하는 규칙을 필요로 한다.[56] 이것이 일반적으로 유효하다면, 종교 코드의 경우에도 같은 상황을 기대할 수 있을 것이다.

그러나 여기서도 우리가 이 지점에서 설명할 수도 없지만 무시할 수도 없는 역사적인 상대성 문제가 생겨난다. 아직 완전하게 기능적 분화로 전

---

54 Jacques Derrida, *Grammatologie*, 독일어 판본. Frankfurt 1974, 244쪽 이하를 참조하여 그렇게 되어 있다.
55 자유를 도덕법의 존재하는 이유(ratio essendi)로 파악하고 도덕법의 명령으로서 그 개념성(sit venia verbo)에서 이성적인 의식의 사실로서 보장하고 결국 그 둘을 주체 개념에서 결집시킬 때(철학자들이 오늘날에도 그들의 능력을 발견하는 근거가 되는), 동일한 문제 개괄을 칸트에게서 발견할 수 있다.
56 그러한 다른 코드화에 대해서는 Niklas Luhmann, "Codierung und Programmierung. Bildung und Selektion im Erziehungssystem", in: ders., *Soziologische Aufklärung 4*, Opladen 1987, 182-201쪽; ders., *Die Wirtschaft der Gesellschaft*, Frankfurt 1988, 243쪽 이하와 여러 곳; ders., *Die Wissenschaft der Gesellschaft*, Frankfurt 1990, 401쪽 이하; ders., *Das Recht der Gesellschaft*, Frankfurt 1993, 165쪽 이하; ders., *Die Kunst der Gesellschaft*, Frankfurt 1995, 301쪽 이하를 참조할 것.

환하지 않은 고대 사회에서는 이항적 코드화의 더 추상적인 극단을 통합하여 사회로 되돌리기 위해 프로그램 층위가 사용된다. 그러면 여기서는 사회의 구조와 특히 사회의 위계적인(계층화된) 구조를 부여하는 제한들로부터 생겨나는 신빙성들이 재도입된다. 코드 자체는 위계적으로 해석된다. 즉 코드의 좋은 면의 자연적이며 규범적인 우세로 갖추어진다. 이 일은 법에서는 예를 들어 자연법을 통해 일어나며, 이때 자연 개념을 통해 규범적인 명증성들이 환기되며, 또한 인간이 자신의 자연(=혈통)에 따라 상이한 계층에 속하게 된다는 것이 환기된다. 그러면 자연법 자체는 비록 목적을 연구하기는 하지만 중세 신학자들의 의견에 따르면 영원법(lex aeterna)에의 참여로서 파악될 수 있었다.[57] 과학은 상식과 전승된 지식과의 일치점을 발견해야 했다. 과학이 이 틀을 깨뜨리고자 모색할 때는, 이것은 형식에서 비과학적인 것으로서, 즉 역설로서 나타난다. 경제는 근대 초기에 아직 "식량"으로나 "가정의 생활필수품"으로 지시했던 것, 즉 신분상의 "가문들"의 분화 유지에 필수적이었던 것을 존중해야 했다.[58] 이 제한은 기능적으로 분화된 근대사회에 이르러서야 비로소 제거된다. 기능체계들은 기능과 코드화의 추상성의 위험을 동시에 넘겨받는다. 프로그램들은 사회의 통합 요구들로부터의 부담을 덜고 특수하게 각자의 코드만 전담한다. 법은 실정법이 된다(그리고 그것은 물론 유효한 법에서 도덕적 기준들, 연습, 기술적 기준 등을 참조하게 되는 것을 배제하지 않는다). 과학적 이론들은 이제 배타적으로 과학적 이론들이기만 하다(그리고 그것은 그 이론들이 신학 등을 다루는 것을 배제하지 않는다). 프로그램들은 셋째 값의 배제를 배제된 것의 재포함을 통해 보상한다 —

---

57 Thomas von Aquino, *Summa Theologiae I IIae, q. 91 art. 2*: 를 볼 것. "자연법은 영원법이 이성적 피조물에 참여하는 것 외의 다른 것이 아니다."
58 이 점에 대해 특별하게, Renate Buckle, "Hausnotdurft: Ein Fundamentalrecht in der altständischen Ordnung Bayerns", in: Günter Birtsch (Hrsg.), *Grundund Freiheitsrechte von der ständischen zur spätbürgerlichen Gesellschaft*, Göttingen 1987, 42-64쪽을 볼 것.

수용된(거부되지 않은) 코드가 전제되어 있으며, 이 코드 값들에 옳게 그리고 틀리지 않게 체계의 작동들을 귀속하는 것만을 중시하는 보완적인 층위에서만 그렇게 된다.

종교는 도덕과의 (영원히 불확실한) 동맹을 자신에게 허용함으로써 종교 코드화의 진화상 비개연성을 위한 가능한 해법을 모색하고 발견한다. 이 동맹은 도덕 자체가 특히 도덕의 부정적인 판단들이 우주론적인 근거를 갖추고 있었고 그래서 즉각적인 혐오의 반응으로 판단된다는 사정을 통해 수월해졌을 것이다. 악과 악인은 부패한 것, 부정한 것, 해로운 것의 주변에서, 즉 그것의 설명되지 않은 권력으로부터 자신을 지켜야 하는 세계의 어두운 면에서 발견할 수 있다.[59] 도덕의 좋은 면은 그때그때 수용된 사회의 관습에 연결될 수 있을 것이기 때문이다. 17세기와 18세기 유럽에서 주술 사상이 쇠퇴하면서[60] 도덕성이 순수하게 자기 자신에게 후퇴하기 시작했고, 그 결과 종교 역시 스스로 도덕적 판단에 복종하고 열정을 식히고 관용할 것을 요구받는다.

그러나 이것은 하나의 발전 노선이며, 그것도 아주 늦게 관철되는 노선일 뿐이다. 종교는 이미 오래전에 자신의 초월성 코드를 도덕 코드와 연동하는 데서 어려움을 가졌다. 그것은 중요한 고등 종교들이 사회적 혁신 운동 과정에서 생성되었다는 점과 특별히 관련되어 있을 것이다. 그러나 그 점을 전제하더라도, 행운과 불행이 도덕적인 기준에 따라 배분되지 않는 것처럼 보인다는 점을 특별히 고려할 때, 이 땅에서 볼 수 있는, 좋은 행동과 나쁜 행동의 차이가 어떤 **종교적인** 의미가 있는지의 질문이 초월성을

---

59 지역적이며 고등문화/민속문화에 따라 분기되는 매우 다양한 자료들을 보여주는 David Parkin (Hrsg.), *The Anthropology of Evil*, Oxford 1985를 볼 것.
60 이름을 들어 말하면, Keith Thomas, *Religion and the Decline of Magic*, London 1971; ders., *Man and the Natural World*, London 1983을 볼 것.

가지고 주장하는 모든 종교에 제기된다.

그 밖에도 도덕은 나쁜 것이 좋은 것보다 더 특화되기 쉽기에, 타락의 방향으로 주목을 조종하는 경향이 있다. 설교의 수사학은 좋은 것에 대한 요청을 정밀화하기보다, 죄를 지명하는 것을 쉽게 생각한다. 고해 사례들을 살펴보면 저지르지 말아야 할 죄악들의 목록을 만들어낼 수 있다. 선행 목록은 항상 불완전하고, 바로 해당 사안에서 중요한 행동들을 빠뜨릴 수 있다. 그러면 좋은 것의 기록은 중요한 것이 여기서 그리고 지금 언급되지 않는다는 비판을 쉽게 불러일으킬 것이다. 생활은 나쁜 것의 기록이 종결되고 부득이할 경우에는 확장될 수 있는 반면, 목록 형식으로 따져볼 수 있는 것보다 좋을 수 있는 기회들을 더 많이 제공한다.

고등 종교들은 초월성을 인간 행동의 **좋은** 면을 위한 선택으로 이해한다. 부족 사회의 여전히 "미개한" 종교들도 사회에서 수용되는 규범과 일치점을 발견해야 했다 — 예를 들어 규범 위반들을 신비의 작용으로 소급하지 않고(그렇게 한다면 책임 귀속을 유예해야만 했을 것이다), 명백하게 죄 있는 사람들을 죄인으로 수용하는 방식을 통해 그렇게 했다. 반면 고등 종교에서 그리고 특히 유일신 종교에서는 도덕적 가치에서의 종교의 자기훈련과 비슷한 현상을 발견할 수 있다. 어떤 행위들이 초월성의 의미에 부합하고 어떤 행위가 그렇지 않은지를 설명하기 위해 사용되는 프로그램들은 도덕적 코드와 관련되어 좋은과 나쁜에 따라 표현된다. 코드의 초월적인 면은 상응하게 인물화되어서, 신(이나 신들의 영역에서 지배적인 신)이 선한 것을 원한다는 것을 파악할 수 있게 된다.[61] 그것은 예언자적 비판이 보여주듯이, 지배적인 도덕 사상이 종교적으로 수용되는 결과가 될 필요는 없다. 그러나 도덕 사상이 비판받을 때는, 종교적으로 입증 능력이 있는 다른 도덕의 의

---

61 우리는 관찰자 신에 관한 토론에서 이 점을 자세하게 다룰 것이다. 제4장을 볼 것.

미에서 그렇게 된다 — 예를 들어 진정성 있는 소통에서 명시화되거나 전형적으로 (아브라함의 제물 — 아가멤논의 진정을 위한 제물과는 분명하게 구분되는) 가족적이며 씨족 지향적인 지배적인 도덕을 위반할 수 있는 것처럼, 신과의 관계에서 언약 성실성 도덕이나, 신의 의지에의 복종 도덕의 의미에서, 또는 신이 명령한 법칙의 도덕이나, 마지막으로 수용되거나 거부될 자유를 존중하는 사랑의 도덕이라는 의미에서 그렇다. 유일신론적 고등 종교의 자극을 수용하지만 혼합주의적으로(synkretisch) 혼합하는 부족 종교에서는 높은 신과 도덕의 관계는 이 모든 이유에서 양가적인 것으로 남으며, 중간적인 종교적 권력들이나 현상들과 맺는 관계 규칙으로 우회되며, 그 규칙들은 혼자서만 영향받을 수 있으며 손해가 되는 계획들에 의해 중단될 수 있다.[62] 그러나 고등 종교의 제도적으로 지원된 도덕 정책, 부족적이며 그래서 부분적인 도덕 전형을 근절하여 신의 의지의 표현으로서 서술될 수 있는 보편적인 도덕으로 대체하고자 모색하는 정책의 다른 사례들도 있다. 이 점의 가장 인상 깊은 보기는 고해성사의 도움으로, 교회의 구축된 법적 지위의 도움으로, 그러나 사람들에게 직접 설교하는 교구나 프란체스코파 덕분에 중세 시대에 발견할 수 있다. 이 프로그램에 지탱하는 의미론적 혁신은 내적 태도나 자신의 행위에 대한 내적 승인에 맞추어진 개인주의적인 도덕 개념에 놓여 있었다.[63] — 그리고 그것은 개별화가 낮은 사회적인 분할의 무력화에 사용된다는 전형적인 증거다.

바로 기독교 신학은 도덕, 즉 좋은과 나쁜의 구분이 사탄으로부터 왔다

---

62 Afrika Mbiti a. a. O., 17-18, 35-36쪽, 247쪽 이하에서의 자료들과 비교할 것.
63 페터 아벨라르(Peter Abelards)의 윤리학(Ausgabe Oxford 1971 판에서 재인용)은 획기적이다. 여기서 악덕(vitium)은 내적으로 승인된 경우에는 타락으로 정의된다. "그러나 우리는 이 동의를 정당하게 타락, 즉 저주를 받아 마땅하거나 하나님에 의해 유죄 판결을 받는 영혼의 잘못이라고 부르는 것이 적절하다. 이러한 동의는 하나님을 경멸하고 그를 모욕하는 것이 아니고 무엇인가?"(a. a. O. 4쪽). 악덕 그 자체는 이때 자연적인 태도(아비투스)로 이해될 수 있으며, 이 태도는 이에 동의할 경우에만 하나님 앞에서 인정된다.

는 것을 원래 알고 있을 것이다. 인식의 나무에서 [인식의 과일을] 먹어서는 안 될 일이었으며, 타락은 도덕적 개념의 사용이 그 이면에 있으며 도덕에 의해 숨겨지지 않은 동기들과 관심들에 대한 질문을 늘 새롭게 낳으면서 나쁜 결과를 가져온다 — "숨겨진 곳에서도" 도덕에 적합하게 행동할 것인지 아니면 도덕적인 행동과 연결된 좋은 명성 때문에만 그렇게 행동하는지에 관한 지금까지의 알려진 토론에 따르면 그렇다. 다른 한편 신학자들은 도덕으로 방어된 사회의 맥락에서 설교해야 할 때는 좋은 신의 이름으로 선을 요청하는 입장을 취하지 않을 수 없다. 모든 판단 유보는 반(反)생산적으로 작용할 것이다. 따라서 신학은 인류 타락의 희생자이다. 그리고 모든 것이 어쨌든 신에 의해 연출된 역사이며, 뱀은 미리 보내진, 도덕의 양가성을 은폐하는 유형이었다는 점에서만 위로를 얻을 수 있다.

그래서 종교와 도덕과의 관계에서는 친숙한 도덕의 '좋은/나쁜-코드'에 값이 즉각적으로 수렴하지 않는 고유한 코드를 고수한다는 데 대한 증거로서 읽힐 수 있는 전형적인 특성들이 있다. 그중 하나는 이미 언급된 비판 가능성에 있다. 그것은 왕권과 사제직, 궁정과 사원 사이에서 이미 나타나기 시작한 역할 분화와 체계 분화에서나, 지배 집단 내에서의 접근에 반응하는 종교 내에서의 예언적인 종교 비판 가능성이나 혁신적인 종교 비판 가능성에 사회적인 토대를 가지고 있다. 둘째, 이른바 도덕에서의 초월 유보로서 — 최후의 심판에서의 인물에서 전형적으로 나타나는 것처럼 — 도덕적인 최종 평가의 명시적인 미결정 상태가 있다. 그리고 궁극적으로는 이 두 가지 거리 두기를 위한 비밀스러운 동기로서, 나중에 그런 명칭을 얻은 신정론(Theodizee) 문제가 있다. 분명하게도 신은 세상에서 죄도 허용하지만 죄 없이도 겪는 불행도 허용한다 — 모든 구분의 저편에서 자기실현을 실행한다는 데 대한 암시로서 그렇게 한다. 그렇다면 신의 제안은 일어나는 모든 것에서 초월과의 관련을 만들어낼 수 있는 것이나, 더 구체적으로 말하면 모든 것을 신의 사랑과 친밀함의 형식으로서, 신의 지속적인 동행으로서, 신의 관찰함의 형식으로서, 고유한 관찰함의 형식으로서 경험하는 것이다 ― 그러나 그렇다면 이것은 신이 스스로 선한 것을 선택하고 악한 것을 선택하지 않는다는 결코 쉽게 이해할 수 없는 추가 결정을 통해 일어난다.

기독교 신앙은 (그 후에는 물론 늘 다시 도덕화에 내맡겨진) 출구로서 "타락"이라는 주제를 제공한다. "원죄"라는 표시는 그것이 죄과가 아니라 운명이라는 것을 나타낸다. 그러나 특히 원죄는 죽음으로 종결되며 하늘에서도 지옥에서도 속행될 수 없는 시간적인 지위(Status)를 가지고 있다. 그것은 한 편으로는 인간의 생애에 부과되어 있으며, 그렇지만 다른 한편으로는 구원의 길을 걸을 가능성을 그에게 부여한다는 점에서, 시간 지위이다 ("시점"(tempus)의 의미에서 시간이다). 반면 도덕의 규범은 교정할 수 있는 실수의 형식을 가지고 있으며, 다른 이들을 도덕 위반의 관점에서 관찰하고 평가할 가능성을 가진다. 그래서 문제는 사회적 차원에 있지, 시간 차원에 있는 것이 아니다. 그러나 죄인들의 죄책감을 관찰하고, 그들이 아직 살아 있는 동안 하늘이 무슨 말을 할지 알지 못한 채 그들을 칭찬하거나 비난하지 않는 것은 바로 이 차이이다. 그러나 도덕적 판단 자체가 타락의 형식일 수 있으며, 어쩌면 최악의 사례 중 하나가 될 수도 있다(물론 사제와 신학자들이 그 점을 인정하지는 않을 것이다).

신학은 이러한 도덕적 역설에 열중하였고, 상응하는 이유들, 특히 자유를 창조의 정점으로 허용했다는 점을 신의 의도에 복제해 넣었다.[64] 그러나 좋은과 나쁜의 차이가 좋은 것이어야 하지 나쁜 것이어서는 안 된다는 데

---

64 Anselm von Canterbury, *De casu diaboli*, zit. nach Opera omnia 판에서 재인용 (1938쪽 이하), Stuttgart 재판본, Bad Cannstatt 1968, Bd. 1, 233-272쪽을 볼 것.

놓인 역설로 되돌아가는 것은 어렵게 느껴지지 않는다.[65] 2차 질서의 외적 관찰자 관점에서는 다른 구분들의 대체를 통해 이 역설을 전개할 다른 가능성들이 있다. 우리는 코드화와 프로그램화의 구분에서 도움을 받을 수 있다. 그 문제는 종교가 내재성과 초월성의 차이 해석에서 불가피하다고 느끼는 프로그램을 사회에 할당하기 위해 도덕을 사용한다는 이유만으로 나타난다. 그렇게 본다면 (그 자체가 역설의 부담을 가지는 이항적 코드에 불과한) 이항적 도덕 코드화의 종교적 활용은, 종교가 사회에 의해 수용될 만한 구분에 대한 접촉을 모색할 때 거치는 중간 단계일 뿐이다. 물론 도덕의 코드가 아직 중단없이 실행되지만, 도덕의 프로그램들, 원칙들, 규칙들, 가치 갈등의 해법들이 더 이상 합의 능력이 없는 사회에서는 바로 그 때문에 도덕의 종교적 근거, 종교적 윤리가 종교적 다원주의로 대가를 지불해야 하더라도 불가피한 것으로 생각한다. 그러나 그 반대인 도덕적인 의무로부터의 후퇴가 더 적절할 수도 있을 것이다.

그러나 도덕이 종교적 기반을 가진 형식으로서 실패하거나, 어쨌든 도덕의 권한과 종종 재앙적인 결과들에 대해 유의미하게 항상 가능한 질문에 맞서 견고해질 수 없을 때, 종교 코드의 어떤 프로그램화 가능성들이 있을 수 있을까? 그렇지 않으면 이 실패는 종교의 의미 형식이 원칙과 기준에 대한 모든 고정을 붕괴시키고 그로써 코드화와 프로그램화의 구분이 실패하도록 하는 것을 보여주는 하나의 사례에 불과한가? 그 점 또한 종교가 물론 상이한 종교들의 다원주의적인 제안으로서 다양화되기는 하지만, 어쨌든 "오늘은 이것 내일은 저것"의 형식으로 옮겨질 수 없는 일종의 신앙을 요구하는 반면, 다른 기능체계들이 자신의 프로그램들(이론들, 방법론들, 교육기준들, 법 규칙들, 예산들 등)의 지속적인 교체에 맞추어져 있다는 점의 지지 근거

---

65 우리는 위의 제4절의 84-85쪽에서 이미 코드의 순환적인 그러한 자기정당화의 불안정한 신빙성을 코드의 긍정값을 통해 지적했다.

가 될 수 있다.

이런 고려가 프로그램 이념을 가지고 코드화 이념을 포기하게까지 만들 필요는 없다. 오히려 처음에는 비어 있는 이항적 코드화를 내용들로 풍부하게 하고, 그로써 그 코드화에 구체적인 상황에서 정보 값을 부여할 다른 가능성을 질문해야 할 것이다. 여기서 소통의 **주제들**과 **상징적인 내용들**을 구분하는, 즉 운명을 은총으로 파악하기에 적절한 종교적인 기억을 위해 도식들이 선택될 가능성들을 생각할 수 있을 것이다.

VIII.

이항적 코드를 종교 발전을 설명하는 입지가 될 수 있는 출발 원인이나 독립변수로서 단순하게 생각하는 것은 틀림없이 잘못된 일일 것이다. 우리가 여러 번 강조한 것처럼, 종교적 소통이 종교적 소통으로서 인식될 수 있도록 코드가 어떤 의미론적 장치에서 사용되는지는 그 차제가 사회체계 내의 진화상 변화들에 달려 있으며 그 변화들에 대해서는 별도의 조사가 필요하다.[66] 종교와 도덕의 코드화 연관의 해체는 예를 들어 기능하는 법체계를 전제한다(그리고 이것은 종교와 도덕의 재융합이 법치국가를 어려움에 빠뜨린다고 역으로 추정할 수 있는 것과 같은 원리에서 그렇다). 유럽에서는 이 전제가 중세적인 토대에서 민법 영역에서뿐만 아니라 일반법 영역에서도 충족되었으며, 그것은 17세기 이후 국가 영토의 기초에서 생성되는 "공법"을 통해 보완되며, 예를 들어 종교적인 관용의 보장은 공법에 위임할 수 있을 것이다. 그

---

66 간결한 개괄은 Niklas Luhmann, *Die Gesellschaft der Gesellschaft*, Frankfurt/Main 1997, 413쪽 이하를 볼 것.

러나 이런 사회 구조적인 고려는 종교 코드 자체가 자신의 도덕으로부터의 분리를 어떻게 견뎌 내는지에 대해 아직 아무런 말을 하지 않는다.

고유한 코드의 생산적인 차이를 포기하는 것은 고려 대상이 되지 않는 것처럼 보인다. 이항적 코드들은 그 폐쇄성에서("구분은 완전한 자기제한이다") 그리고 또 다른 규정들에 대한 개방성에서(보완들, 프로그램들) 여기에 연결되는 형태생성적인 과정들에 대한 자극을 형성한다. 미셸 세르(Michel Serres)가 도입한 은유에 따르면,[67] 기생적 연결 발전들이라고 말할 수 있을 것이다. 앞 장에서 다룬 코드 의존적인 프로그램들의 생성은 그 점의 보기에 불과하다. 또한 코드화로 인해 어떤 결정 부담들이 발생하는지를 고려해야 한다. 그러면 대답을 모색하는 질문들을 하게 된다. 그러나 교의학의 배경에서 이항적 코드화가 가시화될 때 이 질문을 모색하는 대답에 이르기도 한다. 그러면 무엇이 말해질 수 있는지를 규명하는 원칙들과 텍스트들만 있어야 하는 것이 아니라, 전문적인 해석이나 단순히 종교적인 영감을 선포하기 위한 역할들과 수신처들도 있어야 한다.

형식적으로 보면, 여기서도 문제는 세 번째 값의 배제를 예견하는 코드의 이치성에 있다. 그러나 그것은 사회의 소통에 충분하지 않으며 기능적이기는 하지만 인위적인 추상화이다. 코드는 복잡성의 극단적인 환원을 실행하며, 더 높은 복잡성을 가진 질서를 가능하게 하는 기능을 수행한다. 바로 그 때문에 코드는 진화의 "유인자"(attraktor)로서 작용한다. 그것은 기식자(寄食者)들을 끌어들이며, 기식자들은 코드의 사전 규정에 순응하고, 셋째, 넷째, 다섯째 값에 집착하는 것이 아니라 조건화의 필요성을 이용할 준비가 되어 있다 — 어떤 기회에도, 어떤 이해관심에서도 준비되어 있다. 즉 기식자들은 코드의 폐쇄성의 개방성을 활용한다. 덧붙여진 의미 규정들을

---

67 *Le parasite*, Paris 1980에 있다.

위한 필요를 활용한다.

그것은 결정들을 필요로 하며, 그 결정들은 그 자체가 기생의 숙주가 될 수 있다. 결정 상황은 코드를 통해 사전 안정화된 차이로부터 생겨난다. 그러나 결정 자체는 결정되어야 하는 대안의 부분이 아니다. 규정된 행위가 신의 의지에 상응하는지 아닌지, 영혼 구원에 유리한지 아닌지, 선조들을 화나게 하는지 아닌지가 결정되어야 할 때, 결정 그 자체가 선택의 또 다른 변항들로 도입될 수는 없다. 결정은 기식자로서 남는다 — 그리고 이제는 포함된 채 배제된 3항이라는 정확한 의미에서 그렇게 된다. 그 질문 자체는 그 결정을 향해 제기된다. 그러나 대답은 단순히 결정의 자기지시로 이루어질 수 없다. 대답은 그 결정이 결정 자체를 위해 결정한다고 말하는 데 있는 것이 아니다. 결정은 자신의 역설을 인정해서는 안 된다.[68] 결정은 자기 자신을 신비화해야 하며, 자기 자신이 야기되었음을 부정해야 한다 — 그리고 이 모든 것은 결정하는 인물의 귀속을 통해 가장 잘 이루어질 수 있다. 그리고 그것은 그 후 일탈강화 과정을 진행시킨다. 인물은 자기가 내린 결정들을 개별화하며, 인물들의 결정들은 인물을 개별화시킨다.

(처음에 어떻게 표현되었든 상관없이) 이항 코드의 설치와 함께 배제된 3항의 이러한 포함, 부재자 현존의 이런 전제는 지속적인 문제가 된다. 그래서 반복 상황이 생겨나고, 거기서부터 회귀적으로 참조할 수 있는 규칙들이 생겨난다. 우리는 그런 규칙들을 프로그램이라고 불렀다. 언제나 결정들이 접속되면, 선행 결정이 소통적으로 전승된 결과에서만 반복되지, 그 결정의 구체적인 상황과 그것들의 고려에서 반복되지 않으면서 불확실성 흡수에 이른다.[69] 불확실성 흡수의 고전적인 형식은 권위라는 이름을 가진다.

---

68 여기에 대해 상세한 내용은 Niklas Luhmann, Die "Paradoxie des Entscheidens", in: *Verwaltungsarchiv 84* (1993), 287-310쪽을 볼 것.
69 이것은 우리가 위의 제4절(87쪽)에서 스펜서-브라운을 참조하며 압축과 확인이라고 불

그것은 어떤 것, 즉 복잡성이 확대되도록 만든다. 그것은 자신의 결정을 위해 반박할 수 없는 이유들을 언급할 수 있을 것으로 전제한다는 것을 전제한다. 그러나 동시에 이 전제가 실현될 필요가 없다는 것을 전제한다 — 그 전제는 개별 사례에서만 실현되며 그 경우에는 상징적-도전적으로 실현될 뿐이다. 헤겔의 적절한 표현을 사용한다면, 그 형식은 "**반대를 금지하지 않은 채**"[70] 작용한다. 이런 의미에서 논쟁적 질문(quaestiones disputatae)의 중세적 기법은 권위가 대답(respondeo)을 위해 사용될 수 있다는 전제에 근거한다. 그리고 우리는 (이미 윌리엄 오캄의 경우에) 이 형식의 역사에서 권위 참칭이 불확실해지고 어쩌면 의견과 반대 의견의 공개적인 역설이 남겨져 있다는 점과 그 방식을 읽어낼 수 있다. 그러면 그것은 조직 질문이 중요해지는 시기이며, 그 이유는 불확실성 흡수가 그 일을 위해 조직적으로 입증된 역할들에 넘겨져야 하기 때문이다 — 그것이 공의회(公議會)이든 교황 명의의 로마 교황청이든 상관없이 그렇다. 그러나 이와 함께 (예를 들어 프랑스 왕조가 희생된) 근대 초기의 전형적인 문제, 즉 권위는 요구될 때는 자기 자신을 모험에 내맡긴다는 문제가 생겨난다.

피에르 부르디외는 상징적 폭력(violence symbolique), 의미론적 이륙(décollage sémantique), 아비투스를 언급하면서 비슷한 파생들에 유념하고 있었다.[71] 그러나 부르디외의 사례에서 출발점은 코드화의 형식에 있는 것이 아니라, 공개될 수 없는, 사회와 사회의 경제와의 관계에 있다. 그래서 부

렀던 것의 더욱 결정적인 다른 정식화일 뿐이다.
70   *Vorlesungen über die Philosophie der Religion I, Werke Bd. 16*, Frankfurt 1969, 215쪽(헤겔의 강조).
71   전체 저작을 인용할 수도 있을 것이다. "경건한 위선"(pieuse hypocrisie) 개념을 통해 풍성해진 간결한 개괄을 법률가와 관련하여 Pierre Bourdieu, "Les juristes, gardiens de l'hypocrisie collective", in: François Chazel/Jacques Commaille (Hrsg.), *Normes juridiques et régulation sociale*, Paris 1991, 95-99쪽에서 찾아볼 수 있다. 그 밖에도 ders., *Sozialer Sinn: Kritik der theoretischen Vernunft*, 독일어 판본. Frankfurt 1987; ders., *Ce que parler veut dire: L'économie des échanges sociales*, Paris 1982를 볼 것.

르디외는 상징적 폭력 개념이 자기 자신에 적용될 수 있는 자기생산적인 개념이라는 점을 성찰하지 않는다 — 그 개념이 다시금 상징적 폭력 실행의 수단이 되는 개념이라는 점을 성찰하지 않는다. 그러나 그 점은 수용되어야 할 것이다. 그리고 바로 그 때문에, 출발 문제를 더 추상적으로 파악할 것을 추천할 만하다.

어쨌든 코드의 기생함이나 의미론적 이류에서는 확실하게 수용되어야 하는 증상 연출이 이루어진다. 역설로 되돌아가는 흔적은 희미하게 지워져야 한다(그리고 그것은 우리가 흔적이 지워진 흔적을 발견할 수 있도록 허용해야 한다).[72] 그러면 게임을 할 수 있고, 오직 그 게임 자체가 구분될 수 있다는 이유로 게임에서 허용된 구분들이 차이를 만든다는 점에 주의하지 않고도, 그 구분들에 만족할 수 있다. 게임에서의 이 구분들은 게임의 구분들을 재현하며, 이것은 여기서도 역설, 비밀, 탐구될 수 없는 신의 의지에 대해서나 직접적으로 게임의 은유[73]를 활용한 연관이 허용되어 있을 때 구축될 수 있다. 그런 연관이 언제 적절할 것인지에 대해서만 분명하게 알면 된다 — 죽음과 죽음의 정황을 설명하기 위해서 알면 되고, 관을 무덤에 내리는 줄이 끊어지지 않을 때는 그렇지 않다.

그러나 이와 함께 모든 종교 실행을 위해서는 반드시 전문적인 조력이 필요하게 된다. 적어도 문외한은 올바른 길을 모색할 때는 전문가들에게서 정보를 얻어야 한다. 그렇지 않을 때는 "한 인간이 거대한 흔적을 좇아 천국에 이르는 길을 발견하는 일을 런던으로 가는 것처럼 생각해야 하는 것 같은" 실수를 할 수 있기 때문이다.[74]

---

72 이것은 데리다를 참조하여 정식화한 것이다. Jacques Derrida, *Marges de la philosophie*, Paris 1972, 76-77쪽을 볼 것.
73 예를 들어 Keiji Nishitani, *Was ist Religion*, 독일어 판본. Frankfurt 1982, 379쪽 이하에 그렇게 되어 있다.
74 Charles Herle, *Wisdomes Tripos, or rather its inscription, Detur Sapienti, In Three*

IX.

내재적/초월적 구분이 종교의 이항 코드의 기능을 충족시키고, 무엇이 종교적 소통으로서 연결 능력이 있고 무엇이 그런 능력이 없는지를 식별할 수 있게 만든다는 것을 전제하면, 의미 있는 — 어쩌면 부패했고, 어쩌면 잘못 생각했고, 어쨌든 세속화된 — 일탈이 하나 돋보인다. 그것은 초월 철학이다. 칸트는 경험 가능성 조건에 대한 질문과 이 질문에 대한 대답에서 논리적인 순환을 회피하겠다는(즉, 경험을 가지고 경험을 설명하지 않겠다는) 의도를 가지고, 의식의 작동과 관련하여 경험적과 초월적의 구분에 이른다. 그러면 인과성의 왕국과 자유의 나라가 유사존재론적인 언어로 구분될 수 있다. 자유의 나라에서는 자기재귀적으로 의식에 접근할 수 있는 고유한 종류의 사실성들이 있다. 칸트는 그런 사실들에 호소하면서, 경험적으로 조건화된 상태에 소급하지 않으면서 인식 가능성, 실제 행위, 미학적인 판단의 조건들을 규명하겠다는 시도에 착수한다.

이 시도가 성공했는지 실패했는지 그리고 어느 정도로 그러한지는 여기서 논의의 쟁점은 아니다. 그러나 그것이 존재론적 형이상학의 담론을 넘어서기 위해 담론에 투입되어 있다는 점이 돋보인다. 종교 코드의 세속화가 중요하다는 점은 적어도 피상적으로는 인식될 수 없다(그리고 이 점은 칸트가 종교를 신앙 주제의 질문으로 보았지, 일차적 구분의 질문으로 보지 않았다는 이유로 그렇게 될 수 없었다). 그러나 종교를 신앙의 특성을 통해 정의하지 않고, 코드를 통해 정의한다면, 즉 종교가 세계 그 자체를 관찰될 수 있게 만드는 구분들을 통해 정의한다면 유사점이 돋보인다. 그 경우에는 초월적/선험

Treatises, London 1655, 49쪽에 그렇게 되어 있다.

적(transzendent/transzendental)의 용어상의 가까움은 틀림없이 우연한 일이 아니며, 틀림없이 문제 유예 의도를 보여주고 있다. 어쩌면 그 의도는 (우리 같은) 관찰자가 세속화하려는 의도로 파악할 수 있을 의도일 것이다.

이 관점을 수용하면 그 결과 나타나는 일련의 현상들은 더 이상 놀라운 일이 아니다. 무엇보다 1800년경 주체를 신격화하는 당혹스러운 경향이 그렇다. 또는 칸트와 피히테를 거치며 표현된 내용으로서, 부분적으로는 반어적이며 부분적으로는 성찰적으로 서술된, 실재에 이르는 거리로 작동하는 새로운 신화에 대한 낭만주의적인 모색이 그렇다. 이제는 인쇄를 위해 규정된 문자적인 소통이 중요하다. 이렇게 하면 부적절한 정식화 속에 문제를 숨길 수 있으며, 그 정식화는 질문을 기대할 필요 없이, 말하는 내용이 진심으로 하는 것이 아니라는 점을 인식할 수 있도록 해준다. 그래서 "파편들"을 중요하게 생각한다. 이 운동은 헤겔의 정신철학에서 (잠정적인) 종결, 즉 자기 규정된 끝을 발견한다. 또는 더 정확하게 말하면, 역설을 자기 내부의 모든 구분을 지양하고 오직 배제(배제하기만)하는 "절대정신"으로 정식화하는 데서 발견한다.

이런 철학이 종교와 공유하며 마찬가지로 예술과 공유하는 것은, 세계를 실재와 다른 어떤 것으로 해체하는 것이다(그 후 비트겐슈타인의 『논고』에 세계기술의 언어와 오직 침묵할 수밖에 없는 언어가 있는 것처럼 그렇게 한다). 이 구조는 철학자들, 논리학자들 또는 조지 스펜서-브라운 같은 수학자들[75]에 의해 연구된다. 사회학 같은 세계 과학은 명목상 오직 실재와의 관계만 있을 뿐이다. 그러나 그 경우에는 사회학 이론이 (초월성의 운반자로서) 인간이 없다는 것을 아쉬워하고 있을 때, 또 다른 유예에 이르게 된다.[76] 세속화 사슬

---

75 *Laws of Form* a. a. O. 105쪽을 참조할 것.
76 아주 바람직하게 명확한 Horst Baier, *Soziologie als Aufklärung — oder die Vertreibung der Transzendenz aus der Gesellschaft*, Konstanz 1989를 볼 것.

의 끝에는 전제된 이론 결함들이 있으며, 의미론적 악화의 역사는 초월이 결핍된 종교에 대한 고백을 이 지점에서 아쉬워하는 것을 배제한다. 종교는 틀림없이 과학적 논쟁이 관여하지 않는 다른 체계다. 그러나 사정이 그렇다면, 학문체계^{역주}에서 형식을 통제해야 하고 종교에서 종교로서 인식될 수 있는 구분을 상황에 따라 거부할 수 있어야 할 것이다.

주체 내부로 주술화된 인간은 사회이론에서는 특별히 중요한 대상이다. 그러나 어째서 그런가? 단순히 우리가 주체 자체이기 때문인가? 아니면 실재인 모든 것을 기술하고 설명할 수 있는 지점인 초월성 지위를 인간이 점유하기 때문인가? 그러나 사정이 이러하다면, 어떻게 그 후 인간을 다시금 실재로서 인식할 수 있을까? 이러한 선험적인 수수께끼를 풀기 위한 노력은 상이한 길을 선택했다 — 인간(단수)을 단순하게 해체하거나, 언어학에 의존하며 언어를 분석하는 철학과, 그 후 인간을 익명화하며 절차에 의해 규제되는 이성 사용으로 환원시키는 담론이론 및 관찰의 비가시화된 기식자로서의 관찰자 이론이 있다. 이에 병행하여 인간을 해체하는 대신 (또는 그에 추가하여) 종교의 재구성을 시도하는 전혀 다른 과제를 사회학에 제안할 수 있다. 내재적/초월적이라는 코드의 도움으로 최초의 관찰함을 종교에 승인하면서, 오직 종교에만 승인하면서 종교를 재구성할 수 있다. 그렇게 한다면, 칸트의 것처럼 그렇게 단순하게 구축된 비대칭, 즉 경험의 조건들이 경험 자체에 놓여 있을 수 없을 것이라는 테제를 따르는 것을 피할 수 있을 것이기 때문이다. 이 구분으로 은폐된 최초 역설을 조명하고, 그 후 종교적 소통이 그 역설을 해체하기 위해 상상력과 창의성에서 어떤 기적을

역주) Wissenschaftssystem의 역어다. Wissenschaft는 원래 science의 의미에서 "과학"에 가깝다. 그런데 국내 독자들은 science와 "과학"을 자연과학에만 국한하여 사용하고 이해하는 경향이 있다. 그래서 이 책에서는 Wissenschaft를 주로 "학문"으로 옮기고 규칙성을 추구하는 활동과 관련되는 경우에만 "과학"으로 옮긴다.

실현하는지를 볼 수 있을 것이다.

X.

우리는 이제부터 도대체 어떻게 종교 코드의 지위(Position), 즉 초월성과 내재성의 지위들이 점유될 수 있는지의 질문으로 되돌아온다. 쉽게 생각할 수 있으며 어쩌면 일반적인 대답은 초월성의 지위가 신에게 유보되어 있어야 한다는 점일 것이다. 그것은 고등 종교가 신을 계획할 수 있는 한에서 고등 종교의 대답이다. 반대편의 지위는 모든 면에서 불충분한 인간들에 의해 점유된다. 그것은 죄를 통해, 나쁜 것을 위한 자유를 통해, 인식의 약점을 통해 특징지어져 있다. 그 둘을 잇는 교량은, 다음 장에서 자세하게 분석할 관찰 관계를 통해 구축된다. 인간은 얼마나 부족하고 얼마나 죄를 저지르기 쉽든, 신이 자신을 관찰하는 것처럼 관찰할 수 있다.

이런 점유 도식은 (코드 개념에 근거하여) 전통을 회고할 때 간과할 수 없는 상당한 결과 부담의 문제를 해결해야 한다. 우선 이런 지위 지정은 도덕 코드의 역설과 인간이 지향해야 할 신이라는 관찰 기준의 인식 불가능성 문제를 통해 스스로에게 부담이 된다. 그새 고전이 된 신정론 주제는 이 문제에 특별한 성찰을 보여주기는 하지만 문제 제기 수준을 넘어서지는 않는다. 그 밖에도 하나의 구분 안에서(그리고 그것이 종교의 코드이더라도) 신에게 다른 면은 부여하지 않고 한 면만 부여한다면, 신을 모든 구분의 초월함으로서 생각할 수 있다. 그러나 그렇지 않으면, 초월성은 (모든 경계, 그것의 고유한 경계까지도 횡단하는 것으로서 초월을 이해하고자 할 때는 언제나 이미 수용해야 하는 것처럼) 내재성을 포함하는 값이 된다. 그러나 그 경우에는 코드 값으로서의 초월성은 코드 자신을 자신 안에서 지양하며, 좋은과 나쁨을 구분하는 것이 좋다는 말을 들을 때도 발견할 수 있는 역설 극복 형식을 얻을 수 있다. 코드는 형식의 형식 내부로의 재-진입을 통해, 자기 자신 안에서 구분에 맞추어 조작화된다.

초월 철학에서도 여전히 관철된 오래된 생각은 내재적으로 경험된 것이 초월성에 기초하여 정립될 수 있다는 것이었다. 신이 세상을 창조했고, 그래서 세상은 신의 뜻에 부합한다. 또는 초월적 주체는 고유한 경험 세계의 질서를 위해 필수적인 종합을 수행할 수 있다. 초월성에의 관련은 그런 내용들을 통해 설명할 수 있었다 — 그리고 **안정시킬 수 있었다**. 반면 체계 이론적인 분석에서는, 세계가 의식과 소통에 지나친 요구를 하며 이런 의미에서 초월적이라는 통찰에 이른다. 그렇게 이해한다면 초월에 대한 암시는 안정시키는 방향으로 작용하는 것이 아니라, **불안정하게 하는** 방향으로 작용한다. 구속의 필요나 신앙에 대한 회의 같은 전통적인 요소들에의 소급은 바로 이런 특징 규정의 전환을 입증할 수 있을 것이다. 이런 해석 갈등을 취하여 두 견해 중 하나에 종교를 고정하고자 하는 것은 틀림없이 그렇게 많은 의미를 만들어내지 못할 것이다. 그 대신 이항적 코드화 이론은 모든 전통 요소들의 새로운 기술을 자극한다. 체계를 정의하는 이항적으로 코드화된 중심적인 차이가 있다면, 종교체계는 체계 자신이 대답할 수 없는 차이의 통일성에 관한 질문에 직면하게 된다. 종교체계는 (다른 구분이 아니라) 이 구분에 고정됨으로써 관련되는 무표 공간을 만들어내고, 외적 관찰자는 물론 구분 자신에 의해 구분된 것 안으로의 구분의 재-진입이 불확실한 신빙성과 "확실성"(Glaubwürdigkeit)을 통해 상이한 역사적 의미론들을 만들어내기는 하지만 이것을 다시금 역설 전개의 형식으로만 만들어낸다는 것까지 볼 수 있을 것이다. 초월을 정초(Begründung)로 본다면, 정초의 정초에 관한 질문으로 무한 회귀에 빠지게 되는 것이다. 초월성을 유의미하게 작동하는 체계의 작동상 폐쇄성의 반대 개념으로 본다면, 무엇이 실재로서의 이 투사에 상응할 수 있을지는 마찬가지로 미결정 상태로 남는다.

사회학은 이 점과 관련된 질문들에 대답할 수도 없고, 대답하고자 하지도 않을 것이다. 사회학은 경험과학으로서 바로 이런 종류의 까다로운 질문에서 사회가 상응하는 사실들을 만들어낸다는 점에 의존하며, 여기서는 종교가 신앙 제안의 소통 형식들을 결정한다는 점에 의존한다. 어쨌든 사회학은 종교체계의 성찰 기관인 신학에 이론적으로 준비된 질문을 할 수 있다. 첫째 질문은 코드화의 분석에 있다(그것은 논리적이며 수학적인 수단들을 가지고 여기서 보여준 것보다 훨씬 더 깊이 분석할 수 있을 것이다). 그것은 의미 있는 신학적인 선택들을 제한하거나, 이해성을 포기하면서 그 선택에 부담을 준다. 그 밖에도 사회 구조적이며 의미론적 연구들을 가지고, 근대사회에서 개인이 고등 종교를 만들어낸 사회들과는 근본적으로 다른 상황에 있다는 것을 입증할 수도 있을 것이다.[77] 근대사회의 기능적 분화는 사회전체적인 포함의 규제를 기능체계에 넘겨주었고, 이와 함께 계층과 도덕을 통해 진행되는 중심 포함을 포기했다. 종교는 참여를 자유에 맡긴 채 확신 상태에 대한 기대를 강화하면서 그 점에 반응한다. 개인은 자기에게는 직접적으로 불투명한 자기의 토대에서 동일성을 필요로 하는 상태가 되었다. 개인은 사회적 공명, 사랑, 또는 경력을 고유한 동일성의 구축을 위해 사용할 수 있으며, 그렇지만 그것은 불확실한 기반에 놓인 구성물로 남는다. 그 경우에는 개인이 자기 자신에 대해 초월적이라는 말까지 할 수 있게 되는 것은 아닐까? 그리고 이것은 초월적인 논리적 난제에 대한 확신이라는 최종

---

77 의미론과 사회구조의 연관에 관해서는 Niklas Luhmann, "Individuum, Individualität, Individualismus", in: ders., *Gesellschaftsstruktur und Semantik Bd. 3*, Frankfurt 1989, 149-258쪽을 볼 것.

목표를 가지고 그렇게 되는 것이 아니라, (성찰되었기 때문에) 자기 자신에 대해 반어적인 관계들의 낭만주의적인 의미에서 그렇게 된다.

"내가 누구인가?"의 질문에 개인이 스스로 답할 수 없다고 말하는 것은 오래된 지혜다. 이것은 전통에서 개인의 내재적인 존재의 약점의 기호였다 — 그것은 고유 관심에 대한 자신의 지향, 고유한 인식 약점, 고유한 죄성의 기호였다. 이 자질은 자기완성적인 초월성이라는 상대에 의해 부과되었다. 다른 견해에서는 개인 스스로가 초월성이며,[78] 바로 그 때문에, 끊임없이 불확실한 자기규정의 고정에 의존한다는 것이다. 그 경우에는 개인이 내재성과 초월성의 차이의 통일성이라는 역설을 자기 자신 안에서 경험하고, 외부화를 통해, 실재 이중화를 통해, 열반을 전제하거나 자신을 직접 내던지는 신을 전제함으로써 통일성을 해체하는 경향이 있을 수 있다는 점을 이해할 수 있을 것이다. 이와 함께, 권위에 근거하여 신앙을 수용할 가능성이 상실된다. 그리고 죄에 대한 책임과 고통, 배제 상태와 모든 종류의 실패들이 사회가 제공하는 모든 입증보다 더 가까이 있다고 생각할 수 있을 것이다. 그러나 그렇게 되면 종교는 신과 함께 또는 신 없이, 내재성과 초월성의 통일성을 소통할 가능성을 제공할 수 있을 것이다 — 개인이 발생하는 모든 것에서 자기 자신을 다시 발견할 수 있다는 것을 그에게 증명해 주는 소통의 가능성을 제공할 수 있을 것이다.

"주관주의적" 개인주의를 발명하여 전제하는 사회에서는, 의미론적 층위에서 변혁(허무주의 등)으로 기록되는, 종교 코드의 근본적인 혁신이 필수

---

78 So Luc Ferry, *L'homme-Dieu ou le Sens de la vie: essai*, Paris 1996, 예를 들어 237쪽에서 그렇다. "초월은 자기 내재성이다." 신학자들은 적어도 그런 재배치 가능성에 대해서도 언급한다. "하나님에 관해 말하는 것이 어떻게 가능한지를 질문한다면, 우리에 관해 말하는 것과 같다고 대답해야 한다"(Rudolf Bultmann, *Glauben und Verstehen*, Tübingen 1960, Bd. I, 33쪽. 이 인용은 Michael Hochschild의 박사학위 논문, *Die Kirchenkrise und die Theologie*, Ms. Bielefeld 1997, 163쪽에서 취했다.

적인 것이 되는 것으로 보인다. 그렇게 되는 것은 내재성/초월성의 코드 값을 포기하고 이와 함께 종교의 인식 가능성을 상실한다는 것을 뜻하지 않는다. 그러나 이 값의 점유들, 그 값들의 세계와의 결합들은 역방향으로 되돌려진다. 이제 초월성은 더 이상 (결국 무관심한 처신을 허용하는) 먼 곳에 있지 않으며, 더 이상 "하늘 저 위"[79]에 있는 것도 아니다. 초월성은 이제 제각각 고유한 자기, 자아의 불가해성에서 발견된다. 그래서 기독교 교의는 인물 같은 신을 생각하는 데서 어려움을 가졌으며, 이것은 일상생활의 구분하는 습관을 내려놓고 명상하는 가운데 고유한 자기를 포함하여 결국 존재하는 모든 것의 기초가 되는 공으로 돌아가는 것을 중요하다고 가르치며 (그와 함께 물론 "주체"로서의 개인 개념을 거부하는) 불교의 현재적인 매력을 설명할 수 있을 것이다. 서로 다른 종교 교의적인 지위들의 지속과 관련된 모든 문제에도 불구하고, "근대 세계에서 먼 곳이 초월성보다 확신을 주지 못하는 장소이며, 그 대신 개별 개인이 자기 자신이 무엇이며 흔히 말하듯이 자신의 "동일성"이 무엇으로 구성되는지를 경험하고자 모색하는 불확실성이 증가한다는 점을 기억해 두어야 할 것이다.[80]

---

79 이 전통에 대해서는 Bernhard Lang/Colleen McDannel, *Der Himmel: Eine Kulturgeschichte des ewigen Lebens*, 독일어 판본. Frankfurt 1996을 참조할 것.
80 Thomas Luckmann, "The New and the Old in Religion", in: Pierre Bourdieu/ James S. Coleman (Hrsg.), *Social Theory for a Changing Society*, Boulder — New York 1991, 167-182쪽 (177쪽)은 "주관성의 신성화"(sacralization of subjectivity)라는 말을 한다. 타인에 대한 접근성을 전제하는 "신성화"가 적절한 표현인지는 생각해보아야 할 일이다. 어쨌든 위의 텍스트는 신성한/세속적인의 구분이 아니라 초월적인/내재적인의 구분으로 작업한다.

XI.

　지금까지의 분석은 "사회"라는 체계준거를 고수했고 의식 과정을 배제하였다 — 이것은 종교를 비록 개인의 "욕구들"로부터 도출하지는 않더라도 인간학적으로 정초하려는 모든 시도와는 분명한 차이가 있다. 특수하게 종교적인 소통의 특수 코드화는 당장에는 심리적 등가물들을 전제할 수는 없을 사회적 구조다. 자기생산적, 작동상 폐쇄적 체계 이론의 틀에 머무르면, 그 점에서 달라질 수 없다. 그러나 종교적 체험 가능성의 조건들을 질문한다면, 즉 체계준거를 교체하고 의식체계들과 그것들의 신경생리학적 기초를 전제한다면, 분석을 보충할 수 있다.

　의심할 바 없이, 의식은 흥분 상태와 놀라움 상태에 대비되어 있다. 또한 두뇌는 의식에 의해 연속이 아니라 강도(强度)로 등재되며 어쨌든 뉴런 작동에 소급하지 않고 해석되어야 하는 생체-전기적 자극들의 신속한 반복을 통해 집중을 만들어낸다는 것을 전제할 수 있다.[81] 그러면 자문하게 된다. 그 해석은 어디서 오는가? 이름 부여는 어디서 오는가? 감정들의 구분 가능성은 어디서 오는가?

　의식이 연속을 특별히 질화하는 통일성으로 대체한다는 사실은 두뇌와 관련하여 의식에 자기생산적인 자율성을 보장한다. 이것이 이후에만 일어날 수 있다는 것(물론 잘 알려진 자동차 제동 반응 시간처럼, 종종 초를 훨씬 더 잘게 쪼갠 정도가 중요하다)은 동시에 의식이 이후에만 작동할 수 있다는 것을 진술한다. 즉 의식은 이미 발생했고 이제 관찰되어야 하는 고유 상태들에 노출되어 있다. 그것은 의식이 예상하지 못한 교란들을 예상하는 법, 예를 들어

81　그 점에 관해 Brian Massumi, "The Autonomy of Affect", in: *Cultural Critique 31* (1995), 83-109쪽을 볼 것.

어둠 속에서 두려워하거나 적들을 조심스럽게 발견하는 법을 배울 때도 유효하다. 이 모든 것과 함께 하나의 기초, 의미 부여 지원을 위한 수용성이 설치되는데, 이것은 여기서 "생활세계"라고 부를 수 있는 것에 따라 매우 다른 형식을 취할 수 있다. 일반적으로 그리고 특히 사회사적 관점에서 볼 때, 이것은 참여자들의 지각을 구속하는 제식 형식의 실현을 요구한다.

어쨌든 종교적 체험을 위한 지각 기반은 특화되어 있지 않으며, 종교적으로 특화되어 있지도 않으며, 마치 형식 없는 것처럼 주어져 있다. 고유한 체험을 종교적인 것으로서 관찰할 수 있기 위해, 의식은 외부화에 의존한다. 그것은 의식이 타자준거를 통해 고유 상태들을 정의하도록 도와주는 고유한 지각들을 활성화하거나 상기할 수 있어야 한다. 이 목적을 위해서는, 이야기를 누군가가 들어줄 것과 그 이야기가 알려져 있다는 것을 전제하는 신화가 사용될 수 있다. 이야기꾼이자 청취자로서 신체와 의식은 의식 자신이 "광시적으로" 관련되었다고 느끼는 전체 오케스트라 연출의 부분이다.[82] 이러한 목적을 위해 특별히 마련된 대상들, 장소들, 시간들, 연출들이 비슷한 기능을 충족시킨다. 그 기능들은 성스러운 것으로서 표시될 수 있고, 상이한 지각 매체들의 차이를 극복하면서 신화 이야기와 상호 강화 관계에 들어설 수 있다.[83] 그런 연출의 의례화는 의식이 내적 미규정성에 형식을 부여하는 데 사고를 통해서가 아니라(!) 도움을 주는 의미 내용들을 지각을 통해 압축하고 강화한다.

아주 일반적인 이런 고려들은 상응하는 체험이 어떻게 종교와 연상되는 결과를 낳는지의 질문을 미결정 상태로 둔다. 우리의 테제는 이것이 규정

---

82 이야기 상황을 문자 텍스트 모델에 따라 이해하는 경향이 있는 우리 문화에서 이것은 이해하기 어렵다. 다른 많은 내용 외에도 Dennis Tedlock, *The Spoken Word and the Work of Interpretation*, Philadelphia 1983을 볼 것.
83 외부화의 관점에서, Edmund Leach, *Culture and Communication: The Logic by which Symbols arc Connected*, London 1976, 37쪽 이하를 볼 것.

된 언어 규제를 통해 도달될 수 있는 것이 아니라, 내재성과 초월성의 도식에 있는 종교의 이항적 코드를 통해서만 도달될 수 있다는 것이다. 그 도식은 한편으로는 지각이 친숙한 것을 재식별하는 일상적인 것을 위한 장소를 가지고 있으며, 다른 한편으로는 친숙한 것에 있는 낯선 것에 대한 감각을 가지기도 한다. 그 도식은 경계를 표시할 수 있고, 그로써 그 도식이 다른 어떤 것에 의존하기도 한다는 점을 환기할 수 있다. 의식은 그 경우에는 성스러운 것을 통해, 놀라움과 경외를 통해 자신이 매혹된 상태에 있다는 것을 발견하고, 다른 어떤 것도 생각하지 않을 수 있다. 그러나 그것은 사회적 소통이 차이를 차이로 재생산할 때만 가능하다.

그래서 우리는 종교체계의 코드화가 동시에 종교와 의식의 구조적 연동에 기여한다는 점을 확인할 수 있다. 그 두 영역은 전혀 다른 작동들을 실행하기 때문에, 의식이 정말로 충격을 받아 함께 체험하거나 경건하고 엄숙하게 함께 체험하는지, 또는 그냥 그렇게 하기만 하는지에 달려 있는 것이 아니다. 그것은 예를 들어 설교자처럼 활동적이며 함께 작용하는 사람들의 경우에도 유효하며, 바로 그런 사람들의 경우에 유효하다. 소통은 만일의 경우에 의식으로 인해 너무 많이 교란되지 않도록 형식 엄격성을 통해 자기 자신을 보호한다. 바로 이것이 의식이 외부화에 기초할 수 있으며, 믿을 때만 존재하는 자가 창출된 실재에 관한 것이라는 의심을 끊임없이 처리하지 않는다는 점을 설명하며 그렇게 될 수 있는 조건이다. 그렇다면 신학이 종교는 신앙의 질문이라고 가르치고 이런 입장에서 사람들을 설득하고자 시도한다면, 그것은 치명적일 수 있을 것이다.

제3장

종교의 기능

제3장 종교의 기능

I.

 기능적 분화 원칙을 통해 근대사회의 분화를 기술하는 것은 일반적인 관행이 되었다. 그것은 사회전체적인 분업의 뒤르켐적인 개념의 기초이며, 파슨스를 통한 '행위 개념/행위 체계'의 분석적인 분해의 기초가 되기도 한다. 근대사회의 종교 문제들도 이런 배경을 전제로 논의된다.[1] 착취와 관련된 공장 조직 모델에 따라 한동안 논의된 계급사회의 유일한 대안은 신빙성을 완전하게 상실했다. 그러나 분화 테제가 이런 규모로 수용되었다는 점 때문에, 근본적이며 중심적인 질문들이 규명되지 않은 채 남아 있다는 점을 간과해서는 안 된다. 특히 사회 구조적인 분화가 19세기에 전제한 것처럼 개인적인 행동에 직접적으로 영향을 미치는지의 여부와 방식에 대해서는 결코 만족스럽게 밝혀지지 않았다 — 예를 들어, 합의/이의, 협력/갈등 같은 변수들을 통해, 질서 위반 행동을 낳는 아노미-문제들을 통해서, 또는 단순하게 알지 못하고 배려하지도 않는 사람들과의 상호작용에 갈수

---

1 Alois Hahn, "Religiöse Wurzeln des Zivilisationsprozesses", in: Hans Braun/Alois Hahn (Hrsg.), *Kultur im Zeitalter der Sozialwissenschaften: Friedrich H. Tenbruck zum 65. Geburtstag*, Berlin 1984, 229-250쪽을 참조할 것.

록 더 많이 의존한다는 것을 통해 설명되었다.[2] 거시사회학적 현상과 미시사회학적 현상의 이런 비교적 직접적인 연동(이나 어쩌면 심지어 이 구분 자체)의 전제를 배제한다면, 궁극적으로 사회에 의해 야기되는 삶의 문제들로부터 종교적인 해법을 직접적으로 도출하는 것은 그렇게 설득력 있게 들리지 않는다.

우리는 여기서 19세기의 분화 개념의 세밀한 토론에 머물러 있을 수 없다. 우리는 이하에서 **체계** 분화와 특별히 근대사회가 기능체계들을 분화시키는 방식에만 제한하여 설명할 것이다. 기능적 분화의 우선권 테제는 물론 다른 형식의 분화들도 있다는 점을 부인하지 않는다. 분화의 낡은 관점들을 해체하는 발전들(탈분화)도 논쟁의 여지가 없다. 기능적 분화 우선권 테제는 분화나 탈분화의 다른 형식들이 무엇으로서 그리고 어디서부터 발생하는지가 기능체계들 내부 분화 관점에서 조절된다는 것을 진술할 뿐이다. 그래서 비판적인 질문은 사회의 부분체계의 기능 특화된 지향이 도대체 무엇을 의미하는가 하는 것밖에 없다. 우리는 이 질문을 먼저 규명한 다음, 종교가 그 밖의 다른 어떤 곳에서도 중요하지 않은 특수한 기능을 충족시키는지 아닌지, 그리고 어떤 의미에서 그러한지, 그리고 이것이 이미 그 이전이 아니라면 근대사회에서 종교를 위한 특수한 기능체계의 분화를 위해 충분한 기반인지의 여부에 대한 더 전문적인 질문을 분석하겠다.

우리는 먼저 기능 개념 사용에 관해 합의해야 한다. 우리는 이 개념의 수학적인 사용뿐만 아니라, 목적론적이거나 경험적-인과과학적인 사용을 도외시한다. 추상화에서 기능으로 남는 것은 다양한 해법을 취할 수 있는 관련 문제밖에 없다. 그것은 그렇지 않으면 문제가 아닐 것이기에, 하나의 또는 복수의 문제 해결들이 이미 알려져 있거나 그렇지 않은 것과 무관하게,

---

[2] 예를 들어 Charles Tilly, *Big Structures, Large Processes*, Huge Comparisons, New York 1984의 분화 개념에 대한 비판은 그런 종류의 전제를 끌어들인다.

문제와 기능적으로 등가적인 다양한 문제 해결의 차이의 통일성으로 기능을 정의할 수 있다. 문제 해결은 목적 도달이나 수학적인 방정식들(=변이 조건화들)의 구체화나 '무엇-질문'이나 '어떻게-질문'에 대한 대답의 발견에서 이루어졌다고 볼 수 있다. 기능화를 통해 추구된 이득은 문제 해결 자체에 있는 것이 아니다(그것은 이미 해결된 문제일 수도 있으며, 대개 그럴 것이기 때문이다). 오히려 기능적으로 등가적인 **다수**의 문제 해결에 대한 지시, 즉 대안성이나 기능적 등가의 구축에 있다. 그것은 실천적으로 대체 가능성으로서 작용할 필요가 있는 것은 아니지만, 그렇게 작용할 수 있다. 그것은 다른 가능성 모색의 자극으로 기여할 수도 있다. 종교의 기능에 관한 질문은 이렇게 대체 가능성들을 살펴보는 데 그 폭발력이 있다.

이런 몇 가지 논평만으로도 두 가지 중요한 결론을 도출할 수 있다. 기능주의적 관점에 어울리는 모든 것은 **우연적**이다. 즉 다른 가능성과의 비교에 내맡겨진다. 관련 문제가 추상화됨으로써 이 양상화의 범위, 즉 기능 문제의 기능적으로 등가적인 해결이 얼마나 서로 다르게 기술될 수 있는지의 문제를 규제할 수 있게 된다. 너무 강하게 추상화하는 것은 역효과를 낳을 것이다. 그 점은 "복잡성 환원"을 가지고 시험할 수 있을 것이다. 둘째, 기능 관련은 역설의 전개로서, 즉 상이한 것의 같음(여기서는 기능적 등가물)의 **역설의 전개**로서 인식될 수 있다. 그러니까 명백하게 우연성(즉, 필연성과 불가능성의 포기 = 본질 안정성의 포기)은 역설화/탈역설화를 위해 대가로 치러야 하는 비용이다. 그런 세계에 들어설 때는 고유한 작동들을 신뢰할 수 있어야 한다. 그리고 과거에 자연 개념이 제공했던 확실성을 포기해야 한다.[3]

관찰함 이론의 일반적인 프레임에서 기본 조건은 여기서도 유효하다.

---

3 즉 여분의 것을 배제하고 필수적인 것을 장착함으로써 그렇게 한다. Thomas von Aquino, *Summa Theologiae I IIae q. 91, art. 2*를 볼 것. "그러나 자연은 여분의 것을 충분히 가지고 있지 않은 것처럼, 필수적인 것이 부족하지도 않다."

즉 관련 문제를 구분할 수 있어야 한다 — 적어도 세계의 무표 상태로부터 드러낼 수 있어야 한다. 또한 이 기술은 더 많이 제한할수록 생산성이 커진다. 오직 충분히 정밀하게 질문할 때만, 사용할 수 있는 등가물들을 대답으로 얻을 수 있다. 멀리 떨어진 어떤 것을 어떻게 정확하게 인식할 수 있을까? 그곳에 가서 보거나 망원경을 통해서일 것이다.[4] 그러나 언제나 이 장점이 모색되고 획득될 때만, 관련 문제 형식을 분명하게 구분할 수 있다. 그러면 전혀 다른 문제들도 연구할 수 있게 될 것이다.

이상의 설명을 통해 다음과 같은 내용이 분명해졌다. 기능들은 언제나 관찰자의 구성물이다. 그러면 우리는 다음과 같은 질문을 할 수 있다. 종교의 기능을 질문할 때는, 누가 (종교의) 관찰자인가? 어떤 이의 이해관심이 의도된 비교의 범위를 규제하는가? 누가 어떤 관련 문제를 구분하는가? 누가 감히 역설을 붙들 수 있다고 자신하며, 역설을 전개하기 위해 어떤 구분들이 활성화되는가? 그러므로 기능에 관한 질문은, 관찰자에 관한 질문과 그의 우연성 처리 가능성과 역설 전개 가능성에 관한 질문을 위한 형식일 뿐이다. 그리고 한 번 더 정확하게 표현하면, 질문은 다음과 같다. 종교의 기능이 관건일 때는 누가 관찰자인가? 종교체계 자체인가? 아니면 외적 관찰자로서의 학문인가?

II.

코드화에 관한 한, 우리는 시간에 적응된 어떤 의미론적 표현이든 상관

---

[4] 그런데 여기서는 종종 그렇듯이 두 가지를 동시에 원하는 것은 치명적인 것으로 작용할 수 있다. 피프(Pief) 씨와 그의 관점을 생각해보라.

없이, 내재성과 초월성의 주도적 차이가 종교체계 자체에서 처리될 것이라고 전제했다. 주도적 차이는 종교적인 작동들(즉, 고유한 작동들)이 다른 것과 구분되도록 도와준다. 그 차이는 우연성 구성의 형식으로 기여하기도 한다. 그것은 역설 전개의 출발 상황으로 기여할 수 있는 형식으로 작용하기도 하며, 이 모든 것은 종교체계 자체를 위해 작용하기도 한다. 기능이라는 우연성 도식에서는 그 반대가 유효하다. 이 도식은 기능적으로 등가적인 문제 해결들의 개방에 기여하며, 대안들을 생성시키며 그 결과 기존의 종교적인 형식들의 붕괴에 기여한다. 구체적 층위들에서조차 이 개방을 수용하는 것은 어렵다. 물론 질문할 수 있다. 포도주와 빵을 사용할 수 없다면, 맥아로 빚은 맥주와 바나나는 왜 안 되는가? 그러나 여기서 어떤 문제가 해결되어야 하는지가 그 전에 규정되어 있어야 할 것이다. 그렇지 않으면 그런 선택에 작용한 제한을 완전하게 파악하지 못할 것이기 때문이다. 그리고 이 문제는 종교의 기능에 관한 질문이 그렇게 추상화되어, 종교체계 자체에서 (또는 아주 특수한 조건에서, 예를 들어 인디언들의 버섯 제식에서만) 기능적 등가들(예를 들어 환각제)이 연결 능력이 있도록 가시화될 때는 더 분명하게 제기된다.

그래서 우리는 기능에 관한 질문의 우연성 도식을 철저하게 따져볼 수 있기 위해, 외적 관찰자의 지위를 취해야 한다. 그 경우에는 명시적 기능들과 잠재적 기능들의 구분을 고수해야 한다. 명시적이란 관찰된 체계 자체에 접근 가능하다는 것을 뜻하며, 잠재적이란 이 체계에 접근 불가능하다는 것을 뜻한다.[5] 잠재적 기능들에 관한 질문은 물론 조사된 체계의 자기이

---

5   사회학에서 통상적인 고전적인 인용문은 다음과 같다. Robert K. Merton, *Social Theory and Social Structure*, 2. Aufl. Glencoe Ill. 1957, 60쪽 이하. 마르크스에서 프로이트로 이어지는 선학들의 계보는 분명하다. 연구는 그 때문에 제한으로 평가되어야 하는 방향으로 진행했다. 즉 그것은 무지에 관한 관심 문제로 제한되는 방향으로 진행했는데, 그 결과 예를 들어 모든 체계의 원칙적인 불투명성의 문제나 모든 관찰의 맹점의 문제가 배제되었

해를 끝까지 파고들겠지만, 그 자체는 모든 기능주의적인 질문제기의 한계를 벗어나지 못한다. 그 질문은 왜 어떤 것이 다르지 않고 현재 모습대로인지를 설명하지 않는다. 즉 그 질문은 어떤 신앙도 정초할 수 없으며 전제되는 모든 것을 비교에 내맡긴다.[6] 그것은 명시적 기능과 잠재적 기능을 구분할 때도 달라지지 않는다. 분명하게도 이것도 관찰자가 만드는 구분, 관찰자들의 구분 층위에서의 구분이다. 그리고 이와 함께 어떤(잠재적?) 관심에서 여기서 바로 그렇게 구분되지 다르게 구분되지 않는지의 질문에 사용되는 구분이다. 우리는 이 구분 가능성을 배제할 수는 없지만, 이하의 고려에서는 우리가 종교체계에서 자기 자신을 관찰하는 체계와 관계있으며 기능에 대한 우리의 질문이 그 즉시 이 체계 안에 복제 투입될 수 없다는 통찰이 출발점으로서 충분하다.

다른 사전 결정을 통해 종교의 유일한 기능을 말해야 할지 복수의 기능들을 언급해야 할 것인지 질문하게 된다. 사회학에서는 법, 경제, 정치, 가족, 종교 같은 기능체계들을 설명할 때 기능들의 전체 목록을 수립하는 것이 일반적이다. 그렇게 할 수 있다. '문제/문제 해결'의 구분 도식은 아주 상이한 방식으로 적용될 수 있기 때문이다. 그래서 위안의 제공, 의미 질문들에 신빙성 있게 대답하는 것, 의례적 행위나 또한 신앙을 입증하는 행위에서 사회를 생산하는 것을 종교의 기능으로 간주할 수 있다. 이것은 모든 것이며 그 이상이다. 그러면 물론 종교의 통일성은 그런 목록의 통일성으로 희석되며, 아주 상이한 기능적 등가물들은 아직도 종교의 핵심 기능으로서 유효할 수 있는 것을 분리하며, 목록의 통일성이 종교적 통일성인지의

다.
6   Robert Spaemann, "Funktionale Religionsbegründung und Religion", in: Peter Koslowski (Hrsg.), *Die religiöse Dimension der Gesellschaft*, Tübingen 1985, 9-25쪽은 정당하게 그렇게 적고 있다.

질문에 대해 종교의 기능이 바로 그 종교적인 기능 목록의 통일성을 생산하는 것이라는 설명으로 대답할 수 있을 것이다. 그렇지 않으면 이 지점에서는 최고 기능의 언급을 포기하고 그 대신 종교적인 "의미"를 강조하고 있다.

마지막으로 그리고 복수의 기능들을 특별히 전제한다는 것은 근대사회가 특수한 기능에서 자신의 분화 형식들을 수립한다는 생각과 충돌할 것이다. 이것은 체계의 통일성이 (그 후 어떻게 나뉠 수 있든) 기능의 통일성과 일치한다는 것을 전제하기 때문이다. 기본 기능으로 소급될 수 없는 복수의 종교적인 기능들이 있다면, 이 혼합체가 그 후 종교로 인식될 수 있을지는 인식하기 어려울 것이다. 종교체계 내에는 물론 상이한 종교들이 있지만, 그것들의 분화는 분절화 원칙을 따르며 어쨌든 기능적 분화의 원칙을 따르지는 않는다. 그래서 우리는 **바로 그** 종교의 **바로 그런** 기능에 관한 질문을 제기하기 위해 외적 관찰자에게 허용된 거리를 활용할 것이다.

이 전제조건에서는 제한된 선택 가능성밖에 없다. 종교가 연대를 실현하며 도덕적으로 통합하는 기능을 가진다는 뒤르켐의 전제는 오늘날 더 이상 대변될 수 없다.[7] 종교는 정반대로 주된 갈등 원천에 속하며, 이것은 근대사회에서만 그런 것이 아니다. 어쩌면 그 테제는 어차피 갈등을 억압하는 부족 사회의 경우에 유지될 수 있다. 그러나 그 경우에도 바로 그 기능적 특화가 그것을 위해 종교적인 경험과 소통을 강화함으로써 종교의 이

---

7 명시적으로 비판적인 입장은 Richard K. Fenn, "Toward A New Sociology of Religion", in: Journal for the Scientific Study of Religion 11 (1972), 16-32쪽에 있다. 다른 한편 펜(Fenn)은 이 기능을 놓치고 그 때문에 종교에 기능 상실과 잔여 기능으로의 축소를 귀속시킨다는 점에서 여전히 이 개념에 집착하고 있다. 뒤르켐-테제의 다시 거의 기능적인 분석은 Horst Firsching, "Die Sakralisierung der Gesellschaft: Emile Durkheims Soziologie der 'Moral' und der 'Religion' in der ideenpolitischen Auseinandersetzung der Dritten Republik", in: Volkhard Krech/Hartmann Tyrell (Hrsg.), *Religionssoziologie um 1900*, Würzburg 1975, 159-193쪽을 볼 것.

기능을 방해할 것이다. 종교가 금지와 거부가 집중될 수 있는 희생자들을 통해 모방 갈등(Imitationskonflikt)을 규제한다는 레네 지라르(René Girard)의 변항[8]도 사회 구조적인 상관물을 무시한다. 즉 생활 상황과 요구의 비교 가능성을 차단하고 무관심을 만들어내는 장치로서의 계층화의 효과를 무시한다. 신이 요구하며 결국에는 직접 보여주는 희생의 필연성은 잘 입증될 수 있다. 그러나 그것들은 종교의 기능에 대한 환기로서, 신이 구분을 명령하며, 그 구분 없이는 어떤 것도 정당화될 수 없고, 어떤 것도 지시될 수 없고 관찰될 수 없다는 것을 나타낼 뿐이다. 그리고 이것은 신이 **죄 없는** 희생자를 요구하기 때문에 더욱 놀랍다 — [아버지 아브라함에 의해 희생제물로 바쳐질 뻔한] 이삭, [아르테미스 여신에게 희생제물로 바쳐질 뻔한] 이피게네이아, 그리고 결국 자기 아들을 요구했다. 그러므로 그것은 죄의 단순한 귀결, 단순한 법 집행이어서는 안 된다.

우리는 구분이라는 표제어로 인해 의미와 형식들의 관찰에 관한 출발 고려로 되돌아온다. 의미 매체에는 "자연"도 없고 "본질"도 없으며 횡단할 수 없는 경계들도 없다(그렇지 않으면 그것들은 경계들로서, 다른 것에 대한 환기들로서 의미를 가지지 못할 것이기 때문이다). 의미 매체에는 모든 운동에서 함께 운동하는 지평들만 있을 뿐이다. 그리고 의미는 회귀적 관계망 내에서 자기준거적으로만 규정될 수 있으며, 이 관계망은 다른 것을 지시하며 항상 세계의 무표 상태를 지시한다. 즉 근거 없는 것으로 흘러 들어간다. 동일성들은 작동들의 반복을 통해 성립하며, 동시에 반복이 반복으로서 인식되는 구조다. 한마디로 말하면, 의미는 오직 의미구성 과정에서만 고유한 경계를 인식할 수 있는 체계들을 통해 "자기생산적으로" 구성되며, 이때 체계들은 **자기 자신에게** 내부와 외부를 향하는 이중 준거, 자기준거와 타자준거

---

[8] 위 제1장 각주 6의 참고문헌을 볼 것. 그 밖에도 René Girard, *Le Bouc émissaire*, Paris 1982를 볼 것.

의 **고유한** 구분을 갖추어주면서 경계를 인식할 수 있다. 관찰하는 모든 작동은 구분을 실행하며, 구분함을 실행함으로써 자기 자신을 구분한다. 그 점에 있어서, 모든 작동은 그런 점에서 똑같은 유효한 다른 관찰들에 의해 관찰될 수 있다. 언제나 연결 능력이 없는 것으로서 입증해야 하는 다른 면이 함께 다루어진다. (후설에게 있어서, 충족되지 않으면 의식이 자기 자신을 진행해 나갈 수 없을 필수적인 요구가 되는 일로서) 관찰이 자기 자신을 "지향성"으로 갖추어줄 수 있다고 전제할 때도, 지향의 다른 면, 즉 지향의 구분, 즉 지향의 지향성은 정의되지 않은 채 유지된다.

이 규정이 문제가 될 때, 즉 어째서 모든 것이 가지고 싶어 하는 것처럼 되지 않는지를 통찰해야 할 때는 언제나 종교가 나타나는 것처럼 보인다.[9] 그 점이 자신의 자기의식과 상충하기 때문에, 개인은 자기성찰을 통해 바로 이 사실을 발견할 수 없다. 그 이유는 그에게 소통을 통한 문제 제기와 함께 주어져 있어야 한다(헤겔에게 있어서, 그것은 개념의 개념을 통해서를 뜻할 것이다).

존재론적 형이상학은 아리스토텔레스가 규정된 존재자를 표현한 이래 (이념의 분명함과 명료함뿐만이 아니라) 진술들의 진리 능력의 전제로서 다루었다.[10] 그것은 형식에 따라서, 외적 규정의 필연성을 낳았다. 그리고 후설까지도 지평에서 함께 주어진 미규정성이 **"확고하게 선규정된 양식의 규정성"**에 소급할 수 있다는 점을 (존재 질문을 배제한 후) 전제하였다. 그리고 횡단 실행에서 작동을 규정할 수 있다면, 실제로는 어떤 다른 방식으로 한 작동에서 다음 작동에 이르러야 할까? 그러나 동시에, 그 전에 규정했던 것은

---

9   Georg Wilhelm Friedrich Hegel, *Vorlesungen über die Philosophie der Religion I*, Bd. 16, Frankfurt 1969, 308쪽에서는 "종교는 이제 바로 이것, 즉 인간은 자신의 의존성의 이유를 찾는다"를 읽을 수 있다.
10 *Metaphysik 1006 a* 19-24를 참조할 것.

규정되지 않은 것으로 도로 숨는다. "… 물론 분명한 것은 불분명한 것으로, 서술된 것은 서술되지 않은 것 등의 반대 방향으로 넘어간다. **이 방식으로 무한하게 불완전한 상태에 있음은 사물과 사물 지각의 상관관계의 지양될 수 없는 본질이다.**"[11] 이 기술은 초월적인 사실로서, 의식의 자기분석 결과로서 도입되는, 자기준거(사물 지각, 노에시스)와 타자준거(사물, 노에마)의 구분을 이미 기초로 삼기 때문에 그럴 것으로 추측할 수 있을 것이다. 조지 스펜서-브라운의 형식 산법은 같은 문제에 다른 방식으로 접근한다. 그것은 "하나의 구분을 그리라"라는 명령으로 시작한다. 이 명령은 의미생산의 자기생산 가능성의 조건으로서 파악할 수 있다.[12] 존재나 본성에 놓여 있는, 그 명령을 준수하라는 강제는 없다. 모든 작동은 "다르게도 가능하다"와 "이 명령 준수에 의존하여"라는 이중 의미에서 우연적이다. 필연성은 없지만, 제재는 있다.[13] 명령을 따르지 않으면, 아무 일도 일어나지 않는다. 자기생산은 시작하지 않는다 — 또는 그것은 속행되지 않는다. 명령은 체계생산의 자기생산처럼 동일한 엄격함을 가진다. 그것은 일어나거나, 일어나지 않는다. 제3의 "더 유연한" 가능성은 없다.

그 명령은 코드와 같은 엄격함을 가지며, 그것은 돋보일 것이다. 같은 이항적 구조를 가지며, 셋째 가능성을 똑같이 배제한다. 그러면 코드화는 분명히 문제의 "틀"이며, 그 문제를 우리는 미규정성, 자기준거적 회귀성, 세계와 관찰함의 관찰 불가능성이나, 이미 종교에 근접한 표현으로서 "공"(Leere)이라고 선택적으로 명명하고자 한다. 코드, 그리고 특히 모든 코

---

11   Edmund Husserl, *Ideen zu einer reinen Phänomenologie und phänomenologischen Philosophie Bd. I* (1913), *Husserliana Bd. III*, Den Haag 1950, 100-101(후설의 강조, 재인용-)에서 취했다.
12   그 점에 관해 Elena Esposito, *L'operazione di osservazione: Costruttivismo e teoria dei sistemi*, Milano 1992를 볼 것.
13   제재에 있어서는 여기서 벌써 뒤르켐의 제재와 신성의 연관을 상기할 수 있다. 그러나 그 환기는 동시에 뒤르켐적 개념의 이론적인 설명이 필요하다는 것을 분명하게 한다.

드는 형식 문제를 재정식화하는 형식인 것으로 보인다 — 그 형식은 다루기 쉬운 더 나은 다른 형식을 '양-면-문제'와 지시하는 구분함(관찰함)의 내적 비대칭에 부여한다. 이때 구축된 우연성과 역설화/역설 전개 가능성은 코드의 자기 자신에의 적용을 통해 유지된 상태로 남는다. 그리고 마찬가지로 자기생산을 위한 출발 신호의 엄격함도 유효하다. 자기생산은 일어나지 않으면 일어나지 않는다. 그러나 동시에 코드는 형식 문제에 더 특수한 틀을 부여하며, 이와 함께 이접적 작동에 노출시키는, 즉 수용하거나 거부할 수 있는 틀이다.[14] 즉 형식 문제의 "틀"이라고 말할 수 있으며, 고프먼의 "프레임"(frame)[15]이라고 말할 수도 있을 것이다.

출발 문제와의 관계에서 획득되었을 장점(우리는 그것을 코드화의 "기능"이라고 말할 수 있을 것이다)은 코드의 긍정 값에 연결할 수 있는 작동들의 특화에 있다. 언어의 '예/아니오-코드'를 통해서는 말하기만 할 수 있고, 어쩌면 쓰기만 할 수 있다. 화폐를 가지고는 지불만 할 수 있으며, 진리를 가지고는 지각의 구조들만 만들어낼 수 있다 등. 그러나 이런 이득은 코드의 구분, 그 자체가 세계의 "무표 상태"로부터 일어나야 하는 그런 이접적 작동으로 얻어낼 수 있어야 한다.[16] 즉 이 관점에서는 상이한 기능체계들의 상이한 코드들이 기능적으로 등가적이다. 그것들은 제각기 고유한 우연성들, 역설들, 프로그램들이나 그 밖의 보충물들을 만들어낸다. 그것들은 특수한 사회의 기능체계들의 회귀적 재생산을 위한 주도 구분으로 기여하며, 그로

---

14 위의 제2장을 참조할 것.
15 Erving Goffman, *Frame Analysis: An Essay on the Organization of Experience*, New York 1974 (독일어 판본. Frankfurt 1977)에 따르면 그렇다.
16 그런 관계를 서술하기 위해 둘 이상의 논리적 값들이 필요하다는 고타르트 귄터의 의견에 동의할 수 있다. 또는 그런 관계를 실현하는 데는 시간이 걸린다는 점, 즉 항상 동시에 함께 작용하는 세계와 규정될 수 있는 관계를 획득할 수 없다는 결론을 내릴 수 있다. 그러나 그런 고려들은 더 많은 질문을 준비할 뿐이며, 그것들은 그 후 대답할 수 없는 곳에서 길을 잃는다.

써 사회를 고유한 경계를 스스로 유지하는 상응하는 '체계/환경-관계들'로 분화시킨다.

이 분석은 귀결이 큰 관점들을 만들어낸다. 그것은 "기능적 분화" 공리, 즉 근대사회의 가능한 기술을 해석한다. 그것은 모든 기능체계가 사회와 직접적인 관계가 있다고 진술한다. 그러면 그것은 종교체계에서도 유효할 것이다 — 다른 체계들에서와 다르지 않을 것이다. 그것은 근대사회가 기능적 분화의 우선권을 통해 특징지어질 수 있다는 테제의 다른 표현이 될 것이다. 그리고 그것은 근대사회를 세속화된 사회로 고쳐 쓰는 것과 어울릴 것이며, 세속화된 사회에는 (어쩌면 그 종교는 과거의 사회 형식들에서는 발견될 수 없거나 금욕, 사회로부터의 "탈퇴"에 연동되어서만 발견될 수 있는 강도와 요구들을 가지는) 종교가 있지만, **그 사회에서는 종교가 더 이상 전체 의미에 대한 모든 사회전체적인 활동의 관계를 생산하는 필수적인 중개 기관이 아니다**. 그래서 종교가 사회의 통합에 기여한다는 옛 테제는 거의 유지될 수 없을 것이다. 오히려 적어도 종교의 민족 교회 형식에 있어서는 그 반대, 즉 종교 자체가 높은 수준의 사회전체적인 통합에 의존한다는 것이 타당할 수 있을 것이다.[17] 모든 기능체계는 자신들의 기능에서 사회의 자기생산에 대한 고유한 기여의 의미를 발견한다. 그것들은 **그렇게 되기 위해** 종교를 필요로 하지 않는다. 그것들은 고유한 형식 역설을 위해 고유한 전개들을 발전시키며, 그로써 더 이상 전체사회적으로 공시화될 수 없는 고유한 시간 구속에 적응할 수 있다. 그 후 종교적인 의미 부여가 여전히 함께 제공될 때, 그것은 불필요하며 기술적으로 그다지 도움이 되지 않는 의미 부풀리

---

17 그래서 구 동독의 상황과 관련하여, Detlef Pollack, *Kirche in der Organisationsgesellschaft: Zum Wandel der gesellschaftlichen Lage der evangelischen Kirchen und der politisch alternativen Gruppen in der DDR*, Habilitationsschrift Bielefeld 1993, Ms. 107-108쪽을 볼 것.

기처럼 작용한다.[18] 그래서 "세속화"라는 의심스럽고 논란의 대상이 되는 개념을 기능적 분화를 통해 정의할 수 있다.[19]

이 수준의 사회에서 관철될 수 있는 종교의 기능을 언급하고자 하면, 도대체 무엇이 종교의 특수 코드의 특징을 구성하는지를 정확하게 언급해야 한다. 또는 연속적인 동시에 회귀적인 관계망에 접속될 때 종교로 식별될 수 있는 체계를 분화시키는 특별히 종교적으로 식별할 수 있는 연결 작동의 유형이 어디에 있는가? 내재성과 초월성으로서의 두 가지 코드값의 구분은 그렇게 되기 위해 결정적인 암시를 주며, 그 암시는 정확하게 제시될 필요가 있다.[20]

종교적 코드화의 야심은 관찰함(인식함, 상상함, 행위함 등)에서 사용될 수 있는 모든 구분에 초월성의 반대 값을 맞세우는 데까지 나아가는 것으로 보인다 — 그리고 모든 것은 결국 공이며, 모든 것은 결국 신의 뜻으로 받아들여야 한다는 것 같은 공식들을 가지고 그렇게 한다. 그러나 코드 자체는 구분이다. 종교적 기능의 관련 문제가 여기에 있다면, 그 결과 코드의 통일성은 탈역설화될 것이며, 종교적 의미가 내재성과 초월성의 차이의 통일성을 관련짓는다고 말해야 할 것이다. 니콜라우스 쿠자누스 신학에 가깝게, 신은 구분을 필요로 하지 않기 때문에 어떤 구분도 직접 내리지 않는다고 전제해야 할 것이다. 또한 신이 자기 자신과 세계를 구분하지 못하여 그 결

---

18 예를 들어 David R. Dow, "When Words Mean What We Believe They Say: The Case of Article V", in: *Iowa Law Review 76* (1990), 1-66쪽 (62-63쪽)에서 수정 조항의-역설(헌법 개정에 관한 헌법 규정) 설명의 끝부분에 있는 토라 참조를 볼 것. 정보는 다음과 같다. 역설은 감수하여야 한다. 토라를 볼 것.
19 Niklas Luhmann, *Funktion der Religion*, Frankfurt 1977, 225쪽 이하에서 더 상세한 내용을 볼 것. 개념 토론에서는 오랫동안 회의적인 거리, 다차원적인 개념 형성 시도에서 심지어 개념이 쓸모없다는 간단한 거부가 지배적이었다. 우리는 이 점을 제8장에서 다시 다룰 것이다.
20 예를 들어 종교의 기능을 (더 큰) 초월을 가지는 접촉의 사회화로서만 보는 Thomas Luckmann, "Über die Funktion der Religion", in: Peter Koslowski (Hrsg.), *Die religiöse Dimension der Gesellschaft*, Tübingen 1985, 26-41쪽과의 관계에서 그렇다.

과 죄의 부담을 직접 떠안게 된다고 전제해야 할 것이다. 또한 신은 자기준거와 타자준거를 구분해야만 그렇게 할 수 있기에, 자기 자신과의 자기준거적인 관계도 만들어낼 수 없다고 전제해야 할 것이다. 이것이 일상적으로 유용한 신학일 수 있을지 아니면 열반으로 더 잘 다루어낼 수 있을지는 미해결 상태로 남는다. 코드를 통해 달리 설정된 것의 통일성 역설이 나타나고 **코드의 부정값, 성찰값, 그리고 초월성을 통해 해체된다는 것**이 중요한 것으로 남는다. 그것은 다른 코드가 마지막으로 가능한 이 작동을 위해 긍정 값을 사용하기 때문에, 즉 좋은 것과 나쁜 것을 구분하는 것이 좋다고, [달리 말해] 값들을 진리이거나 허위라고 구분해야 하는 것이 논리적인 진리이거나 방법론적 진리라고 말하기 때문에, 중요한 것으로 남는다.

내재성과 초월성을 내재적인 것 내부에 재-진입시킴(즉, 성스러운 것)과 모든 구분, 내재성과 초월성의 구분도 흡수하는 완전히 무차별적인 초월성, 즉 인물로서도 무로서도 적절하게 지시될 수 없는, 무형상의, 무형식의 최종 의미 사이에는 숨겨진 연관은 틀림없이 있다. 이 말이 맞다면, 코드는 고유한 역설의 전개에서 쌍안정적일 것이다. 그리고 종교의 사회적 진화가 한 가지 가능성에서 다른 가능성으로 주안점을 옮긴다고 생각할 수 있을 것이다 — 종교를 탈종교화한다고 생각할 수 있다.

이 고려는 이미 종교적인 것의 의미론적 **구조**가 가지는 여지와 관련된다. 그러나 그렇게 고려하는 관점에서 종교의 **기능**에 대한 질문에 답할 수 있다. 자기준거적으로 작동하는 모든 의미 사용의 출발 문제들에서, 종교는 어떤 표현들을 선호하는가에 따라 이 문제를 관련짓고 특히 그 점에 해법을 제공한다.

종교는 모든 의미의 규정 가능성을 함께 체험된 규정될 수 없는 것으로의 지시에 맞서 보장한다. 과거 사회들에서는 과거의 변경 불가능성을 요구할 수 있을 것이다. 그것은 종교를 기억으로 파악하는 것을 허용한다.[21] 그러나 이것은 신학적 성찰이 추가되면서 달라진다. 그 성찰은 역설을 가지고 소통에 들어서는 것을 허용한다. 바로 그렇게 됨으로써 달리 표현될 수 없는 통일성이 상징화될 수 있기 때문이다. 그것은 규정 불가능한 것으로부터 규정 가능한 것으로의 변형 지점에, 예를 들어 신들의 "의지"나 결정과 같은 암호들을 투입하여 그 결과 인간이 그에 대해 입장을 취해야 하도록 만든다.[22] 기억에서 의지로 전환하는 신학은 이 점에서 확실성을 불확실성으로 대체한다. 그러나 신학은 일어나는 모든 것, 즉 확신을 가지고 행해지는 모든 것이 체험과 행위의 자기수용을 가능하게 하는 초자연적인 이차 평가에 복종하는 확실성을 제공한다. 이런 종류의 표현들은 다양하게 변이할 수 있고, 특정한 역사적인 종교들의 진술 가능성에 가깝게 접근시킬 수 있다. 그러나 여기서 그 일을 지금 당장 할 필요는 없다. 현재로서는 종교가 어떻게 교차연접 작동의 맥락에서, 사회의 기능분화 맥락에서 자기 자신을 환원될 수 없는 것으로서 주장할 수 있는지의 가능성을 증명하는 것으로 충분하다.

열린 자기준거의 이 문제가 소통의 의미 매체에서 현재적인 것이 되는 형식은 사회체계의 구조들, 사회의 진화에 의존한다. 구조적 복잡성이 증대할 때, (예를 들어 정치적인 종류의[23]) 결정과 결정 의존성들의 가시성이 더욱 높아질 때, 그리고 특히 문자와 인쇄술 같은 새로 발명된 소통 기술들이 작용하기 시작할 때, 소통에서 계산해야 하는 지시 지평들의 개방성은 확장

---

21 메소포타미아의 경우에 대해서는 Gerdien Jonker, *The Topography of Remembrance: The Dead, Tradition and Collective Memory in Mesopotamia*, Leiden 1995, 177쪽 이하를 참조할 것.
22 그 밖에도 메소포타미아의 경우에 Jonker a. a. O. 180-181쪽도 볼 것.
23 이 점에 대해 구체적으로 John G. Gunnell, *Political Philosophy and Time*, Middletown Conn. 1968; Hartmut Gese, "Geschichtliches Denken im Alten Orient und im Alten Testament", in: *Zeitschrift für Theologie und Kirche 55* (1958), 127-145쪽을 볼 것.

된다. 문자는 의미, 즉 현재성과 가상성의 통일성을 전제한다. 즉 끊임없이 현재적으로 체험되는 정박(停泊)에 기초한다. 그러나 함께 기능하는 가상성의 거대한 확장을 가능하게 한다. 사물의 본질이나 사물의 자연에 관한 전제들이나 불변적인 이념에 관한 전제들은 다른 가능성들의 부상에 대한 방어로서의 명백성을 상실한다. 종교는 그만큼 더 복잡해지고, 그만큼 더 성찰적인 것이 된다. 그러면 구조들은 다른 사회의 기능 영역에서처럼 기능을 향해 바짝 죄어지고, 더 특수한 동시에 더 보편적으로 투입 가능해져야 한다. 그것이 성공하면, 의미 거부에 대한 높은 요구들도 "세속화된" 사회의 맥락에서 만족스러울 수 있는, 기능을 지향한 종교 분화에 이른다 — 그리고 이것은 오직 교회 법규에 따라 조직된 결정 작업과 해석 작업의 형식으로만 일어나든, 아니면 더 많이 관용되며 종교로서 식별될 수 있는 특이한 일들의 다원주의 형식으로 일어나든 상관없이 그렇다. 과도한 의식 상태에 이를 때도 그렇게 될 수 있고, 어떻게든 그렇게 되기 때문이다.

III.

종교의 기능에 관한 우리의 고려들은 의미 매체에서 중단한 지점에 이르렀다. 의미가 무엇을 요구하든, 부정 가능성은 배제될 수 없다. 그리고 더욱 기본적인 내용으로, 관찰하는 이는 항상 구분을 투입하고 그 후 구분된 것의 같음을 그 순간 전제할 수 없다. 긍정/부정(존재론적 형이상학의 존재/비존재)의 구분은 여기서 하나의 적용 사례일 뿐이다. 그에 따르면, 구분과 무관하게 주어진 의미(예를 들어 부정될 수 없는 의미)를 주장하는 모든 경우는 역설을 낳는다. 의미 매체에서 있을 수 없는 의미가 주장된다. 매체는 형식 형성들(즉 구분들)을 가능하게 하는 데만 기여하면서, 이때 매체/형식 구분 그 자체가 고유한 법칙에 해당한다. 그 구분 역시 역설적으로만 이해될 수 있는, 자기 자신을 포함하는 형식이다.

우리는 이 결과를 두 번째 사고 과정을 통해 증명할 수 있다. 여기서 우리는 종교체계의 코드화 분석에서 했던 것보다 훨씬 더 뚜렷하게 역사적인 관련 틀을 제한해야 한다. 19세기 후반 이후 하나의 의미 문제가 정식화되며, 주체에게 있어서 의미 있는 것이 그 문제를 통해 지시된다. 이 발상은 어떤 누구도 벗어날 수 없는 일반 매체인 의미가 '의미 있는/의미 없는'(sinnvoll/sinnlos)의 구분을 통해 구조화되어 있다고 전제한다. 이 구분의 내적 경계를 횡단하는 것, 어떤 것이 의미 없다고 생각하거나 말하는 것은 가능한 것으로 남는다. 그러나 그 경우에는 문제가 생긴다. 누가 이 구분을 사용하며, 세계는 어떤 기준에 따라 의미 있는과 의미 없는으로 분할되는가? ― 즉 다시금 관찰자의 문제를 가지게 된다.

관찰자가 주체라는 고전적인 대답은 모든 주체에게 어떤 초월적인 공통성을 전제할 때만 수용할 수 있다. 주체를 인간의 개체라고 생각할 때는 그것은 거의 수용할 수 없다. 모든 인간에 대해 같은 것이 의미 있는 잔여 집합("잔여"는 그 밖에 우리 시대의 유행 개념이다)조차 구성될 수 없다. 공통의 것을 의미 있는 의미의 생성 기제로 옮기는 이론들은 순수한 주관성에 대한 이 의심에 반응했다. 공통적인 것은 단순히 자서전일 수도 없고, 자유롭게 선택된 자기전기화일 수도 없다. 그 테제에 따르면, 오히려 의미로서 의미 있는 것은 규정된 종류의 사회적인 상황에서 형성된다.

우리는 이미 여러 번 레네 지라르의 모방 갈등 이론을 언급했다.[24] 어떤 것은 다른 것들도 그렇게 되기를 추구할 때 의미를 만든다. 그것은 유한한

24　René Girard, *Des choses cachées depuis la fondation du monde*, Paris 1978이나 ders., *Le Bouc émissaire*, Paris 1982를 한 번 더 볼 것.

세계에서 모방하는 것과의 갈등의 역설로 이끈다. 해법은 종교체계에서 그에 관해 상호 이해할 수 있는 희생자를 규정하는 데 있다. 아니면 그 이상 넘어설 수 없는 방식으로, 신의 희생 죽음과 그에 이어지는 구속하는 부활의 신화가 해법이다.

피에르 부르디외[25]는 의미 모색의 사회적 중개가 사회적이지만 대상에서 드러나는 구분 욕구에 있다고 본다. 예술, 도야, 언어 능력 또는 그 밖의 신분 신호들은 의미를 가지며, 그것들의 의미는 다른 사람들보다 뛰어나게 보인다는 데 있다. 이와 함께 출신 서열 형식에서는 더 이상 주어지지 않은 질서가 한 번 더 복제되어 사회가 위계적으로 질서지어져 있다는 외양이 아직도 재생산된다. 그것은 지라르의 희생자 선택에서와 마찬가지로, 구분이 이해되고 그 신호가 동일하게 해석되며, 물론 처음에 사물들에 수반되는 피상적인 의미를 향하여 해석될 때만 기능한다.

이렇게 아주 다른 이론들의 비교에서 눈에 띄는 것은, 분석이 구속의 필요성을 추구하며, 그것은 이론 자체에 수용되지는 않으면서 (데리다의 의미에서) 일종의 "보충물"로서 기능하지만, 그 후에는 이론이 말하고 싶어 하는 것을 실제로 통제하지만 잠재적으로 통제한다. 지라르의 경우 문제는 신학자들이 그 이론 자체를 얼마나 수용할 수 없는지와는 무관하게, 기독적이며-종교적인 해법으로 첨예화된다. 부르디외의 경우에는 구속은 사회학자들에게는 일반적인 사회 비판을 통해 진행된다. 그 두 경우에 구속 욕구와 구속의 경로는 이론이 종교적 고백 위에 고정될 수 없거나, 완전히 다른 사회의 비전에 고정될 수 없기에 잠재적으로 남는다. 해법은 결국에는 '의미 있는/의미 없는'의 구분의 해체를 낳을 수밖에 없는 수행적 자기모순에 있다.

---

25 Pierre Bourdieu, *La Distinction: Critique sociale du jugement du goût*, Paris 1975만 볼 것.

우리는 이 주장을 의미 있는 의미와 의미 없는 의미를 말하는 일상 이론이나 과학적 이론이 '의미 있는/의미 없는'의 구분 그 자체를 의미 있는 것으로 생각해야 한다는 암시로 압축할 수 있다 — 즉 그 구분을 자기 자신에게 적용해야 한다. 그렇게 하는 것은 중단할 수 없는 무한한 정초의 회귀에 이르거나, 그것(이와 함께 정초)을 포기한다면 자기 자신 안으로의 구분의 재-진입이라는 역설적 유형에 이른다. 아니면 주관적인 의미 부여 관념으로 후퇴하며, 이것은 문제를 인식될 수 있는 질서 없이 수십억의 인구 단위로 복제하는 결과를 낳는다. 그래서 우리는 새로이 (그리고 몇몇 사회학자들과 신학자들이 코드화 형식보다 더욱 명백하다고 생각할 언어 형식으로) 다음 문제에 직면하고 있다. 어떤 구분들이 부정할 수 없는 일반적인 의미 매체에 도입될 수 있으며 그래서 역설적으로만 정식화될 수 있는, 구분된 것의 통일성의 중간 형식을 통해 또 다른 구분들을 생성시키는가? 이와 함께 우리는 다시 이것을 해낼 수 있다고 분명하게 주장하는 종교의 기능을 모색하는 입장에 있다.

이 점은 기회 있을 때마다 강조되어야 하는 점인데, 역설은 소통 장애들이 아니다. 정반대다. 역설들은 표현될 수 있다. 그것들은 심지어 상당히 표출적인 내용을 가진다. 그것들은 놀라운 어떤 것을 표현한다. 그것들은 수상한 느낌을 들게 한다. 바로 오래된 사회들은 내적 대립을 통해 총체성을 지시하는 경향이 있다. 하늘과 땅, 가장 큰 것과 가장 작은 것, 모든 곳에서와 어떤 곳에서도 아닌, 도시와 농촌에서 궁정에서 시골에 이르기까지. "그리고"를 통한 연접(連接)은 이것을 논리적인 실수로 생각하거나, 아니면 수사학적인 문헌의 역설들처럼 농담으로 생각하지 않도록 막아준다. 그리고 포괄적인 총체(Allheit), 즉 어떤 것도 배제하지 않으며 경계가 없는 총체를 어떤 다른 방식으로 표현할 수 있을까?

그러면 그것으로 무엇을 시작할 수 있는지를 질문하게 된다. 이 문제는 논리적인 수단으로는 풀 수 없다. 그것은 해법을 발견할 수 없을 문제는 아니다. 그렇게 한다면 '문제/문제 해결'의 구분이 지양될 것이며, 문제도 해법도 사라질 것이기 때문이다. (동어반복으로 파악된 역설을 포함하여) 역설의 "전개" 개념에는 창조적이며 정보를 생성시키는 계기가 있다. 그렇게 하기 위해서는 종교가 얼마나 반복하여 강조했든, 역설은 결정을 요구하며 결정이라는 것은 (이것 또한 역설적으로 표현한다면) 원칙적으로 결정될 수 없는 것에 대해서만 실행될 수 있다.[26]

또한 다음처럼 표현할 수 있을 텐데, 역설은 **무조건적으로** 지식이 주어져 있는 유일한 형식이다. 역설은 조건화되지 않았으며 선험적으로 타당하며 그 자체로부터 통찰 있는 지식에 칸트와 그의 후계자들이 기대했던 초월적 주체의 위치에 들어선다. 그러나 이 유형을 포기한 후 '무조건적 구분/조건적 구분'이 획득된 상태로 유지될 수 있다. 그러나 역설은 전개되어야 한다. 어떤 조건에서 다른 면이 아니라 한 면이 사용될 수 있는지, 즉 예를 들어 허위가 아니라 진리가 일어나는지를 규제하는 조건화들을 도입하기 위해, 역설을 구분으로 대체해야 한다. 초월적 주체를 포기하면서 물론 선험적으로 타당한 지식이 서열이 높은 지식이라는 생각, 즉 다른 지식을 정초할 수 있다는 생각 또한 무효화된다. 반면 우리는 사용 가능한(연결 능력이 있는) 지식은 항상 조건화된 지식이며,[27] 지식 획득이 복잡하게 조건화된 체계의 구축에 있다는 점을 전제해야 한다 — 우연성을 비용으로 치러

---

26 "우리는 원칙적으로는 결정할 수 없는 질문들만 결정할 수 있다"를 Heinz von Foerster, "Ethics and Second-Order Cybernetics," in: *Cybernetics and Human Knowing 1* (1992), 9-19쪽 (14쪽)에서 발견할 수 있다.
27 체계이론적인 관련 고려들은 다음을 참조할 것. W. Ross Ashby, "Principles of the Self-Organizing System", in: Heinz von Foerster/George W. Zopf (Hrsg.), *Principles of Self-Organization*, New York 1962, 55-278쪽; Walter Buckley (Hrsg.), *Modern System Research for the Behavioral Scientist*: A Sourcebook, Chicago 1968, 108-118쪽에서 재인쇄.

야 하는 역설 전개에 있다고 전제할 수 있어야 한다.

역설 전개들이 역사적으로 입증되었으며 그 후 종교체계의 고유값처럼 또 다른 소통을 주도하는 비교적 안정적인 형식을 획득하는 전형적인 구조들에 대한 질문은 이 전제를 통해 결코 배제되지 않는다. 이런 역설 전개의 맥락에서 신빙성을 모색하는 어떤 종교적 의미론도 그 점에 있어서 자기만 옳다고 주장할 수 없다. 바로 그 때문에 종교적인 의미론은 강제적인 요구인 것은 아니지만, 소통 층위에서 권위를 요구하고 배타성을 관철시키고자 시도한다.[28] 그러나 특별히 이 출발 문제와 함께 많든 적든 확실한 의미론적 발견들이 있다. 그래서 신에 의한 세계 창조 교의는 상이한 역설에 귀속될 수 있고, 그로 인해 독특한 의미 견고성을 획득한다. 그 교의는 한편으로는 다양성의 통일성을 밝힌다. 신은 다양성을 배제하지 않고, 바로 만들어 내거나 유출되도록 만드는 통일성이다. 그때 시간 문제가 떠오른다. 창조로서의 해석을 함께 책임지는 시작 문제가 떠오른다. 인간의 상황에서 회고하면 태초에 무엇이 있었는가의 질문이 불가피하게 제기된다. 신에 의한 세계 창조 사상은 이 비어 있는 공간을 채운다. 세계 시작 전에는 신이 있었고, 신은 세계 시작과 관련하여 이전과 이후를 구분할 수 있는 관찰자이기도 하다. 그것은 다시금 신을 (단순히 유출하는 본질로서가 아니라) 자기 관찰자로 전제하고, 이 전제를 통해 신학을 제한할 것을 요구한다. 그러면 한 걸음 더 나아가 시간 자체가 (시간으로서) 창조를 통해 처음으로 생겨났다고 말할 수 있다. 그래서 '이전/이후-문제'는 어거스틴과 함께 영원/시간(aeternitas/tempus)을 거쳐 층위 문제로 넘겨질 수 있고, 이와 함께 신의 세계 없는 영원성이 세계 시간 동안 계속 유지된다고 파악할 수 있다. 그리고 특별하게도 창조 교의는 소통 실천적인 장점이 있으며, 그 소통은 말해질 수

---

28 이 점에 대해서는 종교체계의 자기기술 장에서 다시 다루겠다.

있으며 청자나 독자를 한 가지에서 다른 것으로 함께 이끌고, 그렇게 하면서 역설적인 출발 차이가 횡단으로 경험되고 실행될 수 있다. 대안으로서 (그러나 그것은 그 대안이 **무엇**에 대한 대안인지를 이미 안다는 것을 전제한다) 시작이 없고 끝이 없는 세계를 생각할 수 있다. 그러나 그러면 그 세계의 내부에서 시작들과 끝들 — 예를 들어 인간의 성(性)의 시작 — 을 표시해야 하는 결과 문제를 가지게 된다.

역설 문제와 역설 전개 문제의 관련은 (다른 개념들이 아니라) 규정된 개념들의 진화상 성공 역사를 설명할 수 있지만, 유일한 개념을 가지고 모든 질문을 밝힐 수 있는 것은 아니다. 그리고 문자를 통한 확정 과정에서 일관성 관심이 추가될 때 파생적인 역설에 이르거나 종교 주장과 종교 비판 사이에서 형식을 모색하는 지루한 대화에 이를 수도 있다. 특히 교의학이 고도로 발달된 신앙 종교인 기독교 종교의 경우, 명증성 문제가 어떤 의미 차원으로 옮겨지는지에 따라 역설 전개 전략과 그때그때 할당된 신학적인 쟁점들이 분화된다는 것을 아주 분명하게 인식할 수 있다.

우리는 사회적, 시간적, 사실적 차원을 구분한다.[29] **사회적 차원**에서는 신앙 증명이 신을 **만남**에서 모색되고 발견된다. 육화된 신의 교의학은 '초월성/내재성-구분'을 유지할 수 있도록 하면서도, 예수와의 만남에서 신을 추론하는 문제를 남긴다.[30] 그것은 성부와 성자의 구분으로 해석될 수 있지만, 그 경우에는 성부는 그의 고유한 성자인 독생자이고 그러면 성자는 그의 고유한 성부라는 억압하기 어려운 역설을 통해 그렇게 될 수 있다. 초자

---

[29] Ronald W. Hepburn, *Christianity and Paradox: Critical Studies in Twentieth-Century Theology*, New York 1968은 흥미로운 내용을 제안한다. 그는 주제 영역을 사례별로 하나씩 열거하고 그것들의 내적 역설들의 입증에만 몰두하면서, 의미 차원에 따르는 분류의 체계화하는 관점을 취하지는 않는다. 이 점에 대해서는 Niklas Luhmann, *Soziale Systeme: Grundriß einer allgemeinen Theorie*, Frankfurt 1984, III쪽 이하를 볼 것.

[30] Hepburn a. a. O. 69쪽 이하는 여기서 사용할 수 있는 의미 자료들에 근거하는 "신의 논리적 구성"의 역설이라는 말을 한다.

연적인 신은 구분 불가능한 동시에 그리스도의 형식으로 구분 가능한 것으로서 생각될 수 있다. 창조신으로서의 신은 자신의 피조물들로부터 독립적인 반면, 신의 사랑은 신이 스스로 피조물들에 의존하는 것으로만 생각할 수 있다. **시간적 차원**에서 보충 문제는 계시의 **역사적인 일회성**, 특권화된 (그리고 반복될 수 없는) 시점들을 표시할 가능성으로 시간과 역사를 구분하는 데 있다 — 그리고 이것은 비록 신이 편재(偏在)하는 동시에, 모든 시대에 동시적으로 생각될 수 있어야 하는데도 그렇다. 마지막으로 **사실적 차원**에서는 문제는 **통일성과 복잡성**, 신과 세계, 종교와 우주론의 필수적인 제한으로 옮겨진다. 일반적으로는 이것은 구조 역설(복잡한 것의 통일성)이 아니라, 설명 역설인 것으로 보인다. 설명의 논리는 자기 자신을 설명하는 구성요소들을 필요로 한다(그렇지 않으면 무한한 회귀에 이르렀을 것이다). 이미 질서화된 세계의 기적은 그 세계에서 지배적이며 자기 자신에 기초하는 창조자를 통해서만 설명될 수 있고, 지속의 지속성에서 인식될 수 있다 — 그리고 그것은 지속적으로 다른 설명 가설들, 특히 19세기 이래 진화론이 제기되는 결과 문제들을 낳는다. 그리고 특히 질서의 사실 문제에 대한 이 해법은 그 경우 만남의 목적을 위해 신을 어떻게 인물화하여 생각할 수 있는지를 의심스러운 것으로 나타나게 한다.

이러한 종교적인 세계 설정의 종합 도구는 고도의 신빙성을 가진다 — 바로 그 신빙성이 의미 차원들을 분리하고 서로 안에서 반영하기 때문이다(만남은 역사적인 일회성을 요구하며, 일회성은 프레임의 우주론을 요구하기 때문이다).[31] 그러나 사회에 의해 주어진 문자 문화의 조건에서 일관성 압력이 생

---

31 히브리어 맥락에서 시나이 산에서 선포된 텍스트인 토라는 동시에 창조 이전에 존재했던 창조 계획이며, 사회적 맥락에서 (낙원에서처럼 성찰되지 않은 형식 자연으로서 주어진 율법이 아니라), 하나님의 백성이 받아들인 율법이며, 그것은 자연적인 구분의 천국이 타락으로 인해 접근할 수 없게 되었고 자유를 강요하는 성찰을 통해 대체되어야 하기 때문에 받아들여야 한다.

겨난다. 그것은 탈무드적 맥락에서 **구술** 해석과 종교적으로 정당화된 **이의**를 허용함으로써 흡수되었으며, 반면 기독교적 맥락에서는 끊임없는 경직과 교의정책적인 갈등을 거쳐 결국 종교 분리로 이끌었다. 문자 문화의 보충을 통해 은폐된 출발 역설은 식별될 수 없는 상태로 체계 내부로 되돌아온다.

올바른 종교적 신앙 원칙들의 교의적인 확정은 신자와 비신자를 구분할 수 있도록 하며 심지어 강요하기까지 한다. 기본이 되는 역설은 이 구분 안으로 흘러 들어간다. 이제는 종교에 대한 신앙적인 생각들과 비신앙적인 생각들에서 무엇이 "같은 것"인지를 자문할 수 있다. 그것은 종교적인 것의 일반 개념을 암시하며 형식 확정의 종교적인 내용에 대한 비판을 자극한다. 기독교 교회들과 종파들은 이 구분에 선교적인 노력으로 반응했고, 그런 노력의 가능성들이 소진된 것으로 보일 때는 "교회 위기"의 성찰을 가지고 반응했다. 어쨌든 올바른 신앙이 어째서 수용되지 않는지를 종교적으로 이해할 수 있게 만드는 것은 어려운 일이다. 그 문제는 원래, 주님이 모습을 드러낼 아직 미규정된 미래로 유예될 수 있기만 할 뿐이다. 그 밖에도 신앙과 비신앙의 관계로의 역설을 유예하는 이러한 정통주의의 부담은 이런 방법을 취하는 종교들을 위험에 빠뜨린다. 그런 종교들은 오늘날 종교를 신봉하는 비종교적인 이유가 더 이상 없다는 것을 갈수록 분명하게 느끼기 때문이다.

결국 종교는 역설 전개 문제로서의 의미 문제들과 관련이 있다. 사회에서 종교체계의 기능적 분화에 이르면, 이것이 관련 문제다. 물론 역설들은 다양한 방법으로 만들어질 수 있다 — 수사학의 장난감이나 논리 체계의 폭약으로나, 또는 표현 불가능성의 상징적인 형식으로나, 층위 분화를 위한 주장들로 만들어질 수도 있으며, 규정된 종류의 형이상학에 찬성하거나 반대하는 주장으로나 결정(과 결정자)를 신비화하는 방법으로 만들어질 수도 있다. 그리고 모든 이항적 코드는 그 통일성을 질문하면서 재역설화할 수 있다. 즉 역설에 관련될 수 있는 전체적인 의미론적 재료를 종교적으로 귀속되도록 하거나 심지어 체계화되도록 할 것을 기대할 수 없다. 그렇게 하는 것은 변화된 형식에서는 사회의 최종적으로 종교적인 토대라는 테제의 새로운 변형에 불과하다. "역설 전개 문제들로서의 의미 문제들"이라는 공식은 더 좁고 더 정확하게 이해되어야 한다. 체계이론적으로 파악한다면, 의미 매체에서 작용하며 그곳에서 자기준거적이면서 타자준거적인 관찰함에 의존하는 (심리적 체계나 사회적) 체계들의 작동상 폐쇄의 가능성 조건이다. **작동상** 폐쇄된 체계들은 자신의 **관찰법** 속에서 개방된 체계들이다. 그 체계들은 자신들의 자기준거를 필연적으로 다른 것과의 구분에서 수립한다. 의미는 이 유형의 형식 형성, 즉 구분을 통해 형식 형성을 가능하게 하는 매체다. 그 점과 관련하여 문제들이 나타나면, 그 문제들은 체계의 관찰 방식을 위해, 종교로서 전승될 수 있는 의미론으로 유입된 형식들을 취한다.

IV.

종교는 논리학과 관련되지만 논리학이 다루어낼 수 없는 문제의 해법에 불과한 것이 아니다. 역설들은 모든 관찰 활동 이전에는 존재하지 않는다. 역설들은 기회 있을 때마다 만들어진다 — 그리고는 다시 해체된다. 의미 매체는 이 가능성을 제공한다. 의미 매체는 그 자체가 통일성이 질문될 수 있는 구분에 기초하기에 그 가능성을 파기할 수 없다. 종교는 그렇게 되기 위한 계기가 제공될 때마다 이런 역설/탈역설화의 전형적인 실행이 된다.

종교는 결코 의미 자체를 관할하고 있지 않다. 그렇게 된다면, 세계는 혹독한 빈곤에 시달릴 것이다. 그것은 종교의 보편성 요구로부터 관찰 가능한 형식들의 특수한 토대를 빼앗을 것이다. 그러나 종교는 의미의 구성 문제, 즉 의미 구성의 기초적인 전환이 역설을 통한 우회로를 취할 때 그 전환을 관할한다.

이 테제는 이제 요한복음(8장 1-11절)에 기록된 간통 여인 사태의 보기에서 예시되어야 할 것이다. 간통한 여인들은 돌로 쳐 죽여야 한다는 모세 율법이 신빙성을 잃었지만, 종교적인 근거가 갖추어져 있기에 변할 수 없다는 것을 전제해야 한다. 바리새인들과 서기관들은 예수에게 이 문제를 처리할 것을 강요한다. 예수는 고개를 숙이고 땅에 무엇인가를 쓴다(다른 사람들이 읽을 수 없는 새로운 율법일까?).[32] 그 후 그는 새로운 법을 선포하고, 선포된 말을 들은 다른 사람들은 그곳을 떠난다. "너희 가운데 죄 없는 자가 먼저 그 여자를 돌로 쳐라." 그리고 이것 또한 보일 수 없는 문자로 쓰여진다. 그러나 왜 너희들 가운데라고 말했는가? 우리들 가운데라고 말하지 않았는가? 예수는 그 새로운 율법을 타당하게 하고, 그것이 추가적인 모세 율법으로 인정된 것으로 보고자 한다면 (성자로서 죄 없음을 주장할 수 있는) 그가 돌을 던지는 첫 번째 사람이 되어야 했을 것이기 때문이다. 새로운 법은 모세의 맥락에서는 수정으로서 타당해지는 것이 아니라, 낡은 율법을 파기함으로써 타당해진다. 아니면 입법자의 자기면제의 도움으로, 구성적인 비대칭의 도움으로 타당해지는가? 그러나 바로 이것, 이 최초의 틈새, 이 첫째 구분은 소통될 수 없다. 그래서 문자는 읽힐 수 없는 상태로 남아 있다. 그리고 이 사건의 역설은 두 번째 문서인 성경이 그 사건을 보고함으로써 식별

---

32 세속적인 해석은 예수가 다른 사람들의 시선에 노출되지 않은 채 시간을 벌려는 생각이 있었다고 해석한다. 또는 그는 긴장을 고조시키고 그후 그의 말씀을 해방으로 선포하기 위해 신비화한다고 해석되기도 한다.

가능해진다. 그러나 그 경우에는 이미 그 보고가 성경의 전체적인 이야기 맥락에서 이 땅에서의 하나님의 사역을 증거하는 것임을 믿어야 한다.

스펜서-브라운의 용어로 재정식화한다면, 첫째 구분은 "쓰이지 않은 횡단"[33]을 함의하며 은폐한다. (다른 면이 아니라) 한 면에서 선택하는 지시가 가능하도록 양면을 가진 형식으로 설치된 모든 구분은 같은 순간에 첫 구분 ― 그리고 유표/무표 구분이든 ― 이 도입되는 또 다른 무표 공간인 저편을 만들어내기 때문이다.

이제 우리가 볼 수 있는 것은 다음과 같다. 첫 구분은 우발이 진화를 시작하고, 그렇게 시작하면서 역사를 통해 대체되기 때문에 의미를 상실하는 우발처럼, 결코 먼 옛날에 일어난 계기가 아니다. 오히려 모든 의미는 역설을 소환하고 그것을 한 구분이나 다른 구분(여기서는 죄 있는/죄 없는)으로 대체할 수 있는 계기를 제공할 수 있다. 역설은 기준을 만들어내면서 비가시화된다. 그리고 타락은 기독교적 맥락에서 금지와 위반의 첫 구분을 지시하는, 우주론의 핵심 개념이다.

V.

우리는 이제 종교의 기능에 관한 분석의 범위(나 다른 말로, 체계준거)와 관련되는 논평을 하나 덧붙여야 한다. 종교는 완전하게 기능적으로 해석된다면, 일반적으로는 심층에 놓여 있는 인간의 욕구들로 소급된다. 나는 이것을 유용한 출발점이라고 보지 않는다. 그런 욕구들은 종교적인 제안들과

---

33 George Spencer Brown, *Laws of Form*, 신편본. New York 1979, 7쪽을 볼 것.

무관하게 확정될 수 있다는 이유로 그렇게 소급될 수 없다. "인간"에게 귀속된 욕구들이 인간마다 다르며 사람들 대부분이라고 할 수는 없겠지만 많은 사람에서 완전하게 나타나지 않기 때문에도 그렇지 않다. 인간은 곤경에 처하면 종교에 귀의할 것이라고 말하곤 한다. 그러나 그것도 늘 그렇게 되는 것이 아니며, 그 밖에도 그것은 종교의 기능 규정이 관건일 때는 너무 옹색한 주장이다.

개인들을 경험적으로 진지하게 다루면, 인간학적 일반화만으로는 곤경에 처한다. 칸트가 경험적인 주장들과 초월적인 주장들을 구분할 필요성을 느꼈던 것은 아무 이유가 없었던 것이 아니었다. 그래서 우리는 종교의 기능에 관한 질문의 답을 찾을 때 인간학적 주장을 포기할 것이다. 그것은 물론 심층적인 종교적 구속들, 경험들, 동기들이 실제 발생한다는 것까지 부인한다는 뜻은 아니다. 그러나 이것이 사실로 강조되어야 한다면, 그 사람이 누구(이름, 주소!)인지를 함께 말해야 한다. 그러나 그 경우에는 종교 연구를 그런 사례에 집중하는 것이 별 도움이 되지 않을 것이다 — 그 사람들에게서 소통을 통해 매개되는 사회적인 적합성을 발견할 수 있다고 하더라도 말이다.

그래서 우리는 기능 규정에서도 사회라는 체계준거에 근거한다. 종교가 개인의 의식이나 신체에 무엇을 의미하든, 사회에 대해서는 소통을 통한 소통의 재생산이라는 회귀적 관계망에서 발생하는 것만 중요하다. 우리가 주목하는 사태에서 본다면, 항상 종교적인 소통만 중요하다. 바로 여기서 개괄된 의미 문제는 특별한 예리함으로 제기된다. 유기체적 체계들은 생명을 유지하며, 의식체계들은 처리할 수 있는 지각들에 포괄적으로 근거하여 자신을 지탱한다. 이것은 직접적인 세계 명증성을 의식체계들에 부여한다 — 어쨌든 의심을 해소하기 위한 틀로서 말이다. 또한 의식은 특별히 변덕스럽게 작동할 수 있다. 어떤 때는 이곳에 다른 때는 저곳에 정박할 수 있다. 의식은 상당한 정도로 비일관성을 관용할 수 있는데, 그것은 결국 지각할 수 있는 고유한 신체와 그 신체의 외부화 능력에서 고유한 동일성을 위해 충분한 보증을 가지고 있기 때문이다. 그 모든 것은 소통의 경우에는 다르다. 소통은 지각할 수 없고, 이미 그 때문에 의미 연관의 논리성에 상당히 의존하고 있다. 그 밖에도 소통이 속행할 수 있으려면, 의식보다 더 많이 참여 상태를 유지해야 한다. 그것은 합의를 통해서나 관심 있는 이의를 통해 매개될 수 있지만, 어쨌든 **그것을 위해서는** 충분한 이해를 전제한다. 그리고 이해는 오직 "지역적"일 뿐이다. 그것은 그때그때 적합한 맥락의 분명한 제한을 통해서만 얻어질 수 있다. 그래서 소통에서 소통으로의 속행은 신빙성 있게 유지되어야 한다 — 또는 주제들이나 파트너들의 표시된 변화들을 통해 이어져야 한다. 그래서 소통체계의 비일관성 관용은 개인적인 의식체계의 그것보다 훨씬 미약하다. 그리고 그것은 문자 소통이 관건일 때는 더한층 분명하게 타당하다. 그 점을 위해 바로 극적인 입증은 중세의 성서 신학(schriftlichen Theologie)의 극단적인 행동을 교회정책적으로(즉, 법, 대표, 조직의 수단을 가지고) 통제했던 데서 찾아볼 수 있다 — 교회 분열이라는 잘 알려진 귀결, 신앙고백과 교회 체계의 분화를 통한 해법을 가지고 통제했던 일 말이다.

그리고 폐쇄 문제들은 갈수록 중요해진다 — 소통체계를 **위해** 결정 가능한 의미 제한을 통한 사회 내에서의 소통체계의 폐쇄 문제든, (예를 들어 도덕의 경우에) 코드화를 통한 것이든, 모든 종류의 "보험"을 통해 무차별을 수립하여 폐쇄하는 문제든 상관없이 그렇다. 그에 대해서는 사회 구조적인 수단뿐만 아니라 의미론적인 수단도 사용할 수 있다. 사회는 사회 내에서의 '체계/환경 차이'의 반복을 통한 체계 분화도 사용하며, 재사용할 수 있는(보전할 만한 가치가 있는) 의미의 압축과 확인도 사용한다. 그러나 이러한 모든 해법은 사회 구조적이든 의미론적이든, 새로운 형식들, 새로운 제한

제3장 **종교의 기능** 163

들, 새로운 경계들, 형식의 다른 면을 위한 새로운 전망들을 생산한다. 그것은 언제나 사용할 수 없는 것들, 작동상 연결 능력이 없는 것을 함께 소통하는 배제된 것으로서 현존한다. 그리고 소통이 언젠가/어떻게든 경계를 넘지 않을지에 대해 결코 확실하게 느낄 수 없다.

그래서, 그 후에도 여전히 가능한 소통의 형식을 마련하는 것은 사회 층위에서는 종교의 사안이다.[34] 그것은 종교사회학이 이미 오래전부터 알고 있는 것처럼, "종교적인 것으로서"(religioid) 일어날 수도 있고, "종교적으로" 일어날 수도 있다.[35] 그러나 특수하게 이 기능을 위해 연결 능력을 확실하게 만드는 일반적인 수단, 체계 형성과 의미론적 압축/확인을 새롭게 사용할 수 있고, 그래서 마치 종교적 징후를 가지고 그렇게 할 수 있다. 따라서 여기서도 오직 소통만이 중요하다는 사실에서는 아무 것도 달라지지 않는다. 사회에서는 다른 작동 방식이 주어져 있지 않다. 그래서 종교 특화된 소통의 관련 문제 또한 사회의 문제로 남는다.

따라서 "체계기능주의"의 낡은 유형과는 달리, 기능체계의 기능이 기능체계 자체에 있는 것이 아니라 포괄적인 사회적 체계인 사회에 있다는 것이 분명하다. 자기유지, 존속 유지, 경계 유지는 그 밖에 다른 어떤 식으로 명명하든, 기능을 위한 관련 지점이 아니라 존재 술어들이다. 이 점은 자기생산 개념에 의해 규명된 것인데, 체계는 자신의 작동을 속행할 수 있을 때만 작동한다. 그리고 속행할 수 없을 때는 기능들을 위한 운반자 구조가 존재하지 않는다. 그 밖에도 "존속 유지" 같은 개념을 가지고 개별 기능체계들을 구분할 수 없을 것이다. 그 개념은 모든 기능체계에 해당할 것이며,

---

34 조직 층위에서는 또한 다른 가능성, 특히 위계의 가능성과 배제의 가능성도 있을 것이다 — 그것은 카톨릭교회 조직을 통해 탁월하게 다루어졌으며, 카톨릭 교회는 바로 그 때문에 이것이 아직도 종교라고 주장하는 데서 어려움을 예상할 수 있었다.
35 Georg Simmel, *Die Religion*, Frankfurt 1906; Thomas Luckmann, *The Invisible Religion*, London 1967을 볼 것.

기능적 분화를 전제하는 것은 의미가 없을 것이다. 따라서 사회에 의한 자기생산의 속행, 소통을 통한 소통의 재생산이 제각기 역사 의존적인 진화 수준에서 상이한 문제를 만들어내서, 기능적 분화를 위한 복수의 자극들이 생겨난다고 전제해야 한다. 그것은 각각의 기능이 동시에 (기능적 분화에 이르면) 부분체계가 전체 체계에 관련되며 사회에 대한 공동 작용을 실현시키는 도식이라는 것을 뜻한다.

그 밖에도 사회의 체계준거와 이와 함께 주어진 구분 가능성은 종교가 근대적인 조건에서 보편성과 특수성이라는 이중 기준을 충족시켜야 한다는 점을 말하고 있다. 보편성 — 이것은 종교적인 문제들이 특수하게 조직상 작동의 계기에서든, 경제, 학문, 법, 정치 등의 기능체계들에 할당되는 문제들에서든 모든 소통에서 나타날 수 있다는 것을 뜻한다. 그리고 역으로 종교가 돈이 들고, 법을 준수해야 하고, 정치적으로 불편하게 만들 수 있다는 것을 뜻하기도 한다. 기능체계 특수 유형이나 조직 특수 유형의 작동상 폐쇄는 모든 체계가 고유한 기능에 대해 전체사회적인 보편적인 권한을 가진다는 것을 배제하지 않는다. 바로 그 때문에 상응하는 작동들은 무엇이 어디에서 발생하며 체계들이 어떻게 상호 간에 부담이 되는지(=통합되는지)가 단순히 우발이 아닐 수 있도록 충분히 특수하게 식별될 수 있고 귀속될 수 있어야 한다.

마지막으로 기능적 분석을 사회라는 체계준거에 제한하는 것이 신체적이거나 심리적으로 만들어진 상태들이 종교적 소통에 영향을 미치는 것을 결코 부인하는 것은 아니라는 점을 분명하게 확인해 두어야 한다. 그것은 "신들린 상태"로 해석되고 더 큰 권력의 작용으로 소급될 수 있을 상태들에 관한 오랜 전통과 함께 타당하다. 그러나 그것은 이런 (구두) 문화가 문자에 의해 억압되었을 때도 타당하며,[36] 그 경우에도 문자 소통(즉 불참자들을 위해 불참자들을 통해 이루어지는 소통)의 가능성이, 확신을 주는 언어 형식들이나 종교적으로 의도된 혁신들을 통해 소통의 교란에 사용될 수 있다. 즉 의식과 소통 간 구조적 연동들이 있으며, 그것들은 쌍방 작용의 순환성 가운데 일탈 강화 경향을 사회전체적인 소통에서의 유발할 수 있으며 이때 그 어떤 지점에서도 의식 분자들이 소통 체계 내에서의 의식분자들로 사용되지는 않는다.

우리는 이 고려들을 가지고 이후 분석에 관해 미리 말해둔다. 현재로서는 기능적 분석의 관련 기준을 사회전체적인 소통에 제한하는 것이 종교가 배타적으로 고유한 구조들과 작동들로 결정되어 있으며 다른 "재료들"은 전혀 사용하지 않는데도 또는 바로 사용하지 않기 때문에, 종교가 개인의 신체 상태들이나 의식된 체험들에 어떻게 반응하는지를 이해할 수 있게 해주는 장점이 있다는 것만 확정할 수 있다.

VI.

종교의 기능이라는 주제는 결국 근대사회에서 종교가 "기능 상실"을 겪는다는 테제에 대한 입장 표명을 요구한다. 자세하게 말하면, 그 테제는 종교가 예를 들어 규범 타당성의 최종 보장, 정치적 권위의 정당화, 전쟁의 폭력성과 정복 전쟁 및 선교의 은폐처럼 과거에 기능을 충족시킨 많은 영역에서 퇴각했다고 한다. 종교는 지식의 토대에서도 더 이상 함께 작용하지

---

36   이 점에 관해 Heinz Schkffer, *Poesie und Wissen: Die Entstehung des ästhetischen Bewußtseins und der philologischen Erkenntnis*, Frankfurt 1990, 11-88쪽을 볼 것.

않는다고 한다. 종교가 어떤 것을 설명하면, 그것은 이미 설명되었거나 설명될 수 없는 어떤 것을 설명하고 있다. 이런 내용의 기능 상실 테제는 오늘날에는 거의 옹호되지 않는다.[37] 그것은 세속화(Säkularisation) 개념에 대한 확산한 비판과 관계가 있다.[38] 그러나 기능 상실 테제가 그것을 지탱하는 많은 역사적인 증거에도 불구하고 왜 사실이 아닌지는 여전히 불분명하다.

기능 상실 테제는 종교가 여러 기능을 충족시키며 그 중 몇 가지가 포기되었다는 것을 자연스러운 것처럼 전제한다. (위에서 전제한 것처럼) 종교의 기능이 단 하나뿐이라면, 기능 상실이라는 말을 할 수 있을 것이다 — 종교가 이제 기능 없는 진화상 "생존"일 뿐이라고 전제하지 않는다면 말이다. 그래서 그 말이 의도하는 바를 개념적으로 분명하게 표현해야 한다. 그러면 그 테제가 기능적으로 분화된 체계로서의 근대사회의 기술과 일치할 수 있다는 점이 드러날 것이다.

기능적 분화는 기능적 특화에 근거한다. 기능적 분화는 체계에 의한 구획 가능성 조건에서 특수한 기능에 **더 좋은 기회**를 만들어 준다. 그에 따르면, 모든 기능이 자신을 **제한하고** 가능한 한 많은 다른 기능 영역에 개입하는 것을 포기한다면, 모든 기능이 **승리자가 될 것**으로 예상할 수 있다. (따라서 화폐로 매개된 거래에 기초하는 경제체계의 분화는 돈으로 모든 것을 살 수 없으며, 예를 들어 영혼 구원을 살 수 없다는 데 의존한다. 그렇게 된다면 자본 형성이 너무 많이 고정될 것이기 때문이다).[39] 물론 그런 역사적인 서술은 어떤 변화들을 더 많이

37　Bryan Wilson, "Secularization: The Inherited Model", in: Phillip E. Hammond (Hrsg.), *The Sacred in a Secular Age: Toward Revision in the Scientific Study of Religion*, Berkeley Cal. 1985, 9-20쪽 (14-15쪽)를 볼 것.
38　그 점에 대해 제8장을 볼 것.
39　이것이 유동 자본이 아니라 토지가 중요했던, 농업 중심 생산 경제에서는 달랐다는 것은 쉽게 통찰할 수 있다. 그리고 당시에도 피렌체 은행의 교회 자본 관리는 "경건한" 방식으로는 해결될 수 없었던 상당한 문제들을 안고 있었다.

기록하고 그 밖의 다른 변화들을 더 적게 기록할 수 있는 불변적인 개념성이 있다고 전제해서는 안 된다. 오히려 기능적 분화를 향하는 사회의 구조적 개조는 사회가 기능과 그 밖의 것들을 기술하는 데 사용하는 의미론도 변화시킨다. 그래서 "종교"의 의미론도 아마 변화했을 것이다. 그래서 시간 거리의 비교들이 어려워지며, 그 비교들을 2차 질서 관찰이라는 추상적인 용어로 물러서도록 강제한다. 그러면 종교의 "기능 상실" 테제는 더 이상 진리나 허위인 것으로서 나타나지 않으며, 오히려 너무 부정확한 것으로 나타난다.

우리는 많은 다른 기능 영역들로부터 후퇴한다는 조건에서, "사회통제와 정치적인 권력의 정당화를 포기하는 조건에서 종교의 기회가 강화될 가능성을 고려해야 한다. 그것은 결코 고등 종교의 자기기술이라는 의미로 정의될 필요가 없다. 예를 들어 근대적인 헌신(devotio moderna), 생활 실천의 일관된 종교적 규정 상태, 신앙과 신앙 의심에 대해 소통할 준비가 된 내면화의 의미로 정의할 필요가 없다. 종교의 기회 상승은 종교를 통해 규정된 생활 방식으로 개인들을 뚜렷하게 포함한다는 것을 의미할 필요가 없다. 일반적으로 종교가 가진 기회들의 상승이 개인들을 종교를 통해 규정된 생활 방식으로 더 많이 포함하는 것을 의미할 필요는 없다. 그보다 훨씬 개연성이 높은 것은, 포함과 배제의 차이가 증대하고 이 구분의 두 면, 즉 종교적 생활 방식과 종교적으로 무관심한 생활 방식이 **소통 능력을 갖추고 사회적으로 수용되는** 것이다.

그것은 종교적 현상들의 외양이 지난 수십 년 동안 다양해졌으며 다채로워지기까지 했다는 것을 설명할 수 있을 것이다. 다양한 종류의 제식 형식의 새로운 형성뿐만 아니라, 이슬람 같은 고등 종교의 강화, 밀교와 영성에 대한 지식인들의 광범위한 관심, 과거에 종교적으로 제한된 종교 형식들의 국제적 확산, 선불교나 명상 기법처럼 과거에 지역적으로 제한된 종교 형식들의 국제적인 확산, 유럽의 주술가 회의, 황폐해진 코니아일랜드 해변의 종교적인 성가들이 있다. 그리고 이 형식 중 다수의 경우에 신체, 몸짓, 무의미한 단조로움, 의식 제한들을 해제시키는 황홀 등이 있다 — 마치 이 수준에서 근대 문화 발전의 일방성 수정이 타당하다는 것처럼 그렇게 다양해진다.

이 조건에서 종교의 강화를 결코 규정된 프로그램의 관철 능력의 상승으로서 파악할 수 없다. 그 점은 분명한 사실들을 가지고 명백하게 반증할 수 있다. 다른 기능 영역들로부터 후퇴하면, 거기서 출발한 규율이 더 이상 적용되지 않는다. 종교는 더 자유롭게 형상화될 수 있다. 이것은 신을 기준으로 신앙하는 것처럼 교리로 미리 각인된 인식 방법이 더 이상 충분하지 않으며, 신성한 것과 종교적인 것 사이의 고전적인-사회학적 구분(뒤르켐, 짐멜)이 해체된다는 것을 의미한다. 그래서 코드와 기능 같은 인식 기준을 고수하고, 이 개념들을 필요한 경우 종교를 종교로서 자기관찰하는 문제와 종교체계의 경계 긋기에 맞추는 것이 더 중요할 수 있을 것이다. 그렇게 하지 않는다면, 다른 방식으로 설명할 수 없는 모든 특이한 현상들을 종교로 간주할 수 있을 것이기 때문이다.

제4장

우연성 공식 신(神)

제4장 우연성 공식 신(神)

I.

종교의 기능을 다루는 작업에서 우리의 출발 문제는, 의미 매체에서 어떻게 올바른 길을 찾는가 하는 것이었다. 그리고 더 분명하게 말하면, 의미 매체에서 규정되는 모든 것이 무한한 지시 과잉을 현전시킬 때, 몇 가지 성공 전망을 보여주는 소통이 (합의에서든 이의에서든) 어떻게 가능한가 하는 것이다. 다른 어떤 매체도 주어져 있지 않다. 즉 의미를 배제하고 의미를 연결할 수 있기 위해, 의미를 필요로 한다. 그것은 "의미" 개념을 망칠 것이라고 말할 수 있겠지만, 우연성 공식이 적용되는 바로 그 문제를 매우 정확하게 지시한다고 대답할 수 있을 것이다.

역설은 다음과 같다. 연결은 배제이며, 그렇게만 실행될 수 있으며 다양한 형태로 이행될 수 있다. 우리는 미규정성을 규정 가능성으로, 즉 무한한 정보 부담을 유한한 정보 부담으로 이행하는 것이 어떻게 가능한지를 묻기도 했다. (이미 기능적인) 이 문제는 "어떻게"를 "누가 또는 무엇을"로 교체하면 더욱 예리해질 수 있다. 우리는 문제의 좁은 이해를 해법으로 취하는 이런 첨예화를 **우연성 공식**이라고 부르고자 한다.

그런 공식의 통일성은 기능적 관점과 외적 기술에서 다시 해체할 수 있다. 우리는 이미 역설적인 표현을 선택했다. 문제는 문제 해결로서 나타나며, 다른 것은 같은 것이다. 이와 함께 우리가 기능 개념을 정의할 때 사용한 구분은 사라진다. 코드화를 통해 우연성과 재귀성으로 변환된 체계의 내부 영역에서는, 우연성 공식이 기능 관련을 대체한다. 그 점에서 체계의 자기기술 또한 단서를 발견한다. 비록 체계가 **차이**이며 그것을 작동으로 본다면 이 **차이의 재생산**인데도, 체계 그 자체는 통일성으로서 접근될 수 있다. 체계는 고유한 실체화(Hypostasierung)와의 관계를 생산할 수 있다 — 물론 재-진입과 코드화의 역설들이 동일성으로 대체되며 이 동일성을 계속 고수하는 방식으로 생산할 수 있다. 외적 관찰자는 그것이 어떻게 가능하며 다르게 가능하지 않은지를 볼 수 있다. 그는 체계의 작동함에 책임이 없기에, 그런 우연성 공식의 기능에 대해 여전히 질문할 수 있다. 그렇게 함으로써 그는 비교된 체계에서는 사용될 수 없을 비교 관점을 이용할 수 있다.

그는 2차 질서 관찰자의 더 큰 자유를 사용할 수 있으며, 관점의 차이를 고려하고, 체계 고유의 관찰들이 체계 내에서 (관찰된) 관찰들과 자기관찰들을 가능하게 하는 데 필수적인 맹점처럼 체계 고유의 우연성 공식에 넘겨져 있다는 점을 고려할 때만 사실에 부합하게 사용할 수 있다. 2차 질서 관찰자는 여기서 수정할 수 있는 오류, 의식의 결함, 이데올로기를 의심한다면, 그 자신은 실수하는 것이다. 그는 대상에 대한 적절한 접근을 가로막는 구분(예를 들어 진리/허위의 구분)을 직접 사용한다.

우연성 공식들은 모든 기능체계에서 발견되며, 그 기능체계들의 코드는 우연성, 재귀성, 역설적/동어반복적 자기관찰 가능성들을 개방한다. 우연성 공식들은 연결 가능성을 가지고 어떤 작동 유형을 공급하는가에 따라 구분된다. 그래서 경제체계에서 "희소성"이라는 우연성 공식을 사용하며, 그것은 비록 이것이 재화들, 노동, 화폐에 대해서는 적용되지 않지만, 경제가 작동과 무관한 총합 상수를 고려해야 한다는 점을 보장한다.[1] 원칙의 필수성은 어떤 누구도 [같은] 돈을 두 번 이상 쓸 수 없다는 규칙에서 드러난다. 정치체계에서는[2] "공동선" 원칙에서 상응물을 발견할 수 있다. 또는 어쨌든 그것은 공적 관심과 사적 관심을 성격에 따라 구분할 수 있다고 전제한 중세와 근대 초기의 전통에서 타당했다. 이런 일이 갈수록 줄어드는 상황에서, 가치 갈등이 어떻게 결정될 것인지는 미결정 상태에 두는 일관되게 수용된 가치들과 관련된다는 의미의 "정당성"만을 언급할 수 있다.[3] 따라서 그것은 정당화된 기회주의의 문제다(그러나 그렇게 말한다면 정당성의 의미 공식을 역설로 드러낼 것이다). 교육체계에서 우연성 공식은 교육 콘텐츠와 연결된 교육적인 표준의 형식으로든, 학습 능력을 학습함의 형식으로든 학습 목표를 제시해야 한다.[4] 그리고 예를 들어 학교에서 지루함에 익숙해지거나 인생에서 부지런함보다 속임수가 더 중요하다는 사실과 그 밖의 다른 것도 배운다는 점은 제외되거나 언급되지 않은 채 남아 있어야 한다. 학문의 작동은 진리 코드가 제한적으로 기능한다는 점, 즉 진리 추정에 대한 반박이 진리 가능성을 높인다는 점에 의존한다. 비록 여기서도 지식의 증가가 무지의 지나친 증가를 가져온다는 반대 경험이 충분히 많이 있지만 말이다.[5] 법체계에서는 "정의"라는 우연성 공식이 해당하는 일을 해낸다. 정

---

1 Niklas Luhmann, *Die Wirtschaft der Gesellschaft*, Frankfurt 1988, 특히 177쪽 이하를 참조할 것.
2 비슷한 관점에서의 정치와 종교의 초기 비교는 Hans Kelsen, "Gott und Staat", in: *Logos 11* (1923), 261-284와 "반박"으로서 Wenzel Pohl, "Kelsens Parallele: Gott und Staat: Kritische Bemerkungen eines Theologen", in: *Zeitschrift für öffentliches Recht 4* (1925), 571-609쪽을 볼 것.
3 Helmut Willke, *Ironie des Staates: Grundlinien einer Staatstheorie polyzentrischer Gesellschaft*, Frankfurt 1992, 35쪽 이하를 볼 것.
4 Niklas Luhmann/Karl Eberhard Schorr, *Reflexionsprobleme im Erziehungssystem*, 2. Aufl. Frankfurt 1983, 58쪽 이하를 볼 것.
5 Niklas Luhmann, *Die Wissenschaft der Gesellschaft*, Frankfurt 1990, 392쪽 이하를 참조할 것.

의는 같은 사례를 동등하게 처리하고 같지 않은 사례를 다르게 처리하라는 이중 지시를 가지고 사건들을 일관되게 결정할 것을 규정한다. 즉 그 공식은 같은/다른의 관찰 도식을 제시하며, 법체계에서 비교 관점을 모색하는 것을 의미 있게 만들면서, 그 관점을 어떻게 발견할 것인지는 미결정 상태로 둔다.[6]

이 보기들은 우연성 공식이 어떤 일을 해내며 어떻게 기능하는지를 분명하게 보여준다(그리고 개념 정의가 할 수 있는 것보다 더욱 분명하게 보여준다). 그것은 주어져 있는 다른 가능성들을 목표로 삼는다. 이 형식의 다른 면은 함께 진행되는 지식으로 재생산될 수 있지만, 더 이상 체계의 의미 고정을 요구할 수 없다. 공식적(offizielle) 소통은 우연성 공식의 선규정을 지향하며 그로써 예견된 수용의 확실한 면에서 작동한다. 19세기 이래 이를 위해 선호들의 합의 능력을 신호하는 가치 개념을 사용한다. 그러나 전문 지식이 이 개념을 가지고 혼자서 꾸려나가는 것이 아니라 가끔 횡단을 통해, 즉 다른 면을 봄으로써 완전화가 요구된다는 것도 알고 있다. 이렇게 되는 것은 정상적인 경우에는 별 성과가 없을 수 있다. 체계 내에서는 우연성 공식의 틀에서만 작동할 수 있기 때문이다. 우연성 공식 자체는 어떤 것을 이루어 내고자 할 때 허용해야 하는 전제들을 지지한다. 그러나 이 대답의 어떤 것도 질문을 억압하겠다고 주장하지 않는다. 가치 개념은 희망하는 가치들 — 더 적은 희소성, 더 많은 정의 등 — 만을 당연한 것으로 다룬다. 그러나 이미 이 표현들은 더 이상 그것들 자신들을 포함할 수 없는 지평들을 펼쳐 보여준다.

---

6 Niklas Luhmann, *Das Recht der Gesellschaft*, Frankfurt 1993, 214쪽 이하를 참조할 것.

II.

　세계종교들은 종교를 위한 우연성 공식을 가지고 실험했으며, 일치하는 결과에 도달하지 못했다고 말할 수 있다. 가장 성공적인 시도들인 불교와 유일신 종교들은 구원 관점이라는 공통의 요소에 기초하는 것으로 보인다. 그 종교들은 이로써 초월에의 접근을 구분으로 인한 고통을 교정할 수 있다는 것으로 약속한다. 그것들은 모든 개별 구분이 모든 구분의 피안으로 지양될 수 있다는 전망을 제시한다. 이것이 내재성과 초월성의 구분이 제시되는 형식이다. 그러면 필수적인 프로그램은 조건화로서의 구원으로 나타난다. 그것은 다시금 종교에 시간 관점을 구축할 것을 요구한다. 지금 여기 주어져 있는 세계, "이 세상"(hic mundus)에 대한 평가절하는 문제의 시간화와 결합된다. 그리고 이와 함께 종교적으로 규정된 소통의 사회 구조적인(상황적인, 역할과 관련된, 제도적인) 분화에서 이미 주어져 있는 신빙성 기회의 활용 가능성이 결합된다.

　이 정도를 공통의 출발점으로 전제할 수 있다. 그리고 그것은 이미 충분하다. 그것은 이미 "신"이라는 우연성 공식의 기능에 관한 질문에 윤곽을 제공하기에 충분하다. 우리는 구성주의적 출발점이라는 점에서 불교에 접근하는 것이 쉽게 생각되지만, (그리고 그 때문에) 이하의 분석에서 이 우연성 공식에 제한한다.[7] 다신론적 종교들도 여기서는 고려에서 제외되어야 할 것이다. 그것들은 다른 신들과의 차이를 통해 신들을 규정하고 그 이상의 질문들을 배제하도록 오도하기 때문이다. 또한 그것들의 특성들은 특정한 사회 형성을 위한 성과들에 너무 많이 관련되었다(예를 들면, 귀족 계보든,

---

[7] Francisco J. Varela/Evan Thompson, *Der Mittlere Weg der Erkenntnis: Die Beziehung von Ich und Welt in der Kognitionswissenschaft*, Bern 1992를 참조할 것.

아직 특별한 기능체계들로 외부분화되지 않은 역할과 역량이든 상관없이 분화의 근거를 제공하는 것과 관련되었다).

신과 관련하여 스스로를 정식화하는 종교들은 처음에는 종교적인 우주에 거주하며 규정성에 대한 기대 부담을 최고의 신들에게서 덜어주는 2차 신들, 보조 신들, 천사들, 정령들, 성인들, 영적으로 살아 있는 조상 등의 다른 성스러운 형상들도 알고 있다는 특징이 있다. 그것들은 신을 직접 접촉할 가능성이 없거나 신을 보지 못할 때 중재자와 개입 기관의 역할을 동시에 수행한다. (이것이 왕이 지배하는 귀족사회의 사회적 구조를 반영한다는 것은 분명하다.) 그러면 최고 신의 특수 위치는 신 혼자만이 초월성의 완전한 특징들, 특히 무한성, 편재함, 즉 내재성 영역에서도 어디서나 있음, 즉 초월성과 내재성의 차이의 통일성이라는 특징들을 가지고 있다는 것으로 우대받는다. 최고 신만이 종교적 우주의 종결 공식으로 작용한다. 그러나 바로 그 때문에 신의 맞은편에서 행동하는 것은 어렵다. 그래서 우연성 공식의 문제는 보충물, 지원 장치들과 마지막으로 전문적인 지원의 필요성으로 해석된다. 그러나 우리가 데리다의 분석에서 알 수 있듯이, 보충물은 항상 그것을 필요로 하는 존재의 순간들, 즉 숨겨진 역설에 대한 지시다.

우연성은 인물과 관련되어 그 인물이 다르게도 처신할 수 있다고 전제하기 때문에, 인물의 행동에서 가장 잘 식별될 수 있다. 그러나 그것은 최고의 초월성을 다른 행동 가능성도 가지고 있는 인물인 것으로 생각하고 — 그를 다시 배제해야 하는 — 어려움을 만들어낸다. 따라서 유일신 종교들은 우연성 공식을 고정하는 대담함을 통해 모든 다른 종교보다 두드러진다. 그 결과 개인적인 종교적 신앙에 대한 요구를 통해서도 두드러지며, 신빙성을 마련해야 하는 부담을 가진 교리 장치의 부담과 신자와 불신자 간 구분의 예리함, 마지막으로 조직에의 의존 상태를 통해 두드러진다. 이 모든 것은 전체 초월의 존재 진술로의 전환(초월의 저편에는 초월이 없다)에 닿을 내리며 그 전환을 전제한다. 초월은 인물로서 존재한다. 초월은 **하나의** 신이다. 그리고 그것을 믿지 않는 사람은 배제된다. 그래서 이런 **의미론적** 대담함의 "다른 면"은 그 **사회 구조적인** 상관물, 즉 어느 정도 심각한 사회적인 귀결을 초래하는 "파문" 가능성이다.

신들이 가문의 신들로서 조상 숭배 형식으로 숭배되는 한, 그들을 (보이지 않는) 인물로서, 그렇게 하여 살아 있는 사람들의 관찰자로서 이해하는 것은 어려운 일이 아니었을 것이다. 그러나 과거에 살았던 사람들과의 이러한 관련이 끊어지면, 보이지 않는 인물들에 의해 관찰되고 있다는 생각을 계속하고 결국 그들을 세계 신으로 전환하기 위해서는 특별한 동기가 요구된다. 신에 관한 생각을 인물화하는 것은 어렵고, 그것은 틀림없이 거의 반직관적인 과정이었을 것이다. 그리고 동시에 초월적인 잠재력에 대한 생각이 유지되고 확장되어야 할 때는 특별히 그랬을 것이다.[8] 이 의미론의 위험, 의미론의 자기위험화는 특히 그것이 성스러운 것의 좋은 작용과 나쁜 작용, 매력적인 본질 특성과 두려운 본질 특성을 인물의 **의도로** 생각한다는 데 있다. 그리스인들은 "불멸"과 "영생" 같은 부정의 도움을 받았으며, 이 영역에서 그들의 신이 결정의 자유들, 선호들, 갈등에의 의지들을 가지고 있다고 전제하였다. 그래서 인물성들은 행위 영역에서 서로에 대해 인물화되는 복수의 신들에 매여 있었다. 그러나 그곳에는 종교에 대한 높은 요구들에 비해 너무 많은 우연성이 있다. 결국 하나의 유일하며 초월적이며 모든 것을 관할하는 신을 비록 이름은 없지만 인물로서 생각하는 것은 즉각적으로 식별될 수 없는 요구를 틀림없이 충족시켰을 것이다. 우리는 그런 요구가 사회적인 분화와 개별화들을 동시에 촉발하였으며 그래서

---

8 그 점에 관해 Burkhard Gladigow, "Der Sinn der Götter: Zum kognitiven Potential der persönlichen Gottesvorstellung", in: Peter Eicher (Hrsg.), *Gottesvorstellung und Gesellschaftsentwicklung*, München 1979, 41-62쪽을 볼 것.

통일성을 관찰자 개념을 통해서만 파악할 수 있었던 사회 구조적인 발전에 있다고 추정한다. 인물성은 관찰함과 관찰됨을 위한 암호에 지나지 않기 때문이다.

그러나 왜 신은 관찰자 자질을 갖추어야 하며, 왜 그는 단순히 존재할 수 없는 것일까? 이 질문에 대한 최선의 대답은 존재하는 모든 사물(P1, P2, … Pn)을 열거하더라도 결코 신 개념에 이르지 않으며 항상 또 다른 사물을 전제하는 데까지만 이른다는 고려에서 나온다. 그리고 이것은 들뢰즈를 인용하여 어떻게 열거하더라도 통일성이 역설로서만 파악될 수 있으며 앞으로 나아가는 연속과 뒤로 가는 연속의 두 가지 계열을 만들어낸다고 전제할 때도 그렇게 된다.[9] 신은 다른 층위, 다른 질화 상황에 존재하는 것이 틀림없다. 그리고 관찰자 개념은 적어도 이 지위에 가능한 해석을 부여한다. 특히 관찰자 개념은 존재, 사물(res의 의미에서의) 같은 술어들 역시 관찰자에 적합하다는 것을 배제하지 않으며, 오히려 바로 그것을 요구하기 때문이다.

관찰자가 구분하는 지시의 형식으로 (그리고 신의 경우에, 모든 것과 개별성으로 존재하는 모든 것의 지시 형식으로) 파악될 뿐만 아니라 이에 추가하여 인물로 파악될 때는, 관찰자가 사회의 맥락에서 다른 모든 구분을 포괄하며 포함과 배제의 차이를 낳으며 '마음에 듦/마음에 들지 않음'의 조건을 설정한다는 것을 신빙성 있게 만들 수 있다. 규범들은 항상 배제되는 것을 통해 함께 조건화된다. 그리고 더욱 일반적으로 정식화되는 한에서, 배제 효과에서만 식별될 수 있다. 어떻게 "정당화되더라도" 그 사실은 달라지지 않는다. 규범들은 **분화**를 위해 신 종교를 선택하는 형식에서, 사회학적으로 본다면 배제에 비중을 두는 **사회 구조적인 조건**에 달려 있다. 그리고 예를 들

---

9   Gilles Deleuze, *Logique du sens*, Paris 1969에 그렇게 되어 있다.

어 황제의 무릎 꿇기를 강요할 수 있었던 중세에도 그랬다. 그러나 포함/배제를 위한 조건들은 심층적인 사회변동을 겪는다.[10] 그래서 그런 종교의 배제를 매설하는 것은 예를 들어 신의 속성의 교체나 (오늘날에도 약간은 시대착오적으로 작용하는) "아버지"-상징을 포기함으로써 의미론 층위에서 방어할 수 없는 상태에서 위험에 빠뜨린다. 그래서 오늘날 신 종교가 개별적이며 우발적인 신앙 결정에 의존해야 하는지, 반박할 수 없는 오류의 지속에 의존해야 하는지, 또는 그 의미론 자체에 심층적인 동기들이나 종교의 기능과 함께 같은 방향으로 작용하는 사회학적 친연성들이 있는지를 질문해야 한다. 이 질문을 사회학적(즉 종교 외적) 관찰자 개념을 가지고 연구하고자 한다면, 신이라는 우연성 공식이 도대체 어떻게 기능하는지를 자세하게 조사할 필요가 있다(여기서 "기능한다"는 것은 물론 평범한 기계에 의한 단순한 작동이 아니라, 종교의 관련 문제, 즉 규정 불가능한 것을 규정 가능한 것으로 전환하는 문제를 해결한다는 것을 뜻한다).

III.

우리는 "신 증명" 문제를 다루지 않을 것이다. 사람들은 신 증명으로 세계에서 일반적인 우연성을 신에게서 부정하고자 시도한다. 그리고 신이 보기에 세계가 우연적이라는 이유로 그 일을 시도한다. 그러나 오늘날에는 이런저런 방식으로 중단되고 (비대칭화되어야 하며) 어쩌면 신의 자기계시 교의를 통해 가장 분명하게 중단되어야 하는 구조가 신 증명의 기초가 된다

---

10 이 점에 대해 Niklas Luhmann, "Inklusion und Exklusion", in: ders., *Soziologische Aufklärung 6*, Opladen 1995, 237-264쪽을 볼 것.

는 생각은 거의 논쟁의 여지가 없다.[11] 또는 세계의 아름다움과 잘 정돈된 상태로부터 지적인 원인을 추론하는 것은 모든 종류의 곤경을 오류로 간주하는 것을 포기해야 한다. 또한 유의미한 세계기술의 우연성을 출발점으로 하여, 세계의 우연성이 신의 존재를 입증하는 것이 아니라 신의 존재가 세계의 우연성을 입증한다는 역방향 논증을 할 수도 있을 것이다. 어쨌든 순환은 신과 세계의 비대칭적인 관계로 해체되며, 그 후 되돌릴 수 없는 것으로 다루어진다. 바로 그것이 정보 획득을 가능하게 하며 우리가 우연성 공식이라고 부르는 구조다.

우리는 비대칭이 실행되어야 하며 그 실행이 은폐되어야 한다는 것을 전제할 수 있다. 정말 중요한 질문은 이 작동을 가능하게 하는 형식의 특징을 목표로 삼는다.

신과 세계의 비대칭 사상은 유일신교의 발전이 생산성 없는 완전성 사상에서 정지하는 것을 방해하기 때문에 도움이 된다. 절대적으로 완전한 신은 자기 자신에게 어떤 것도 덧붙일 수 없는 신이다. 그러나 그런 신이 어떻게 차이를 만들 수 있는가?[12] 이 문제는 플라톤을 참조하여 유출 신학을 통해 형이상학적으로 해결될 수 있다.[13] "자기-충족적인 완전성 개념은

---

11 자세한 토론은 Marco M. Olivetti (Hrsg.), *L'argomento ontologico*, Padova 1990을 볼 것.
12 이 최후 준거의 표준화와 빈곤화의 문제는 우주론적인 정교화와 도덕적인 교의학의 얼마나 풍성해지더라도 해결되지 못한 상태로 남아 있으며, 조직된 형식 사용을 통해 더욱 강화된다. Jean-Pierre Decouchy, *L'orthodoxie religieuse: Essai de logique psycho-sociale*, Paris 1971, 특히 57쪽 이하를 볼 것. Enrico Castelli (Hrsg.), *L'analyse du langage théologique: Le Nom de Dieu*, Paris 1969도 참조할 것.
13 유출 범주는 역사적으로 새로운 어떤 것도 예상되지 않았다는 논리적인 장점이 있었다. 그래서 그것은 시간을 시간 추상적으로 다룰 수 있었거나 달리 말해 그것이 무소부재(Allggenwart)의 관점에서 보이는 것처럼 다루어낼 수 있었다. 그 범주는 과거와 미래의 차이만이 유일하게 관찰되고 생겨날 수 있는 순간적인 현재를 고려할 필요가 없었다. 그래서 그것은 고전적인 이치 논리학의 틀을 벗어날 필요가 없었다. 그 점에 대해 (구조이론적으로 더 복잡하게 구축된 유출 개념을 사용하는) Gotthard Günther, "Logik, Zeit, Emanation und Evolution", in: ders., *Beiträge zu Grundlegung einer operationsfähigen*

대담한 논리적인 반전을 통해 — 그 원천적인 함의를 전혀 잃지 않은 채 — 자기-초월적인 풍요로움 개념으로 전환되었다."[14] 이 해법은 충만, 발원(發原)함, 선물의 의미론으로 작업될 수 있었다. 그러나 이것은 신을 인물로 생각하는 것을 필요한 것으로 만들지도 못했고 이해될 수 있게 만들지도 못했다.

기독교 전통은 관찰자 신의 전재를 존재론적 형이상학과 결합했다. 즉 존재/부재의 구분에서 출발하며 이 구분에 다른 모든 구분을 부속시키는 세계 기술과 결합했다. 이 세계가 신의 창조로 파악된다면, 이와 함께 규범적인 계기가 덧붙여진다. 그것은 질서에 대한 요구로 개념화된다. 존재하는 것은 존재하지 않는 것이 되어서는 안 된다. 인간은 동물이 아니다. 남자는 여자가 아니다. 기독교도는 이방인이 아니다. 이런 존재론적 배제가 중단되면, 그것은 "기적"으로 이해되어 이와 함께 역으로 종교에 연동된다. 존재 세계는 신에 의해 창조되었다. 그리고 그 세계의 분할과 모순되는 것은 바로 이것, 즉 그 세계가 전능한 신에 의해 창조되었으며 그 신은 권력을 세계에 넘겨주는 것이 아니라 다르게도 결정할 가능성으로서 유지한다는 것을 증명한다. 이 방식으로 형이상학과 종교는 서로를 입증하며, 물론 사고 체계를 닫는 순환의 형식으로 입증한다.

우리는 여기서 이 특별한 발전으로 이끈 출발 상황을 고려할 필요가 없다. 다신론적 우주는 인물-형식을 구분의 원칙으로 투입할 수 있었다. 히브리 전통에서는 계약 능력이 중요했는데, 그것은 마찬가지로 인물성을 전제한다. 부족 사회들의 최고 신 사상과 정치적 지배와의 형식 유사성과 유추에 관해서는 내용이 풍성하며 논란의 여지가 있는 문헌들이 있다. 여기

 Dialektik Bd. III, Hamburg 1980, 95-135쪽을 볼 것.
14 Arthur O. Lovejoy, *The Great Chain of Being: A Study of the History of an Idea (1936)*, Cambridge Mass. 1950, 49쪽(비생산성 문제에 관해 43쪽 이하)를 볼 것.

서 쟁점이 되는 신이라는 우연성 공식의 문제에 있어서, ─ 물론 "전-적응적 진전"(preadaptive advances)을 전제하면 ─ 이 진화상 성취의 의미론적 계보학이 결정적인 것이 아니라, 초월로서 인물을 구성하는 기능만 결정적이다. "인물"이 의미할 수 있는 것은 신과 인간의 비유를 통해서도 확정될 수 없다 ─ 그리고 물론 신인 동형동성설(Anthropomorphismus)의 방향에서도, 신이 인간을 "자기 형상에 따라" 창조했다는 다른 방향으로도 확정될 수 없다. 이 종류의 해석 시도들은 제시되었다. 그것들은 (오늘날에는 적어도) 신빙성 있는 이유를 보여주지 않는 내용적인 유비에 근거한다. 우리는 항상 차이가 탑재된 이 유비 도식을 이미 언급한 가설로 대체한다. 즉 신은 인물로서 정의되며 그렇게 하는 것이 신을 **관찰자**로서 확립하기 때문이다. 그래서 우리가 질문하는 비대칭 형식은 관찰함 작동의 형식이다.

관찰함 개념에는 우리가 질문한 내용이 포함되어 있다. 관찰함의 작동은 비대칭적인 작동이다. 즉 비가역적인 작동으로서, 그것은 관찰자의 **내부에서만** 진행되지만 **그것을 위해** 관찰자와 관찰된 것의 차이를 함의한다. 그 작동은 구분하는 지시함으로 구성되며, 이때 **사용된** 구분은 관찰자가 관찰된 것과 구분된다는 (구분의) 함의와 같지 않다. 즉, 관찰자는 구분할 수 있기 위해 **자기 자신을** 구분해야 한다. 신의 경우에 이것이 세계 창조의 이유라고 볼 수 있다.

그 밖에도 관찰함 개념은 매우 일반적이어서, 인간과 관련되면 체험과 행위, 인지 활동과 의지 활동을 포괄한다. 고타르트 귄터가 보여주었듯이, 체험과 행위의 (내적으로 경험된) 구분은 타자준거와 자기준거의 구분에 의존하며, 따라서 간접적으로 환경과 체계의 구분에 의존한다.[15] 체험의 경

---

15 Gotthard Günther, "Cognition and Volition: A Contribution to a Cybernetic Theory of Subjectivity", in: ders., *Beiträge zur Grundlegung einer operationsfähigen Dialektik Bd. II*, Hamburg 1979, 203-240쪽을 볼 것. 위에서 우리는 귄터의 서술을 적지 않게 수정했

우에, 체계는 내적 이항화를 외적 결정의 경험 체계에 맞세운다 — 예를 들어 진리/허위의 도식이나, 쾌락/불쾌의 도식에 따라서 그렇게 한다. 행위의 경우에 체계는 환경에 있는 차이 — 가령 달성된 목적과 달성되지 않았을 때의 상태와의 차이 — 를 생산한다. 그러나 신이 타자준거와 자기준거를 구분한다고 전제할 수 없기에, 거기서 도출된 구분도 신에게 적용할 수 없다. 그것은 신을 관찰자로서 파악하는 것을 배제하는 것은 아니다. 신과 관련되면 관찰 개념은 지성/의지의 구분을 사용하지 않아도 된다. 그 점과 관련된 중세의 논쟁은 단지 역사적인 관심사였을 뿐이다. 지성으로서의 관찰과 의지로서의 관찰의 통일성은 특히 신의 의지가 이전에 인식을 통해 획득된 통찰에 구속되어 있지 않다는 것을 진술한다. 중세의 논쟁에서처럼 전지가 의지의 전능함보다 우세하다고 주장할 필요도 없으며, 의지의 전능함이 전지보다 우세하다고 주장할 필요도 없다. 둘 다 같은 것이다.[16]

그러나 특히 종교 코드의 초월 가치와 상관관계에 있는, 이러한 관찰자인 신의 특수 신분이 있다. 신은 "맹점"(blinden Fleck)을 필요로 하지 않는다. 그는 모든 구분 도식을 차이로서, 그리고 구분된 것의 통일성으로서 동시에 실현시킬 수 있다. 그것은 구분되어 있음과 구분되어 있지 않음의 구분을 포함한다. 그리고 이것은 신에 의한 모든 개별 관찰에 적용되면서 신의 모든 관찰에도 적용되기 때문에, 그의 관찰 방식을 관찰하고자 시도한다면

다.
16 반면 후기 중세의 자원주의와 함께 의지력, 신의 절대적인 잠재력의 **우선권**을 고수하고 그 밖에도 명목론에서는 모든 실재가 개인의 형식으로만 주어져 있지 보편적인 것의 형식으로 주어져 있는 것이 아니라고 전제한다면, 이것은 하나님의 기준을 인식할 수 있는지에 대한 신학적으로 매우 심오한 의심으로 이어질 것이다. 신의 의지는 규칙을 통해 인도되지 않으며, 개인에 대한 접근은 다른 경우에서의 그의 행동 방식에 대한 어떤 결론도 허용하지 않는다. 신학은 그런 출발점을 취하면서 인식 약점 — 이미 초기 메소포타미아 시대의 점술 관행을 지배했던 오래된 유보 — 을 인정하는 데서 신의 관찰 방식의 원칙적인 인식 불가능성으로 전환해야 하며, 그런 다음 오직 개인들의 믿음의 자기확신에만 호소하기 위해 삶에 대한 모든 자문에서 물러나야 한다.

그것은 오직 역설적으로만 파악할 수 있다. 이 점은 다시 다룰 것이다. 일단은 초월적인 관찰자의 관찰함은 세계에 내재하는 모든 관찰함과는 정확하게 반대로 진행된다는 것, 즉 논리적으로 그 관찰함이 가지고 있지 않은 것을 통해 그 관찰함을 보충한다는 것을 기억해 두자. 신/인간 차이는 관찰 작동의 통일성이 작동에서 자기 자신을 관찰할 수 있는지(초월성) 아닌지(내재성)의 질문에 놓여 있다. 초월적인 인물은 스스로 투명하며, 내재적인 인물은 스스로 불투명하다고 말할 수도 있을 것이다. 이런 점에서 우연성 공식인 신은 관찰자로서 이해되어서 종교 코드화의 필연성에 맞추어져 있을 뿐만 아니라 우연성을 성찰하는 종교의 구체적인 방식에 맞추어져 있다.

"세계"와 구분될 수 있는 신 개념을 가지고 있으며 (신이 세계를 관찰한다고 말하고자 한다면 신과 세계의 구분이 필수적이기 때문에) 그 개념이 "세계"와 구분될 수 있으면, 역으로 세계를 신으로부터 구분하고 이 차이를 통해 세계를 규정할 가능성을 획득할 수 있다. 그러나 동시에 이 관찰자 신이 세계에 대한 완전한 지식을 가지고 있다고 전제한다면, 그는 세계의 질서를 어지럽힐 수 없다. 예를 들어 기적 같은 만약의 혼란은 항상 신의 관찰 방식에 사전에 예견되어 있기 때문이다. 신과 세계는 조화의 관계에 있다 — 이것은 특히 르네상스의 자연철학을 위해 중요한 생각이다. 다른 한편 신과 세계의 구분은 의미를 유지한다. 그 구분은 이미 자주 말했듯이, 자연의 탈신성화를 가능하게 한다. 세계는 자연으로서의 인간을 사용하기 위해 규정되어 있다.[17] 그 밖에도 신/세계 구분은 "이 세상"(hic mundus)의 의미에서 세계를 평가절하할 수 있으며, 그로써 사회 내적으로 보면, 돈, 권력, 신분 또는

---

17 여기서 남성만 생각하고 있다는 것은 당연하다. 그러나 분명한 증거도 있다. Thomas Browne, *Religio Medici* (1643), *Everyman's Library*, London 1965 판본에서 재인용, 79쪽에는 다음과 같은 말이 있다. "모든 세계는 남자들을 위해 만들어졌지만, 남자의 열두 번째 부분은 여자를 위해 만들어졌다. 남자는 온 세계이며 신의 호흡이다. 여자는 남자의 갈빗대와 그것의 구부러진 조각이다."

성생활에 대한 세계 내적인 선입견에 맞서는 종교적인 관심의 분화를 가능하게 한다. 그것은 세상을 외면하는 종교적인(수도사적인) 생활 방식에 대한 요구들로 비교적 쉽게 이용할 수 있다. 그리고 결국 신과의 차이를 통해 세계를 정의하는 것으로 충분하다면, 다른 모든 특성은 넓게 열어두고 불확실성, 가설 등에 만족할 수 있다.[18] 근대의 다맥락 영역 사회가 세계를 무표 상태로 함께 끌어오며 그로써 관찰 불가능한 것으로 병행시킬 것을 요구한다면, 종교는 스스로 세계를 구분할 수 없다고, 즉 신으로부터 구분할 수 없다는 주장만 할 수 있을 것이다.

이 모든 것은 일단은 그렇게 하는 데서 우주론도 도덕도 필요하지 않을 정도로 아주 추상적으로 정식화할 수 있다. 인간들에게는 신의 관찰함을 인간과 관련짓거나, 주로 인간과 관련지으며 자연이 인간을 위해 만들어졌다는 환상을 기뻐하는 것은 의미가 있다. 그리고 신의 도움 없이는 화장실 물도 내릴 수 없다는 것도 사실이다. 그러나 전지와 전능의 교의는 그보다 훨씬 멀리 나아가며, 그것은 예를 들어 지속적인 창조 교리에서도 명시적으로 드러난다. 신의 관찰함은 모든 순간 모든 세부적인 것에서 세계 유지의 조건이다.

관찰자 신은 "로고스"로서, 말씀으로서, 텍스트로서 모든 구분의 저편에, 특히 모든 시간 구분의 저편에 있다. 그것은 그때그때 현재적인 모든 인간

---

18 특히 벤자민 넬슨(Benjamin Nelson)은 학문이 가설에 제한되어야 한다는 기대에 대한 특별히 종교적인 이유를 환기했으며, 그 이유는 그 후 자연의 자연적인 인식 가능성에 호소하는, 종교의 고유한 이해에서 모순되었음에 틀림없다. "The Quest for Certitude and the Books of Scripture, Nature, and Conscience", in: Owen Gingerich (Hrsg.), *The Nature of Scientific Discovery*, Washington 1975, 355-372쪽; ders., "Copernicus and the Quest for Certitude: 'East' and 'West'", in: Arthur Beer/K. A. Strand (Hrsg.), *Copernicus Yesterday and Today: Proceedings of the Commemorative Conference* Washington 1972, in: *Vistas in Astronomy 17* (1975), 39-46쪽; 그 밖에도 ders., *Der Ursprung der Moderne: Vergleichende Studien zum Zivilisationsprozeß*, Frankfurt 1977에 있는 논문들을 볼 것.

체험의 현재적으로만 주어진 동시성과 무관하게 존재론적 형이상학의 존재 현존을 보장한다. 그것은 죽음 이후의 삶도 보장한다 — 이것은 인간 생활의 모든 도덕적인 조건화의 기초가 되며 그 조건화들을 (원칙이나 도덕법 등에 의존하지 않은 채) 통일성으로 통합하는 가장 광범위한 신학적인 일반화이다. 이때 시간은 지속으로 파악되며, ("이전"이 없는) 시작과 ("이후"가 없는) 끝을 생각할 수 없다는 점으로부터 영혼의 불멸성을 추론한다.[19] 현존 형이상학과 그 로고스 중심주의에 대한 데리다의 비판은 여전히 이 개념에 붙들려 있다. 그 비판은 독자적으로 정식화될 수 없으며 그 개념의 거부로서만 정식화될 수 있다.[20]

신은 구분과 무관한 신 존재에도 불구하고, 인간들이 구분을 실행할 때는 항상 구분의 선하고 아름다우며 강한 존재의 면에 위치해야 한다. 그것은 물론 존재/비존재, 존재/가상, 선한/악한 등의 보기에 적용되며, 예술에서의 신의 모사에 대한 이례적인 고려에도 적용된다.[21] 역방향으로 진행하여 구분의 부정적인 면을 구분의 상징으로 사용하고자 한다면, 모든 구분을 파괴하는 죽음의 상징적인 의미에 가까워질 것이다. 이 고려는 사후 삶의 아주 흥미로운 유형이 두 가지 논리적인 불가능성을 유일한 역설로 통합한다는 것을 보여준다. 즉 모든 구분의 통일성을 그 부정적인 면이나 긍

---

19 예를 들어 Jean Paul, *Das Kampaner Tal oder über die Unsterblichkeit der Seele, Jean Pauls Werke: Auswahl in zwei Bänden*, Stuttgart 1924, Bd. 2, 170-229쪽에서 재인용을 볼 것.
20 예를 들어 *Form einer Kritik an Spinoza und Hegel: Jacques Derrida, Grammatologie*, 독일어 판본. Frankfurt 1974, 124-125쪽을 볼 것.
21 반종교개혁 시대에서 Gregorio Comanini, "Il Figino overo del fine della pittura"(1591), Paola Barocchi (Hrsg.), *Trattati d'arte del cinquecento Bd. III*, Bari 1962에서 재인용, 239-379쪽을 볼 것. 출발점은 플라톤(*Sophistes* 236)을 참조하면서 모방 원칙의 내적 역설을 통한 보편화에 있다. 존재하는 사물의 모방(우스꽝스러운 모방, imitazione icastica)이 있고, 존재하지 않는 사물의 모방(환상적인 모방, imitazione fantastica)이 있다. 그렇다면 비록 신이 신학자들이 우리에게 확신에 차서 말하듯이 형상이 없더라도, 신의 사본은 우스꽝스러운 모방의 면으로 옮겨져야 한다.

정적인 면으로부터 — 죽음으로서 또는 신으로서 — 지시하는 역설로 통합한다.

우리는 존재론적 관찰 방식, 존재와 비존재 구분의 도움으로 관찰하는데 의존하지 않는다. 그렇게 하는 것은 다음 질문들까지만 소급할 것이기 때문이다. 바로 이 구분 도식으로 관찰하며 세계를 달리 나누지 않고 그렇게 나누는 관찰자가 누구인가? 그리고 그의 맹점은 무엇인가? 어쩌면 시간의 파악 불가능성인가? 신은 어쨌든 존재와 비존재 구분에 의존하지 않은 채 관찰한다. 그리고 그에게는 "배제된 3항"이 없으며, 논리도 없다. 그리고 니콜라우스가 확인하듯이 신은 이런 방식으로만 비존재로부터의 존재의 창조자로 생각될 수 있다.[22] (그리고 우리는 창조자에 대해 다시 추상적인 개념인 관찰자를 사용한다.) 존재론적으로 생각하는 신학자에게 있어서 신-세계 비대칭은 신을 전체 의미로서, 존재의 완전함으로서, 보편적 존재자(ens universalissimum)로서 생각하는 개념으로 대체되어야 한다. 그것은 '유한한 존재/무한한 존재'나 '창조된 존재/창조되지 않은 존재' 같은 차이 정식화를 기반으로 하는, (완전하게 순수하며 형식적인) 차이의 통일성 관념으로 대체되어야 한다.[23] 그것이 존재론적 약점이며, 그 약점은 우리가 여기서 (작동적) 관찰함의 이론으로 대체하는 빈 공식으로만 채울 수 있다.

구분 사용의 최소 구성요소와 그로 인해 이미 주어진 세계 해석의 자리에 훨씬 더 흥미로운 질문이 등장한다. 관찰자 신은 어떻게 관찰될 수 있는가? 신을 (단순히 거룩한, 접촉할 수 없는 대상으로서가 아니라) 관찰자로서 관찰할

---

22 많은 유사한 장소 외에도 예를 들어 Nikolaus von Kues, "De Deo Abscondito", *Philo-sophisch-theologische Schriften Bd. I*, Wien 1964에서 재인용, 299-309쪽 (304쪽)을 볼 것.

23 이 문제 제기를 발전시킬 자료는 예를 들어 둔스 스코투스(Duns Scotus)에 관한 연구에서 찾아볼 수 있다. 예를 들어 Karl Heim, *Das Gewißheitsproblem in der systematischen Theologie bis zu Schleiermacher*, Leipzig 1911, 181쪽 이하를 볼 것.

수 있는 사람은, 세계를 창조하며 무슨 일이 일어나는지를 보며 자신의 설계를 — 변경할 수 있는데도 — 변경하지 않을 무오한 설계자와 관련하여 최종적인 의미 확실성을 획득한다. 신은 창세기에서 보고된 것처럼 세계가 좋다고 생각했다. 그리고 그것은 많은 교리에서 강조된다. 그는 스스로 언약에 구속되었다. 신은 인간을 창조의 정점으로 본다. 그는 인간을 사랑한다.

그러나 신이 **모든 것**을 관찰하고(어떤 것도 그의 관찰을 벗어나지 못한다) 그래서 **모든 것으로부터 구분되어야 한다**고 전제하자마자, 그는 세계 안에서 관찰될 수 없거나 세계에 근거하여 관찰될 수 없다. 세속적인 것들을 가지고는 신이 존재하는지 아닌지를 구분할 수 없다. 신 입증은 그것이 입증하고자 하는 것과의 모순에 빠진다. 그래서 우리는 질문을 반복해야 한다. 인간은 관찰자 신을 어떻게 관찰할 수 있는가? 사회학적으로 엄밀하게 표현하면, 관찰 가능한 것의 관찰 실행에서 기대할 수 있는 의견 차이를 어떻게 처리하는가의 질문이다. 우리는 2차 질서 관찰 가능성에 대한 이 질문을 수단으로 하여, 한편으로는 특권적인 입장을 주장하고 다른 한편 그것의 고유한 불완전성을 성찰하는 해결책, 즉 신학적인 논의의 풍부한 의미론적 분야를 발견한다.

철저하게 성찰되지 않은 종교에서는 이미 인간들의 무지, 즉 어느 정도는 배우지 못한 무지를 발견한다.[24] 이것은 매혹된 상태와 거부된 상태, 모색과 회피, 기도함과 경외함의 양가성으로 해소된다. 그러면 상황과 기회에 따라 사정이 분화될 수 있거나 신을 초월적인 것으로 사랑하면서 내재적으로 경외하는 것처럼 다룰 수도 있다. 그 밖에도 벌 받은 교만과 신이 원래 원하는 것을 안다고 믿는 사람들의 더 나은 지식에 관해 신화에서 보

24　아프리카 종교에서 찾을 수 있는 많은 증거 자료들은 John S. Mbiti, *Concepts of God in Africa*, London 1970에 있다.

전된 해법도 있다. 이것이 그 때문에 타락으로 벌을 받고, 원래의 목표가 신을 관찰하는 것이었기에 결국 후회할 수 없는 천사의 운명이다. 그리고 역설, 혼란스러운 말, 침묵, "나는 그것을 알지 못하기 때문에 안다"는 역설의 해법이 있다. 그것은 사변적인 융합("신의 눈이 나의 눈이다")이다 — 쿠자누스 니콜라우스의 해법이며, 신비주의의 해법이다.

신학자들은 타락한 천사의 운명을 신이 허락한 악에 대한 자유(왜 이러한가?)가 아니라 사랑의 역설로서 해석하는 통찰을 거의 가지고 있지 않다.[25] 신을 가장 사랑하는 천사는 역설 확인에 제한되거나 어깨를 으쓱하면서 그것이 내 관심사가 아니라는 것을 신이 마침내 알아야 한다고 설명하는 것으로 만족할 수 없기 때문이다.[26] 사탄의 사랑은 실존적인 역설이 되며, 사랑에서 추방된 상태가 된다. 그때는 어떤 자유도 함께 작용하지 않으며, 이어지는 사탄의 유혹 행동이 신학의 도덕 코드를 (신학을 대가로 치르면서) 창조에 구축해 넣기 위해 덧붙여 꾸며질 뿐이다. 그러나 그것은 정말로 수준 이하다.[27] 직접적인 지각이 문제가 될 때 관찰함의 관찰함을 성찰하는 신학[28]은 의식의 불가능성으로부터 불가능성의 의식으로 횡단할 수 있다. 그러나 누가 거기서 장점을 볼 것인가?

신학자들은 신학적인 성찰의 깊이 문제와 무관하게 신의 전문적인 관찰

---

25 그러나 특히 수피-신비주의에는 이에 대한 제안이 분명히 있다. Peter J. Awn, *Satan's Tragedy and Redemption: Iblis in Sufi Psychology*, Leiden 1983은 쉽게 찾아볼 수 있다. 기독교 영역에도 하나님의 사랑의 증거로서 징벌 개념이 있지만, 내가 보기에는 가장 사랑받는 천사인 사탄과는 관계가 없다. 신앙을 의심할 경우에 대해 제후를 위한 가르침으로 "하나님이 사랑하고 교정하고 징계하는 사람들"을 볼 것. Joannes Jovianus Pontano, "De Principe", *Opera Omnia*, Basel 1556, Bd. 1, 256-283쪽 (261쪽)에서 인용.
26 Mark Twain, *Letters from the Earth* (posthum), New York 1962 판본 재인용의 해석에서 대천사가 그러했다.
27 땅으로 추방된 사탄이 어떻게 위에 보고하는지 — 다시 Mark Twain, a. a. O.
28 예를 들어, 관찰자가 어디에서 보든 관찰자를 보는 이미지에 대한 은유가 있는 Nikolaus von Kues, "De visione Dei", *Philosophischtheologische Schriften Bd. III*, Wien 1967, 93-219쪽을 볼 것.

자나 신의 텍스트 해석자로서 그들 편에서 질문과 답변에 대한 기대를 충족시켜야 있다. 그들은 종교체계에서 소통하고 그들이 아는 것을 말해야 한다. 그래서 그들은 (많든 적든) 우연성 공식을 이것은 선택하고 저것은 거부하는 선택 기준으로 (많든 적든) 결정적으로 해석할 것을 강요받는다 — 그렇게 원하는 것은 신이다. 배중률이다. 그렇다면 성경에서 금지된 선악과를 직접 먹지 않는(!) 사탄과는 달리 어떻게 먹을 수 있는가? 어떻게 더 나은 지식의 교만을 피할 수 있는가?

가능성 중 하나는 신의 자기계시에 소급하는 것이다. 계시는 핵심적이기에 종교과학적이면서 가장 어려운 개념 중 하나이며, 신학적으로도 오늘날까지 논쟁적으로 다루어진다. 우리는 신학 내부의 논쟁까지 개입하지는 않겠지만, 하나의 구분은 고수한다. 단순히 예언술, 예언 능력, 기호의 해석, 가시적인 것과 비가시적인 것 간의 형식 유추가 중요하지 않다. 즉 인생의 어떤 상황(내가 그 여자와 결혼해야 할 것인가? 전쟁을 시작해야 할까?)에서든 신을 지향하는 질문에 대답(어떻게 암호화되어 있든)을 얻는 것이 중요한 것이 아니다. 예언 능력은 언제나 심층적인 것과 숨겨진 것을 표면의 선들로부터 추론할 수 있을 것이라는 희망에서 그 선들을 관찰하는 것이었고 지금도 그렇다.[29] 신들이 매일 인간의 운명을 결정한다고 전제하더라도, 어떻게 그리고 어떤 징조를 가지고 신들이 결정하는 방법을 알아내는가의 문제는 항상 있다. 바로 여기서 신의 자기계시 사상이 중단되며, 그 점에 그 사상의 역사적인 폭발성과 진화상 성취가 있다. 그래서 계시를 표현하는 특수 개념은 신의 주도권과 자기포함론적 계기를 포함할 때만 의미를 가진다.

---

29 그것은 특히 점술 지향적인 종교들이 결국 공간과 시간을 구분할 수 없게 되는 결과로 이어진다. 계시 종교들은 이와는 달리 시간을 공간적인 함의들(Konnotationen)로부터 자유롭게 할 수 있다.

그것은 (과학의 의미에서) 진리 문제를 제기하는 것을 배제한다.[30] 형식적으로 본다면, 계시는 자기 자체를 드러내며, 그것은 계시를 계시로서 전제하는 것 말고는 계시에 대한 다른 인지적인 접근이 없다는 것을 의미한다. 그 내용은 이미 개괄한 관찰 관계에 관한 것이며, 관찰자 신을 관찰할 가능성의 설치에 관한 것이다. 그리고 역사적으로 볼 때, 계시는 역사를 변화시켜 종교를 기억으로만 파악하는 것으로는 더 이상 충분하지 않게 된다. 역사에서는 새로운 어떤 것이 시작된다.[31] 잘 배합된 관찰 지침을 가지는 신의 자기계시가 **소통으로** 생각될 때 특별한 어려움이 발생한다. 특히 정보와 통보의 구분이 어려움을 야기한다. 계시는 통보의 이유를 질문하는 것이 별 의미가 없는 정보다. 종교적인 진리에 관해서는, 그 진리의 통보를 위해 추가적인 계기들이나 동기를 필요로 하지 않는다. 그 밖에도 계시가 소통이라면, 관찰이라는 지속적인 관계는 사건으로서, 일시적이며 반복될 수 없는 사건으로서 파악되어야 한다. 그것은 부재를 통해 현존을 입증하는 역설로 이어진다. 이를 위해서는 텍스트 형식이 적절하다. 그것은 다시금 계시가 텍스트로 그리고 역사적으로 완전하다는 것을 전제한다. 신이 자신의 풍부한 가능성에서 끊임없이 새로운 것을 선포한다면, 그가 사회의 생태학적 상황에 논평하거나 성적 행동을 일반적으로 생각하는 것과 다르게 판단한다면, 그것은 감당하기 어려운 일이 될 것이다. (후기 중세의 환상으로 나타난 현상들은 그 계기와 범상함의 효과로 간주되었다 하더라도, 어쨌든 교의 선포의 도구로

---

30 이것이 기능적 분화와, 이와 함께 일관된 종교적인 세계 설정의 포기를 전제한다는 것을 조심스럽게 덧붙여두어야 할 것이다.
31 그러나 우리는 이런 고려로 인해 순환적(신화적) 시간과 선형적(역사적) 시간 사이의 광범위한 대립을 수용해서는 안 된다. 그 대립은 바빌론에 관한 한, 단순한 허구일 뿐이며, 아마도 "성경과 바벨"-비교에 대한 기독교적인 방어로서만 설명될 수 있다. 이에 대한 비판으로 Jonathan Z. Smith, "A Slip in Time Saves Nine: Prestigious Origins Again", in: John Bender/David E. Wellbery (Hrsg.), *Chronotypes: The Construction of Time*, Stanford Cal. 1991, 67-76쪽 (69쪽 이하)를 참조할 것.

서 다루어진 것은 아니었다.) 그래서 계시의 교의, 예를 들어 시나이 산의 계시 교리는 항상 사후에 전개된 전설이며, 이미 확립된 종교를 역사적으로 정당화해야 하는 필요성에 대한 대답이다.[32] 유대교의 탈무드에서는 계시를 서면/구전 형식의 차이를 가지고 신의 의지에 따라 **두** 경로로 이끄는 해법을 발견했다. 텍스트는 **구어적**이며, 그래서 미래 개방적이며 교정 가능한 해석을 위해 **문자**로 주어진다 — 이것은 전개된 역설의 특별히 인상 깊은 형식이다.[33]

두 번째 가능성은 신이라는 관찰함의 최초 관찰자인 사탄을 끌어들이면서 사탄과 구분되는 것이다. 악마화를 통해서든 비방을 통해서든, 아니면 선한/악한의 도덕적 코드화를 가지고 신과 사탄의 관계를 재구성함을 통해서든 사탄과 구분될 수 있다. 신에 대해 말할 수 없는 것이 무엇이든, 사탄의 유혹을 마음껏 경고하여 죄인을 사탄의 왕국으로 이끄는 이 모든 악덕에 낙인을 찍을 수 있다. 이렇게 하면서 소통 기술적이며 수사학적으로 더 쉬운 부정적인 소통을 사용한다 — 좋은 취향을 정의할 수는 없더라도 나쁜 취향을 알아채는 것은 별 어려움이 없는 것과 마찬가지로 그렇다.

세 번째이자 아마 가장 까다로운 해법은 신비주의의 해법이다. 시선들이 서로를 향한다. 기준이 필요하지 않다. 보이는 상태에 있다는 것을 직접 볼 수 있다. 모든 구분함은 존재에서 지양되며, 물론 그 순간에만 그렇다. 거기에 있는 확실성은 구분될 수 없으며, 그래서 그 이상으로 나아질 수도 없다 — 그러나 바로 그 때문에 통보될 수도 없다. 신과의 소통의 단락(그리고 여기서는 공통성 생산이라는 낡은 개념이 적절하다)은 인간들 사이의 소통에 대

---

32 이를 위해 예를 들어 Peter Eicher, "'Offenbarungsreligion': Zum sozio-kulturellen Stellenwert eines theologischen Grundkonzepts", in: ders. (Hrsg.), *Gottesvorstellung und Gesellschaftsentwicklung*, München 1979, 109-129쪽을 볼 것.
33 오직 이런 방식으로만 계시 텍스트는 동시에 모든 시대에 적용되어야 하고 그래서 해석의 여지가 있는 법적 텍스트로 이해될 수 있으며, 이것이 이유가 될 수 있을 것이다.

해 귀결이 있다. 다른 어떤 것에서 그런 것처럼, 그 일에 대해 말할 수 있다. 그러나 신과의 소통은 이 경험이 없는 이들(그리고 자기가 그런 경험이 있다는 것을 아는 사람이 있는가?)에게는 중개될 수 없다. 종교적인 경험이 2차 질서 관찰 층위로 옮겨질 때만, 그리고 여기서 구분 기준 문제가 제기되고 이 문제 제기를 부적절한 것으로 회피하는 방법을 모색할 때는 신비주의가 있다고까지 주장할 수도 있을 것이다. 신비주의는 이렇게 문화적으로 착근된 가운데 모든 다른 답변, 즉 모든 교의적이며 전문적인 답변으로부터, 그 답변의 명백한 부적절함으로부터 설득력을 끌어낸다. 그러나 이것은 신비주의가 종교적인 소통에서 교의를 대체할 수 있다는 것을 뜻하는 것은 아니다.

간단히 말해 2차 질서 관찰함의 복잡한 구조는 신이라는 우연성 공식의 정교화에 기여한다. 그것은 한편으로는 내재성/초월성 코드의 통일 공식이며 이 속성에서 우연성을 흡수한다. 그것은 다른 한편 선택 기준이다. 내재성과 초월성의 관계에서 무엇이 옳고 무엇이 그른지를 알려 주는 종교적인 프로그램을 위한 전체 공식이라고까지 말할 수 있다. 모든 것은 대상 진술을 통해 "신"이라는 사물의 특성을 언급함으로써 도달될 수 없었을 것이다. 속성 이론은 관찰 불가능성을 고정하는 일만 할 수 있을 것이다. 신 자신을 관찰자로 구성하는 데 필요한 것은 이차 질서 관찰의 맥락이다. 신이 어떤 분인지 알 필요는 없다. 신의 사랑에 삶을 적응시킬 수 있기 위해서는 신이 어떻게 판단하는지 알아야 한다.

IV.

사회와 사회 안의 종교를 재생산하는 소통 작동으로 되돌아가면, 신이라는 우연성 공식이 소통에 맞서 차단되어 있다는 것이 드러난다. 우연성 공식은 분석 시도를 거부한다. 그것의 "거룩함"은 신비에 대한 모든 침투가 거부된다는 사실에 있다, 해부하면서 분화하는 모든 소통이 발견하는 것이 그때까지 찾았던 것이 아니라는 깨달음으로 벌 받는다는 사실에 있다. 그러나 소통은 사회가 자기실현을 할 수 있는 유일한 형식이다. 의미를 사회 전체적으로 실현하는 다른 방법은 없다. 필요한 경우에는 소통 불가능성을 소통해야 한다.

이 일을 위해, 사회의 틀 조건에 따라 신빙성이 달라지는 다양한 주도 생각들이 오랜 사회사가 진행되면서 형성되었다. 우리는 세 가지 형식을 구분할 수 있다. 그것들은 대략적인 (그러나 상당히 중첩되면서) 부족 사회(나 분절적 사회)에서 계층화된 사회로의 전환과 거기서부터 기능적으로 분화된 사회로의 전환과 상관관계가 있다. 우리는 이 세 가지 사회 유형에 맞추어 "비밀", "역설", "외적(기능적) 분석"을 구분한다.

신성한 대상이나 기법들 또는 관계들에 관한 원래의 생각에서는 소통 문제가 제재로 무장된 비밀 유형을 통해 해결된다. 그것은 모든 종류의 "성스러운 것들"에 적용된다. 그것들은 외적 소여로 다루어지며, 접근 가능성 제한이 그것들의 본질에 속한다. 긴급해지고 비밀을 파고들고자 시도하거나 금기를 어기거나 함부로 말을 한다면 초자연적인 제재를 예상해야 한다. 신령한 권력은 고유한 신성 불가침성에 관심이 있다고 전제해야 한다. 이를 통해 문제가 **외부화된다**. 소통에서는 이 조건을 유지한다는 것은 요직 요구될 수 있기만 할 뿐이다. 그리고 이것은 일종의 집합 보증을 통해 보장된다. 처벌은 범행을 저지른 사람뿐만 아니라 그의 가족에게도 내려진다. 신성 권력은 개인의 죄에 맞추어져 있지 않으며, 전적으로 도덕적인 관점에서 도덕적으로 부정확하게 작동한다. 아무 일도 일어나지 않도록 예방하는 것과 사회의 구성원을 적절하게 징계하거나 추방하는 것은 사회에 맡겨져 있다.

그런 생각은 최고 신이나 심지어 고유한 기대를 도덕에 지향하는 유일신을 전제하는 유일신 종교가 형성되면 어려움에 처한다. 우리는 이와 함께 등장하는 코드화 문제에 대해 이미 상론했다.[34] 현재로서는 그런 신이 자기가 어떤 존재이며 그가 어떻게 인간을 판단하는지를 더 이상 비밀로 할 수 없다는 점만 중요하다. 이 상황에서 비밀 논제가 채택되지만 개작된다. 신의 목적은 불가해한 것으로 간주된다. 그는 물론 율법을 제정하고 자기 자신을 계시하지만, 동시에 사람들이 요구를 만족시키는지 아닌지 부족한 부분의 보상에 필요한 은혜를 받을 만한지 아닌지를 결국에는 알지 못할 정도로만 인간에게 죄를 지운다.

소통 불가능성의 핵심은 이제 역설 형식을 취한다. 마지막 통찰들은 이제 이 형식으로만 소통될 수 있다. 이것은 특수하게 2차 질서 관찰자, 즉 신의 관찰함을 관찰하고자 시도하는 관찰자에게 맞추어졌다. 즉 그것은 무엇보다도 사탄과 신학자들에게 영향을 미친다. "호기심"(Curiositas)은 종교적인 계기에서는 금지된 것으로 남으며, 옛 방식에서도 비밀 침입 금지로서 다루어진다 — 17세기까지 기록이 남아 있는 것처럼, "우리 위에 있는 **높은 것들**을 추구하고 우리에게 거부된 **숨은 것들**을 추구하기 때문에, 지식의 교만과 방종"[35]으로 다루어진다. 그러나 비밀 침입은 이제 더 이상 번개와 천둥, 흉작과 질병으로 처벌받는 것이 아니라, 거기서부터 도출되는 정식화의 진부함으로 벌 받는다.

그것은 헛된 노력이었다. 또는 더 강한 표현을 원한다면, "오류의 근원"

34　위의 제2장, 제7절, 110쪽 이하를 참조할 것.
35　Edward Reynolds, *A Treatise of the Passions and Faculties of the Soule of Man*, London 1640, 재판본 Gainesville Fla, 1971, 462쪽에 그렇게 되어 있다

이었다.[36] 신은 이제 분명하게 인간의 개별성에 맞추어진다. 신은 노력이 쓸모없었다는 것으로 벌을 주며, 사랑하는 신으로서 학습시킨다는 점으로 벌을 준다. 그리고 17세기의 특수한 종교성에서 그것은 인간이 자신의 구원을 자기 자신에게서만 발견할 수 있으며 알 수도 없고 알아서도 안 될 사물과 관련된 호기심에서 발견할 수는 없다는 간접적인 (그리고 신학자들에 의해 해독될 수 있는) 암시이기도 하다.[37]

이 발전 단계에서는 문자의, 나중에는 인쇄술의 효과를 분명하게 볼 수 있다. 문자는 "질문한다는 것의 외설성"의 부담을 덜어준다.[38] 다른 한편 텍스트는 묻지도 않은 질문에 대답한다. 질문과 답변의 이런 조율 불가능성은 소통 금지와 소통 통제를 위한 출발 상황을 변경시킨다. 그리고 인쇄술로 인해 후기 르네상스에 역설의 수사학이 번성하는 것은 우연한 일이 아닐 것이다. 텍스트는 저자와 독자를 부재하는 것으로 다룰 수 있으며, 그래서 역설의 형식을 가지고 서술을 선택하여, 의견 제시가 필요한 것을 소통에 참여하는 이에게 맡길 수 있다.

역설적 소통은 불교에서처럼 구두로 실행되든, 신비로운 경험에 관한 서면 기록이든 상관없이 고유한 종류의 진정성을 주장한다. 그것은 "예" 또는 "아니오"를 통해 통보된 내용으로 속행될 수 있으며 이것을 "예와 아니오를 넘어서"의 형식으로 문서화하면서 합리성까지 주장할 수 있다.[39] 소통은 자신의 정직함을 보여주고자 한다. 참된 지식을 통보한다면, 거짓말을 했다고 평가받지 않더라도 스스로 헷갈릴 수 있기 때문이다. 역설적 소통

---

36 Reynolds a. a. O. S.49쪽 이하에 그렇게 되어 있다.
37 Thomas Wright, *The Passions of the Minde in Generall* (1601), 증보판 London 1630, 재인쇄, Urbana Ill. 1971, 312쪽 이하를 참조할 것.
38 Aron Ronald Bodenheimer, *Warum? Von der Obszönität des Fragens*, 2. Aufl. Stuttgart 1985를 볼 것.
39 이 점에 대해 Henri Atlan, *A tort et à raison: Intercritique de la science et du mythe*, Paris 1986을 볼 것.

은 이 관점에서 탁월하며 이런 점에서 어떤 반박에도 내맡겨지지 않는 최고의 지식을 상징한다. 그것은 자기 자신을 조건화되지 않은 지식으로 서술한다. 물론 이 소통 방식은 신앙을 전제할 때만 운반될 수 있으며, 그 전제 자체는 비판적으로 거부될 수 있다. 이 가능성이 사회에서 수용 가능해지면, 비밀과 역설 형식들이 여전히 생산 능력이 있는 상황에 도달한다. 그렇지만 소통에 맞서 차단되는 어떤 것이 여기에 있다고 믿는 사람들에 대해서만 생산 능력이 있다.

사회는 믿지 않아도 되며 심지어 믿어지지도 않는 종교를 다루는 방법의 형식들을 자유롭게 하면서 이런 상황에 반응한다. 그것은 처음에는 국가 종교에 대한 **법적** 규제나[40] 종교 금지에 대한 법적 규제에 적용되며, 그 후 갈수록 종교 자유의 공적-법적인 수립에 적용된다. 한번 법의 손에 맡겨지면, 무엇을 말해도 되며 경우에 따라 신성 모독이나 다른 이들의 종교적인 감정을 상하게 하므로 무엇을 말해서 안 되는지를 규제할 수 있다. 같은 시기에 라이프니츠는 신정론 문제에 대한 해법을 개발했다. 신은 잔여 기능에 제한된다. 그는 모든 가능한 세계 중 가장 좋은 이 세계들의 가능성들의 양립 가능성(Kompossibilität)을 보장하고 양립 불가능한 것을 배제함으로써 세계들을 창조한다.[41] 물론 그것은 그 후 오래 유지되지 않는다. 칸트와 헤겔에 의해 새롭게 정식화된 변증법과 함께 이 질문도 세계로 도입되어 대립의 불안정성 문제로 정식화된다.

---

40 "입법된 법에 의한 것 같은 우리의 성스러운 교회의 원칙"에 대한 믿음의 불가침성에 대해서 Anthony, Earl of Shaftesbury, *Characteristicks of Men, Manners, Opinions, Times*, 2. Aufl. 1714, Farnborough Hants 판본. UK 1968, Bd. III, 316쪽 등을 볼 것. 그 밖에도 루소의 "시민종교" 개념을 생각할 수 있을 것이다.

41 그것은 이론 기법상으로 문제가 양상이론으로 유예되며 더 이상 논리(진리/허위)와 인과성의 낡은 도식주의가 관건이 아니라는 것을 전제한다. 이렇게 함으로써 물리학의 새로운 과학을 신학적인 함의들로부터 자유롭게 할 수 있을 것이다. 그것이 진리인지 아닌지 그리고 여기서 원인과 효과가 세계 기원에 대한 전제와 무관하게 첨가될 수 있는지는 과학이 결정할 수 있을 것이다.

18세기 후반부터 종교 주제에 관해 **학문적인** 자질을 갖춘 토론이 진행되어왔다. 종교는 외부에서 보면 문화로 나타나며, 그래서 역사적이며 지역적으로 비교될 수 있다.[42] 신학자들 자체가 역사화된다 — 그리고 역사화에 참여한다.[43] 나중에 추가로 나타나는 경험적인 종교 연구에서는 우리 사회에서 신에 대한 믿음이 어떤 상태인지에 대해 통계적이면서 기능적인 분석이 가능해진다. 일반적으로 그런 외적 기술은 예를 들어 설문조사 연구들이나 텍스트 문헌 분석 같은 외적으로 획득된 자료들을 다룬다.[44] 그러나 그런 일들은 우리가 바로 여기서 다루고 있는 것을 방해하지 않는다. 우리는 기능과 역사적-사회전체적인 신빙성 조건의 관점에서 교의 질문을 밀교적 구성에 이르기까지 구성으로서 다룰 수 있다. 그러면 학자들은 예를 들어 역설적인 관찰의 형식으로 신에 대해 계속 이야기하는 것이 신앙 태세를 약화시킬 것이기에 바람직하지 않다는 견해에 이를 수 있다.[45]

그러면 비밀이나 신의 역설은 기능적 분화가 수용되었다는 전제에 기초하여 다맥락 영역으로 해체될 수 있다. 어떤 체계에서 연결 능력이 모색되는지에 따라 상이한 소통 맥락이 할당된다. 그러면 종교체계에서는 중요한 것으로 다루어질 수 없는, 종교에 관한 비종교적인 소통이 많이 있다. 기능체계들의 작동상 폐쇄와 그 특수한 기능 관할의 보편성은 열정과 무차별의

---

42 그 점에 대해서는 제8장 제7절에서 자세하게 다룰 것이다.
43 Georg Wilhelm Friedrich Hegel, *Vorlesungen über die Philosophie der Religion*, Werke Bd. 16 und 17, Frankfurt 1969를 참조할 것. 특히 I (Bd. 16), 47쪽을 볼 것. 교의들의 중요성이 감소한다는 점을 가리키는 징후로서의 역사화라고 할 수 있다.
44 그리고 이것은 방법론적으로 상당히 조심성 있게 하는 말이다. (자의적으로 선택한) 보기들에 대해서는 Godelier Vercruysse, "The Meaning of God: A Factor-Analytic Study", in: *Social Compass 19* (1972), 347-364쪽; Mark van Aerde, "The Attitude of Adults Towards God", in: *Social Compass 19* (1972), 407-413쪽을 볼 것.
45 Konstantin Kolenda, "Thinking the Inthinkable: Logical Conflicts in the Traditional Concept of God", in: *Journal for the Scientific Study of Religion 8* (1969), 72-78쪽에 그렇게 되어 있다. 그것을 역설적이며 이해할 수 없게 말하는 대신, 차라리 교회 근처에 주차장을 마련하는 것이 좋을 것이라는 말로 속행할 수 있을 것이다.

아주 상이한 혼합을 가능하게 한다. 이런 배열로 이루어진 사회 구조적인 "논리"를 이해할 때만, 이전 사회들이 신이라는 우연성 공식을 소통에 내맡기는 동시에 소통에 맞서 방어할 때 사용한 형식들과의 관계에서 연속성과 불연속성을 볼 수 있다.

V.

유일한 인격신이 확립되면서 우리가 이미 여러 번 다룬 문제, 즉 종교와 도덕의 관계는 극적으로 중요해진다. 종교 비교 관점에서는 종교와 도덕의 그런 중첩은 예외적이다.[46] 부족 문화의 정령숭배 종교에서는 신령한 힘들이 인간의 도덕적인 문제에 관심을 가진다는 사실을 거의 고려하지 않는다.[47] 그보다는 사회에서 규범적으로 규제되어야 하는 것은 외부로부터 주

---

46 George P. Murdock, *Ethnographic Atlas*, Pittsburgh 1967에 근거하여 Ralph Underhill, "Economic and Political Antecedents of Monotheism: A Cross-Cultural Study", in: *American Journal of Sociology 80* (1975), 841-861쪽은 다음과 같은 결론에 이른다. 조사된 사회의 1/4만이 인간의 도덕에 관심을 가지는 고급한 신을 알고 있으며, 36%는 활동적이든 비활동적이든 인간의 도덕에 관심을 기울이지 않는 고급한 신을 알고 있지 않다. 이 자료는 경제적인 발전이 이 질문에서 차이를 생산한다는 것을 암시한다. 그리고 사회가 재산 차이들, 계약 관계들, 미래 불확실성 등을 감당해내야 한다면 도덕의 종교적인 보장을 더 많이 필요로 할 것이라는 점은 설득력이 있다.

47 그 점에 대한 지표는 무엇보다도 생애 기간에 대한 사회적 관계가 사후 운명에 영향을 미치는지 아닌지의 질문이다. 그런 연관의 체계화는 고등 종교에서 비로소 발견할 수 있다. Christoph von Fürer-Haimendorf, "The After-Life in Indian Tribal Belief", in: Journal of the Royal *Anthropological Institute 83* (1953), 37-49쪽; ders., *Morals and Merit: A Study of Values and Social Controls in South Asia Societies*, London 1967; Gananath Obeyesekere, "Theodicy, Sin and Salvation in a Sociology of Buddhism", in: Edmund R. Leach (Hrsg.), *Dialectic in Practical Religion*, Cambridge Engl. 1968, 7-40쪽(특히 14-15쪽)을 참조할 것. 마찬가지로 타락이나 인생의 운명을 위한 피안의 조정, 즉 내세의 법정을 기대하지 않고, 기껏해야 사자들의 제국으로 넘어갈 때 어려움을 알고 있는 아프리카 종교들의 경우를 위해 Mbiti a. a. O., 253쪽 이하를 볼 것. 원칙적으로 피안의 권력

술적인 개별 사례-개입으로부터 보호해야 한다. 종교와 사회생활의 **구조적인** 연관은 도덕적 명령을 통해서가 아니라, 순결한/부정한의 도식을 통해 중개되며,[48] 그로써 우연성을 사용하지 않아도 된다. 그 밖에도 주술적인 힘들로 인한 외부 위협은, 상응하는 행동 규칙으로 그 힘에 내적으로 반응할 계기가 된다.[49] 피안의 권력을 분노하게 하는 이는 자기 자신뿐만 아니라 사회도 위험에 빠뜨린다. 그러나 그것은 초월성과 내재성을 위해 동일한 의미를 가지는 도덕이 부재하다는 것을 보여준다. 다신교 사회도 종교와 도덕의 너무 밀접한 연상을 회피한다. 권력 신들과 관심 신들은 입장의 차이를 모사할 뿐이다. (아프리카 종교권에서 전형적인 것처럼) 최고 신이 인정되면, 그에게 도덕적인 선호를 부여하기가 어렵다. 그의 존재는 이 관점에서 양가적으로 남는다.[50] 다른 한편, 여기서 논의할 발전의 마지막쯤인 18세기에 광범위하게 비활동적인 신을 다시 발견한다. 그는 더 이상 도덕적인 선호를 드러내지 않으며, 세계가 혼자서도 잘 돌아가도록 보이지 않는 손으로 질서를 잡아두었다. 그러면 도덕은 무엇보다 종교를 문명 자질의 관점에 따라 판단하는 역할을 하는 사회의 제도가 된다.[51] 그래서 종교 코드의 초월성이 선한 것의 포함에도 적용되어야 하는 인격신에 의해 대변된다는 것은 그에 상응하는 후속 문제들을 야기하면서 그 문제들을 보충-의미론들을 가지고 피해가야 하는 특수 조합이다.

유일신, 즉 관찰자 신에게 도덕성을 부여해야 하는 많은 이유가 있다. 그

은 살아 있는 동안 처벌하고 보상한다.
48 von Fürer-Haimendorf a. a. O. (1967), 특히 126쪽 이하를 참조할 것.
49 Monica Wilson, *Religion and the Transformation of Society: A Study of Social Change in Africa*, Cambridge Engl. 1971, 76쪽 이하는 종교와 도덕 사이에 마찬가지로 일정한 관계가 존재한다는 데 대한 주장을 발견할 수 있다.
50 Mbiti a. a. O., 16-17쪽 등을 참조할 것.
51 예를 들어 Michel de Certeau, "Du système religieux à l'éthique des Lumières (17e-18e s.): La Formalité des Pratiques", in: *Ricerche di storia sociale e religiosa 1, 2* (1972), 31-94쪽을 볼 것.

신이 이미 관찰하며, 이미 모든 것을 보는 동시에 그가 보는 모든 것을 알고자 한다면, 도덕과 같은 그렇게 중요한 계기에 어떻게 중립적으로 행동할 수 있을 것인가? 히브리 신은 이미 유일하게 세계 신으로서 이 교훈을 모범적으로 학습했으며,[52] 그의 백성과의 언약 개념이 발전을 촉진했다고 추측할 수 있다. 관찰자 신에 관한 생각에서 적어도 부분적으로 관찰되는 관찰자 신에 이르면, 이 신이 도덕에 감염되는 것을 피하기는 거의 불가능할 것이다. 그리고 그것은 내재성/초월성 코드화와 선한/악한 코드화가 서로 어떻게 관련되어야 하는지의 문제가 생겨난다.

그러나 도덕은 처음부터 그리고 근세에 이르기까지 자유로운 인간 행위 영역에서도 신이 질서와 신뢰성을 제공한다는 것을 뜻한다. 자유에도 불구하고 창조된 자연에는 질서 능력이 없는 영역이 없다. 그렇게 본다면, 인간들끼리의 도덕적 질서의 창조(와 도덕 자체)는 선한 것이며 나쁘지 않은 것이라는 것은 자명하다. 선한과 악한의 차이는 아주 순박하게 차이의 긍정 값에서 창조에 귀속된다. 그리고 그 경우에는 일종의 자연적인 도덕 인식에서 신이 좋게 보는 것에 소급할 수 있다.[53]

구분함의 필연성이 도덕적인 평가로 갖추어져 있다는 것은 과거 사회에서는 놀랄 만한 일이 아니다. 반면 신이 피조물의 도덕적인 결함을 고해의 형식으로 항상 다시 보게 되는 것을 좋아할 것이라는 사제 신앙이 왜곡되어 있다는 것은 놀라운 일이다.[54] 이것이 조직상으로 강제되며 사회화하는

---

52 아직 윤리적으로 훈련되지 않은 초기 이스라엘의 신성을 위한 충분한 증거들은 Johannes Hempel, *Geschichte und Geschichten im Alten Testament bis zur persischen Zeit*, Gütersloh 1964를 볼 것.
53 이 인식이 원칙적으로 금지되었고 타락을 통해서만 획득될 수 있다는 것은 일단은 수수께끼 같으며, 그 후 명확한 신학사의 정교함에 속한다. 아마도 신은 긍정적인 값을 통해 도덕 역설을 해체하고, 인간은 반대로 부정적인 값을 통해 해체한다. 좋은과 나쁜의 차이를 지향하는 것은 신에게는 좋은 일이며, 인간에게는 나쁜 일이다. 인간은 그로써 자기 자신과의 대립에 처하고, 그 후 긴 구속사를 통해 다시 인간화되어야 한다.
54 이것은 루소가 *Confession*에서 그렇게 하는 것처럼, 신을 독서하는 독자층으로 대체할

것으로 작용해야 한다면, 타락의 허용을 신의 작품으로 이해될 수 있게 만들기 위해서는 갈수록 더 많은 신학이 신학과 경쟁해야 하지 않는가?

17세기에 비로소 이 유형이 해체되기 시작한다. 한편으로는 타락의 역사를 이제는 타락 사건의 저 행복한 실수(felix culpa)[55]에 의해 유발되어 성공사로 본다. 그리고 인간은 이제 도덕적으로 개선 능력이 있는 것으로 간주될 수 있다. 다른 한편, 신은 자기가 놓은 덫에 걸린다. 신이 세계를 도덕적인 기준에 따라 수립했다면, 그것은 도덕적으로 최적의 세계가 아닌가? 세계를 **도덕적인 결함**이 있는 것으로 창조할 **도덕적인** 이유는 아마 있을 수 없을 것이다. 신은 도덕적인 필연성에서 행위한다. 그리고 지식의 결함을 인정한다면 신이 세계에서 벗어난 것으로 평가할 수 있다. 우리는 라이프니츠와 함께 있다.[56]

낡은 종교적인 상징들이 권위적인 해석과 준거를 포기해야 한다는 것이 그런 사정에 덧붙여진다. 공적 소통의 실천에서 "교황주의자"가 되는 것은 청교도적인 "열정주의자"가 되는 것만큼이나 의심스럽게 된다.[57] 그 결과

때 쉽게 이해할 수 있다. *Confessions* I.3과 그 점에 대한 Henry Adams, *The Education of Henry Adams* (1907), Boston 1918 판본의 Preface IX에서의 인용, "영원한 아버지는 주로 그의 피조물 중 가장 마음에 들지 않는 세부적인 면을 우리가 그의 눈 아래로 밀어 넣는 데 대해 전혀 기쁨을 느끼지 않을 수도 있다"를 볼 것.

55 Arthur O. Lovejoy, *Milton and the Paradox of the Fortunate Fall* (1937), ders., *Essays in the History of Ideas*, Baltimore 1948, 277-295에서 인용을 참조할 것. 그것들은 *Text und Applikation: Poetik und Hermeneutik IX*, München 1981의 많은 논문들과 특히 Odo Marquard, *Felix culpa? — Bemerkungen zu einem Applikationsschicksal von Genesis 3*, ebd. 53-71쪽의 다양한 출처들을 알려주고 있다.

56 오랫동안 준비하는 토론은 Sven K. Knebel, "Necessitas moralis ad optimum: Zum historischen Hintergrund der Wahl der besten aller möglichen Welten", in: *Studia Leibnitiana 23* (1991), 3-24쪽을 참조할 것.

57 Anthony, Earl of Shaftesbury, *A Letter Concerning Enthusiasm (1708), Characteristicks of Men, Manners, Opinions, Times*, 2. Aufl. (1714)에서 재인쇄, Farnborough Hants 판본. UK 1968, Bd. I, 3-55쪽; Ronald A. Knox, *Enthusiasm: A Chapter in the History of Religion with Special Reference to the Seventeenth and Eighteenth Centuries*, Oxford 1950; Susie I. Tucker, *Enthusiam: A Study in Semantic Change*, Cambridge 1972; John Passmore, Enthusiasm, Fanatism and David Hume", in: Peter Jones (Hrsg.), *The*

는 직접적이거나 제도적으로 중재된 신의 관찰을 통해 신이 기대하는 것을 알아낼 수 있다는 전제를 포기하는 것이다. 홉스, 로크, 라이프니츠는 내적 깨달음의 그런 노력에서 어떻게 고유한 이성을 사용하지 않은 채 신적 영감과 사탄의 교사(教唆)를 구분할 수 있는지 질문한다. 그 결과는 도덕적이며 미학적인 능력의 재평가에 있으며, 신이 인간에게 그런 경향을 입력해 두었기에 그렇게 될 것이라고 믿을 수 있다는 전제에 있다. 그러나 문명적인 진보를 향하는 여정에서 인류를 관찰하는 것으로 충분했으며, 18세기는 이에 상응하는 문명과 문화의 의미론을 발전시킨다.

이것은 더 이상 신이 인간들을 어떻게 관찰하는지를 인간이 관찰하는 방식이 아니다. 즉 종교가 배경 확실성으로서 그리고 사회제도로서 "문화"의 성취로서 의문시되지 않더라도, 그것은 더 이상 "신학"에 관한 것이 아니다. 이성(성찰)이 작동하여야 한다면, 그것은 인간들이 평범하지 않은 기계로서[58] 전제되어야 한다는 것을 뜻한다. 그리고 그것이 비로소 인간들의 관찰을 관찰하는 것이 유익한 것으로 보이도록 한다. 더 이상 신에 대한 지식, 원칙들, 법칙들만으로는 대처할 수 없기 때문이다.

18세기에는 세계관의 확장과 계몽 및 제각기 고유한 종교를 가진 역사적이며 지역적인 다수의 "문화들"을 발견한 결과 종교와 도덕의 통일성이 완전하게 해체되었다. 도덕은 인간학적인 기초에서 특히 도덕적 감각(감상) 개념을 가지고 새롭게 정식화된다. 그러면 다른 종교를 믿는다는 이유로, 예를 들어 유대교도라거나 회교도라는 이유로 어떤 이를 도덕적으로 무시하는 것은 적어도 "교양 있는 계층"에서는 도덕적으로 용납할 수 없는 일이

'Science of Man' in the Scottish Enlightenment: Hume, Reid and their Contemporaries, Edinburgh 1989, 85-107쪽; Robert Spaemann, "'Fanatisch' und 'Fanatismus'", in: Archiv für Begriffsgeschichte 15 (1970), 256-274쪽을 참조할 것.

58 Heinz von Foerster의 의미에서 그렇다. 이제는 예를 들어 Wissen und Gewissen: Versuch einer Brücke, Frankfurt 1993, 244쪽 이하를 볼 것.

된다. 그러나 이를 통해 자신이 예배받는 것을 보고 싶어 하는 고유한 신으로부터 기준을 빼앗게 된다.

그러나 이 모든 것은 다음과 같은 질문으로 이어진다. 그런 변화는 사회의 소통에서 어떤 영향을 미치는가? 문제를 보기 위해서는 도덕적 소통에 관한 완전하게 발전된 사회학적 이론이 필요했다.[59] 여기서는 몇 가지 표제어로 충분하다. 도덕적 소통은 참석자와 부재자들에 대한 존중과 무시의 분배를 규제한다. 존재/부재 사이의 이 차이만으로도 문제가 만들어진다. 참석자에게는 존중을 보여주기 쉽고, 부재자에게는 빈번하게 무시를 표시하기 때문이다. 이 문제와 마찬가지로 일정한 시간적 지속의 문제는 존중과 무시의 "이득"의 조건화를 통해 해결되며, 그것은 도덕적 소통이 회귀적으로 자기 자신과 관련될 수 있는 결과를 낳는다. 이 의미 내용(이나 규칙)은 규범적인 형식을 취할 수 있지만, ("필요 이상의") 성과가 존중을 획득하는 기준을 확정해야 한다. 그러면 도덕의 문제는 그런 프로그램의 불변성과 확실성에 있게 된다. 같은 층위의 일반화에서 물론 일반적인 도덕 코드인 좋은/나쁜(또는 내적 태도가 포함되면, 선한/악한)이라는 도덕 코드가 형성된다. 그러나 이 코드는 바로 우연성을 반영하며 어떤 행동 방식이 어떤 도덕적인 가치에 할당되는지를 미결정 상태에 두기 때문에, 요구되는 확실성을 만들어내지 못한다. 도덕적 기준의 초월적인 보장에 대한 수요를 유발한 것은 바로 이 불확실성인 것으로 보인다.[60] 도덕으로 나타나고 실천되는 것

---

[59] Niklas Luhmann, "Soziologie der Moral", in: Niklas Luhmann/Stephan Pfürtner (Hrsg.), *Theorietechnik und Moral*, Frankfurt 1978, 8-116쪽을 참조할 것. ders., "The Code of the Moral", in: *Cardozo Law Review 14* (1993), 995-1009; ders., "The Sociology of the Moral and Ethics", in: *International Sociology 11* (1996), 27-36쪽도 참조할 것.

[60] 18세기 후반부터 비로소 이 문제에 대한 종교와 무관한 해법의 제안들이 있었지만, 그것들은 그렇게 설득력이 없었다 — 주체들에 "실천 이성"을 갖추어주는 데 근거하든(칸트), 합리적인 기준에 따라 개최된 소통의 미래 결과에 의존하는 담론 윤리(하버마스)를 통해서든 마찬가지다. 두 제안 모두 외적 준거의 내적 준거 — 의식과 사회체계의 자기준거 — 로의 이해할 만한 전환을 근거로 취한다.

은 도덕의 코드화의 보충물이며, 합리적인 정당화의 필요는 또 다른 추가적인 보충이다.

외부화를 통해 도덕 규칙의 문제를 해결하겠다는 시도는 사용된 원천으로 이 문제를 옮긴다. 그러면 왜 신이 좋은과 나쁜의 차이를 창조했거나 허락했으며, 어째서 좋은 것의 승리에 도움이 되도록 자신의 능력을 사용하지 않고 오히려 나쁜 사람들이 승리하도록 내버려 두는지에 대해 의문이 생긴다. 초기 근세에 이르러서야 "신정론"을 말하기 시작하지만, 그 문제는 도덕과 동일시되는 신만큼이나 오래된 것이다.[61] 이 문제에 대해서는 다양한 종류의 해법을 생각할 수 있다. 신의 반대자를 초월성으로 투사해 넣어서, 그가 신의 최종 승리에 이르기까지 양가적인 상황을 만들어내는 것으로 생각할 수 있다. 또는 관찰자 신의 관찰 가능성을 인정하고 다시 제한할 수 있다. 신은 (예를 들어 인간에게 자유를 선물하기 위해[62]) 제한적으로만 관찰될 수 있다. 두 경우 모두 불멸을 전제하기에 가능한 임시 조치들이다. 선한 것의 최종 승리나 다른 경우에 최후의 심판은 이미 선포된 방식이지만 그런데도 완고한 도덕주의자들에게는 의외의 방식으로 분명한 상황들을 만들어낼 것이다. 도덕에 지나치게 의존한 사람은 속았다는 것을 알게 될 것이며, 타락을 통한 우회로는 구원에 필수적인 것으로 드러날 것이다.[63] 구

---

61 정당화에 관한 문헌은 개괄할 수 없을 정도로 많다. 초기 역사에 대해서는 예를 들어 Johann Jakob Stamm, *Das Leiden des Unschuldigen in Babylon und Israel*, Zürich 1946; William Green, *Moira: Fate, Good and Evil in Greek Thought*, Cambridge Mass. 1944를 볼 것. 재대칭화 관점에서 복지 결산과의 비교를 위해서는 Georg Katkov, *Untersuchungen zur Werttheorie und Theodizee*, Brünn 1937을 볼 것.

62 터툴리안(Tertullian)과 나중에 캔터베리의 안젤름의 경우에 그렇다. Victor Naumann, "Das Problem des Bösen in Tertullians zweitem Buch gegen Marcion: Ein Beitrag zur Theodizee Tertullians", in: *Zeitschrift für katholische Theologie 58* (1934), 311-363쪽, 533-551쪽을 볼 것.

63 인간들이 죄를 짓지 않도록 막는 것이 세련된 방법으로 악마의 일이 될 수 있다. 그 일에서 이어지는 회개가 더 큰 이익이 되기 때문이다. 어쨌든 그것은 이슬람교에서 의례 위반과 관련된 일이기 때문이다.

원은 도덕적 가치의 사전 설치된 변증법을 통해서만 도달할 수 있다. 그러나 이런 지그재그-경로가 필수적인 것은 지금까지 신정론 문제를 미리 다루었기 때문이다.

신의 계산을 재구성했다고 자신한다면 더 많은 해법을 볼 수 있을 것이다. 선한 사람들만 행복해진다는 해법은 신이 분명하게 피하고 싶어 하는 단점이 있기 때문이다. 선한 사람들은 이 경우에 그들이 선을 위해서 착한 것인지 이와 결합된 행복 때문에 착한 것인지를 전혀 알 수 없을 것이기 때문이다.[64] 이것을 피하기 위해서는 좋은/나쁜의 구분과 행운/불행의 구분이 분리되어야 한다. 그러면 몇몇 선한 사람들이 고통을 겪을 것을 물론 예상해야 한다. 그러나 그들은 적어도 신이 이것을 관찰하며 승인한다는 것을 알 수 있으며, 그러면 더더욱 그들의 선함을 염려하지 선함의 결과를 염려하지 않아도 된다. 여기서 신정론은 다른 경우처럼 신뢰할 수 있는 질서가 있는 가운데 더 많은 다양성을 의미한다.

다른 어려움은 도덕적 규칙이 도덕적으로 확정되어야 할 뿐만 아니라, 바로 그 때문에 도덕의 이항적 코드가 종교에 복제 투입되어야 한다는 데 있다. 시간이 걸리는 문제 해법을 전제한다면, 천국과 지옥, 하나님의 나라와 사탄의 왕국이라는 두 가지 최종 체류지를 사용할 수 있어야 한다. 이 논리는 18세기 이후 계몽된 이들이 아무리 노력하더라도 쉽게 벗어나지 못한다.[65] 그 자신은 선함이지만, 즉 도덕적으로 분명하게 작동했지만 선하거

---

64 Jean Pierre de Crousaz, *Traité de l'éducation des enfants*, Den Haag 1722, Bd. II, 192쪽 이하도 볼 것.
65 아니면 이미 그 이전에 그랬다. Thomas Browne a. a. O. 56쪽 이하는 지옥은 후회하는 사람에게 있다고 생각한다. 지옥은 신앙 자체를 위해서는 필요하지 않다. 하나님은 처벌하지 않는다(그리고 그런데도 저자는 그리스도를 믿지 않고 죽어야 했던 이교도 철학자들의 행방을 걱정하고 있다. 100년 후 페일리(Paley) 주교는 지옥의 고통에 관한 연설을 "비유적인 이야기"로 일축했지만, 고통이 나타나기 전에는 잃어버린 영혼(!)을 통한 고통을 정말로 생각할 수 없다는 것으로 그 이야기의 기능을 정당화했다(마태복음 16장 26절). William Paley, Sermon XXXI The Terrors of the Lord, *The Works*, London 1897,

나 악하게 행위하는 것이 차이를 만든다는 데 대해 전혀 걱정하지 않는 신을 어떻게 상상할 수 있을 것인가? 지금까지 다룬 질문들은 세부적인 신학적 관심을 받았던 반면, 다른 문제는 외적 관찰자의 관심을 끌었다. 도덕의 종교와의 동일시와 종교의 도덕과의 역(逆)동일시는 도덕적인 소통의 논쟁적인 구조를 통해 종교를 감염시켰다.[66] 특히 존중과 무시 기준이 사회적 구조와의 연관에 맞서 완전하게 밀폐되어 있지 않을 때는, 도덕에 관한 논쟁이 쉽게 일어난다. 언제나 친구와 적, 나보다 높은 위치에 있는 이들과 나에게 의존하는 이들, 소통의 결과에 대한 예견이 중요하다. 그 후 신앙에 관한 질문이 추가로 도덕화되면, 그것은 아직도 거룩한 기름을 불에 붓는 것이다. 실제로 종교 코드와 도덕 코드가 서로 결합되는 종교 영역에서 수백만 명이 목숨을 잃었다는 것을 볼 수 있다. 즉 코드화의 역설은 아주 실천적인 전개 형식을 발견했다. 다른 설득 수단이 실패하고 존중과 무시의 차이가 결국 이 방식으로 제재될 수 있기에, 신의 이름으로 고문과 살인이 자행된다. 그것은 이제 중요하지 않다고 말할 준비가 더 이상 되어 있지 않기 때문이다.

이런 난점은 중세 카톨릭 교회의 법적, 조직상 약점 때문에 첨예화되었고 그 후 초기 근세에 이미 정치적으로 동기화되기도 한 종교전쟁에서 사회가 특히 법의 도움으로 면역 반응을 일으킬 정도로 한 번 더 첨예화되었

700-702쪽의 인용을 볼 것. 예수회는 또한 초월이 죽음 후에만 작용하지만, 그 후에는 수정될 수 없는 방식으로 작용한다고 가정했으며, 따라서 계산과 경고의 실천에 전문화되었다. 특히 Jean Eusebe Nierembert, *La balance du temps et de l'eternité*, 프랑스어 번역. Le Mans 1676을 볼 것. 특히 100쪽 이하를 볼 것. "시간은 영원의 기회다." 즉 인생의 시간은 영원을 결정하는 기회이며, 그것은 사람들은 **언제든지** 죽을 수 있기 때문에 **항상** 그렇다.

66 이 개념에 대해서는 Julien Freund, "Le droit comme motif et solution des conflits", in: *Die Funktionen des Rechts: Vorträge des Weltkongresses für Rechts- und Sozialphilosophie*, Madrid 1973, Beiheft 8 des Archivs für Rechts- und Sozialphilosophie, Wiesbaden 1974, 47-62쪽; ders., *Sociologie du conflit*, Paris 1983, 22, 327쪽 이하를 참조할 것.

다. 그러나 특히 사회의 분화 형식과 이와 함께 종교와 도덕이 요구되는 맥락이 변화된다. 종교적인 세계관은 주로 기능적 분화로의 이행에서 전체사회적인 중요성을 상실한다(그것은 종교적 소통의 강도에 대해 어떤 추론도 허용하지 않는다). 또한 도덕이 사회 통합의 형식으로 더 이상 적절하지 않다는 것도 분명해졌다. 계층화된 사회는 서열 질서의 상이성의 통일성을 표현하기 위해 종교와 도덕을 사용하는 반면,[67] 기능적 분화 체제에서는 기능체계들의 코드 중 어떤 것도 그 '긍정/부정-값'을 도덕의 값과 동일시할 수 없다는 것도 결국 분명해진다.[68] 도덕적 소통은 대규모로 재생산되며 기능체계들의 영역에서도 주제를 찾는다.[69] 그러나 도덕 코드만이 그 형식성과 엄격한 이치성 덕분에 여전히 보편적으로 사용될 수 있다. 반면 도덕 프로그램들은 더 이상 합의 능력이 없으며 대중매체의 영향을 받으며, 실정법과 달리 더 이상 정상적인 관철이 보장되지 않는다. 그래서 사회(societal) 통합은 기능체계들의 운동 여지의 쌍방 제한에 맡겨져야 한다. (현재의 학문적인) 윤리학도 도덕에 대한 통제를 상실했으며, 도덕의 소통 문제들과 결과를 연구하지 않으며 그 대신 법적 규제를 담론적으로 준비하는 기능을 맡고 있다.

---

67 인도의 카스트제도는 일차적으로 종교적이며 순결함-부정함-차이들을 통해 통합된 사회라는 것이 잘 알려져 있다. 그 점에 대해 Louis Dumont, *Homo Hierarchicus: The Caste System and its Implications*, London 1970을 볼 것. 유럽에는 귀족에 대한 명확하게 도덕적인 정의가 있는데, 그것은 출생 기준의 강조 외에도 아래 방향에 대한 배제에도 기여한다. 그리고 동시에 이 질서는 다른 의무목록들로 연장되며, 결국 아래 방향에서 "정직하지 않은" 직업들과 사람들(이들은 그 후 "불순함"과 분명하게 연상된)을 배제하기까지 이른다.
68 이론적으로 이것은 도덕 감성론(1759)에서 국부론(1776)에 이르는 아담 스미스의 사유 과정에서 패러다임적으로 분명하며, 스미스가 자신의 신발 문제에서 제화공의 도덕보다 자신의 지불 능력을 더욱 신뢰하는 결과에서 분명하다.
69 이 점에 대해 Niklas Luhmann, "Die Ehrlichkeit der Politiker und die höhere Amoralität der Politik", in: Peter Kemper (Hrsg.), *Opfer der Macht: Müssen Politiker ehrlich sein*, Frankfurt 1993, 27-41쪽은 보기를 가지고 설명한다. ders., "Politik, Demokratie, Moral", in: Konferenz der deutschen Akademie der Wissenschaften (Hrsg.), *Normen, Ethik und Gesellschaft*, Mainz 1997, 17-39쪽도 참조할 것.

도덕은 이제 (언론과 텔레비전을 포함하여) 일상 소통에 있어서만 중요하며, 더 병리적인 사례에서만 중요하다고 말할 수 있다.

    2차 질서 관찰 양식을 사용하는 소통 영역에서의 변화들이 마찬가지로 극적으로 진행된다. 그새 모든 기능체계가 이 양식으로 전환되었다.[70] 학문은 출간의 도움으로, 경제는 시장 지향의 도움으로, 정치는 여론을 통해, 그리고 가족이나 그 밖의 친밀관계들은 인적 친밀성에 근거하여 그렇게 되었다. 사람들은 교육학자들이 아동들에 의해 관찰되는 것처럼 관찰할 것을 요구하지만, 그들이 그 때문에 자신들을 신으로 간주할 것을 기대하지는 않는다. 법률가들은 당면 상황에서 법이 어떻게 법을 통해 관찰되었는지를 보여주는 결정들에서 그들의 실정법 규칙을 발견한다. 그리고 그 후에는 종교 또한 여기서 활동하는 전문적인 전문가들의 도움을 받아 이런 질서 관찰 양식을 사용한다는 사실은 더 이상 돋보이지 않는다. 여기서 우연성 공식은 시장이나 여론, 친밀한 파트너의 시선이나 아동들이 양육될 수 있다는 생각을 통해 도달될 수 있는 것의 기능적 등가로서 역할을 한다. 그것은 체계 고유의 관찰에 대한 체계 고유의 관찰에 힘입어 체계를 재귀적으로 처리하는 것이다. 전체사회적인 담론이 있다면, 그것은 그들에게 익숙하고 불편한 비판 공식의 도움으로 다른 지성인들이 기술하는 것을 어떻게 기술하는지를 기술하는 데 몰두하는 지성인들의 손에 달려 있다.

    돌이켜보면, 관찰자 신이 있는 종교들은 중요하며 파장이 큰 모든 소통을 이렇게 2차 질서 관찰의 관찰 양식으로 전환하는 일을 준비한 것으로 보인다. 사람들은 어느 정도 신을 시험하고, 나중에 높은 복잡성을 다루는 사회 보편적인 양식이 될 수 있는 것을 훈련했다. 그리고 제각기 기능 특수한 형식들(시장 가격, 미디어 주제, 아동들, 학문적 출간을 위한 서술 규칙들, 법적인 결

---

70 이 점에 대해 Niklas Luhmann, *Beobachtungen der Moderne*, Opladen 1992를 참조할 것.

정 정당화들)이 구축되어 있으면, 전체 의미를 종교적-도덕적 우주론으로 요약하는 것은 불필요해진다. 그것은 이 문제도 있다는 것과 사회체계의 내적이며 외적인 적응의 실패로 문제가 심각해질 때마다 종교가 답변 마련을 모색할 가능성을 배제하지 않는다.

VI.

관찰자 신은 거의 교체할 수 없는 지향 확실성을 제공했다. 그를 포기한다면, "지향"(Orientierung)이 문제가 된다(그리고 유행어가 된다). 신은 존재를 동질화했다. 그는 존재를 합리성 연속체로서 나타나도록 했다. 그는 비록 존재하는 모든 것이 항상 인간으로부터의 지식인 것은 아니지만 지식의 대상이 될 수 있다는 것을 보장했다. 따라서 무지는 인본주의적 개념은 아니지만 인간학적 개념이었으며 형이상학적 개념은 아니었다. 또는 달리 말하면, 무지가 지식의 가능성 조건이라는 것과 지식을 추구하는 노력은 더 많은 무지를 낳을 수 있다는 것을 고려할 필요가 없었다. 도달 가능한 지식의 한계는 신비의 중단 신호를 통해, 즉 호기심 금지를 통해 표시되었다. 더욱이 관찰자 신은 선호될 수 있는 면을 구분들(이나 어쨌든 가장 중요한 구분들)에 갖추어주었다. 그것은 원래의 존재, 완전함, 자연을 발견할 수 있었던 면이었다. 그리고 그로 인해 이 면을 구분 자체의 의미를 위해 결정적인 것으로 볼 수 있게 되었다 — 그래서 남자를 남자/여자 구분의 이유로서, 도시(나 정치적인 것)을 폴리스/오이코스 구분의 이유로서, 단순히 기술적인 외부화로서의 문자를 가지는 '구두로 말해진/문자로 쓰인'의 구분, 영생을 선호하는 영혼(불멸의)/육체(필멸)의 구분, 구분 자체가 개념적이라는 전제에서 개념/

은유 구분, 좋은/나쁜의 구분의 이유로서의 좋은 것, 진리/허위의 구분의 이유로서 진리인 것, 존재/부재 구분의 이유로서 존재를 취했다. 구유럽적인 사고의 도처에서 위계화된 대립, 즉 자기 자신을 이기는 위계의 이 구조를 발견할 수 있다. 논리 자체는 이렇게 (논리적으로 허용되지 않는) 선호된 면을 구분의 의미 그 자체로서 이중 사용함으로써 자신을 폐쇄했다 — 괴델이 나타날 때까지 그러했다. 세계는 이런 전개된 역설의 형식에서 신이 원한 것으로 읽힐 수 있었다.

존재-신학적인 형이상학의 이 결정적인 지점은 해체 철학을 목표로 삼는다. (그것이 하나의 형이상학이라면) 차이 재정립의 형이상학, 그것이 아닌 것을 배제할 수 없는 정신의 형이상학, 역설의 형이상학을 목표로 삼는다. "동질성의 모티프, 탁월한 신학적 모티프는 파괴되어야 하는 것이다."[71] 물론 이러한 "되어야 한다"는 다시 해체될 수 있으며, 그 점은 항상 함께 생각된다. 그것은 그렇지 않다면 어떻게 되는가의 질문으로 더욱 경직될 것이다. 그것은 멀리 떨어진 곳에서부터 그렇게 되지만, 신학의 "성경"을 반복한다. 이 말을 밀고로 이해해서는 안 된다 — 또는 밀고가 밀고하는 것을 (비록 차연의 의미에서 그렇게 하기는 하지만) 반복한다는 의미에서만 이해되어야 한다. 그것은 자신이 거부하는 것을 자기 삶의 근거로 취하며, 해체적으로 취한다.

우리가 이것을 안다면, 더 많이 알고 있는 것인가? 쉽게 해체될 수 있는 (고유한 면에 있는 존재를 아는) 더 나은 지식에 이득이 있는 것은 아니다. 맡겨지는 형식의 더 큰 구조적인 풍부함에 있으며, 이와 함께 소통 가능성도 확대된다.

비대칭적인 대립을 사용하는 이 위계 형식 외에도 관찰자 역설을 층위

---

71 Jacques Derrida, *Positions*, 영역본. Chicago 1981, 64쪽 (82쪽?). 나는 영어의 "해야 한다"(must)는 말이 특별히 강하기 때문에 영어 번역을 인용한다.

구분들로 해체하는 유명한 지식의 위계가 있다. 신은 천사를 자기 자신과 인간 사이에 창조했으며, 그들에게 세계에 대한 다른 인지적인 접근 형식을 주었다. 천사들은 이념을 지각할 수 있다. 천사들의 영에는 다른 세계, 이상적인 세계가 존재한다. 그것은 인간이 고유한 인식 상태의 결함을 측정할 수 있는 순수하게 영적인 세계다.[72] 이 층위 분화는 그 후 다시 그것의 좋은 면에서 시선을 다시금 위로 끄는 대립의 비대칭을 정초할 수 있다.

이 모든 것은 오늘날에는 종결되어야 한다. 그것은 역사, 인간, 형이상학, 예술, 책과 함께 끝나야 한다 — 신도 함께 끝나야 한다. 그러나 아마도 어떤 것을 그렇게 지시할 때, 그것이 어떤 차이가 있는지 우리는 학습해야 할 것이다.

---

72 르네상스 예술이론은 모방의 원칙을 존재하는 것의 단순한 복사로서 이해하는 것이 아니라, 천사의 영혼 속에 존재하는 것 같은 이상적인 형식들을 가시화하는 것으로서 이해한다면, 이 점과 관련된다. Federico Zuccaro, *L'idea dei Pittori, Scultori ed Architetti*, Torino 1607, *Scritti d'arte Federico Zuccaro* (Hrsg. Detlef Heikamp), Firenze 1961의 재인쇄본, 159쪽의 인용을 볼 것.

제5장

종교적 소통의 외부분화

제5장 종교적 소통의 외부분화

I.

　모든 소통이 종교적 소통이었던 사회의 상태는 결코 존재했을 수 없다. 그런 조건에서는 종교적 소통은 구분될 수 없었을 것이다. 즉 그것을 지시할 수 없었을 것이다. 종교적 소통이 있다면, 언제나 비종교적 소통도 있어야 한다. 종교는 사회전체적인 조건에서 그리고 의미론적 형식들과 관계없이, 항상 내적 면과 외적 면의 두 면을 가진 형식이다 — 내적 면에는 종교적 소통이 그것 자체로 존재하면서 그 면에서 종교적 소통을 재생산하며, 외적 면에는 (이 형식이 선택된 경우에) 소통의 다른 가능성들이 있다.
　이 구분을 통해 이 장의 주제를 소개했다. 이제 종교적 소통이 **어떻게** 구분되며 이 구분함의 형식들이 종교적 소통을 위해 자기 자신을 생산하는 작동상 닫힌 체계가 생성되는 데까지 발전될 수 있는지의 질문이 다시 한 번 중요하다. 우리는 항상 초월의 코드 값의 현재화가 관련되어야 한다(물론 처음에는 가장 최근의 신학적인 해석을 하지 않은 채)는 것을 전제한다. 그러나 그것은 처음에는 거의 의미가 없으며, 종교적 소통의 외부분화의 순환적인 연관에서 비로소 정밀한 형식을 획득한다.
　종교적 소통의 가장 무난하고 아마도 가장 오래된 구분 형식은 그 형식의 주제들과 함께 주어져 있을 것이다. 내세의 엄청난 힘들이나 성스러운 것에 관해 이야기될 때나 그런 관련에서 식별될 수 있게 다루어질 때, 그것은 종교적 소통에 관한 것이다. 이런 일들은 개인들이 고유한 종교적 경험들에 관해 보고하고, 그들이 분할-불가능한 존재이기 때문에 진정성(Authenthzität)을 주장한다는 데 근거할 수 있다. 준거의 동일성과 그에 따른 관련 틀의 반복 가능성이 보장되어 있다면, 종교적 소통은 아주 무규칙적이며 선규정된 계기나 목적 없이 일어날 수 있다. 소통이 종교적인 준거들을 가지고 제대로 이해될 수 있는 한, 사회체계는 종교를 가지고 우발적인 교란에 반응할 수 있다. 사이버네틱스 용어로 말하자면, 이것은 규제되지 않은 체계(unregulated system)다. 따라서 어떤 입력이 종교적 소통을 촉발할 것인지를 사전에 규정하는 피드백-기제는 없다. 만약 종교적 소통의 기회들이 활용되지 않는다면 아무런 해가 되지 않는다. 태만은 태만으로 전혀 규정될 수조차 없다. 그러나 그 일은 (적어도) 주제상의 적합성 때문에, 소통체계 내에서 완전하게 우발적으로 일어날 수는 없다. 그리고 규정된 사건들을 종교적으로 해석하고 다른 것들은 그렇게 하지 않는 경향이 발생할 수 있다.

 소통이론적인 개념성에서 체계이론적인 개념성으로 넘어갈 때는 주제로 인해 매혹된다는 것은 타자준거를 통해 매혹된다는 것을 뜻한다. 그것은 심리적 체계들이 원칙적으로 지각에 의해 규정되는 심리적인 상태, 즉 내적 통제들의 동반하는 성찰을 포기하는 외부화를 통해 마찬가지로 규정되는 상태에 상응한다. 그렇다면 심리적 체계들의 경우에는, 신성한 힘들은 지각될 수 있는 사태들의 복제 형식으로 상상될 수 있다 — 조상들의 정령으로서나 동물로서나 자연적인 힘들로서 상상될 수 있다. 그리고 바로 그것이 그것들의 비밀성, 그것들의 내적 역설성의 근거가 된다. 정말 볼 수 있을 것을 보지 않으며 그래서 그 밖의 일반적인 방식으로 그런 일로부터 보호받지 못한다는 것이다.

외적인 것의 최초 우선권에 관한 이런 고려들이 옳다면, 모든 후속 진화는 점증하는 내부화로 파악되어야 한다. 그리고 여기서도 사회체계 내에서의 소통적 자기준거와 심리적 체계에 대한 통찰력 요구들의 공동-진화를 생각할 수 있다.

신성한 것에 관한 소통을 위한 시점들과 장소들이 규정되는 최초의 밀침을 전제할 수 있다. 특히 오두막과 사원 같은, 그 근처 어디엔가 — 신성모독적이며 사회적으로 제재된 행동의 위험을 무릅쓰면서 — 성스러움에 대비해야 하는 장소들이 있다. 그리고 세속적인 공간에서 성스러운 공간으로 갔다가 되돌아오는 운동을 질서화하는 시간 질서도 제공된다. 일요일에는 교회에 간다 — 그리고 신이 **보편적인** 관찰자로서 **모든** 날에 현존한다는 것을 **바로 일요일** 하루 동안 **특별하게** 상기하기 위해 그렇게 한다. 더 강렬한 종교적인 체험의 **현재화**는 **항상** 관련된 **가능성**을 기록한다. 우리는 이런 분화 형식을 **상황 분화**(Situationsdifferentierung)라고 부르며, "상황"이라는 말은 하나의 '공간/시간-위치'에서 바라본 세계를 뜻한다.

그런 상황 분화는 명백하게 소통적인 보장과 어느 정도의 재귀성을 필요로 한다 — 즉 소통에 관한 소통을 요구한다. 그것은 상황들을 구분하고 다른 상황들로부터의 그 상황에 대한 접근 가능성을 제공할 수 있어야 한다. 그것은 일을 마친 후 식사하는 것처럼 정상적인 일상 진행에서는 당연한 일이다. 그러나 경험될 수 있는 것의 직접적인 논리를 넘어서는 종교적인 상황 정의가 수립되어야 한다면, 예를 들어 '부정하게 함/정화'나 죄/고백처럼 상황을 다른 고유 의미로 관련짓는 종교적인 관련-정의가 발전되어야 한다. 이것만으로도 종교가 "판단할" 수 있을 때, 즉 자기 자신과 다른 것을 판단할 때 사용할 수 있는 의미론을 필요로 한다.

반복된 종교적인 사용을 위한 상황으로 시간과 장소가 설치되어 있을 때에야 비로소, 다른 가능성들의 배제(와 이와 함께 현존)을 보여주는 형식을 가진 엄격한 의례들이 발전될 수 있다.[1] 그것들은 제식의 틀 내에서 기념되며, 그 제식들은 그 자체가 주목을 집중시키며 기능 관점에서 본다면 전망들의 다소간 생각 없는 개선을 가능하게 한다. 이제는 ― 촉발하는 사건들이 통제 불가능하게 나타날 때 정화, 치유하기, 달래기 같은 반응적인 주술적 관행과는 달리 ― 가변적이거나 고정된 계기로부터 의례를 유발하는 회귀적 기제들도 가능하다.

의례는 지각과 관련된 연출과의 소통 형식들로 이해되어야 한다. 그것들은 합의나 심지어 약속의 대상으로 파악할 수 없다. 그렇게 한다면 이의나 합의의 철회 가능성이 제도에 도입될 것이기 때문이다. 사회적 결집과 진행을 규제하기 위해서는, 그것이 얼마나 멀리 있는지, 다음에 무슨 일이 일어나야 하는지, 그리고 무엇을 해야 하고 기대해야 하는지를 알기 위해 관찰하는 대상들을 필요로 한다.[2] 현장에 직접 참석하는 것은 필요하다. 즉 사람들이 왔는지 보고 그곳에 자기가 왔다는 것을 다른 사람들에게 보이려고 참석한다. 다른 사람들이 자기를 본다는 것을 본다. 그리고 대략적으로 그것이 벌써 소통이다. 그 필수적인 신체적인 현존은 소통적인 가능성들을 확장한다. 바로 이와 함께 신체는 형식 형성 매체로서 제한의 표현과 가시성에서 선택의 여지가 없는 올바른 실행에까지 기여한다.[3] 특별히 신체는 ― 황홀 상태에 있거나, 춤을 추거나 의례를 거행할 때 ― 관찰에 집중한다. 그것은 규칙이 적용된 것으로서의 사건을 상상하는 것을 불필요하게 만든

---

1 의례적으로 제한된 영역의 전환과 수립에 관해서는 Mary Douglas, *Natural Symbols: Explorations in Cosmology*, London 1970을 참조할 것.
2 사회계약의 기능적 등가물로서의 유사-대상에 관해 Michel Serres, *Genèse*, Paris 1982, 146쪽 이하를 볼 것.
3 "사회적 매체로서의 신체"에 관해, Douglas a. a. O., 65쪽 이하를 볼 것. Roy A. Rappaport, *Ecology, Meaning, and Religion*, Richmond Cal. 1979, 126, 173쪽 이하를 참조할 것.

다. 중세에도 프리데릭 하사우어(Friederike Hassauer)가 순례의 경우에서 보여주었듯이, 자기 자신이나 타자들과의 합의의 의미에서 이루어지는 신체의 움직임이 내적 태도 검증보다 더 중요하다.[4] 소통은 물론 실행되고 통제된다 — 그러나 통보와 정보 간 최소한의 차이로 그렇게 된다. 행동의 의미만을 통보하며, 행동의 압축은 일단은 해석 문제들을 불필요하게 만든다. 의미 부여는 — 그리스 비극의 합창에서와는 달리 — 첨가되는 논평의 대상은 아니다. 그렇게 한다면 놀이의 우연성을 드러낼 것이기 때문이다.

그러나 동시에 소통은 실행의 의도와 세계에 관해서도 암묵적인 방식으로 이루어진다.[5] 사회체계의 장소와 시간 및 처리 형식을 고정하는 자기규정은 결코 외적 준거들이 중요성을 상실할 것이라는 점을 의미하지 않는다. 물론 소통은 자기준거적으로 고유한 옳음을 지향한다는 것으로 인해, 그것이 세계와 사회 내에서 발생한다는 것을 부정하지 않는다. 소통은 도달 가능한 상태를 유지해야 하며 다시 해체될 수 있어야 한다. 그러나 의례와 함께 타자준거를 새롭게 형성할 필요도 생겨난다. 그래서 — 그것은 예를 들어 "신화와 의례" 학파[6]가 가르쳤는데 — 신화 발전이 의례화를 통해 자극받았으며 경계에 대한 의미론적 병행 구축으로서 자극받았을 것으로 추측할 수 있다. 여기서 경계는 "한계적인 현상들"(liminal phenomena)[7]로서, 현재의 시간과 의례의 이유를 다른 어떤 것과 대조하기 위해 서사에서 사용될 수 있는 차이들의 지침으로서 실행되어야 한다. 예를 들어 혼돈/우주,

---

4 Friederike Hassauer, "Santiago" — *Schrift, Körper, Raum, Reise: Eine medientheoretische Rekonstruktion*, München 1993을 볼 것.
5 그 점에 관해 Anthony F. C. Wallace, *Religion: An Anthropological View*, New York 1966, 233쪽 이후를 볼 것.
6 Samuel H. Hooke (Hrsg.), *Myth, Ritual, and Kingship*, Oxford 1958을 볼 것. Wallace a. a. O. 106쪽 이하도 참조할 것.
7 Victor W. Turner, *Myth and Symbol, International Encyclopedia of the Social Sciences*, Chicago 1968, Bd. 10, 576-582쪽에 그렇게 되어 있다.

출생/죽음, 풍요/결핍, 불멸/필멸, '죄 없음/타락', 영혼/육체, '무성의(양성인)/성적 구분이 있는', 거인들/신들 같은 차이를 기념하거나, 아주 구체적으로 형태 교체 과정을 기념한다. 따라서 타자준거는 구분을 사용하여 만들어진다. 그것은 자기준거적인 종교적 소통들이 의미를 필요로 할 때 더욱 중요해졌다. 그것은 제한된 자유들을 허용한다. 물론 이 구분은 필연적으로 미리 주어졌지만, 마음대로 사용할 수 있는 것은 아니다. 그러나 그것은 동시에 개별 사례에서 일어나거나 적용되는 것은 인간 행동에 따라 달라진다. 그리고 이와 함께 시간이 중요해진다. 그 자체가 균일한(아날로그식) 시간은 디지털화되고, 이를 통해 관련될 수 있다. 그것으로부터 서사의 형식이 생겨나며, 그 형식 내에서 차이의 통일성이 나타날 수 있다. 즉 역설이 전개될 수 있다. 이때 이야기가 펼쳐지는 공간과 시간이 미리 규정되어 있다는 것이 신화 서사에서 결정적이다. 그리고 특히 행위도 사회성도 개별 텍스트에서 삭제될 수 없다는 것이 중요하다. 그것은 비유 형성을 가능하게 하며, 신화의 지혜를 일상생활 상황에 쉽게 적용할 수 있도록 도와준다.

 신화는 이미 알고 있는 것을 이야기한다. 그것이 익숙한 것 안에서 낯선 것을 재생산하는 신화의 방식이다. 신화의 재생산은 연대이지 정보가 아니다. 그래서 신화는 항상 **현재의** 해석 가능성 관점에서 **과거의** 사건들을 관련짓는다. **미래**는 다루어지지 않으며, 드물게 죽음 이후의 삶의 서술을 넘어서는 종말론에 이르면, 미래는 그 이야기의 환상을 통해 매료시키는 반전된 이미지로 제시된다. 이때 미래는 낯선 것이 친숙한 것을 압도한다는 것을 뜻한다.

 신화에서는 친숙함이 함께 이야기되지 않으며 스토리의 대상이 되는 것도 아니며, 단지 전제되기만 할 뿐이다. 즉 자기준거적인 관련들은 신화를 진행하기만 할 뿐, 현재화하는(aktualisieren) 것은 아니다. 즉 (항상 부정될 수도 있는) 소통의 주제가 되는 것은 아니다. 신화 문화가 끝날 무렵(이 경우에는 그리스)에 와서야 돋보이는, 의외의, 새로 형성된 어떤 것이 시인들에 의해 예상된다. 그리고 이제는 그 일을 하도록 부르심을 받은 이는 더 이상 선견자(Seher)가 아니라 실력자(Macher)로 불리게 된다.[8]

의례/신화의 조합은 일탈의 식별 가능성을 경로화하며, 그로써 규범적 기대들의 안착을 유도한다. 엄격하게 규제된 의례로부터의 일탈만 가능하다. 그런 경우, 일탈들은 쉽게 실수로 식별된다. 신화는 서사가 구두로 진행되고 함께 체험하면서 실행되기 때문에, 즉 믿어지기 때문에 그냥 이야기되기만 할 뿐이다. 이야기꾼은 재식별될 수 있는 구조에 머무르는 한 미화하고 생각을 덧붙일 수 있지만, 서사는 일탈이 정의되는 방식으로 고정되어 있지 않다.[9] 종교적인 전체 복합의 자기준거적인 면만이 규범적으로 고정될 수 있었지, 타자준거적인 면은 그렇지 못했다. 영향을 미칠 수 없는 환경의 사태들을 규범화하는 것은 의미가 없는 일이었을 것이기 때문이다. 이에 부합하게 우연성들이 허용되는 형식들이 구분된다. 신화는 우연성이 서사의 연동 위치(횡단)에서 나타나도록 한다. 의식에서는 우연성은 실수로서 가시화되고 가능하면 제거되거나 불행의 징조로 파악되거나 추가적인 처리가 이루어진다.

이 발전에 병행하여, 점점 커지는 어려움을 해결하기 위해 사회적인 지원이 필요해진다. 초월이 주제가 되고 역설적이거나 양가적인 정식화들이 강요하면 중개의 필요가 긴급해진다. 이것들은 후원자/피후견인 관계 모형을 사용하여 종교적 우주 안에 구축되어 있을 수 있었고, 그 후 개입하는

---

8   더 이상 서사시를 읊는 이(aiodós)가 아니라, 시인(poietés)이다.
9   그것 또한 그리스 비극에서는 달라진다. 그리고 물론 문자의 결과 그렇게 된다. 공연에 대해 구속력이 있는 텍스트 이해는 시 당국에 의해 보전되면 올바른 서술의 기준으로 사용된다.

성인들(Interventionsheiligen)의 형식을 취한다.[10] 조상 숭배에 의존하지 않는 중개 서비스를 제공할 수 있는 상응하는 역할들의 외부분화로 인해 기능적 등가물이 생성된다.[11] 여기서도 진화이론적 분석에서 익숙하지 않은 것에 익숙하게 만드는 이해관심 전환 형식을 발견할 수 있다. 신성한 힘에 의한 간헐적인 위협이나 공격의 경우에는 단순히 기회 능력이 중요할 수 있다. 더 강한 정신력을 가진 부족 구성원이나, 나이나 과거의 비슷한 상황에서의 기억 덕분에 상황정의에 대한 인식을 동원하는 능력이 있는 부족 구성원들이 중요했을 수 있다. 불확실성 흡수를 위해 처방 지식이 투입되며, 이를 위해서는 이렇게 하거나 저렇게 하는 것이 도움이 될 것이라고 주장하는 것으로 충분했다. 의식과 신화가 발전하면서 더 큰 요구들도 만들어진다. 이제는 중복과 변이가 이 구분의 양쪽에 확보되어야 한다. 그런 기회 권한 외에도 또는 그에 근거하여 그 일을 전담하는 역할들이 생겨나며, 그 역할들을 향하는 기대들과 함께 역할 담당자가 실패하거나 사망하는 경우에 후계 문제가 제기된다. 일종의 관직 의식이 생겨나는 것이다. 즉 종교체계는 역할과 인물의 구분과 이 특수 역할(이나 역할들)의 기타 행동으로부터의 구분이라는 이중화에 근거하는 이중적 분화로 그런 권한 증대에 반응한다. 역할 분화는 순수하게 상황에 따라 생겨날 수 있다. 그것은 초월에 대한 접근과 곧바로 관련될 필요가 없다. 황홀 상태에서 작업하는 제식들은 (오늘날 중앙아메리카와 남아메리카의 경우에서 발견되는 것처럼) 정령에 "사로잡

---

10 아프리카 종교에서는 이 기능에 고인을 사용하는 것이 일반적이며, 이때 고인들은 그들의 조상에 도달하고 조상이 결국 신에 도달할 수 있다. John S. Mbiti, *Concepts of God in Africa*, London 1970, 특히 230쪽 이하, 267쪽 이하를 참조할 것.
11 여기서도 과도기적 형식의 스펙트럼이 매우 넓다. 예를 들어 영에 사로잡힌 상태(황홀 상태)와, 특정한 인물들이 그런 상태들에 치우치는, 알려진 (경우에 따라 유전적인) 경향이 있다는 것을 생각하라. 그리고 그 점에 기초하면서, 혼란스러운 진술이나 신체적인 외양에서 나타나며 특별한 전문가들을 필요로 하며 결국 바티칸에서만 해명할 수 있는 진정한 낙인이나 가짜 낙인이라는 가장 어려운 질문에 이르는 해석 필요를 생각하라.

혀" 있을 수 있는 "매체" 역할을 원칙적으로 모든 참석자에게 허용하는 상태를 유지할 수 있으며, 이것은 그때그때의 연출이 선택을 필요로 하는 경우에도 마찬가지다. 즉 ― 초월에의 접근과 관련된 것으로서 ― 고정된 역할 비대칭은 없으며, 흑주술과 백주술 사이의 분명한 구분도 없다. 반면 다른 경우에는 사제들이 특별한 능력(예: 성찬 분배)을 발휘하는 경우에만 예배 순서가 질서 있게 진행될 수 있다. 그리고 이것은 그렇다면 모두가 소유하고 행사할 수 있는 능력이 아닌 것이다. 고정된 역할 비대칭이 중요할 때는, 그것을 보장하는 근거는 사회의 계층화된 구조에서든 교회의 특수한 관직 조직에서든, 사회의 일반적인 신분 질서에 있다. 황홀 상태에서 작업하는 제식들은 이 관점에서 더 자유롭게 진행될 수 있으며, 그런 제식들이 특히 인종적이며 사회적으로 억압받는 인구 계층에서 발전되는 것은 우연한 일이 아닐 것이다.

역할 조직은 어떤 수준에서 견고성과 유연성을 가능하게 하며, 종교적인 활동의 창발적 수준을 형성한다. 종교적인 문제들을 다루어내는 능력은 지속적으로 확보될 수 있다. 그것은 분업적으로 분화되거나 또한 위계적으로 분화될 수도 있다. 자원이 풍부하면 사제제도가 생겨나서, 그것은 결국 역할에의 접근을 통제하고 어쩌면 사회적 계층화를 통해 접근에 대한 규제를 조직할 수 있다.

이 모든 것은 사회체계의 관점에서 보면 자기준거의 조직이다. 그러나 자기준거라는 말이 진술할 수 있는 것은 이제 모호해진다. 그것은 여전히 소통의 자기관찰, 소통에 관한 소통이다. 그러나 사제제도의 외부분화된 역할 조직은 순수성에 대한 것이든, 정통성에 대한 것이든, 자원에 관한 것이든 고유한 이해관심을 발전시킬 수 있다. 이와 함께 종교를 그 자체로부터 체계 분화의 사회 구조적인 양상으로 변형시킬 가능성이 생겨난다. 그러면 성스러운 대상만 있는 것이 아니고 능숙하게 재생산될 수 있는 의식과 신화만 있는 것이 아니다. 그때는 종교체계가 생겨나서, 수많은 비종교적인 활동과 자원을 조직하여, 건축물들, 행정, 예속된 인원, 내부 사회적인 관계들과 또 종교체계에 대한 외적 관계들의 사무에 관해 소통해야 한다. 체계는 이제 작동 층위와 의미론 층위에서의 이중적인 체계화에 근거한다. 그로써 "이중적 폐쇄" 상태에 도달한다.[12] 한편으로는 조직들은 그때그때 체계 상태와 관련하여 그리고 체계 내에서의 연결 가능성과 관련되어 규정된다. 다른 한편, 그런 규정에 맞추어진 세계 구성을 지향하며, 전환들을 그 구성에서 통제하고 가능하면 불일치를 회피하거나 단순히 외견적인 모순으로 서술한다. 그것은 특히 출생과 죽음, 행운과 불행, 일출과 일몰, 친구들과 적들 같은 대립들이 더 이상 모순으로 경험되지 않고 우주론으로 **편입될 것**을 요구한다. 모순들을 허용하지 않는다면 논리로 후퇴하고 사물들과 사건들을 자유롭게 내버려 두어야 한다고 말할 수 있을 것이다.

그 발전 단계에서 타자준거가 종교에 적응되어야 한다고 전제한다면 잘못 생각하는 것이 아닐 것이다. 예를 들어 영혼 대속의 은총에 관한 교리에서, 그리고 이와 연관된 가운데 죽음 이후의 삶에 관한 생각이 죽음 상황들(전쟁터에서 죽음, 침대에서 죽음)과 계층으로 조건화된 원칙으로부터 분리된다. 사후의 삶이라는 아주 매력적인 생각은 이 새로운 분화를 감당해내기에 적합한 일반화인 것으로 나타난다.[13] 그것은 피후견인들의 욕구들을 만족시키고, 자원 창출을 수월하게 만들며, 도덕적인 재단(裁斷)들의 무수한 조건화들이 투입될 수 있는 일괄 사상으로서의 정통에 기여한다. 그 밖에도 이제 사제와 평신도 사이에서 차이가 점점 확대되면서, 전승될 수 있는

---

12 개념에 관해서는 Heinz von Foerster, *Observing Systems*, Seaside Cal. 1981, 304쪽 이하를 볼 것.
13 여기서 우리는 적응적 개선, 분화, 포함과 가치 일반화의 변수들을 가지고 진화를 기술하는 탤컷 파스스의 제안을 따른다. 무엇보다 Talcott Parsons, *The System of Modern Societies*, Englewood Cliffs N. J. 1971, 11, 26쪽 이하를 볼 것.

해석이 필요하게 된다. 처음에는 비밀 지식이라는 오래된 상투 문구를 사용하는 것이 바로 생각났고, 그 후에는 신성한 텍스트를 해석하거나, 현장에 임재한 사원 신과의 소통에서 더 효과적인 소통을 위한 특별 권한을 생각하거나 특별한 형식의 생활 방식을 통해 더 큰 공덕을 쌓는 방법을 생각할 수 있다. 금욕은 부를 정당화할 수 있다. 지혜는 독립적인(경험적인) 통제가 가능하지 않은 한, 특히 현자들의 생활 방식에서 입증되어야 한다. 그러나 특히 인간은 이제 사망 전과 후의 죄와 운명이 귀속될 수 있는 "영혼"을 필요로 한다. 그리고 처벌은 대체로 죄책감으로서 영혼 내부에 가해지는 것으로 해석될 수 있으며,[14] 그 밖의 것들은 법에 넘겨질 수 있다.

이 발전 단계에서 **언약** 사상, 즉 신과 그의 백성과의 계약에 관한 생각이 수용될 수 있었다는 것이 특별히 돋보인다.[15] 이것은 의례라는 사회적인 사건을 조종해온 유사-대상들을 대체하며 상당한 정도로 평가절하하며, "회당 집회에서 개최되는" 언약의 증명, 경전 봉독, 텍스트의 해석적인 적용 등에 있을 수 있는, 종교적인 의례에 대한 새로운 이해로 이어진다. 언약은 주어져 있으며 수용된다. 이와 함께 언약에 대한 충성심 문제가 등장하며, 지금까지 부정함과 예배에서의 오류에서 상응하는 조정 행위를 기대해야만 했던 모든 것을 새로운 형식으로 변형시켰다.

타자준거와 자기준거 간 의미론적 관계에서의 위치 변경은 이제 내적 문제들을 더욱 뚜렷하게 반영한다. 매우 일반적으로 말하면, 이제는 체계 고유의 일반적인 차이들과 구분들이 조직 발전과 교리 발전을 자극한다고 할 수 있다. 그리고 그와 함께 주어진 자유도의 활용이 세계 단위의 종교

---

14 Alois Hahn, "Unendliches Ende: Höllenvorstellungen in soziologischer Perspektive", in: Karlheinz Stierle/Rainer warning (Hrsg.), *Das Ende: Figuren einer Denkform. Poetik und Hermeneutik XVI*, München 1996, 155-182쪽을 참조할 것.
15 오류 성과들과 불가능성의 해결을 조종하는 쌍무 계약의 생각이 로마 시민법의 대단히 늦은 법률적인 발명이라는 점을 물론 간과해서는 안 된다.

의미론 형성을 오늘날까지 방해한, 고등 문화의 종교들 사이의 차이들로 이어졌다고 말할 수 있을 것이다. 모든 종교의 자기구체화는 다른 종교로부터의 경계 설정도 포함하며, 종교의 자기경계화는 각 종교의 배제 규칙이 분명하게 구분될 정도로 강하게 이루어진다.

II.

주제 분화, 상황 분화, 역할 분화, 체계 분화는 제각기 구분의 기준을 전제한다. 주제들, 상황들, 그리고 역할들은 비교적 단순한 구분들로 분리될 수 있다 — 사물처럼 말이다. 이 대상들 각각은 다른 모든 것이 되는, 세계의 무표 상태로부터 구분되고 그 구분에 따라 지시될 수 있다. 장애들에 대해서는 상황의 새로운 정의를 통해 대응할 수 있다. 어떤 일관성 문제들이 출현하는가 하는 것은 생활 방식의 일상적인 리듬에 따라 다르다. 예를 들어 한 장소에서 다른 장소로 이동하는 데는 시간이 걸린다. 문자 문화의 발전과 함께 비로소 보전된 의미론 내에서의 일관성 요구들이 증가한다. 이에 대응하는 한 가지 방법은 무엇보다도 '체계/환경-구분'으로 일관성 부담을 중지시키는 체계 분화다. 체계 분화는 관찰 지위가 함께 분화되며 모든 체계의 입장에서 다른 어떤 것을 환경으로 드러나도록 한다는 점으로 다른 모든 형식의 분화와 구분되기 때문이다.

우리는 다른 모든 형식과 다른 체계 분화라는 말을 체계가 자신과 환경의 경계를 긋고 그로써 자기 자신을 재생산할 때 사용할 것이다. 연관들(예를 들어 의례와 신화 사이나, 종교적인 역할들 사이의 연관)을 확인하는 어떤 관찰자의 가능성과는 무관하게, 체계 형성은 (이 이론적 출발점을 수용한다면) 어떤 작동들이 체계를 재생산하고 어떤 작동이 재생산하지 않는지, 즉 어떤 것이 체계에 속하고 어떤 것이 그렇지 않은지를 체계가 자기관찰 과정에서 결정한다는 것을 전제한다.[16] 물론 그 경우에도 다른 구분들과 다른 틈새를 가지고 작업하는 외적 관찰자들이 나타날 수 있다. 이 맥락에서 체계 개념을 어떻게 사용하든, 어쨌든 "자기생산적" 체계들이 있으며. 그것들은 체계 작동으로 간주되고 체계 내에서 연결 능력이 있는 것으로 다루어지는 모든 것을 고유한 작동들의 관계망 내에서 생산한다. 이 체계들이 작동상 폐쇄성 조건에서 작업하고 고유 상태들의 직접적인 외적 규정으로부터 스스로 분리되며 오직 구조적 연동만을 허용한다는 점은 그 점으로부터 도출된다. 구조적 연동은 체계에서 교란으로 다루어지며 다루기 쉬운 정보로 전환되는 교란들을 도입한다(그리고 다른 교란들은 배제한다).

조상 숭배는 오랜 종교적 전통에서 특별한 역할을 한다. 조상 숭배는 제각기 독립적으로 발생하여, 다양한 사회, 즉 메소포타미아에서뿐만 아니라 중국에서도 발견할 수 있다. 자기 부모나 조부모의 죽음이라는 기본 경험은 그들이 어떻게 되었는지 질문하도록 만들며, 이 질문은 그들이 선하고 도움을 주는 정령으로 살아남을 것인지 아니면 악한 정령으로 살아남아 남은 가족들에게 영향을 미칠지를 확신할 수 없다는 점으로 인해 전형적으로 종교적인 색채를 획득한다. 의례들뿐만 아니라 방대한 족보는 고인들의 삶이 점차 잊혀지더라도 기억을 확보하고 재생산한다. 이때 족보는 조상 숭배 의례를 위한 분류 체계와 기준 지점으로 동시에 작용한다. 사회는 가계 내에서의 기초적인 분절적 분화를 조상 숭배의 외부분화와 제도적인 인정을 통해 감안할 수 있게 된다 — 정치 구조나 고등 종교나 텍스트 형식으로 고정된 도덕 관념들이 등장한 지 오랜 후에도 그렇다. 종교의 외부분화는

---

16   이 점에 대해 자세한 설명은 Niklas Luhmann, *Soziale Systeme: Grundriß einer allgemeinen Theorie*, Frankfurt 1984를 볼 것.

이런 방식으로 가능해지는 동시에 방해받는다. 아직은 **모든** 종교적인 소통을 포함하며 **오직 그것만을** 포함하는 종교체계를 말할 수 없다. 조상 숭배는 가족 가계에서의 삶이나 더 큰 친척 체계들(부족들)에 너무 강하게 묶여 있으며 그래서 동기를 부여하면서 재생산된다.

그러나 무엇이 의미를 생산하고 무엇이 그렇지 않은지를 고유한 맥락에서 검토할 수 있는 고등 종교들은 자기생산적 체계들이다. 그것들은 고유한 작동을 통해 스스로를 재생산하고 그렇게 하기 위해 자기준거와 타자준거의 구분을 필요로 한다. 그 밖에도 정전으로 기여하는 텍스트 토대, 즉 제한된 학습 능력을 가진 정통이 도움이 된다. 그러나 텍스트는 세계의 기술을 정식화한다. 즉 그것은 자기준거와 타자준거의 **차이**를 가능하게 한다. 세계는 종교적으로 해석되며 종교적인 의미로 덧씌워진다 ― 그러나 이 일은 체계 자체에서 연결 능력이 있는 소통적 작동에 근거하여 일어난다. 그러면 고유한 수단을 가지고 다른 어떤 것에 대한 진술을 입증할 수 있다. 그래서 이 텍스트 장치들은 구속력 있는 것으로, 즉 종교적인 것으로 전제되어야 하며, 그것들의 자기 해석은 그 장치들의 성스러움에서 제한을 발견해야 한다. 그렇지 않으면, 기술이 끊임없이 **외부로부터** (예를 들어 정치적으로) 수정되는 것을 **내적으로** 인정하는 일이 될 것이기 때문이다.

종교가 이 형식의 외부분화에 도달했을 때, 그것은 (자신의 관점에서) **완전한** 세계 기술을 제공한다. 그것은 사회 내에서 종교의 외부분화를 인식하고, 특히 모두가 많든 적든 신앙 전제들을 공유할 때 **그 외부분화**에 반응하는 것을 불가능하게 하는 것까지는 아니지만 어렵게 만들었다. 사회는 종교의 세계 규정을 수용한다. 이 세계에만 그리고 바로 이 세계에 비종교적인 소통의 자유가 있다. 모든 날이 안식일이 되는 것이 아니다. 그러나 바로 시간적인 종교 압축물은 **차이로서**, 즉 **형식으로서** 종교적으로 함축된 차이를 수립한다. 성스러운 시간과 다른 시간들은 같은 세계의 시간들이며, 그 세계의 (종교적인) 통일성은 이런 '이-면-형식'을 통해 강조된다.

따라서 종교체계는 작동상 닫혀 있지만, 의미에 적합하게 닫혀 있는 것은 아니다. 그것은 사회에 관찰 도식을 제공하며, 그 관찰 도식은 종교가 두 면 중 한 면에 다시 나타나는 구분을 사용한다 — 특별한 시간으로, 의례로, 사제의 전문직으로, 그리고 전형적으로 시간적, 사실적, 사회적인 모든 세 가지 차원에서 사용한다. 즉, 종교가 종교적으로 정의된 세계에 재-진입한다는 데 근거하는 이 복잡한 건축물에서는 종교체계의 작동상 기초가 가시화된다 — 그리고 종교의 구분 그 자체가 종교 덕분에 가능하다는 것이 비가시화된다. 그러면 종교적인 세계 규정을 의문시하지 않고도 의례, 사제제도 등을 소통에 내맡길 수 있다. 종교적인 세계 규정은 (예를 들어 자연과학적인) 다른 세계 구성이 있지 않은 한, 사용에 내맡겨져 있지 않다.

작동상 폐쇄된 체계는 자신의 작동들만으로는 시작할 수도 없고 중지할 수도 없다. 체계는 그렇게 하기 위해 자신의 작동들로 자신의 경계들을 횡단할 수 있어야 할 것이기 때문이다. 그것은 시원과 종말에 관한 기술을 완성할 수 있으며, 세계의 시원과 종말에 관한 기술도 완성할 수 있다. 그러나 이 일은 오직 세계의 시작과 종말 사이에서만, 이미 작동하는 자기생산 체계의 작동들에 의해서만 일어날 수 있다.[17] 바로 그 때문에 대천사 라파엘은 밀턴의 『실낙원』에서 태초부터 종말까지의 세계사의 의미를 어쨌든 신이 창조 전과 종말 이후 그가 일어나도록 하는 일을 관찰한다는 전제에서 그것을 알지 못하는 아담에게 설명한다. 시간은 지평으로 이용되며, 그렇지만 지평은 시간 안에서 개최되어야 한다.

시간의 시간 안으로의 재-진입이라는 이 자기충족적 구조는 기술 층위

---

[17] Niklas Luhmann, "Anfang und Ende: Probleme einer Unterscheidung", in: Niklas Luhmann/Karl Eberhard Schorr (Hrsg.), *Zwischen Anfang und Ende: Fragen an die Pädagogik*, Frankfurt 1990, 11-23쪽을 볼 것.

에서 역설로서 인식될 수 없다. 그것은 세계의 공간적/시간적인 유한성/무한성에 관한 논쟁의 계기를 제공할 뿐이지만, 그 논쟁은 이러한 거의 객관주의적인 구분으로 문제의 핵심을 짚지 못한다. 그것은 자기생산체계인 종교의 시원을 어떻게 생각할 수 있는지, 그리고 그것을 어떻게 "학문적으로" 재구축할 수 있는지의 질문으로부터 이 기술의 외적 기술을 자유롭게 만들지 못한다. 그렇다면 작동상 폐쇄를 충분한 사전조건들이 충족된다는 점에서 "등종국적으로" 성취될 수 있는, 즉 다른 시작 상황들로부터 성취될 수도 있는 성취로 간주할 수 있다는 것이다. 우리는 이 문제를 종교의 진화에 관한 고려의 맥락에서 다시 다루겠지만, 그 전에 몇 가지 추가적인 관점에서 종교의 외부분화에 대한 분석을 보완해야 한다.

III.

언어적 소통은 모든 언어적 소통에 대해 "예" 또는 "아니오"를 가지고 수용하거나 거부하는 것으로 반응할 수 있다. 이것이 어떻게 결정되는지에 따라, 이전 소통은 또 다른 선택의 전제로서 근거가 되거나 그렇지 않게 된다. **그 두 가지 모두** 진행되는 소통의 중단에 이를 수 있다. 합의의 경우에는 더 이상 말할 것이 없을 것이기 때문에, 이의의 경우에는 계속 소통하는 것이 무의미한 것으로 나타나기 때문에 중단된다. 그러나 **그 두 가지** 경우 모두 추가적인 소통이 있을 수도 있다. 합의의 경우에는, 이제는 더 큰 위험이 있고 전제조건이 더 많고 소통을 구축하는 토대가 마련되었기 때문이다. 반대 경우에는, 바로 지금 평화적이지만논쟁적으로 토론할 만하기 때문이다. '예/아니오-갈림'은 소통의 속행이나 중단과 정확하게 같은 의미가 아니라는 것이다. 반대로, 어떤 외부 영향(동기들)이 그 과정을 예-경로와 아니오-경로로 밀어 넣든, 소통이 어쨌든 속행될 수 있다는 것을 보장하는 것은 언어 코드다.

오늘날 위르겐 하버마스가 대표하는[18] 입장과는 달리, 우리는 합의 모색을 규범적으로 규정하는 소통 내재적인 목적인(telos)이 있다고 전제하지 않는다. 따라서 우리는 규범적 합리성 개념을 포기한다. 그리고 이것을 포기하면, 문제를 제시하는 다른 방법이 가능해진다. 끊임없이 갱신되는 '예/아니오-갈림', 즉 언어의 이항 코드는 예-경로 혹은 아니오-경로에서 계속 작동할 수 있거나 더 매력적인 다른 소통 가능성이 드러날 때마다 중단될 수도 있는 "사회"라는 소통체계의 자기생산을 보장한다. 그러나 이제 우리가 연구할 질문이 제기된다. 제안된 의미가 항상 더 선택적이며, 항상 더 비개연적인 것이 될 때, 즉 기대 내용이 증가할 때, 달리 말해 사회가 복잡해질 때, 소통의 충분한 수용은 어떻게 보장될 수 있을까?

이 질문은 특히 쓰기가 도입되어 참석자들 간 상호작용의 통제를 벗어나는 소통이 확산한 경우에 더욱 잘 적용된다. 쓰기는 부재자들 간 소통을 가능하게 하며, 부재자들은 읽은 것의 의미를 사용할 것인지 아닌지, 그것을 믿을 것인지 아닌지, 규범으로서나 명령으로서 그 의미를 준수할 것인지 아닌지의 질문에서 더욱 자유로워진다. 이것은 완전히 다른 상황 조합들, 기회들, 감시들에 따라 달라질 수 있을 것이다. 그리고 이미 선택 가능성들의 시간적인 확장은 거부나 단순히 일치하지 않은 후속 소통이 개연성이 높아지도록 만든다. '예/아니오-코드'에 예속되었으며 그 자체가 중립적인 소통 기술인 쓰기는 아니오를 장려한다.

그 밖에도 쓰기는 참석자들 간 상호작용의 강제, 상호작용의 시간 압박,

---

18 Jürgen Habermas, *Theorie des kommunikativen Handelns, 2 Bde.*, Frankfurt 1981을 볼 것.

공동의-쌍방 지각을 피할 수 있도록 해준다. 쓰기는 읽기를 위한 시점들과 분위기 상태를 선택하고 중단했다가 다시 시작하며 이 모든 것과 함께 참여자들에게 더욱 자유롭게 소통과 개인적인 관계를 맺을 기회를 제공한다. 특히 대중매체 시대는 소통 참여가 집중적으로 개인화되는 시대다.[19] 오직 이런 식으로만 (종교적인 소통과 다른) 소통에의 참여는 매우 개인적인 경험이 된다.

중요한 사회적인 발명들은 특별히 이 문제에 들어맞으며, 그에 상응하는 진화상 성취들이 완전하게-음운학적인 보편 문자, 즉 알파벳의 도입으로 인해 나타난다는 점은 우연한 일이 아닐 것이다. 인과적인 연관이라고 말할 수는 없겠지만, 사회가 더 높은 복잡성 수준에서 실현될 수 있도록 하는 데 적합하다고 말할 수 있을 것이다.

중요한 사회적인 고안물들, 특히 정치적으로 통제할 수 있는 관직 권력의 발명과 주조 화폐의 발명[20] 및 대화와 문헌으로 인한 진리 모색의 분리[21]는 고대 그리스 사회를 새로운 복잡성 수준으로 옮겼으며, 그 수준은 그 후 사회의 제도적인 기억에 보전되고 어떤 타격에도 불구하고 망각되지 않은 채 남아 있었다. 그리고 종교가 의미론적인 적응이나 구조적인 적응으로부터 거리를 둔 조건에서 이런 일이 일어날 수 있었던 것은 우연한 일로 간주할 수 없을 것이다. 그렇게 시작된 구조적 분화는 종교에 반대할 필요가 없었으며, 세속화 프로그램을 추구할 필요도 없었다. 그것은 종교를 내부에서 강화된 제식 층위에서 구조적인 사회분화의 계기로 수용할 수 있었다.

---

19 Elena Esposito, "Interaktion, Interaktivität und Personalisierung der Massenmedien", in: *Soziale Systeme 1* (1995), 225-260쪽을 참조할 것.
20 그리스 폭정 형식에서의 이 두 가지 혁신들의 초기 상호 작용에 관해 Peter N. Ure, *The Origin of Tyranny*, Cambridge Engl. 1922를 볼 것.
21 여기에 대해서 그리고 17세기까지 거슬러 올라가는 학문과 마술의 공생에 관해 G. E. R. Lloyd, *Magic, Reason and Experience: Studies in the Origin and Development of Greek Science*, Cambridge Engl. 1979를 볼 것.

이런 발전은 상징적으로 일반화된 소통매체의 일반이론의 도움으로 재구성될 수 있다.[22] 이 매체들의 기능은 소통 수용이 비개연적인 것이 되는 문제와 관련되어 있다. 그것은 매체들의 공통적인 출발점이며, 그것들이 제공하는 해결책들도 공통점을 보여준다. 그것들은 동기화 상황을 유예하는 특별 조건화들이다(그리고 여기서 "동기화 상황"은 심리학적인 의미가 아니라, 소통의 기능하는 전제를 뜻한다). 위협 수단을 투입하거나(권력) 증명 수단을 투입할 수 있다(진리). 감각적으로 추체험할 수 있는 형식 조합술을 통해 설득하거나(예술), 타인의 고도로 개별적인 기대 태도를 수용함으로써 설득하거나(사랑), 재사용할 수 있는 만능 카드(화폐)라는 점을 통해 설득한다. 조건화와 동기화 사이의 인위적인 연관이 생산된다. 그 연관은 더 높은 우연성과 양립 가능하지만 동시에 구조적으로 분화되어야 하며, 오직 사회적인 공동생활의 부분 측면들만 파악하며 그 결과 해당하는 체계 분화를 지향하는 경향이 있다. 이런 발전의 완전한 결과들은 근대사회가 기능적 분화로 전환하는 과정에서 비로소 드러난다.

종교 역시 수용될 개연성이 없다는 동일한 문제에 직면한다. 쓰기라는 새로운 소통 기술로의 일반적인 문화적 전환은 예를 들어 항상 현존하는 부재자, 모든 것을 관찰하는 신에 관한 생각 같은 신앙고백에서의 변화를 요구했으며, 이때 신앙고백은 인간들의 소통 영역에서 종교적 소통이 구두로 이루어진다는 점을 전제할 수 있었다.[23]

---

22 간략한 개괄은 Niklas Luhmann, "Einführende Bemerkungen zu einer Theorie symbolisch generalisierter Kommunikationsmedien", in ders., *Soziologische Aufklärung 2*, Opladen 1975, 170-192쪽을 참조할 것; 개별 매체들은 ders., *Die Politik der Gesellschaft*, Frankfurt 2000, 18쪽 이하; ders., *Liebe als Passion: Zur Codierung von Intimität*, Frankfurt 1982; ders., *Die Wirtschaft der Gesellschaft*, Frankfurt 1988, 230쪽 이하; ders., *Die Wissenschaft der Gesellschaft*, Frankfurt 1990, 167쪽 이하를 참조할 것.

23 여기에 관해 Walter J. Ong, *The Presence of the Word: Some Prolegomena for Cultural and Religious History*, New Haven 1967; ders., "Communications Media and the State of Theology", in: *Cross Currents 19* (1969), 462-480쪽을 참조할 것.

이를 위해서는, 인간과 신의 지속적인 소통을 중단하거나 고정된 텍스트 뭉치로 제한하기만 하면 된다. 그렇지 않으면, 신의 통보에 관한 아주 다양한 기록들이 빨리 축적될 것이며, 사제들은 기술적인 이유로 인해 실직하거나,[24] 사제들이 다양한 보고서들의 사후 합리화나 조화의 과제를 위해 재교육받게 되었을 것이다.[25] 성경 지식의 확산과 관련된, 신앙 요구들의 개별적인 검증 가능성과 성찰 가능성은 인쇄술과 함께 비로소 문제가 되었으며, 개신교 편에서는 뚜렷한 외부화(성경에 대한 신앙 — 기록되어 있지 않다면 믿지 않을 것이다 — 과 교회 조직의 필연성)와 개인의 고백에서 고유 경험과 확신 상태로서의 신앙의 강한 내면화에 이르렀다.

상징적으로 일반화된 특수 매체인 "신앙"이 일반적이고 전형적인 문제 조합으로부터 이러한 압력을 받는 가운데 적어도 기독교 영역에서 발전했다는 것을 시사하는 몇 가지 징후가 있다. 올바른 신앙의 조건들은 "교리들"(즉 문서)로 정식화된다. 소통적인 확인의 형식들이 발견되며("신앙공동체"라는 영적인 의미를 지닌 교회), 오래된 의례 문화는 일종의 공생적 기제로, 즉 신체의 공동 참석 형식으로, 심지어 죽은 신의 육체적인 현존으로까지 기능이 변환된다. 이 모든 것은 상징적으로 일반화된 다른 소통 매체와 유사하다. 그러나 뚜렷한 차이들도 있다. 다른 매체들은 체험이나 행위가 비개연적인 선택들로서 동기화되어야만 할 것인지의 질문 관점에서 분화되었으며, 그것들은 이에 상응하게 특화된다(예를 들어, 한편에서는 진리로, 다른 한편에서는 권력으로 특화된다).[26] 종교는 이 구분 원칙을 따를 수 없다. 종교는

---

24 나는 이 표현을 Arthur C. Danto, *The Philosophical Disenfranchisement of Art*, New York 1986, 55쪽에서 차용한다.
25 이 문제는 '천국에서 온 편지'에 대한 대중적인 믿음과 중세 시대의 수많은 환상적인 현상들에서 징후적으로 발견할 수 있는데, 그 현상들의 진정성은 교회 정책적으로 규제되어야 했다.
26 자세한 내용은 위의 각주 22의 문헌을 참조해야 한다.

인간의 모든 생애를 신의 관찰하에 두고 자기 마음의 단순한 행위나 반대로 상응하는 행위에서 상관물을 발견할 수 없는 체험을 통해 구원을 얻을 수 있다는 것을 받아들이기 어려울 것이기 때문이다. 또한 종교는 "한 사람은 행위하고, 다른 사람은 체험한다"는 도식에 따라 사제직과 평신도를 구분하는 특화된 구조를 배열할 수도 없다. 이렇게 하는 것은 신앙공동체 관념과 모순될 것이기 때문이다. 달리 말하면, 종교는 체험과 행위가 항상 긴밀하게 연결된 상호 관계에 있는 인간의 통일성과 더 가까이 있다는 데 의존한다. 외적으로 감동받은 것으로서나 (체험) 내적으로 동기화된 것으로서 (행위) 선택을 귀속하는 일방성과 인위성은 이 구분의 각각 다른 면을 내어 준다는 점에서 이차적인 의미를 가진다. 그러나 바로 이것은 종교적인 신앙 기대와 일치하지 않는다. 그것은 종교가 종교를 거부하는 것이 갈수록 더 수월해지는 상황에 어떻게 대처할 것인가의 질문에 대체로 답하지 않는다. 이 질문을 반복하면 다음과 같다. 사회가 더 복잡해지고 상호작용에 기반하는 지역적인 포함 공동체가 개인의 생활 방식에 대한 영향력을 상실할 때, 조건화와 동기화의 확실한 연동은 어떤 형식들로 여전히 가능한가?

영원한 신이 육체적인 삶을 극복한 많은 영혼과의 관계가 문제화되는 의미론적 복합에서 일종의 기능적 등가물을 발견할 수 있을 것이다.[27] 영혼이라는 구성물과 육체와 영혼의 상응하는 구분은 세계 내부에서의 기준점으로서, 즉 부활 관심의 참여 가능성으로서 그리고 영혼과 그 운명의 느슨한 연동을 상상할 수 있도록 만드는 고유한 매체의 구성요소로서 기여한다. 이 매체의 통일성은 원죄 유형을 통해 보장되는데, 그것은 신이 마침내 모든 개인의 영혼을 구원할 것인지 아니면 영원한 저주에 내버려 둘 것인

---

27   더 자세한 내용은 Niklas Luhmann, *Das Medium der Religion: Eine soziologische Betrachtung über Gott und die Seelen*, Ms. 1994를 참조할 것.

지가 문제가 되도록 만든다.[28] 비록 구원과 저주의 오직 두 가지 (그러나 여전히 두 가지!) 최종 가치들이 사용될 수 있는데도, 신과 영혼들의 관계가 많은 조합을 허용한다는 점에서 이것은 매체가 된다. 원죄는 아날로그적으로도 이해되며 디지털로도 이해된다. 즉 이 세계에서의 육체적 삶이라는 지속 조건(아비투스)으로, 그리고 현재적 행위, 즉 죄에 대한 책임으로도 이해된다. 신의 참여는 (그 밖의 상징적으로 일반화된 모든 소통 매체에서처럼) 자기만족, 여기서는 자기 구원이 배제되어 있음을 통해 보장된다. 죄 없는 삶을 위해 애쓰고 선행을 베풀 수도 있을 것이다. 그러나 전체적으로 결산하고 이에 기초하여 구원을 계산한다면, 바로 그것은 비생산적일 것이다. 그것은 이를테면 천국으로 가는 여정에 덫을 놓은 악마의 우회 목록일 것이다. 은총은 개인적으로 선택된 구원의 경력과 바로 그렇게 회개하는 죄악들에 대해서도 구원으로 보상하기 위해, 포기할 수 없다. 그런데도 모든 영혼 구원은 일회적이며 개별적인 형식을 유지한다. 신은 모든 개인을 개별적으로 알고 판단한다.

이 정교한 구도는 종교적 매체의 모든 전제를 충족시키는 것처럼 보인다. 그것은 전지한 신의 사랑 안에서 매체적 기반을 제공하며, 그 기반은 지속적으로 완전하게 특화된 형식 형성으로 이어진다. 적어도 몇 세기 동안은 이런 조건화들의 동기화 능력은 쉽게 반박될 수 없었다. 그 밖에도 그것은 고도로 신빙성 있으며 오랫동안 입증된 수단을 가지고 작업한다 — 모든 것을 보는 유일신 사상을 가지고, 그리고 육체적인 죽음을 극복하는 인간 영혼을 전제하여 작업한다, 다른 한편 특정한 역사적 조건들을 간과할 수 없다. 특히 이 매체를 위한, 법형식으로 구조화된 제도적인 교회 행정 형식에 주목해야 하며, 그리고 구원/저주 코드를 위한 프로그램으로 작

---

28 다시금 Alois Hahn a. a. O.를 참조할 것.

용하는 기준들과 관련된 도덕적 합의에 주어진 상대적으로 좋은 기회들에 주목해야 한다. 이 모든 것은, 개혁과 교회 재판권의 국가적인 수용 및 인쇄술의 영향으로 의문시된다. 그래서 그것이 생성 조건들과 그 시대사적인 성취 기회보다 오래 지속되는 진화상 성취가 아닌지 질문해야 한다.

여기서 상징적으로 일반화된 소통 매체가 작용하지 못하는 데 대한 기능적 등가물이 구조적인 체계 분화에 있을 것으로 추측할 수 있다. 즉 경우에 따라서는 관련된 조직으로 지탱되는 '포함/배제-차이'가 그 누락을 기능적으로 대체하고 있다고 추측할 수 있다. 중세 가톨릭교회가 조직상으로 그리고 법적으로 철저하게 구축된 "대학" 형식을 상당한 규모로 취했다는 점이 이 가설을 뒷받침한다. 그리고 배제를 통해서만 이단에 대응할 수 있었거나, 인쇄술이 도입된 후에는 오직 기독교 내에서 추가적인 구조적 분화를 통해서만 대응할 수 있었다는 사실도 이 테제의 근거로 취할 수 있다.

물론 상황은 그렇게 단순한 대조에서 보이는 것보다 더 복잡하다. 사회의 다른 기능 영역들도 상징적으로 일반화된 소통 매체가 발전하고 효과를 발휘하면, 분화하는 경향이 있다. 중세에 급속도로 팽창한 화폐경제는 가산 경제와 시민사회의 오래된 분화를, 정치적으로도 종교적으로도 계층화에 의해서도 통제할 수 없었던 경제체계를 통해 무효화시켰으며 오늘날에는 전 세계적으로 전통적인 농업적-수공업적인 가족경제를 파괴하고 있다. 그리고 관직 권력과 관련해서는 근대 영토 국가에서 유사한 상황이 벌어지고 있다. 이 경우에는, 특수한 문제 구도를 위한 특수 동기화의 기술적인 가능성은 이 가능성과 연결되는 체계 분화를 낳았다. 종교의 경우, 이 과정은 반대 방향으로 진행될 수 있었을 것이다. 처음에는 포함/배제에 의존하고, 이동성이 증가할 때에야 비로소 종교 내적 분리의 맥락에서 체계 고유의 확신 수단을 만들어내기 위해 더 큰 노력을 했을 필연성이 있었을 것이라고 볼 수 있다. 루터의 성서 번역, 가장의 종교적인 헌신, 예수회 종단의 광범위한 교육 활동 — 이 모든 것은 중세 상황에서는 아주 이례적인 노력이었다 — 은 이에 대한 명백한 증거를 제공한다. 그리고 민속신앙이 교회 이념으로부터 얼마나 뚜렷하게 일탈하는지가 지금에 와서야 체계적으로 돋보인다.

(특히 초기 근세의) 종교는 이런 특수 위치 때문에 근대적인 것의 개념 세계를 각인하는 의미론적 혁신들 중 많은 것을 함께 실행할 수 없었다. 근대 초기에 이해관심(Interesse) 개념은 특화와 보편화의 조합을 지향하는 경력을 시작한다. 즉 ("이성의 이해관심"이라는 말에도 불구하고) 인간들의 이해관심을 통일적인 최종 목표로 응집하는 것을 배제한다. 바로 그 때문에, 구원에 대한 이해관심을 이해관심으로 파악하고 그것을 세속적인 이해관심보다 우선적인 것으로 대우하려는 모든 시도가 실패한다. 관찰자의 관찰자는 신이 그런 전략적이며 계산된 합리성을 좌초시키기 위해 그의 은총의 수단을 즉시 다른 방식으로 투입할 것으로 추측할 수 있다. 그러니까 종교는 상호작용과 계층화가 실패할 때 다른 인간을 그의 개인적인 이해관심을 통해 계산하고 통제하는 모든 시도에서 벗어나 있다. 그 시도에 필요한, 특화와 보편화의 조합과 자기생산적 기능체계에서의 제도화는 종교적 신앙으로 옮겨질 수 없다.

그러면 모든 것은 '포함/배제-기제'가 충분히 강력하게 동기화하도록 기능하는지 아닌지에 따라 달라진다. 그러나 여기서는 종교 자체는 인간의 욕구를 지시하는 고유한 자기기술로 인해 방해가 된다. 모든 사람은 스스로 이런 욕구를 가지고 있지 않다는 것을 자기 자신 안에서 아주 쉽게 확인할 수 있다 — 죽음에 대한 공포도, 고통을 겪을 때 쓸모없는 위로를 원하는 욕구도 없으며, 의미를 얻고 싶다는 욕구도, 이타주의적인 동기를 강화하려는 욕구도 없다. 그래서 다음을 질문하게 된다. 소통을 마지막 세부 사항까지 구조화하며 스스로를 운반하는 종교의 소통 매체가 없다면, 특히 모든 분리의 침식을 조장하고 끊임없는 경계 횡단을 유혹하는 사회적 조건에서 어떻게 동기들의 "틀 짓기"를 체계 경계에만 맡겨둘 수 있는가?

오늘날 종교는 기능적 분화로 구조가 전환된 사회에서 이런 특별 부담을 스스로 안고 있다. 그래서 종교가 다른 기능체계 중 하나의 기능체계로서 자기 자리를 발견하는 것은 전혀 문제가 되지 않는다. 종교는 작동상 폐쇄, 이항 코드화, 그리고 기능적 특화가 관건일 때 다른 기능체계들과 보조를 맞출 수 있다. 물론 종교를 외부에서 기술하는 이 관용어는 부적절하며 종교의 자기기술에 사용될 수 없다. 그러나 이 말은 다른 기능체계에 대해서도 마찬가지로 타당하다. 그러나 종교는 과거와 같은 방식으로 체계 경계와 그 후 포함과 배제의 구분을 동기화 기제로 사용할 수 있는가?

우리는 이 문제를 다시 다룰 것이다. 현재로서는 외부분화를 향하는 진화상의 추세를 가지고 이 질문에 답할 수 없다는 점만 확인할 수 있을 뿐이다.

IV.

주제 구분들로 시작하고 종교적 소통에 정박하여 자가 창출된 구분으로 완료되는, 종교적 소통의 외부분화는 역사적 과정으로 기술할 수 있으며, 어쨌든 돌이켜보면 그렇다. 그러나 그것은 일종의 거트만 척도 같은 것이 적용될 수 있을 것이라는 점 이상을 말하고 있지 않다. 과정의 이후 단계들은 이전 단계들을 전제한다. 과정은 그 결과의 파괴 형식과 동일한 진행을 보장하지 않는 새로운 시작이 있는(또는 없는) 형식을 제외하고는, 반대 방향으로 진행될 수 없을 것이다.

이러한 종류의 과정 개념을 전제한다면, 시간 차이에 주의하는 기술 공식을 획득할 수 있으며, 그것은 해당하는 사회사 기술과 통합될 수 있다. 그러나 그것을 가지고 학문적인 목적을 위해 얻어낸 것은 별로 없다. 과정 개념은 서사들을 위한 틀 관념으로는 적합하다. 그러나 그런 과정의 구조를 더 정확하게 규정하겠다는 모든 시도는 실패했다. 그것은 과정을 "다른 사정이 동일하다면" 같은 출발 조건들이 동일한 결과를 낳을 것이라는 자연법을 통해 규제되는 것으로 보는 기술에 대해서도 타당하다. 그것은 또한 한 단계에서 다음 단계로의 이행에서의 구조 중단이 (상당한 범위와 불분명함으로 이루어지더라도) 추정될 수 있다는 데 의존하는 단계 모형에도 적용된다. 그리고 그것은 헤겔, 마르크스, 혹은 심지어 아도르노의 의미에서 신-변증법적 이론들의 발전에도 적용된다. 이 이론들은 모순들이 불안정적이며, (경험적으로 규정 가능한 인과 원인들의 대체로서) 그로 인해 정신적이든 물질적이든 다른 실재 조직으로의 이행을 강제한다고 전제한다. 이런 이론 제안들은 언급된 순서에 따라 주목할 만한 구성주의적인 세련화를 보여준다. 그러나 과정을 직접 구조화하거나 심지어 변증법의 경우에 재귀적으로 (reflexiv) 추진하는 구분들을 항상 전제한다. 그것을 포기한다면, 과정 범주 또한 포기해야 할 것이다. 그 경우에는 내부로부터 과정의 통일성을 설명할 수 있을 것이 아무 것도 없기 때문이다.

오직 다원주의적이거나 포스트-다원주의적인 의미에서의 진화이론이 출현할 때에야 비로소 대안을 위한 전제조건들이 가시화될 것이다. 종교체계의 진화는 제7장에서 다룰 것이며, 여기서는 유보하겠다. 그러나 우리는 이미 이 지점에서 진화이론적인 질문들을 분명하게 해야 한다. 사회의 부분체계들의 분화가 이미 진화의 결과이며, 물론 사회체계의 자체 진화의 결과이기 때문이다. 궁극적으로 부분체계의 분화는 차이의 진화, 즉 양면을 가진 형식의 진화다. 그것은 그 부분체계가 고유한 복잡성을 창출하고 고유한 동학에 자신을 내어주는 내부 면과 이 일이 일어날 때 사회로부터 남겨지는 것의 면인 외부 면의 진화이다.[29] 분화는 어쨌든 지금까지의 사회 전체적인 진화의 결과물이면서 이어지는 사회전체적인 진화의 계기다. 이 맥락에서, 예를 들어 종교적인 의미 부여가 있는 영역인 규정된 작동 영역에서 독자적인 진화가 시작하며, 그 결과들이 다른 곳에서 — 예를 들어 정치적 지배의 종교적 정당화에서 — 수용되어야 하지만 사용될 수도 있다면, 그것은 사회체계의 관점에서는 우발이 아니다.[30]

그러나 우리는 "진화"에서 무엇을 이해하는가? 진화이론은 종종 과정이론으로 다루어지기도 했다. 그러나 그것은 쉽게 알아볼 수 있는 오해다.[31] 진화이론은 변이, 선택, 그리고 재안정화를 구분하지만, 변이 개념을 가지고 벌써 안정화(재안정화 상태)를 전제하며 이 구분을 체계에서만 환경과의 차이가 구분될 수 있다고 전제하는 체계이론에 구축해 넣는다. 더욱이 (변화들의 그때그때 출발 구도뿐만 아니라) 이런 진화상 기능들의 구분 자체가 진화의 결과라는 것을 전제할 수 있으며, 그래서 진화가 변이, 선택, 재안정화의 진화상 기능들의 분화를 위한 더 복잡한 적용 영역들의 구축을 통해 그 자체가 가속화된다는 것과 그 방법을 설명할 수 있다.

이 구분을 일련의 사건들로 이해한다면, 과정 해석을 그 구분에 투입할

---

29 이 점에 대해 Niklas Luhmann, "The Paradox of System Differentiation and the Evolution of Society", in: Jeffrey C. Alexander/Paul Colomy (Hrsg.), *Differentiation Theory and Social Change: Comparative and Historical Perspectives*, New York 1990, 409-440쪽을 참조할 것.
30 그러한 '이전/이후-서술'은 물론 매우 단순화시킨다. 사회사에서는 아주 자주 종교적인 탁월성과 정치적-군사적인 탁월성의 이원 체계를 발견할 수 있다 — 부분 체계들의 구조적 연동의 이른 사례이면서, 동시에 계층화된 그리고/또는 사회체계의 '중심/주변-분화'가 견고해질 수 있는 형식이기도 하다.
31 무엇보다도 항상 역사적인 관심이 있는 사회과학들이 이러한 오해에 굴복했고, 구조주의, 기능주의, 진화이론 사이의 모든 진동에도 불구하고 실제로는 결코 진화이론적으로 연구되지 않았다. 이 맥락에서 Marion Blute: "Sociocultural Evolutionism: An Untried Theory", in: *Behavioral Science* 24 (1979), 46-59쪽을 볼 것.

수 있다. 그러나 논리적으로 보면, 그것은 순환 구조다. 이론의 과제는 계획되지 않은 구조변동과 복잡한 체계들의 이어지는 "형태 생성적인" 구성(또는 다윈의 경우 종의 다양화)을 설명하는 것이다. 그 때문에 그 구성은 신학적으로 수용되지 않는다. 일반적인 신 증명 중 하나가 불필요해지기 때문이다. 즉 복잡성과 창조의 잘 정돈된 상태로부터 창조주를 추론할 필요가 없어지게 되기 때문이다.

(진화-이론적으로) 구분함이라는 매우 일반적인 이 형식은 다음과 같은 질문들을 남긴다. 이렇게 다른 기능들이 어떻게 충족될 수 있는가(즉 그것들이 진화적인 "기제들"로 실현된다는 것을 어떻게 생각할 수 있는가)? 그것들의 분리는 어떻게 해석될 수 있는가? 이 지점에서 진화이론의 사회학적 적용과 생물학적 적용이 갈라진다.

우리의 논제는, 변이는 작동들에 관계되며, 선택은 구조와 관계되며, 재안정화는 체계와 환경의 관계와 관련된다는 것이다. 이것은 작동들, 구조들, 그리고 체계들은 서로 독립적으로 일어날 수 없기에, 진화이론의 필수적인 순환성도 설명한다. 진화 기능들의 분리는 다음과 같은 의미에서 체계 조율의 부재로 이해되어야만 한다. 변이가 (긍정적으로든 부정적으로든) 어떻게 선택되는지, 그리고 체계가 변화된 구조들이나 억압된 변화에서 환경과의 경계를 유지하거나 팽창적이거나 제한적이면서도 장기적으로 볼 때 어쩌면 파괴적인 경로에 빠져들 것인지와 그 일이 어떻게 일어날 것인지가 (긍정적으로든 부정적으로든) 선택의 결과로서 이어지지 않는다는 의미에서 그렇다. 이러한 내장된 불확실성에 대한 고전적인 용어는 "우발"(Zufall)이다. 그리고 이런 배열의 결과 중 하나는 예측 불가능성이다.

여기까지는 분명하다. 사회적 체계들의 작동들은 항상 소통들이다. 즉 지속성 없는 사건들이다. 그래서 변이라는 말은 소통이 예기치 않게 발생하는 경우에만 할 수 있다. 그것은 정상적인 경우에, 그러니까 실제로 거의 언제나 상황에 귀속될 것이며 그래서 결과를 남기지 않을 것이다. 그 밖에도 구조변동으로 이어지지 않으면서 소통 자체에서 예나 아니오로 대답할 가능성도 있다. 체계는 자신이 계기들을 통제할 수 없는 우발 변이들에 맞서 거의 완전하게 스스로를 보호한다.

그러나 그런 변이들은 익숙한 것에서 벗어나는 구조 전형들을 드러낼 수도 있다. 그 다음에 그리고 오직 그 다음에만 긍정적인 선택이나 부정적인 선택의 질문이 제기될 수 있다. 그래서 주제들은 종교적인 의미 해석의 대상이 될 수 있으며, 더 나은 설명이 소통되면 이 의미 해석을 잃을 수 있다. 습관으로부터의 일탈을 통해서만 벗어날 수 있는 당혹스러운 상황에 이를 수 있다. 또는 우발의 동시 발생은 너무 확신을 주는 것이어서, 반복되는 의례화에 애쓸 수 있다. 성스러운 주제들을 다루는 기교는 더 이상 이런 일을 우발에 맡겨두지 않고 능력자 유고 시에 후계자를 찾고 그로써 역할을 정의하는 계기가 될 수 있다. 역할 분화에서 후계자 문제가 생겨날 수 있으며, 이와 함께 후계에 대한 접근을 규제하는 문제와 관직 의무를 정의하는 문제가 생겨날 수 있다. 전임자나 계승자 모두 이 의무를 충족시켜야 하며, 그러면 관직 수행에서 인물들이 서로 다르다는 것과 어떻게 다른지를 알아챌 수 있다.

따라서 우리는 한편에서 진화를 확립하는 것으로서 변이와 선택이 분리된다는 것과 다른 한편에서 형식 의식의 확정이 증대하는 것 사이에 연관이 있음을 추측할 수 있다. 이것은 또한 아주 다양한 출발 구도로부터 "등종국적으로", 즉 주술적인 처방들과 의례들의 발전에 이른다는 것을 이해할 수 있도록 해준다. 이때 처방들과 의례들은 어느 정도 진화상 검증되어 순응과 일탈을 구분할 수 있게 만들며, 다른 의미 영역과는 구분될 수 있는 특화된 종교적인 관찰을 가능하게 해준다. 달리 말하면, 형식 생성을 설명하기 위해 특화된 욕구 상황을 전제(말리노프스키)하거나 특별한 기능들을 전제(래드클리프-브라운)할 필요가 없다. 그러나 어떻게 형식들이 안정적으로 유지되고, 반복적으로 사용될 때 의미, 해석들, 또는 전설들로 풍부해지는지를 설명하고자 한다면 추가적인 입증 전제들이 필요하다. 고전적 진화이론은 여기서 "자연적 선택"에 근거하여 논증을 펼쳤을 것이며 선택과 안정화를 구분하지 못했을 것이다.[32] 구조 확정이 내적이며 외적인 부실 적응 상태로 이어질 것이며[33] 그 적응 상태가 그 후 계속 안정화 문제로 확대될 수 있을 것으로 ― 또는 그렇지 않을 것으로 ― 전제하는 것이 더 옳은 방식이었을 것이다. 진화상 생성된 (계획되지 않은) 체계들은 언제나 높은 정도의 "오류 친화성"과 "견고성" 또는 "느슨한 연동"의 특징이 있기 때문이다. 그리고 선택 기능과 재안정화 기능은 오직 이 방식으로만 분리될 수 있다.

종교적 형식 세계의 외부분화는 아마도 (일종의) 자기동기화에서 시작하고 속행되었을 것이다. 그러나 그것은 또한 항상 이미 존재하는 사회의 분화와 그 생태학적 기초(Substrat)와의 관련을 유지한다. 분화가 오직 사람들의 나이와 성별에만 관련되어 있다면, 전환 문제와 이와 함께 이 차이를 "처리하는" 문제는 종교적인 형식 부여를 모색할 것이다. 어떻게 아이들이 성인이나 여성이 되는가? 이미 가족 형성이 이루어져 있다면, 즉 분절적 분화가 있다면, 분절적 단위들이 주로 친척을 통해서나 주로 영토적으로 구속된 공동생활을 통해 정의되어 있는지 아닌지가 중요할 것이다. 상황에 따라서는 조상 숭배가 설득력이 있든지, 아니면 보호와 다산을 약속하는 지역 신들의 체계가 설득력이 있을 것이다. 선택은 모든 두 가지 경우에 갈등 회피의 필연성을 통해서 그리고 분절화를 통해서 주어진 족외혼으로 함께

---

[32] 다원주의적인 이론 기획을 사회과학으로 옮기겠다는 가장 인상 깊은 시도 중 하나에서 "선택적 정체"라는 표현을 Donald T. Campbell, "Variation and Selective Retention in Socio-Cultural Evolution", in: *General Systems 14* (1969), 69-85쪽에서 볼 것.
[33] Roy A. Rappaport, "Maladaptation in Social Systems", in: J. Friedman/ M. J. Rowlands (Hrsg.), *The Evolution of Social Systems*, Pittsburgh 1978, 49-71쪽을 참조할 것.

규정될 것이다. 따라서 변이들이 물론 일상 소통의 층위에서 대규모로 발생하며 그리고 일종의 단기 기억(사례 기억, 상황 기억)에서 단기적으로도 소통상 준거 가능한 상태로 유지되지만, 기존의 사회전체적인 분화의 맥락에서 연결 능력이 있을 때만 긍정적인 선택이 개연성이 있다고 추측할 수 있을 것이다. 이 점은 예외 없이 타당할 필요는 없다. 바로 종교체계는 자가 창출한 신빙성 개념들 — 예를 들어 기적 개념 같은 — 도 개발한다. 그리고 그것은 아주 빈번하게 종교적인 영웅들이나 새로운 종교의 창시자들을 특징짓는 성공적인 금기 파괴도 허용한다.

따라서 이전에 존재하는 인간의 기본 욕구들도 사회적 기능들도 진화론적 설명을 위해 유용한 출발점이 아니다. 그런 이론들은 원시적인 사회적 체계들과 관련하여 발전되었으며 자기생산적 작동인 소통의 거대한 형태발생적인(morphogenetic) 잠재력을 과소평가한다. 이 말은 고등 문명들로의 이행과 근대사회로의 이행을 진화이론을 가지고(어떤 다른 설명이 가능한가?) 설명하고자 할 때 특별히 옳다. 이 말은 욕구들이나 기능들의 중요성을 반박하는 것이 아니다. 그러나 그것들의 중요성은 진화상 재안정화 문제들, 새로운 발전의 외적, 내적 연결 능력, 그것들의 결과 부담(예를 들어, 초과 노동, 희소성, 더 진행된 경제적 발전의 결과로서의 노예제 등)과 관련된다. 진화의 이행 단계에서는 전형적으로 기능 교체가 일어난다. 처음에 새로운 구조들의 긍정적인 선택(예를 들어, 가족 형성, 문자, 주화 화폐, 의무 생성의 근거로서의 계약)을 선호한 기능들은 추가로 결정화되는 기능들과 반드시 일치할 필요는 없다.

그러나 이런 식으로 고전적인 "인과론적" 설명을 중단할 수 있다. 자기생산이 진술하는 바가 체계들이 스스로를 직접 생산하는 작동들의 도움으로 자기 자신을 재생산한다는 것이라면, 설명의 부담은 일단 진화이론에 넘겨진다. 체계이론 내부에서는 이류의 질문, 즉 발생시키는 시작의 질문에 대한 답을 찾을 수 없기 때문이다. 그러나 진화이론은 이에 대해서도 질문한다. 그것은 그 자체가 진화의 결과인 차이들을 통해 진화를 설명한다. 기원에 관한 질문은 궁극적으로 "빅뱅", 즉 최초 차이의 전제에 소실점을 가지고 있다. 그러나 구조적인 혁신을 진화이론의 도식에서 기술하는 데 제한한다면 그런 신화 이야기가 전혀 없이도 기원을 설명할 수 있을 것이다. 틈새(Zäsur)의 문제는 시작이든 중간 그 어디에서든, 역설적으로 제기된 문제, 즉 이전과 이후의 차이의 통일성에 관한 질문이기 때문이다. 종교는 이 역설 전개 가능성을 — 신화에서든, 모든 차이에서 항상 전제된 통일성으로서 이미 존재하는 관찰하는 신의 관찰을 통해서든 — 발견했다. 과학은 그 일을 더 잘할 수는 없다 — 그러나 다르게 할 수는 있을 것이다.

V.

이러한 진화 이론적인 분석 후에, 우리는 종교체계 외부분화의 구조적인 문제들로 되돌아간다. 이 문제들은 다양한 방식으로 주제로 삼을 수 있다. 한편으로, 발전된 고등 종교는 "자기 진영에서의" 문제들, 즉 민속 종교성 문제, "미신" 문제, 끈질기게 살아남지만 새롭게 생성되는 주술적인 종교성 문제나 최소의 신앙 지식 상태에 만족하는 무관심 문제를 가진다. 다른 한편 종교체계는 스스로 생산한 경계와 마주하고 있으며, 그 경계의 다른 면에서는 다른 일이 일어나고 있다. 체계의 "내적" 경계에서는 지속적이며 대체로 절망적인 전투가 벌어져야 하며, 특히 오랜 기간에 걸쳐 힘들게 획득되었으며 "학습되었지만", 더 이상 실제 상황에서는 공명을 얻지 못하는 지식의 입장에서 전투가 일어나야 한다 — 예를 들어 점술 지식, (예컨대 브라만) 의례에 관한 지식이나 끊임없이 요구되는 의학적인 치료를 위한 지식과 비교되면서 전투해야 한다. 기독교처럼 공식적인 분류 규칙들이 있는 곳에서는, 종교가 일상적인 체험과 행위에 침투하는 정도는 예외 없이 과대 평가된다. 이 점은 유럽에서는 고유한 원죄론과 결의론을 따르는 고해성사의 도입에도 불구하고 종교의 신빙성 약화를 결국 "세속화"(Säkularisierung)로 설명할 수밖에 없었던 근세까지 사실이었다. 그것은 또한 카톨릭으로 식민지화된 라틴 아메리카 지역에서도 사실이며, 다양한 종류의 혼합주의적인 의례가 주민들의 종교적인 관심을 붙들고 있으며 오직 동정녀 "마리아"를 통해서만 카톨릭주의와 결합되는 지역에서는 더더욱 그러하다. 지도 위의 분포에서 얻을 수 있는 인상은 종교적인 통일성(Einheitlichkeit)의 과대평가에도 기여한다 — 모든 중국인이 공자나 부처에 관해 들었으며 종족의 특수한 조상 숭배는 부차적인 역할을 할 뿐이라는 식의 과대평가 말이다. 근대적인 사회과학적인 연구가 비로소 여기서 현실들(Realitäten)을 적절하게 조명한다.

　종교체계의 외적 경계는 이 "내적" 경계의 맞은편에서, 다른 기능체계들과 비교했을 때 그렇게 주목받지 못하는 것으로 보인다. 가장 먼저 돋보이는 것은, 상당한 규모의 전통적인 종교적 의미론이 다른 영역에서 신빙성을 차용하며 상당히 잘 작용했고 최근까지 이 일을 잘 수행해 왔다는 것이다. 주요 보기들은 가족들이나 씨족 구조와 정치 지배와 관련이 되어 있다. 두 경우 모두 모든 전통 사회의 경우에 의미론적 연동이 양면에서 활용된다는 사실에 기초하는 기능적 분화에 지장이 있다는 것을 보여줄 수 있다. 이 점을 전제할 수 있는 한, 종교는 사회전체적인 공동생활의 다른 영역들과의 관계에서 거부까지는 아니더라도 상당한 거리를 유지할 수 있다. 특히 제한되지 않은, 화폐경제의 틀 내에서 정치적으로 위험하기까지 할 수 있는 이익 추구와의 관계와 가족들의 지지를 받지 못하는 연애 관계와의 관계에서 그렇다.

중국에서 흔히 볼 수 있는 것처럼, 가족 씨족이 조상 숭배를 통해 결속되면, 이와 함께 다기능적인 친척 단위들이 형성될 수 있으며, 그것들은 경제적인 질문들, 정치적인 접촉의 중개, 교육(경력 지원을 위한 선택을 포함하여), 개별 법적 주체들이 법원을 통하지 않고 법을 준수하는 일 등을 광범위하게 보장한다. 이런 상황들 때문에 중국에서는 일본과는 달리 근대성에 맞서는 상당한 저항을 관찰할 수 있다.[34] 반면 종교체계는 종교성의 이러한 구속을 통해 부담을 덜 수 있으며, 서구 신앙 종교들과 비교했을 때 우주론적인 질문과 도덕적인 질문에만 제한될 수 있다. 많은 경우에 조상 숭배는 종교적인 지향 문제들의 "가족을 통한" 해결, 즉 "길들이기"에 도움이 되며, 그렇게 말해도 된다면 두려움을 불러일으키는 내세 권력이 지닌 측면들을 "가족을 통해" 해결하는 데 도움이 된다.

종교와 정치의 관계에서도 유사한 공생을 관찰할 수 있다. 지배자라는 용어는 종교에 넘겨져서, 그곳에서 종교적인 권력들의 위계화를 지원하며, 그 권력들은 결과적으로 지배자가 없을 때처럼 그렇게 자의적으로 행위하지 않는다. 왕이 있다면, 종교에서 정치적인 용어를 모방하는 것은 유용하다.[35] 다른 한편 같은 도식은 근세가 꽤 진행될 때까지, 17세기에 사회계약 구상으로 대체될 때까지 정치적인 지배의 정당화에 기여했다. 프랑스혁명까지 군주의 성체는 정치와 종교의 동일시 지점으로 작용했으며, 혁명 동

---

34 오래된 씨족 구조들을 작업 조직에만 복제해 넣을 뿐, 개인의 행동이 법체계, 경제체계, 정치체계에서의 변화의 직접 변화에 내맡겨지는 상태가 되지는 않는 공산주의 체제하에서의 변화에 대해서는 Li Hanlin, *Die Grundstrukturen der chinesischen Gesellschaft: Vom traditionellen Clansystem zur modernen Danwei-Organisation*, Opladen, 1991을 참조할 것.
35 최근에는 특히 아프리카 종교가 비교 연구에서 적절했는데, 그 이유는 전통적인 아프리카에서는 부분적으로는 왕국이 형성되었고 부분적으로는 "국가 없는" 부족 문화가 보전되었기 때문이다.

안에 일반 의지(volonté générale), 즉 결정으로 어렵게 대체되기에 이른다. 법적 주권을 포함하는, 초기 근대 국가의 주권 전제조차 모든 것은 신의 감독 하에 신의 신성한 법(ius divinum)의 제한 내에서 진행된다는 전제를 가지고 어렵게 진정될 수 있었다 — 그 후에는 시민적 자유권이 권력 제한이라는 이 기능을 넘겨받을 수 있을 정도로 발전될 때까지 진정될 수 있었다.

이 공생의 중단은 사회의 기능적 분화의 우선권이 관철되었다는 사실과 관련이 있다. 이제는 다른 기능체계들과 종교의 관계는 그렇게 다양해졌으며 다른 기능체계들의 자율이라는 단순한 사실이 종교에 그렇게 강하게 도전하여, 문제를 더 이상 의미론적 등가물들을 가지고 해결할 수 없게 되었다. 우리는 이제 우리의 주도 문제를 두 가지 보기에서 논의하고자 한다. 첫째는 학문체계와 종교체계의 관계에 관한 보기이며, 둘째는 예술체계와의 관계에 관한 보기다.

일반적이며 사회학적으로도 지배적인 견해는, 종교가 바로 학문과의 관계에서 세속화의 영향으로 당혹스러워하며 어려운 상황에서 세속화에 맞서 자기 존재를 증명하고자 시도한다는 것이다. 경험 연구들에 따르면, 과학자들과 지식인들은 일반 인구에 비해 종교적 성향이 낮다.[36] 그러나 개인적인 태도를 조사한 연구 결과들은 종교체계가 과학적인 세계상의 영향을 받는지, 어떤 영향을 받는지에 대해서는 거의 아무런 진술을 하지 않는다. 종교가 과학에 맞서 구성 관심을 방어해야 하는 것보다 더 많이 과학이 종교와의 관계에서 거리를 유지하며 고유한 구성 관심을 방어해야 하는 사정

---

[36] Robert Wuthnow, "Science and the Sacred", in: Phillip E. Hammond (Hrsg.), *The Sacred in a Secular Age: Toward Revision in the Scientific Study of Religion*, Berkeley Cal. 1985, 187-203쪽의 연구 개괄을 볼 것. 그 밖에도 비교적 높은 평균 종교성(이 통계적인 수치가 무엇을 말하든)을 가진 미국의 대조는 다른 곳부터 더 뚜렷하게 나타날 수 있을 것이다.

이 있다고 할 수 있을 것이다.[37] 지도적인 종교계 인사들은 더 이상 중대한 문제들이 여기에 있다고 보지 않는다. 그들은 오히려 상호 인정을 통해 문제들을 제거하고 해명하는 것을 중시한다. 학문 분야에서는 구성주의적인 인식소론을 지향하는 경향을 수용하고 있다.[38] 분명하게도, 실행된 기능적 분화의 전조하에 평화가 이루어졌으며, 어떤 쪽도 다른 쪽의 과제를 동등하게 그리고 심지어 더 잘 수행할 수 있다고 주장하지 않는다. 그 둘은 윤리라는 체계 중립적인 영역에서 만나고, 여기서 무엇을 허용하고 무엇을 금지할 것인지를 논의한다. 이때 과학자는 진리의 해로움이 바로 문제가 되기 때문에 진리에 근거하면서 논의에 성공할 수 없다는 것을 알고 있으며, 신학자는 신이 그 경우에 근거로 제시할 기준들에 대한 자기 지식을 끌어들이는 것을 피한다.

종교/자연과학의 관계에서 확립된 이러한 쌍방 존중이 사회과학과 특별하게 종교를 연구하는 사회학에 전용될 수 있을 것인지 아닌지는 아직은 의문스럽다. 여기서는 체계준거를 언급하고 종교에 대한 외적(사회학적) 기술과 내적(예를 들어 신학적인) 기술을 적절하게 구분하는 경우에만, 유사한 어떤 것에 도달할 수 있다. 그러나 그 두 가지 기술은 모두 같은 대상에 관한 것이다. 그렇지 않다면 외적/내적 구분은 의미가 없을 것이기 때문이다. 이런 사정에 대해 사회학은 (상당한 이론 부담과 규명되지 않은 논리적인 문제들과

---

37 Wuthnow a, a, O.는 무엇보다도 사회과학자들에게서 종교와의 거리가 자연과학자들에게서의 거리보다 더 크다는 데서 이 점을 추론해낸다. 자연과학자들은 안정적인 패러다임과 고도로 합의된 연구 지식을 가지고 있으며 그래서 사회과학자들보다 종교에 더 많은 것을 수행할 수 있다. 그리고 종교에 관해 연구하는 막스 베버 같은 사회학자들은 대상에 대한 그들의 이해 관심이 바로 종교적인 이해관심이 아니라는 것을 분명하게 하는 데 가치를 두어야 한다.
38 예를 들어 쾨니히 추기경이 제안하고 주도한 진화론에 관한 학술회의 결과를 볼 것. 그 내용은 Rupert J. Riedl/Franz Kreuzer (Hrsg.), *Evolution und Menschenbild*, Hamburg 1983에서 출간되었으며, 같은 노선에서 빈의 성 스테파누스 포럼(Forum St. Stephanus)의 활동도 같은 맥락이다.

함께) 자기 자신을 기술하는 체계의 이론으로서의 사회학 이론을 구축하면서 반응할 수 있다. 사회학은 이 작업에서 체계의 자기기술에서 나타나지 않(거나 역설적으로만 나타나)는 기능을 체계에 귀속할 수 있다. 사회학이 성스러운 유형들과 신앙의 포기 불가능성을 기능화할 때, 신학이 그에 대해 무슨 말을 할 것인지는 지켜보아야 할 것이다. 문제는 수용이나 거부의 대안으로서 나타나지 않을 것이다. 오히려 종교체계는 마치 외부에서 온 것처럼 자신이 그 문제에 매여 있다는 것을 관찰할 기회를 얻을 것이다.

종교와 종교로부터 점차 분리되는 예술체계 사이의 관계는, 비록 작동들, 코드화들, 기능들, 그리고 외부분화 역사의 차이들을 감안해야 하더라도 완전하게 비교할 수 있다. 모든 아름다운 예술의 통일성과 자율성에 대한 사상은 18세기에야 등장했지만, 예술은 14세기는 아니더라도 15세기에 이미 종교의 비호를 벗어난다. 더 이상 그림들은 주로 의례를 위한 그림들이 아니었거나 문맹자들을 위한 학습 보조나 기억 보조가 아니다.[39] 그리고 읽고 쓰는 능력은 더 이상 성직자에게만 국한되지 않으므로, 수사학이나 시학과 같은 텍스트 관련 논쟁은 더 이상 종교의 내부 논쟁이 아니다. 그러나 특히 고대 예술과 시의 재발견은 르네상스에 있어서, **고대의 세계**에 이미 완전함이 존재했다는 것과 상응하는 능력을 다시 획득하는 것이, **종교를 비판하거나 심지어 거부한다는 것을 의미할 필요가 없으면서**, 종교적인 숭배와 초월적인 관련들의 상징화와는 분명하게 구분된다는 것을 의미한다. 이미 중세에 시작된, 고대/중세 논쟁[40]은 분명하게도 종교와 관련될 수

---

39 이제 여기에 대해 결정적인 논문은 Hans Belting, *Bild und Kult: Eine Geschichte des Bildes vor dem Zeitalter der Kunst*, München 1990이다.

40 August Buck, "Aus der Vorgeschichte der Querelle des Anciens et des Modernes in Mittelalter und Renaissance", in: *Bibliothèque de l'Humanisme et de la Renaissance* 20 (1958), 527-541쪽; ders., *Die "Querelle des anciens et des modernes" im italienischen Selbstverständnis der Renaissance und des Barocks*, Wiesbaden 1973; Elisabeth Goessmann, *Antiqui und Moderni im Mittelalter: Eine geschichtliche*

없으며, 그것이 기준에 관한 논의를 야기하는 만큼, 특별히 시, 회화, 기술 등과 관련된 역량에 대한 의식으로 이어진다. 인쇄술이 도입된 직후 처음에는 이탈리아에서 오늘날에는 개괄할 수 없을 정도로 광범위한 비판 문학이 나타났으며, 그것들은 고대 텍스트뿐만 아니라 당대 유명 인사들(아리오스토, 타소, 미켈란젤로, 라파엘 등)을 다루고 있다. 바사리(Vasari)는 『걸출한 이탈리아 화가, 조각가, 그리고 건축가의 생애들』이라고 제목을 정하는 것만으로도 과거에 성인들의 삶을 다룬 텍스트 유형을 미약하게나마 상기시킨다.

경이로운 것, 기적적인 것, 또는 경탄과 놀라움을 일으키는 것을 다루는 특수 주제에 주목하면, 여기서도 예술과 문학에 대한 논의들이 점점 종교적인 개념들(Konnotationen)과 인정 의무에서 벗어나는 것을 발견할 수 있다. 주제는 아리스토텔레스 시학을 따르며, 모방과 놀람의 관계, 중복과 의외의 변이의 관계로 옮겨진다.[41] 그리고 그것은 결국 기적으로 기대하는 것을 주제들의 진기함에서 예술가적인 성과 자체로 옮긴다. 예를 들어 무라토리(Muratori)는 "아름다운 시"를 "정말로 새롭고 놀랄 만큼 유쾌한"이라고 규정할 때, 예술가의 성과만 생각하고 있다.[42]

이런 상황에 직면하여, 물론 개신교 순수주의와 공의회 이후의 트렌트-공회의 이후의 반종교개혁에서 예술가적인 자유분방함에 대한 비판이 나타났으며, 특히 음악과 회화의 관능적으로 유혹적인 음악 예술과 회화 예술과 관련하여 그러했다. 그러나 그것은 이제 더 이상 종교 내부 논쟁이나

    Standortbestimmung, München 1974를 참조할 것.
41 이 점에 대해 자세한 내용은 Baxter Hathaway, *Marvels and Commonplaces: Renaissance Literary Criticism*, New York 1968을 볼 것.
42 Lodovico A. Muratori, *Della perfetta poesia italiana* (1706), Milano 1971 판본, Bd. I, 104에서 인용. 그리고 시인이 이런 능력을 다른 시인보다 더 많이 가지고 있다면, 그것은 더 이상 신의 선물로 간주되지 않는다(Bd. I, 217-218쪽).

신학적인 논쟁(예를 들어 신의 이미지를 만들거나 신의 형상에 대한 신의 금지 명령을 존중하는 신뢰성에 대한 논쟁)에 관한 것이 아니다. 오히려 이제 쟁점은 종교체계와 예술체계의 관계들에 관한 것이다. 그 관계들은 신성한 예술을 위해 특히 오염되지 않은 영역의 예약을 통해서나, 바로크의 "장식"을 존중하는 양식을 통해서나, 또는 종교적인 목적을 지향하는 표현적인 매너리즘을 통해 해결될 수 있었으며, 예술체계의 자기성찰과 체계의 양식사는 그동안 각자의 길을 간다.

요약하면, 이런 보기들은 종교가 이미 오래전부터 사회의 외부분화 덕분에 특수한 노력을 기울일 수 있었다는 것을 보여줄 수 있다. 그러나 그것들은 동시에 사회를 구속하는 세계 기술을 정식화할 수 있었으며, 그것은 오직 계층화에 병행하여 더 독단적이며 더 주술적-대중적인 변항들로 분화되었다. 근세가 시작하면서 측면을 엄호하는 기능체계들이 발전했는데, 그것들은 종교를 분명하게 존중하면서도 체계들의 고유한 동학을 따른다. 종교는 사회 진화의 이런 전환에 거의 저항할 수 없다. 종교는 고유한 조직적인 수단과 독단적인 수단으로 고삐를 죄어서, 그렇게 말해도 된다면 간섭이 심한 소통 영역을 외부 조달하거나 축출함으로써 스스로를 돕는다. 결국 종교는 특히 극도로 적절하고 이례적인 것을 주고자 시도하는 바로 그 때, 다른 기능 중 하나의 기능에 불과할 수 있다.

VI.

종교체계의 외부분화는 이 체계의 작동상 폐쇄와 자기생산적 재생산으로 이어진다. 다른 방식으로는 종교적 소통이 종교적 소통들의 관계망 안에서 종교적 소통으로 인식되도록 보장할 수 없다. 사회의 환경으로부터의 분리는 소통 가능성들의 과잉과 함께 내적인 구조적 미규정성을 낳을 수 있다. 그것은 체계에 자기조직을 강제한다. 그러나 자기-조직은 체계가 충분한 "미시다양성"(Mikrodiversität)을 가지고 있을 때만 가능하다.[43] 예를 들어, 법체계에서는 충분한 수의 상이한 종류의 법적 분쟁들이 나타나야 하며, 경제체계에서는 충분한 수의 상이한 거래 행위들이 있어야 한다. 종교체계의 경우에는 종교적 소통의 층위에서 종교적 소통을 위해 충분히 다양한 계기들이 있어야 한다고 추측할 수 있다. 종교 참여는 개인화되고 있다 — 특히 신성한 텍스트들이 인쇄되어 개인적인 독서가 가능해지기 때문이다. 예를 들어, 정기적인 예배 출석으로 제한되는 고도로 표준화된 경건의 실천은 이 필요를 해소하지 못할 것이며, 어느 정도 종교체계를 황폐화할 것이다. 그러면 종교체계는 권위적-규제적 체계로 변화될 것이며, 권위 상실 그리고/또는 이해관심과 동기화의 감소에 취약해질 것이다.

기능체계인 종교의 분화는 기관들, 조직들, 그리고 텍스트들의 층위에서 충분히 기술될 수 있다. 명백하게 종교적인 것으로 간주할 수 있는 충분히 많은 구체적인 관행들과 독서들이 가능해진다. 종교체계는 고유한 작동들을 통해 외부분화되었으며, 그 점에서 식별될 수 있다. 의심들은 많든 적든 소통에서 해결될 수 있다. 어떤 체계에서 다루어지는가에 따라 — 의견 차이들을 남기면서 — 그렇게 될 수 있다.

그러나, 결론적으로 이 구상이 적어도 하나의 지점에서 수정되어야 한다는 점을 지적해야 한다. 즉 정치 운동이기도 한 종교운동이 동시에 존재한다(그리고 반대로 종교적인 토대들과 종교적으로 조건화된 강렬함을 가진 정치 운동

---

[43] 이 점에 대해 Stéphane Ngo Mai/Alain Raybaut, "Microdiversity and Macro-order: Toward a Self-Organization Approach", in: *Revue internationale de systémique* 10 (1996), 223-239쪽을 볼 것.

들도 있다). 이란에서 시아파 정권의 붕괴로 이어진 이슬람 운동을 생각할 수 있을 것이다. 또는 폴란드 노동조합 운동인 자유노조(solidarność)가 노동조합에 맡겨진 정치적 위임의 한계를 넘어섰고 그렇게 하는 데서 특별한 종교적인 자원을 활용한 사례를 생각할 수 있을 것이다. 또는 미국의 많은 시민권 운동, 특히 인종 차별을 받는 이들의 권리를 위해 캠페인을 벌이는 이들을 생각할 수 있을 것이다. 이 사례들이 보여주듯이, 하나의 기능체계나 다른 기능체계에 분명하게 귀속될 수 없는 사회적 체계들이 있다. 예를 들어 그것들의 동기나 소통에서 종교를 관련짓기는 하지만 그 목표에서 주로 정치적으로 지향하는 사회적 체계들이 있다.

그런 혼합 형식들에 대한 설명은 사회운동의 특별히 근대적인 형식에서 탐색해야 할 것이다. 사회운동은 이미 사회적 체계의 한 가지 유형으로서 예외적인 지위를 가지고 있다. 사회운동은 상호작용체계도 아니고 조직체계도 아니며 근대사회의 기능체계는 더더욱 아니다. 그것은 항의 형식의 도움으로 — 즉 그들 스스로 충족시킬 수 없으며 또한 충족시키려고 하지도 않는 요구들을 가지고 — 스스로를 촉진한다. 상대로부터 활동을 요구하는 이 적대성 형식에서 종교적인 뿌리들은 정치적인 목표와 결합될 수 있다. 순수하게 세속적인 운동들이 있고 특히 다양한 비종교적인 이유(자아실현?)로 참여하는 참여자들도 분명하게 존재한다. 이 지점에서 우리는 존재하고 보이는 기능적 체계 분화의 관점에서 종교와 정치의 융합 가능성에만 관심이 있을 뿐이다.

사회운동은 항의 형식을 통해 기능체계들의 자기기술과 기능적 분화의 논리를 무시할 권한을 스스로에게 부여한다. 그래서 사회운동은 고유한 소통의 틀 안에서 종교와 정치를 융합할 수 있다. 그러나 그것은 모든 형식과 마찬가지로 다른 면을 가지고 있다. 만약 요구되는 것이 — 승리한 운동을 통해서든, 그 수신자들에 의해서든 — 실현된다면, 사회체계의 기능적 분화에 연결될 수 있는 분화로 반드시 되돌아온다. 또는 기능적으로 분화된 세계사회와의 연결을 창출하는 데서 어려움을 겪을 지역적인 특수성(예를 들어 이란에서처럼)으로 되돌아온다.

제6장

종교 조직

제6장 종교 조직

I.

근대사회의 모든 기능체계에서, 조직화된 사회적 체계들은 중요하면서도 필수적인 역할을 한다. 그래서 이 점이 종교의 경우에 있어서 다르다면, 그것은 놀라운 일일 것이다. 그러나 다른 한편 조직화된 결정 과정들이 종교적 행위들의 형식으로 진행된다는 것, 조직을 구속하는 결정들이 공동 기도문 형식으로 내려지거나 신적인 영감에 대한 간구로 동반된다는 것은 생각하기 어려운 일이다. 교인 등록부는 그 자체가 교회 행정에서 신성한 대상인 것은 아니다. 그리고 다수의 결정은 내려져야 하고 관철되어야 한다. 비록 개인 참여자들이 그것이 신의 선포된 의지에서 벗어난다고 생각하더라도 말이다.[1]

근세까지 영향을 미치는 구 유럽적 전통은 사회와 조직을 명확하게 구분하지 않았다. 오늘날의 조직 개념은 질서와 유기체의 일반 의미론으로부터 분리되어 19세기에 들어서서야 비로소 생겨난다.[2] 사회 그 자체

---

1 탈무드에서 아크나이 화덕에 관한 결정 이야기를 볼 것. 그 점에 대한 환기는 위의 제2장 각주 51을 볼 것.
2 Niklas Luhmann, "Organisation", *Historisches Wörterbuch der Philosophie Bd. 6*, Basel

는 (매우 다른 개념 변항에서) 인간 공동생활의 질서로서 또는 그 자체가 자연을 통해 동기화되었다는 사회계약의 결과로서 파악되었다. 이 전통은 "법인"(Korporation)이나 "법인체"(Körperschaft) 같은 개념으로 요약될 수 있다. 이는 또한 이 용어가 가리키는 것이 모든 사람이 자연적으로 태어나고 사회의 분화 질서에서의 자신의 위치가 규정되는 가족이나 가족 가계와 구분된다는 점 또한 분명하게 한다.

조직은 신화나 교의(dogma)를 만들어내는 종교적인 의미 부여와 특히 종교적인 행동의 일상적인 실천을 매개한다. 따라서 조직은 (의례를 조직할 때조차) 고대 세계에서 의례가 차지하던 자리에 들어선다 — 가족 내에서의 조상 숭배로서든, 사회의 제도화된 의례로서든 그렇게 들어선다. 신앙 개념들에 대한 의식의 직접적인 관련은 오늘날 조직을 통해 매개되며, 바로 그 점으로부터 소속성 문제와 찬반 결정 문제가 생겨난다.

중세 이후 법인 제도가 법률적으로 **조합 대학**(universitas)으로 이해되어 처음에는 개괄할 수 없이 다양하게 발전했다. 정치적인 지배를 통해 규정된 시민사회(societas civilis) 외에도 자체 법에 기초해 수립된 교회가 있다. 도시, 수도원, 종단, 대학, 동업자 조합, 협회들이 있으며, 심지어 신분적 길드, 신분 단체들(Standschaften)도 있었다. 분화의 동기는 부분적으로는 내부 질서와 특별 규율의 동기이며, 부분적으로는 도시 정책상의 그리고 영토 정책상의 중심과 주변 지역의 정치적 재현의 동기다. 종교체계는 "교회"의 형식으로, 그러나 종단과 수도원 형식으로도 이러한 조합적인 특수 규제에 참여한다. 사실상 제국의 신정 정치적인 경향을 방어하기 위해, 체계 내적 문제들의 상당한 정도의 사법화, 고유한 재판 가능성, 고유한 텍스트 체계와 특히 신앙 정책적이며 교회 정책적인 결정 능력을 보장하는 분명하게

1984, Sp. 1326-1328쪽을 참조할 것.

완성된 위계 구조를 가지는 다양하게 복제된 대학 이론[3]을 완성시켰다. 그러나 동시에 신앙공동체로서의 교회의 종교적인 의미는 유지되며, 거의 조직으로 기술될 수 있는 것에 필수적인 성스러운 근거를 제공한다.

그러나 선택적인 구성원자격을 동기화하는 기초로 기능할 수 있는 가입과 탈퇴 규정은 없다. 기독교의 세례는 가입 결정이 아니라, 그것이 집전된다면 자연적인 타락 상태를 변화시키고 구원에 대한 희망을 보장하는 성사(Sakrament)로 생각된다. 가입이나 탈퇴를 통해 횡단할 수 있으며 체계의 내적 결정(지시 권한의 인정을 포함하여)이 의존하는 체계 경계 대신에, **체계 내에서 자체적으로 만들어낸 구원의 불확실성**을 발견할 수 있는데, 그것은 의롭다고 일컬어진 이들과 저주받은 이들이 구분될 수 있는 전제조건이다. 그러면 어떤 이도 "탈퇴시킬" 수 없다는 것은 당연하지만, 파문을 통해 누군가에게서 구원의 기회를 박탈할 수는 있다. 그리고 불확실성을 줄이고 이를 구원과 저주에 대한 (물론 항상 불안정한) 대기 상태로 대체하기 위해 도덕적 프로그램들과 기도 의례들을 약속할 수 있다. 역할 층위에서 체계는 이방인을 배제한 후, 사제와 평신도의 신분 분화를 통해 오랜 전통을 이어가는 것으로 규정된다. 이 구분은 또한 신성한 의미 부여를 사용하며, 생활형식들과 종교적인 헌신의 강도에 대한 요구를 분화시킨다 — 이것이 이미 널리 퍼진 귀족과 평민의 분화와 유사하게 되는 것은 틀림없이 우연한 일이 아닐 것이다. 그러나 그 구분은 동시에 교회의 관직(직분)을 채우기 위해 필수적인 인력 자원도 조달한다. 비록 사제직과 관직 기관이 개념적으로

---

3 Brian Tierney, *Foundations of the Conciliar Theory: The Contribution of the Medieval Canonists from Gratian to the Great Schism*, Cambridge Engl. 1955; Ernst H. Kantorowicz, *The King's Two Bodies: A Study in Medieval Political Theology*, Princeton 1957; Pierre Michaud-Quantin, *Universitas: Expressions du mouvement communautaire dans le Moyen Age latin,* Paris 1970; Harold J. Berman, *Recht und Revolution: Die Bildung der westlichen Rechtstradition*, 독일어 번역본. Frankfurt 1991, 특히 356쪽 이하를 참조할 것.

그리고 트렌트 공의회 이후에도 오랫동안 인사상 분리되었으며 그 결과 많은 수의 관직에 적합하게 (조직상으로) 훈련될 수 없지만 "서품받은" 사제들이 있게 되었다 하더라도 말이다.

진화이론적인 관점에서, 어쩌면 조직으로 파악할 수도 있고 이 체계 형식 가능성을 활용하여 발전시킬 수 있는 것을 위한 사전 발전을 인식할 수 있다. 16세기의 종교 분리 이후, 인쇄술을 통해 차이 의식이 확산한 이후, 그리고 종파 의식의 체계화와 초기 근대 국가 형성에 기초해 영토를 통해 종교 차이들을 고정하겠다는 모든 시도와 함께, 필요한 경우에 결정을 내리며 이때 중앙은행처럼 고유한 화폐의 외부 가치를 주시하지 않을 수 없는 조직이 더욱 많이 사용되기에 이르렀다. 개인적인 이동성이 있는 구성원들에게 신앙이 매력적인가의 질문, 신자를 전도할 때 자기선택과 타자선택의 질문이 대두한다. 그러나 신앙공동체 관념은 여전히 구성원 조직 관념과 충돌하며,[4] 구성원 조직은 자신의 요구를 동기에 맞추며 경우에 따라 보상하는 지불을 통해 특별 규칙들이나 지시들로 기획하며 교체되는 조건에 적응할 수 있는 무관심 지역[5]을 만들어내어야 한다. 그 문제는 전형적으로 공식적인 구성원자격에 대한 요구를 극도로 낮게 유지하고, 그것을 실

---

4 교회 조직 문제들의 증가와 함께 이 문제가 확대되는 데 대해서는 많은 문헌이 있다 (사회학자들은 다른 조직과의 비교를 생각할 것이다). James A. Beckford, "Religious Organization: A Trend Report and Bibliography", in: *Current Sociology 21, 2* (1975), 1-170쪽을 볼 것; 개선 상황에 관해서는 ders., "Religions Organizations", in: Phillip E. Hammond (Hrsg.), *The Sacred in a Secular Age: Toward Revision in the Scientific Study of Religion*, Berkeley Cal. 1985, 125-139쪽도 볼 것; 그 밖에도 Niklas Luhmann, "Die Organisierbarkeit von Religionen und Kirchen", in: Jakobus Wössner (Hrsg.), *Religion im Umbruch: Soziologische Beiträge zur Situation von Religion und Kirche in der gegenwärtigen Gesellschaft*, Stuttgart 1972, 245-285쪽; Franz-Xaver Kaufmann, *Kirche begreifen: Analysen und Thesen zur gesellschaftlichen Verfassung des Christentums*, Freiburg 1979, 특히 38쪽 이하, 45쪽 이하.

5 Chester I. Barnard, *The Functions of the Executive*, Cambridge Mass. 1938, 9. 인쇄는 1951, 167쪽 이하에 그렇게 되어 있다.

제 등록되는 수준으로 제한하며 그렇게 구축된 구성원들의 범위에서 한편으로는 교회 관직(Amtskirche)이 분화되고, 다른 한편 강하게 동기화되었으며 신앙이 견고한 구성원들, 즉 다른 사람들보다 더 많은 일을 자발적으로 하는 구성원들의 자기선택 과정에 의존하는 것으로 우회해나갈 수 있었다.

종교와 교회의 구분은 얼핏 보기에는, 사회가 종교를 위한 기능체계에서 조직을 제공하지만 여기서도 조직으로 환원될 수 없다는 것을 용어학적으로 고정시키기에 충분한 것으로 보인다. 그렇다면, 처음에 법적 목적으로 발전된 "기관"(Anstalt) 개념은 조직으로 해석할 수 있을 것이다. 그것은 가입을 통해 복종하며 탈퇴를 통해 면제될 수 있는 구성원 역할로서의 이 공적 기관의 특수 관계로서 해석할 수 있을 것이다. 물론 신학자들의 교회론, 에클레시아론은 이에 방해가 될 것이다. 그러나 그것을 문화적인 자기기술로서, 어떤 의미에서 이 특수한 유형의 "기업 문화"로서 재해석할 수는 없을 것인가? — 적어도 2차 질서 관찰자의 거리에서 말이다. 그리고 노동법적으로는 그것은 요청된 신앙으로부터의 상당한 일탈이 있을 때 투입되는 특별한 해고 규칙이 적용되는 (이념을 표방하는) "이념적 사업체"(Tendenzbetrieb)일 수 있을 것이다.

그러나 모든 종교가 결코 교회 유형의 조직을 형성한 것이 아니라, 원래 기독교만이 그 일에 성공적이었다는 점에 주목해야 할 것이다. 다른 종교들은 학교나 성서 강독을 위한 모임(시나고그)에 만족하며, 또 다른 종교들은 모든 신자가 이 조직의 구성원이라고 기대하지 않는 서원이나 수도원에 만족한다. 따라서 교회 개념이 허용하는 것보다 세계 사회적인 종교체계에서 조직들이 더 많이 출현하는 다양성에 주의를 기울여야 한다. 그러나 "조합"(corporation), "기관"(institution), 그리고 "관료주의" 같은 개념들의 단순화를 넘어서는 조직이론이 완성되어야 할 것이다. 그런 다음에야 비로소 종교체계가 기능적 외부분화 상태를 따라잡고자 한다면 조직을 필요로 할 것인지 아닌지, 그리고 그 이유를 판단할 수 있을 것이기 때문이다.

II.

조직들 또한 사회와 사회의 기능체계들과 마찬가지로 고유한 동력에 근거하는 자기생산 체계들이다. 그것들은 사회 내에서만 형성되고, 그로써 사회의 실행으로서만 형성된다. 조직들 또한 소통을 통해 작동하기 때문이다. 조직은 사회의 외부분화, 언어, 모든 종류의 기능 충족을 자신의 환경으로 전제한다. 조직은 이것이 보장될 경우와 보장되는 한에서, 고유한 경계들, 사회전체적인 소통의 연속체 안으로의 고유한 절개들을 형성하고 재생산한다. 그리고 조직들은 특수하게 구성원과 비구성원을 구분함으로써 그렇게 한다. 조직은 그 구분에 힘입어 (구성원자격을 적절하게 매력적으로 만드는 것이 성공하는 한에서) 구성원 행동에 특별한 요구들을 제기할 수 있다. 이 기초에서는, 구성원들에게 귀속될 수 있는 소통이 회귀적으로 관계망화되어서, 작동이 작동에 연결되고 그로 인해 한 체계가 스스로 그은 경계 내에서 외부분화될 때, 자기생산 체계가 형성될 수 있다. 즉 구성원자격을 통해 인물, 역할, 행동 방식을 분류하는 것만으로는 충분하지 않다 — 구두 수선공이 수선공으로서 하는 일에는 한계가 있는 것과 같다. 즉, 전문직들(professions) 또는 단순히 특수한 의무나 태도에 근거하는 직업들이나 그 밖의 유사성들이 중요한 것이 아니다. 오히려 조직화된 사회적 체계들에서는, 한 구성원의 소통이 항상 다른 이들의 행동의 전제가 된다.[6] 그리고 이

---

6   조직 개념의 이러한 정확성은 허버트 사이먼으로 거슬러 올라간다. 사이먼은 처음에는 "행동 전제"(behavior premises)를 언급했고 나중에는 "결정 전제"(decision premises)

것은 이렇게 전제를 제공하는 것이 결정 행동을 만들어내고, 그 행동이 그 후 전제 제공 자체를 결정으로서 회귀적으로 가시화시키는 식이 된다. 이것은 채용과 해고의 경우에도 적용된다. 즉 체계의 결정 과정의 특수 조건을 따르거나 그 조건에서 벗어나는 결정으로서 파악되는 구성원들의 가입과 탈퇴의 경우에도 적용된다. 조직들은 사회 내에서 형성된 자기생산 체계들이며, 그 체계들의 자기생산은 조직 소속성과 이와 함께 구성원역할에 대한 결정의 책임성에서 인식될 수 있는 조건에서 결정 과정들의 속행 가능성이 자체 보장되어 있다는 데 근거한다.[7]

따라서 이것은 결정의 자체 보장된 자기생산인 것이다 — 그리고 이것은 규칙이나 프로그램을 명시적으로 제시하는 경우뿐만 아니라, 특히 순수하게 사실적으로, 즉 그것들에 대한 소통이 이루어졌으며 그래서 한 번 더 처리될 필요가 없다는 것을 통해 이루어진다. 결정들은 "결정 전제들"로서 이중적 의미가 있다. 그것은 가능하게 하면서 제한한다. 즉 체계는 또 다른 결정 가능성의 확장과 제한 사이에서 끊임없이 맥동하며, 바로 이 방식으로 자기생산의 속행을 보장한다. 즉 복잡성을 환원시키며 그에 기초하여 또 다른 결정들을 가능하게 하는 중간 틈새가 모든 또 다른 결정에 의해 그 매체에 새겨지는, 결정 가능성들의 조직 전형적인 매체를 확보한다.

이 출발점들을 발전시킨다면, 특히 막스 베버에 기초하는 고전적인 관료 조직이론과는 완전히 다른 조직이론을 획득할 수 있을 것이다. 조직의

를 언급했다. Herbert A. Simon/Donald W. Smithburg/Victor A. Thompson, *Public Administration*, New York 1950, 57쪽 이하; Herbert A. Simon, *Models of Man -- Social and Rational: Mathematical Essays on Rational Human Behavior in a Social Setting*, New York 1957, 201쪽을 볼 것.

7 이 점에 관해 Niklas Luhmann, "Organisation", in: Willi Küpper/Günther Ortmann (Hrsg.), *Mikropolitik: Rationalität, Macht und Spiele in Organisationen*, Opladen 1988, 165-185쪽; ders., *Die Gesellschaft und ihre Organisationen, Festschrift für Renate Mayntz*, Baden-Baden 1994, 189-201쪽; ders., *Organisation und Entscheidung*, Opladen 2000도 볼 것.

기계적 모형과 유기적 모형의 낡은 대립도 차이를 포착하지 못한다. 조직은 조직과 별도로 고안된 지배의 도구도 아니며, 특수한 목적 달성을 사회에 보장하는 사회적 체계도 아니며[8], 어떤 기제로서 구축된 기계도 아니다. 또한 조직은 유기체처럼 전체와의 관계에서 살아 있는 부분들을 질서화하는 체계도 아니다. 오히려 조직에서 결정적인 것은, 독립적이며 외부에서 결정될 수 없는, 체계와 환경의 차이 재생산이다 — 그 차이는 포괄적으로 알려지지 않았으며 의외의 것으로 경험되는 격동하는 환경과 관련하여 재생산 방식을 속행할 수 있는 능력을 가진다. 즉 결정을 통해 결정을 생산하며 그에 필수적인 구조를 유지하거나 변이시키는(자기조직) 능력을 가진다.

현재의 맥락에서 흥미로운 것은, 사회의 기능체계들, 특히 여기서는 종교체계들이 그것들 내부에서 형성되는 조직과 맺는 관계에 대한 이 이론의 결과밖에 없다. 관료주의 모형에서 출발한다면, 위계적인 구조를 전제해야 할 것이다. 이 구조의 정점은 장치들이 위계 구조와 무관하게 그 사회전체적인 기능을 실현하도록 보장한다. 이 점은 오늘날 이 이론의 일반적인 패러다임인 국가 조직에 대해서도 더 이상 설득력 있게 만들 수 없다. 종교의 경우에는 종교의 기능이 지배와 기구를 통한 실행을 통해 어떻게 수행될 수 있는지를 이해하는 것은 완전히 불가능하다. 현실들(Realitäten)을 이론적으로 더 적절하게 고려하고 기능적 분화와 조직 형성을 일어나는 그대로 파악할 다른 가능성들이 있어야 한다. 사회의 층위와 조직의 층위에서 작동 능력이 있는 우연성과 고유 동학의 상승 관계로서 이해할 가능성들이 필요하다는 것이다.

이 관계를 규명하기 위해, 우리는 다시 포함과 배제라는 개념을 사용할

8　예를 들어 Talcott Parsons, "A Sociological Approach to the Theory of Organizations", in: ders., *Structure and Process in Modern Societies*, New York 1960, 16-58쪽에 그렇게 되어 있다.

필요가 있다.[9] 이 말은 심리적 체계들과 사회적 체계들 사이의 구조적 연동의 관계와 관련이 있다. 포함은 사회적 체계 내에 조직 체계와 심리적 체계의 특별한 관련성이 "인물"의 형식으로 인정될 때 존재한다.[10] 따라서 우리는 체계가 (사회전체적으로 구축된) 인물의 맞은편에서 무차별, 무분별함, 거부를 행사할 수 있다고 전제할 때 배제를 말하고 있다. 즉, 포함/배제 도식은 도식의 내부 면이 포함이며 외부 면이 배제인 형식을 가리킨다. 또는 다시 한번 달리 표현하면, 포함의 표시는 인물과 관련되는 한에서 배제 영역으로서 지시될 수 있는 무표 공간을 남긴다.

근대의 기능적으로 분화된 사회에는 중심 기관도 없고 옛 세계의 가족 가계 같은 제도도 없다 — 서열 차이에 유의하며 포함과 배제를 규제하는 제도는 없다. 이 문제는 그보다는 기능체계들에 맡겨졌다. 이것은 의미론적으로 자유와 평등 같은 원칙들을 가지고 표현된다(이때 이 원칙들을 "부르주아 사회"의 이데올로기로 보는 비판은 충분한 분석을 통해 그렇게 한 것은 아니지만, 그래도 그것을 통해 긍정적으로 강조된 포함이 항상 배제의 면을 가진다는 것을 올바르게 가리킨다[11]). 사회의 기능체계들의 층위에는, 배제에 대한 기능적으로 의미

---

9 더 자세한 내용은 Niklas Luhmann, "Inklusion und Exklusion", in ders., *Soziologische Aufklärung 6*, Opladen 1995, 237-264쪽을 볼 것.
10 "인물" 개념은 예를 들어 항상 사회적 체계의 환경에서 일어나는, 유기체적이며 심리적 과정의 실제 진행을 뜻하는 것이 아니라, (이 개념의 전통을 참조하며) 개별적인 불투명한 환경 복잡성을 지시하기 위해 소통에서 사용될 수 있는 일종의 동일성 표시를 뜻한다. Niklas Luhmann, "Die Form 'Person'", in: *Soziale Welt 42* (1991), 166-175쪽; ders., "Die operative Geschlossenheit psychischer und sozialer Systeme", in: Hans Rudi Fischer et al. (Hrsg.), *Das Ende der großen Entwürfe*, Frankfurt 1992, 117-131쪽을 볼 것; 둘 다 *Soziologische Aufklärung 6*, a. a. O.에도 있다.
11 이 관점에서 보면, 그 밖에도 위르겐 하버마스의 담론이론은 전통적으로 자유주의적인 이해의 편에 완전하게 자리 잡고 있으며, 이데올로기 비판적인 이해의 편에 있지 않다. 모든 인간을 포함하는 도덕적 담론에서는 자유롭고 평등한 접근이 절차 조건으로서 전제된다. 이것이 실제적인 조건에서 배제 조건과 연결되어 있다는 비극은 고려되지 못하고 있다. 그리고 이것은 그런 담론이 이성적인 합의로 이어지는 (물론 비개연적인) 경우에는 더더욱 타당하며, 그로써 동의하지 않는 모든 이들이 이성의 제국에서 배제된다.

있는 이해관심이 없다(그것들이 신체적인 무능력과 관련해서든, 심리적인 무능력과의 관련해서든 마찬가지로 그렇다). 그래서 포함/배제의 차이를 형식으로 사용해야 한다면, 조직들은 그 형식을 구축하는 구성원자격의 규칙들을 통해 몇몇 인물을 구성원으로 포함하고 모든 다른 인물을 배제하는 바로 이 일을 할 수 있으며, 그것도 합법적으로 할 수 있다. 그리고 이것은 전형적으로 기능체계들의 포함 영역 내부에서 일어난다. 그 일은 경제적인 능력이 있고, 지불 능력이 있거나 노동 능력이 있는 인물들 내부에서, 인물의 일반적인 법적 능력을 통해 구축된 법에 대한 접근 내부에서, 그리고 전제할 수 있는, 종교에 관한 관심에서도 일어난다.

따라서 기능체계들과 조직체계들의 관계는 보완 관계로 이해할 수 있다. 기능체계들이 자유와 평등의 전조하에서, 그러나 거부의 이유가 없기에 포함에 개방적일수록 그렇게 구축된 체계 내부에 이차적인 배제 가능성들이 마련되어야 한다. 그리고 바로 이 일은 특화된 요구들을 통해 특화된 '포함/배제-기준'을 정당화할 수 있는 조직의 설치를 통해 일어난다. 그래서 모든 특별한 요구들은 기능체계 내부의 중간 틈새(Zäsur)로 이어진다 — 그리고 이것은 자유인/노예, 부자/빈자, 현자/무식자, 믿음이 강하거나 덜 헌신적인 이들 같은 체계 관련 특징들에 따라 인물을 단순하게 성격 규정하는 것뿐만 아니라, 특이하게 근대적인 조직 형성의 형식에서, 즉 그런 인물 특징들로부터 상당히 독립적인 것이 되면서 그 대신 조직 내적 선택 기준에 반응하는 공식적인 구성원자격 규칙에 근거하는 유연한 형식들로 일어난다. 모든 신자가 강단에서 설교하는 것은 아니다. 그렇지만 다른 한편 직위에서 해임된다고 해서 그 즉시 파문되는 것은 아니며, 오늘날에는 공식적으로 결정된 파문조차 그 즉시 파문된 이의 종교성을 중단시키는 것은 아니다.

이미 전제된 구분인 포함/배제를 기능체계의 포함 영역에 재도입하고 그래서 종교체계에도 재도입(스펜서-브라운의 의미에서의 "재-진입")해야 하는 많은 이유가 있다. 이 이유 중 하나는 공동으로 상상된 믿음을 유지하면서 체계 내부의 상호의존을 중단할 필연성이다. 무엇보다도 소통 능력을 집합체(Kollektiv)에 갖추어주기 위해 조직이 요구된다. 조직은 자기 명의로 구속력 있는 선언들을 제출할 수 있는 유일한 사회적 체계다 — 즉 조직이 외부에 영향을 미치는 체계의 결정들을 수용할 것을 구성원들에게 의무화할 수 있기에 외부를 향해 스스로를 구속할 수 있는 체계다. 종교를 위해 사회전체적으로 사전에 주어진 불변적인 틀 조건이 해체되며, 종교적 소통이 자유로워지고 그로 인해 구조화의 필연성이 과도해지는 만큼, 자기수정의 필요, 즉 결정을 위한 소통의 필요 또한 증가한다. 그 점은 이미 법에 대한 강조와 단체 강령을 가졌던 중세 교회에서 관찰할 수 있으며, 규정된 신앙 표현의 보편주의적인 요구를 따르겠다는 전체사회적인 태세가 해체된 후에는 더더욱 그렇다. 이런 고려들은 계속 실행할 수 있겠지만, 그로써 상이한 세계-종교가 매우 상이한 조직상 해법의 경향을 띠거나 조직을 통한 문제 해법의 경향을 따르지 않고, 예를 들어 낡은 형식들, 즉 사원(사제들)과 수도원(수도사들)과 신앙 추종자들의 상호 관계를 고수하는 영역에 이를 것이다. 그래서 무엇이 종교체계 내에서의 조직의 집중적인 결과 부담인지, 그리고 그로써 다른 종교가 여전히 가지고 있는 가능성들을 무효화시키는 것이 아닌지 알고 싶어 할 것이다.

III.

조직들은 완고한 "불확실성 흡수"(허버트 사이먼이 제안한 용어)의 경향이 있다.[12] 조직은 결정들을 또 다른 결정들의 전제로 지속적으로 변환하는 덕분에, (통일성으로서 가시화될 수 없기에) 극도로 불확실한 세계 내부에 확실성을 구축해 넣을 수 있으며, 이때 이 구축을 교란들의 내적 처리를 통하는 것과는 다른 방식으로 증명할 필요는 없다. 조직은 이를 통해 사회의 자기기술과 세계 기술을 지원하고 특화하며, 종교의 특수 경우에는 진술 능력을 잃지 않고도 초월을 향해 나아갈 수 있다. 그러나 모든 세계 기술과 사회 기술이 다른 가능성들과의 비교에 넘겨지는 근대사회의 조건에서 이 능력은 어떻게 투입될 수 있는가?

조직들은 거의 필연적으로 위계적 구조들을 형성하는데, 왜냐하면 불확실성의 조건에서 수직적 통합이 조직에 작동 속행 가능성을 부여하기 때문이다. 달리 말하면, 위계들은 불확실성에 직면하는 비용을 최소화한다.[13] 불확실성이 확실성으로 변환되면, 그 상태로 유지하겠다는 적절한 이유와 강한 동기가 있게 된다. 사소한 교란이 있을 때 판도라의 상자를 열 필요는 없는 것이다. 그것은 특별히 배경이 매우 불확실한 경우에 그렇게 될 수 있을 것이다 — 즉 여기서, 성스러운 것의 배경 세계에서 어쨌든 어디로 가야 할지 모른다는 것을 자기들만 알고 있을 때, 그리고 많은 이들이 배경 세계라는 것이 존재한다는 것을 부인할 때조차 그렇게 된다. 또는 자기 신앙의 질문에서의 불확실성을, 식별하고 싸울 수 있는 적으로 대체하는 데 성공할 때다. 특히 고유한 결정 과정들이 적어도 구간별로 확인되고 상기될 수 있는 경우에, 특히 그 과정들이 원인과 결과의 연속이나 이유와 추론의 연

---

12   이것도 사이먼이 제안한 개념이다. James G. March/ Herbert A. Simon, *Organizations*, New York 1958, 164쪽 이하를 볼 것.
13   이것은 물론 불확실성을 다루어내는 고유한 구조의 사용이 문제 있는 효과를 가지는 결과를 낳는다. 그 점에 대해 Brian J. Loasby, Choice, *complexity and ignorance: An enquiry into economic theory and the practice of decision-making*, Cambridge Engl. 1976, 특히 151-152쪽을 볼 것.

속으로 해석될 수 있을 때, 그것이 구분의 보전에 도움이 되는 바로 그때,[14] 고유한 생산을 고수할 것을 생각하게 된다. 이것은 모든 사회적 체계들의 경우에 적용될 수 있으며 고유한 역사에 대한 구속으로 드러날 수 있다. 그러나 조직의 역사는 명시적인 구분함과 지시함의 역사로 보전되기 때문에 조직의 경우에 특별히 그렇다. 이 모든 것은 특히 근대 세계의 종교적 조직의 경우에 적용된다. 텍스트로 사용될 수 있으며 필요하면 재-해석될 수 있으며 자가 창출된 신앙의 확신을 가지고 주로 다른 의미 제공물을 따르는 세계에서도 그리고 바로 그 세계에서 스스로를 지탱할 수 있다. 구분들을 보전하는 조직의 이런 특성은 구분들을 보전하는 다른 종류의 배열을 어느 정도 대체한다 ― 구체적으로는 (지역적으로만 가시화될 수 있는 장소와 시간의 구분들과 그 구분들을 올바르게 실행하기 위한 구분들로 이루어지는) 의례들과 적절한 지점에서 이야기에 적합하기 때문에 신빙성 있게 되는, 구분들의 연속으로 이루어지는 서사적인 통일성으로서의 신화가 대체된다. 그런 전통적인 형식들은 다른 텍스트 유형을 통해, 종교적인 교의학을 통해 보완되고 재구성되며, 해석되고 새롭게 조명된다. 서사는 계속 존재하지만, 이제는 우화로서, 삶의 경험을 가지고 종교적인 해석 지점을 중개하는 짧은 이야기로서 존재하며, 종교적인 영감을 받은 작가들은 바로 이 기능을 추구한다.[15] 이것은 올바른 교리에 대한 공식적인 인정이 있다는 것을 전제하며, 교리의 육성은 교회 지도자들 자신의 과제이며 필요한 경우에는 의심에 관해 결정하는 조직화된 과정으로 넘겨진다.

14　Francis Heylighen, "Causality as Distinction Conversation: A Theory of Predictability, Reversibility, and Time Order", in: *Cybernetics and Systems 20* (1989), 361-384쪽의 의미에서 그렇다.

15　Dschalaluddin Rumi, *Die Flucht nach Hindustan und andere Geschichten aus dem Matnawi* (Hrsg. Gisela Wendt), Amsterdam 1989의 사례들을 볼 것. 더 광범위한 사례들은 *The Matnawí of Jalálu'ddín Rúmi* (Hrsg. Reynold A. Nicholson) *mit engl. Übersetzung und Kommentaren*, 8 Bde., Cambridge Engl. 1925-1940을 볼 것.

이 고려들은 종교체계의 조직 형식과 조직화 규모와 종교의 교의화 규모 간 연관에 대한 사회학적 가설로 이어지며, 이때 교의학은 조직에서 구분함의 목적을 위해 사용될 수 있다 — 올바른 신앙을 식별하고 이단을 배제하기 위한 것이든, 신앙 검증의 토대로서든, 최종적으로 종교 조직의 구성원자격의 조건을 고정하기 위해 교리들과 선(先)정식화된 신앙고백의 형식으로서든. 이렇게 할 때 우연적인 것으로 나타나며 그래서 조직에서 정당화되어야 하는 결정들이 내려져야 한다. 해석 변항들과 더 높은 질서의 일관성 문제들의 가시화는 한편으로는 재귀적 유형의 발전을 위한 계기를 제공하며[16], 다른 한편 논쟁적인 질문의 조직상 규제를 위한 필요를 만들어 낸다 — 외부분화된 위원회의 다수결을 통한 랍비들의 가르침이든지, 최고 기관의 권위를 통한 카톨릭 기독교든지. 반영된 유형들이 자기정당화 때문에 종교적으로 아주 의심스럽다는 것은 잘 알려져 있다 — 그리고 바로 그 때문에 불확실성 흡수의 형식으로 순수하게 조직상으로 문제를 해결하게 되며, 그 형식은 어떻게 "정전화되든" 형식으로서 식별될 수 있게 남는다.

IV.

종교 조직을 별도 사제단 형식으로 형성하는 것은 자원 확보, 종교적인 예배 규제, 정치 및 기타 권력에 맞서는 소통 능력 등의 이유로 이미 역사상 이른 시점부터 필수적인 것이 되었다. 그러나 완전히 다르며 훨씬 문제

---

[16] 예를 들어 자기 자신을 계시로서 드러내 보이는 계시론이나, 토라를 문자적이며 구어적인 전승을 위한 텍스트로 계시된 특수하게 유대적인 이론, 그래서 이 학설을 토라에 명시적으로 포함되어 있지 않은 이론으로 언급할 수 있다.

있는 의미에서, 조직은 그 후 신앙 질문을 (가시적으로!) 결정하는 데 사용된다. 이 방법은 우연성이 증가하는 세계에서, 읽고 쓰는 능력이 광범위하게 확산한 세계에서, 매우 다양한 기능체계들의 빠른 변화와 고도 자기동학의 세계에서 돌출한 것으로 보인다. 늘 다시 새로운 주제들이 출현하며, 이 주제들에 대해 새로운 태도들이 "종교로부터" 기대된다는 이유 때문만으로 이미 그렇다. (근대적인 기술에 대한 종교적인 기대 가능성과 성적 행동에서 근대적인 허용성의 종교적인 기대 가능성에 대해 어떤 태도를 취해야 할 것인가? 에이즈를 신의 형벌로 해석해야 하는가? 교회는 인디언 주민들의 댄스 그룹을 집단으로서 받아들여야 하는가, 아니면 개인 자격으로만 인정할 것인가? — 단순히 그들이 스스로 마리아 추종자로 생각하고 그래서 카톨릭 신자로 생각한다는 이유로 말이다.) 조직은 이를 위해 결정 기술과 처음에는 유효한 것처럼 보이는 구성원 의무화 형식을 사용한다. 동시에 이러한 불확실성 흡수 형식의 한계도 가시화된다. 한편 그 한계들은 이것은 익숙한 일인데, 도대체 그렇게 될 수 있다면 동의하지 않은 채 순응하거나 다수가 되기 위해 아주 단호하게 노력하는 소수 반대자들의 완고함에 달려 있다. 이때 이 세계에서의 전술 질문만이 관건이 아니라, 신앙 질문에 관해서라면, 소수를 침묵시키거나 그들이 심지어 분별을 가지도록 강요하는 것은 거의 불가능하다. 그들은 순교자가 되지 않는다. 그들은 오늘날에는 그들의 관심사에 대한 최선의 양심을 가지고 대중매체에 접근할 수 있다.

이것은 조직 내적으로 조직의 통일성에 미치는 위험과 이와 함께 조직을 통해 확립된 신앙의 통일성에 대한 위험으로 간주될 수도 있다. 그러면 조직은 자기 자신에게 전술적으로 출구 전략을 취할 것을 추천하고, 필요한 경우에는 권력 사용을 권고한다. 그런 갈등 사례에서 조직은 (진실된 신앙의) 불확실성을 (이미 진단된 갈등의) 확실성으로 변환하는 능력을 입증한다. 그리고 이것은 전형적인 조직 행동과 여전히 일치하기 때문에 그렇게 버

텨나갈 수 있을 것이다. 그러나 조직은 그렇게 자기 자신에 초점을 맞추면, 다른 문제들, 즉 사회전체적인 포함의 문제를 보지 못하게 될 수도 있다.

교의적인 질문들이 결정 가능하며 있을 수 있는 결정들이 조직에 맡겨질 수 있다고 전제할 때조차 어려움이 남으며, 이 어려움을 헤쳐 나가기 위해서는 이 가능성을 조심스럽게 사용하는 것만이 유익한 것으로 드러난다. 결정 형식은 달리 결정될 수도 있다는 인정이 포함되어 있기 때문이다. 그래서 결정은 진리 주장을 훼손한다. 그리고 이것은 결정 그 자체가 결정에 근거할 수 없는 텍스트 해석으로서 제시될 때도 그렇다. 조직을 활용할 이 가능성에 추가하여, 예를 들어 악명 높은 '목적/수단-유예' 같은 이어지는 많은 조직 전형적인 변형에 이른다.[17] 종교에서는 일차적으로 대속이나 영혼 구원이 관건일 것이다. 그러나 그런 목표는 조직을 위해서는 조작화하기 어렵다. 그 목표가 도달되었는지 아닌지, 그리고 이유가 무엇인지를 어떻게 확인할 것인가? 그래서 종교적 조직은 수단들을 대체 목표들로 변형시키는 데 만족한다. 어떤 목사들은 다른 목사보다 성공적으로 사람들을 예배 참석에 설득할 수 있다. 그리고 구성원자격이 개인적인 결정이 된 후에는, 구성원 규모의 증대나 유지가 조직의 성공으로 기록될 수 있다.[18] 이 모든 것에 따르면, 조직의 고유 논리와 사회가 기능체계에 기대하는 것 사이의 대조는 종교체계의 경우에 특별히 뚜렷하게 나타나는 것으로 보인다. 조직들 사이를 중개하거나 조직들과 사회의 의미 기대를 중개하는 기관은 존재하지 않는다 — 예를 들어 경제체계에서 시장 같은 제도가 없다. 종교체계의 조직상 외피 형성(이것은 결코 행정적인 활동을 의미하지 않는다)에 새로

---

17 Niklas Luhmann, *Funktionen und Folgen formaler Organisation*, Berlin 1964, 307-307쪽의 또 다른 환기들을 참조할 것.
18 N. J. Demerath III/V. Thiessen, "On Spitting Against the Wind: Organizational Precariousness and American Irreligion", in: *American Journal of Sociology 71* (1966), 674-687쪽을 참조할 것.

운 종교적 운동의 계기가 있으며, 이 계기가 어쨌든 처음에는 이 운명을 피해가기를 희망한다는 것은 그래서 놀랄 만한 일이 아니다.

V.

종교는 사회 내의 기능체계로서 처음에는 포함을 부정할 이유가 없다. (어떤 형식이든) 종교를 믿고 싶다는 태도에 사회적 소통의 기회를 주지 않을 이유가 없다는 것이다. 반면 조직체계는 완전히 다른 방식으로 포함과 배제를 결정한다. 즉 적용할 수 있는 기준에 따라 구성원자격의 허용 여부를 결정한다. 조직체계에서 배제는 정상 사례이며, 조직체계는 그 사례에서 특별한 요구조건들을 구분하여 보여준다. 그러므로 조직은 그 기능체계 **내부에 경계를 긋는** 경향, 습관이 있으며, 심지어 그렇게 해야 할 필연성까지 가지고 있다. 이것은 종교체계가 고유한 조직을 형성할 때도 아마 불가피한 일일 것이다. 종교로 선언되는 모든 것이 조직의 환영을 받을 수 있는 것은 아니다. 그렇게 하지 않으면, 완화될 수는 있겠지만 포기될 수 없는 조직 요구들의 모든 특수성이 위험에 처할 것이다. 그것은 처음에는 조직된 종교와 조직되지 않은 종교가 있는 결과를 낳을 뿐이며, 사회학적인 진단을 위해서는 종교 개념을 종교 조직의 자기기술로부터 분리해야 한다는 결과에 이른다[19](그것은 종교가 뚜렷한 신앙 개념 없이도 초월과 내재를 구분할 수 있을 것이라는 점을 뜻할 필요는 없다. 즉 종교로서 가능할 것임을 뜻할 필요는 없다). 그러나 이 구분이 근대사회의 현 상황에 부합하는지에 관한 질문도 이 구분

---

19 이 점에 대해 특히 Thomas Luckmann, *The Invisible Religion*, London 1967을 참조할 것.

에 제기할 수 있다.

최소한 하나의 추가 고려 사항이 제시된다. 근대사회의 기능체계들 사이에는 긍정적인 조율이 거의 없다.[20] 기능체계들의 매우 상이한 고유 동학에 해당하는 사회전체적으로 사전 구조화된 "느슨한 연동"이 있을 뿐이다. 통합(체계 자유도의 상호적인 제한의 의미에서)은 상호 문제 부담을 통해, 고유한 기능 영역에서 해결될 수 없는 문제들의 외부화를 통해 발생한다. 따라서 인물의 포함은 경력을 통해 규제된다. 이 배열의 다른 어두운 면은 이를 통해 대규모 배제에 이르게 된다는 것이다.[21] 상당한 수의 세계 인구가 모든 기능체계에서 사실상 배제되어 있다. 일자리도 돈도 신분증도 없고, 권한도 직업훈련도 없으며, 최소한의 학교 교육도 없으며, 충분한 의료 혜택도 받지 못한다. 그리고 이 모든 것과 함께 다시금, 일할 기회와 경제에 접근할 희망이나, 경찰에 맞서거나 법원에서 권리를 획득할 희망도 없다. 배제들은 배제를 통해 강화되며, 일정한 문턱을 넘어서면 남겨진 모든 시간과 모든 힘을 생존에만 힘겹게 투입해야 한다. 긍정적인 통합의 느슨한 연동에 부정적인 통합의 엄격한 연동이 조응하는 것으로 보인다.

현재 이것은 여전히 근대성 중심의 주변에 있는 문제들이며, 그것들은 개발 원조, 신용 부여, 부패 척결이나 인플레이션 관리의 문제로 다루어지고 있다. 그것들은 기능적으로 분화된 사회가 자기 자신에게 처방하고 매체들이나 포함 범위들이 충분한 한에서만 기능할 수 있는 해법이다. 그러나 기능체계들의 차이에 인구통계학적인 다른 차이, 즉 포함과 배제의 차

---

20 바로 그 때문에 광범위한 사회학적이며 정치학적 토론에서 "조종", 즉 특별하게 그 점을 지향하는 활동이 문제가 된다. Helmut Willke, *Ironie des Staates: Grundlinien einer Staatstheorie polyzentrischer Gesellschaft*, Frankfurt 1992만 볼 것.
21 문헌에서는 이 점에 대해 억압(Unterdrückung), 탄압(Repression), 착취 같은 개념들을 발견할 수 있다. 그러나 이 용어들은 훨씬 약하며, 사태의 관점에서 부적절하다. 달리 말하면, 그것들은 너무 많은 희망을 허용하며, 달리 만들어질 수도 있을 것이다.

이가 중첩될 수도 있을 것이다. 그것은 다시 한번 안정적인 상태일 수 있을 것이며, 그 상태에서는 불안정과 통제 불가능한 폭력을 예상할 수 있지만, 더 이상 "혁명"을 예상할 수는 없다. 그리고 그것은 우리가 기능적 분화 없이 어떻게 가능할 수 있을지 생각할 수 없기에 그것을 넘어서서 더 이상 더 먼 미래를 인식할 수 없는 구식 형태의 근대일 수 있다.

부정적인 통합의 심각성은 (불분명한 경계를 인정할 경우에) 기능체계들로부터의 전혀 계획되지 않았으며 기능 없는 배제들이 서로 강화한다는 데 근거한다. 하나의 기능체계로부터 밀려나는 것은 다른 기능체계로부터의 탈락을 유발하며, 이런 일은 개별 사례에서 설득력 있는 논리에 따라 일어나는 것은 아니지만 소수만이 피해 갈 수 있는 치명적인 결과를 낳는다 — 다른 사람들의 도움이 있든 없든 그렇게 된다. 그러나 이 하향 나선에 무조건 참여할 필요는 없으며 다른 체계들이 배제했을 때도 포함을 유지할 수 있는 기능체계들도 있다. 이 영역들 중 아직 존재한다면, 가족이 그런 기능체계라고 할 수 있다. 그것은 특히 종교일 수도 있을 것이다.

조직화된 종교는 이것을 디아코니아, 자선 활동, 사회사업의 문제로 볼 것이다. 이에 대해서는 어떤 반대도 할 수 없으며, 이러한 상황 정의는 성공을 통해 입증될 수 있다. 지역 수도원 조직을 갖춘 다양한 기독교 종단은 인간적이며 자연적인 문명화 피해들에 대한 대책의 출발점을 형성할 수 있을 것이다. 그러나 이것은 종교의 기능과 코드의 활성화, 즉 전통적으로 말하면 신앙공동체의 의미에서의 교회 생산이 성공하는 경우에만, 종교체계로의 포함일 것이다. 그리고 여기서 조직은 어떤 신앙이 관건이 되어야 할 것인지 항상 알고 있기에, 항상 이미 결정했기에, 자기 자신에게 지장이 되는 것으로 보인다. 카톨릭 교회의 공식 목소리는 교회가 정치적이며 경제적인 생활 조건들을 돌보아야 하고 경우에 따라서 당사자들이 구원의 복음, 예수 그리스도를 통한 대속 등을 믿지 못하게 하는 조건을 발견할 때는 정치적으로 개입해야 한다고 선포한다. 그러나 왜 이렇게 말하는가? 왜 이 세계 저편의 세계에 달리 접근할 수는 없는가? 왜 성사를 집전하며, 황홀 상태를 연출하지 않는가? 왜 시간적으로 연기된 구원의 희망을 말하며, 지금 도움이 되는 주술을 보여주지는 않는가? 왜 고해성사를 행하며, 흑주술과 백주술을 구분할 수 없는, 즉 구분할 필요도 없는 의례는 인정하지 않는가?

기술된 조건에서 자발적으로 형성되는(제기된 질문은 20세기의 아프리카-인디언의 혼합 의례와 관련된 것이다), 종교성에 대한 모든 관찰은 이런 종류의 질문을 낳는다. 생성되며 확산하는 종교성을 관찰할 가능성이 있다면, (그에 상응하게 이론적으로 준비된 관찰 방식으로) 그 밖의 경우에 배제와 양립될 수 있는 것으로 보이는 종교적 포함의 가능성을 볼 수 있다. 또한 조직이 그것을 자신의 관심사로 허용하지 않을 것이며 허용할 수 없을 것이라는 점도 볼 수 있다. 그러나 사회는 그것을 허용한다.

VI.

종교 조직들은 이제 다른 조직들처럼 개혁의 도움을 받는다. 개혁은 오직 조직 내에서만 발견될 수 있는 것처럼 변화를 계획하는 형식들이다. 조직이 조직 내에서만 내려지고 관철되어야 하는 결정들을 목표로 삼는다는 점을 통해, 개혁은 종교운동이나 사회운동 또는 그 밖의 관찰 가능한 구조 변경과 구분된다. 그것들은 예를 들어 중앙화 대 탈중앙화, 또는 단일 정치 대 집단 원칙의 의미에서 공식적 조직과 관련될 수 있다. 그러나 조직들은 또한 체계의 프로그램을 가리킬 수도 있다. 즉 코드의 올바른 사용과 잘못된 사용 간의 구분을 분명하게 표현하는 사실 기준을 가리킬 수도 있다. 조직들은 결정 전제들과 작동상 결정 소통을 구분할 수 있다는 것을 항상 전제한다. 예를 들어 세례 집전과 이 집전이 세례로 식별되고 인정되는 조건들의 확정을 구분할 수 있다. 그 밖에도 그것들은 체계가 기초적인 결정의 실행과 결정 전제들에 관한 결정의 두 층위에서 결정 능력이 있다고 전제한다. 즉 기초적 층위와 조율하는 층위에서의 일종의 "이중 폐쇄"가 전제되는 것이다 — 이중 폐쇄는 체계가 그 두 층위에서 자율적이며 고유한 작동으로 자기 자신을 결정한다는 의미다.[22]

더 단순하게 말하면, 개혁은 신앙 문제를 결정 문제로 다룬다. 이 말은 조직이 폐쇄된 방식으로 작동하기에, 사회 자체를 통해서나 그 기능체계 중 하나를 통해서 결정될 수 있다는 것을 의미하는 것은 아니다. 조직은 오직 자기 자신만을 개혁할 수 있다. 즉 조직에서 소통이 대체로 어떻게 개최될 것인지, 즉 결정들이 어떻게 결정들을 해석하거나 자극할 것인지에 관해서만 결정할 수 있다. 그리고 그것조차 경제체계, 정치체계, 교육체계 등의 조직에서의 개혁에 대한 모든 경험에 관해 너무 많은 것을 말하고 있다. 개혁은 체계 내에서 상기되고 망각되며 모든 두 경우에 다른 개혁의 계기가 될 수 있는 강조점들을 언어적으로 강조되는 층위에서 설정하는 일에 거의 온 힘을 쏟는다.[23] "실행"(Implementation)은 원래 의도된 의미로는 거의 발생하지 않으며, 발생하더라도 의도가 현실에 적응하게 되어 일정한 시간이 지난 후 이전 상태와 이후 상태를 더 이상 구분할 수 없게 된다. 개혁가들의 목표 설정을 통해 스스로 불안해하지 않으면서 지금까지의 관행을 개

22　"이중적 폐쇄"(double closure)에 관해 신경생리학적 체계들과 관련된 내용으로 Heinz von Foerster, *Observing Systems*, Seaside Cal. 1981, 304쪽 이하를 볼 것.
23　그 점에 관해 Nils Brunsson/Johan P. Olsen, *The Reforming Organization*, London 1993을 볼 것.

혁의 수사학으로 기술하는 것이 종종 큰 문제가 되지 않을 수 있다. 이것은 개혁의 언어적 서술이 계속될 때 성공으로 간주되며, 지속하는 결점들이 새로운 개혁을 시작하도록 자극하는 계기를 부여할 수 있다는 데 대한 이유일 수 있다.

이 모든 것은 예를 들어 여성 성직 허용 같은 공식 조직의 아주 좁은 부분만을 생각한다면, 수정될 수도 있을 것이다. 조직은 환경의 압력으로 인해 개혁을 강요받으며 개혁에 적절하게 조직의 자기기술을 적응시킬 수 있다. 그러나 일반적으로는 결정 전제들과 기초적인 결정함의 연동은 너무 느슨해서 변경 의도가 실종되거나 의도된 효과의 외부에서 감지할 수 없는 변화들을 야기할 수 있다. 개혁들은 실제 거의 평가되지 않는다. 개혁은 기껏해야 언어를 규제할 뿐, 의도된 효과를 관철해내지 못한다. 그것은 기업 회계나 관청 회계[24] 또는 가톨릭 고해성사의 도덕적 결의론처럼, 비교적 견고하게 규제된 대상에 대해서도 마찬가지로 그렇다. 여성들이 설교단에 서게 될 때 그들이 정말로 다르게 설교할 것인지는 아예 확인하지 않는 것이 더 좋을 것이다.

개혁이 개혁 촉발에서 소진되고 이런 언어적인 변화 동학이 습관화된다면, 개혁가들과 반개혁가들의 구분은 중요성을 상실한다. 중요한 구조적 변동은 사회의 종교체계 층위에서 일어나며, 조직 내부에서는 불충분하게 복제될 수밖에 없다. 그 변동은 진화의 형식을 취하지, 계획의 형식을 취하지 않는다. 그것은 예견할 수 없는 방향으로 작용하지만, 그것이 영향을 미치는 바로 그대로 영향을 미치는 반면, 조직된 계획과 조직과 관련된 계획에서 효과의 의도는 기껏해야 파편적으로만 수용된다. 이 중 어떤 것도 개혁에 반대한다고 말하지 않는다. 반대로 개혁의 층위에서 현실적으로 판단

---

24 이 점에 관해 특수하게 Brunsson/Olsen a. a. O. 176쪽 이하를 볼 것.

하고 그 피뢰침 기능을 인정하고, 또한 체계 자체 내부에 개혁 관련 성찰 나선들을 구축하는 것이 그 나선들이 개혁되는 것에서 많은 것을 변화시키지 않더라도 어떤 기능을 충족시킨다는 것을 인식할 때에야 개혁을 더 정확하게 판단할 수 있다.

개혁에 대한 태도는 조직 내 지도 계층의 전문가적인 자기이해의 특징을 결정짓는다. 오늘날의 엘리트들은 과거와는 달리 노동하며 물론 조직 내에서 노동하기에, 개혁을 발의하는 일반적인 경향은 동시에 입장을 밝힐 것을 강제한다. 조직 내에서는 (어떤 결과를 낳든) 결정될 수 있고 많은 경우에 결정이 내려져야 하기에, 결정하지 않는 것(여성은 안 된다!)도 결정이기에, 참여자들은 상응하는 선택에 직면하고 있다 ─ 교황 교회나 공의회 교회에 관한 15세기의 논쟁에서 이미 분명하게 그러했다. 한편으로 그것은 표현된 의견 차이의 지속적인 재생성 계기로 간주될 수 있으며, 그것은 전기적인 종류의 동일성 문제를 낳았다. 개인들은 일반적으로 개혁의 실행이 이제 의결되는지 아닌지와 무관하게 개혁보다 더 오래 살기 때문이다. 그것은 외부에 대해서는 교회 설립 과정에서 끊임없이 논쟁만 한다는 인상을 불러일으킬 수 있을 것이다. 그러나 여기서 개혁의 사전 질문과 목표에 관한 성찰을 위해 항상 다시 새롭게 불거지는 계기를 볼 수도 있다. 헬무트 셸스키는 언젠가 크게 주목받은 논문에서 다음을 질문한다. "지속 성찰(Dauerreflexion)은 제도화될 수 있는가?"[25] 이에 대한 대답은 "제도" 개념이 명확해질 때까지 기다려야 할 것이다. 어쨌든 (신학자뿐만 아니라 교육자, 법학자들이나 최신 스타일의 "총괄 관리자들"의) 전문직은 조직의 개혁 열망으로 인해 성찰을 강요받지, 더 이상 철학으로 인해 성찰을 강요받지 않는다는 것을 볼 수 있다. 그리고 그것은 조직되지 않은 종교가 이 형식으로는 발견할 수

---

25 Helmut Schelsky, "Ist die Dauerreflexion institutionalisierbar?", in: *Zeitschrift für evangelische Ethik 1* (1957), 153-174쪽을 볼 것.

없는, 현대 사회에서의 종교의 장소를 규정하는 부수적인 이점을 가질 수 있을 것이다.

VII.

조직들은 실질적인 지원 기관들로 설립된다. 사람들은 특정한 성과들을 우발이나 임시 동기화에 맡기고자 하지 않으며, 확실하게 보장하고자 한다. 이런 설립 의도를 조직 기술의 근거로 취하면, 조직은 비교적 문제없는 수단인 것으로 보인다. 문제는 비용과 의도하지 않은 부작용들에 있을 뿐이다. 조직을 결정에서 결정을 재생산하는 자기생산적 체계들로 이해하면, 전혀 다른 그림이 나타난다. 이를 통해 작동상 폐쇄(결정함 작동의 기초에서)와 자가 생산된 불확실성을 강조하게 된다. 모든 결정은 다른 결정들을 관찰하고 후속 결정의 필요성을 재생산한다. 이제 결정 전제 또한 결정의 결과로 보아야 하며, 적어도 다른 새로운 결정들 내에서 그것을 지속적으로 수용하고 재형성한 결과로 보아야 한다. 이렇게 본다면, 조직은 언제나 자가 생산된 불확실성을 재생산하는 체계로 나타나며, 이 불확실성을 항상 새로운 (그러나 효과는 같은) 결정들을 통해 처리해야 한다. 이것은 특히 조직의 일반적으로 위계적인 구조를 설명한다. 수직적 통합은 불확실성을 확실성으로 전환하는 가장 중요한 수단이기 때문이다.

조직들이 자가 생산된 불확실성과 함께, 즉 아직도 여전히 규정될 수 없는 미래와 함께 살아간다면, 사회의 기능체계로서의 종교가 이런 종류의 체계들에 의지할 수 있을지의 여부와 어느 정도까지 그렇게 할 수 있을지가 의문스러워진다. 종교가 규정된 주제들을 결정을 통한 처리에 넘기지 않기 위해 결정 전제들을 신성한 것으로 다루어 도움을 받는다는 것은 분명하다. 그러나 이것이 조직의 작동상 논리와 양립할 수 있는가 하는 것이 문제가 된다. 조직의 자기생산은 그런 금지도 결정으로 등재하도록 조직을 강제할 것이다. 그러나 그 경우에도 그런 결정의 변경 가능성을 배제할 수는 없다. 조직은 그런 가능성들을 사용하지 않겠다고 결정할 수는 있겠지만, 이것을 가능성으로 배제할 수 있다면 다른 모든 것은 단지 기회의 문제일 뿐이다. 조직은 결정함의 자기생산에 기초하여, 고유한 작동상 가능성을 배제할 수 없다. 배제함의 모든 시도는 가능성을 가리키는 것으로 작용한다. 그리고 하나님이 시원한 저녁 공기를 즐기려고 낙원의 뒤뜰을 거닐다가 그곳을 뱀에게 넘겨줄 때, 타락이 일어나는 것이다.

이 점을 생각하면, 종교와 조직의 근본적인 양립 불가능성이 없는 것이 아닌가 질문하게 된다. 이것이 꼭 종교의 파국으로 이어질 필요는 없지만, 아마도 흔히 위기라고 부르는 상황을 낳을 수는 있다. 조직이 수용하고 재생산하는 모든 것에 결정이 있다는 것을 볼 때, 그것은 신앙 내용의 해체로 이어질 것이다. 그런 결정이 "오류가 없는지"의 여부는 이 질문에 아무런 영향을 미치지 않는다. 문제는 이런 결정이 다르게도 내려질 수 있으며 전혀 내려지지 않을 수도 있다는 사실에 있다. 이 내용은 이미 개념에 포함된 것인데, 결정은 개념이 관찰하라고 명령할 때 우연적인 것으로 경험된다. 그리고 바로 그것이 장래 결정의 가능성 형식으로만 현재가 되는 조직 미래의 근거가 된다. 그러나 종교는 이미 존재하는 것에 의지할 수 있기를 원한다.

제7장

종교의 진화

제7장 종교의 진화

I.

특별한 종교체계의 진화는 사회의 진화와 동일시될 수 없고, 사회의 다른 기능체계들이 외부분화하여 그 후 고유동학적으로 진화하는 방식으로 일어나지도 않는다. 그것은 전체사회적인 진화의 문제가 아니다. 종교가 뚜렷하게 구분되는 현상으로 식별될 수 있는 모든 경우에, 사회에서는 다른 종류의 의미와 소통도 있어서 포괄적인 사회적 진화를 전제해야 하기 때문이다.[1] 예를 들어 가계 관리 문제와 입증 능력이 있는 공적 기록 문제 말고도 점술이 중대한 역할을 했다고 하더라도, 문자의 진화를 모든 경우에 전적으로 종교에 소급하는 것은 불가능하다. 다른 한편 종교적 진화는 다른 기능체계들이 진화하는 방식과도 다르다. 그것은 훨씬 이전에 시작한다. 그것은 사회에서 외부분화한 것으로 기술할 수 있는 체계를 최초로 만들어낸다.[2] 종교의 진화는 상징적으로 일반화된 특별한 상징 매체의 필요

---

1 이 점에 대해 Niklas Luhmann, *Die Gesellschaft der Gesellschaft*, Frankfurt 1997, 413쪽 이하를 볼 것.
2 이 점에 대해 Niklas Luhmann, "Die Ausdifferenzierung der Religion", in: ders., *Gesellschaftsstruktur und Semantik Bd. 3*, Frankfurt 1989, 259-357쪽도 볼 것.

와 동시에 발생하지 않는다 — 경제체계의 외부분화가 화폐 도입을 전제한다거나 정치체계의 외부분화가 권력 행사를 위해 관직 설치를 전제한다고 말할 수 있는 것처럼 그렇게 되지 않았다. 또한 상징적으로 일반화된 특별한 소통 매체의 생성을 일반적으로 촉발하는 계기가 있는 것도 아니다. 즉 규정되었으며 매우 특화된 소통 수용의 비개연화는 없었다. 이를 통해 다른 기능체계들의 진화와의 관련이 배제되는 것은 아니다. 물론 예언자들이 유대교에 주었던 충격이 기존의 왕권을 전제했으며 불교의 분리가 기존의 카스트제도를 전제했다는 것을 알고 있다 — 주화 화폐의 발명이 "폭정"과 이에 반응하는 그리스 도시에서의 정치적 발전으로의 이행을 자극했거나, 후기 중세, 특히 이탈리아에서의 궁정 형성이 수공업자나 길드나 수도원에 더 많이 구속되지 않은 특별한 예술체계의 분화를 자극했다고 말할 수 있는 것처럼 말이다.[3] 그러므로 우리는 결코 이론적인 일반화 가능성을 배제하고자 하는 것이 아니다. 일반적인 이론적 기초가 없다면, "진화"나 "외부분화" 또는 "체계"라는 말을 할 수 없을 것이다. 그러나 종교적 진화의 특수성들은 특별히 주목받을 가치가 있다. 역사 초기에 사회의 진화와 특별하게 종교적인 진화의 긴밀한 얽힘이 있었다는 것은 반박할 수 없을 것이다 — 그리고 그것은 초기 사회들이 오늘날의 사회와는 다른 방식으로 그리고 더욱 긴밀하게 종교에 의해 규정되었다는 인상까지 준다. 그러나 이런 특수 상황에도 불구하고 그리고 바로 그 상황 때문에, 종교적 진화가 어떻게 가능해졌는지의 질문은 독립적으로 연구할 가치가 있다. 그리고 우리는 여기서도 진화가 문제가 될 때, 변이, 선택, 재안정화의 특수한 진화상 기제가

---

3 이 두 가지 사례에 대해 Peter N. Ure, *The Origin of Tyranny*, Cambridge Engl. 1922; Martin Warnke, Hofkünstler: *Zur Vorgeschichte des modernen Künstlers*, Köln 1985. 더 상세한 내용으로는 Niklas Luhmann , *Die Kunst der Gesellschaft*, Frankfurt 1995를 참조할 것.

종교의 경우에 어떻게 채워졌는지, 그리고 특히 그것이 어떻게 분리될 수 있었는지를 조사해야 할 것이다.

이런 종류의 질문에 대해 막스 베버의 종교사회학이 유용한 사전 작업을 제공할 것으로 생각할 수도 있다. 그러나 이것은 사실이 아니며, 매우 제한된 범위에만 그렇게 말할 수 있다. 물론 분명하게 역사적인 베버의 질문제기는 이 분야에서 시도된 모든 것에 비하면 주목할 만하다. 여기서 주목할 만한 또 다른 것은, 분명하게 금욕적이며 초월적인 구원 목표를 지향하며 세계를 부정하는 종교성의 진화상 비개연성을 아주 강조했다는 점이다 — 이것은 **특수하게 종교적인** 태도와 "생활 방식"의 형식들이 외부분화하고 합리화된 형식으로서 일어난다. 이 비개연성은 심리학적일 뿐만 아니라, 이전 형식의 종교적 관습과 관련되어 정초된다. 이 모든 것은 오늘날 진화이론적인 틀 안에서 개념적으로 더욱 엄격하게 다룰 수 있을 주제들이다. 특히 다음 내용이 중요하다. 베버는 근대 "자본주의"로 나아가는 경제 체계의 진화 조건을 규명하는 데 일차적인 관심이 있었다 — 그것은 다른 체계준거에서의 관심이었다. 베버는 그 문제들을 설명하기 위해, 당대의 방법론적인 개념에 매인 채 인과적으로 작용하는 동기 요인이 필요하다고 생각했다. 그리고 그는 그 요인을 (다른 인과성들을 당연히 인정하면서) 종교에서 발견했다고 믿었다.

그는 바로 이 전환의 비개연성을 가지고 이 전환에 영향을 미쳤을 종교적 동기들의 특별한 압력을 설명할 수 있다고 생각했다. 그 점에 대해 어떻게 생각하든,[4] 방대한 양의 비교 연구를 통해 발전된 베버의 논제는 진화이

---

[4] 그 점에 대해 자세하고 명확하게 그리고 특히 "비개연성"의 위상에 주목하는 Hartmann Tyrell, "Worum geht es in der 'Protestantischen Ethik'? Ein Versuch zum besseren Verständnis Max Webers", in: *Saeculum 41* (1990), 130-177쪽; ders., "Potenz und Depotenzierung der Religion — Religion und Rationalisierung bei Max Weber", in: *Saeculum 44* (1993), 300-347쪽을 참조할 것.

론의 외부에 있다.[5] 물론 진화이론의 중심 주제인 비개연적인 것의 개연화는 베버의 문제이기도 하지만, 그에 대답하는 진화이론은 그 후 다르게 구축되어 있다. 진화이론은 특히 강하게 작용하는 원인에 의존하지 않으며, 그래서 그 후 끝없는 인과 귀속 질문에서 길을 잃지 않을 수 있다. 그것은 "우발"에 의존한다 — 무엇보다도 우발적인(체계에 의해 조종되지 않은), 변이와 선택의 공동 작용에 의존하지만, 또한 도움이 되는 정황들이 우연하게도 마련되어 있다는 데 의존하며, 새로 생겨난 형식이 그 고유한 욕구, 동기, 의미론, 안정성을 생성시킨다는 점까지 고려한다.

이하의 고려들은 이런 특별한 의미에서 진화이론에 기초하고 있다. 그런데 베버를 잘 아는 사람들은 베버를 회상할 기회를 가지게 될 것이다.

II.

우리가 기초로 삼는, 진화의 일반 개념을 이미 이전 계기에 소개했다.[6] 그에 따르면, 형태 발생적인 질문들의 모든 진화이론적인 처리는 변이 형식들과 선택 형식들이 어떻게 분리되는지에 특별한 주의를 기울여야 한다. 오늘날 진화이론의 특별한 특징은 이것이다(그리고 진보를 향하는 시기 구분이 아니다). 또한 변이와 선택의 접속을 우발로 다루어야 하며, 다른 식으로는 "분리"라고 말할 수 없을 것이다. 한편으로 이것은 인과법칙에 따르는 결정을 부정하지만, 진화의 이 두 가지 요구의 모든 체계상 통합을 특별히 그리

---

[5] 베버 시대에 사회적 진화이론으로서 소수의 표제어를 지향하는 "사회적 다윈주의"가 아닌 다른 어떤 것도 사용될 수 없었다는 점을 생각한다면, 그 점은 쉽게 이해할 수 있다.
[6] 위의 제5장 제4절을 참조할 것.

고 더 포괄적으로 부정한다. 이미 복잡한 이 이론 구조로부터 "우발"을 말하는 모든 경우에는 언제나 체계의 작동상 폐쇄에도 불구하고 환경이 영향을 미칠 기회가 있다고 추측할 수 있다. 체계는 무시할 수 있거나 발생할 때 기회로 사용할 수 있는 우발에 자신을 내어 맡긴다. 요약하면, 진화하는 체계는 변이와 선택의 결핍된 조율을 환경 민감성으로 전환할 수 있다. 체계는 변이들의 "다양성 풀"(variety pool)에서의 선택을 위한 규칙을 지정하지 않으면서 자기 자신을 환경 영향에 내어 맡긴다. 그리고 결정적으로, 체계는 그 때문에 일시적인 환경 조건들을 이용하여 자기 자신에게서 끌어낼 수 없는 구조 구축을 사용할 수 있다.

특히 종교적 진화의 경우, 우리는 변이를 위한 지속 동인들이 친숙한/낯선의 차이나 그 후 속세/내세 차이에 있다고 전제한다. 이 구분의 "다른 면"은 이쪽 세계의 일반적인 경험적 제한들 없이 고려될 수 있고 또 고려되어야 한다. 처음에는 여기서 상상에 제한이 없다 — **구분의 자기 자신 안으로의 "재-진입"을 통해 이쪽 세계에서 그려지는 경계라고 하더라도 말이다**. 종교의 경우에도 모든 실재 경험이 체계 작동들에 맞선 체계 작동의 저항을 통해, 소통에 맞선 소통의 저항을 통해 창출되어야 한다는 것이 옳기 때문이다. 외부로부터 오는 정보는 없다. 체계는 스스로를 규율해야 한다.

종교적 진화의 초기에는, 비교적 귀결이 없으며 특히 상기되지 않은 변이를 가능하게 하는 제도들을 고려해야 한다. 이것은 접근권이 있으며 지식을 가장할 수 있는 사람들이 소통적인 비밀 유지 관행들, 금기들, 성스러운 사물을 비교적 실용적으로 다루는 경우에 적용된다. 종교적 행위는 외부를 향해, 그것이 소통적으로 서술될 때 주술 영역과 제식 영역에서 고정된 형식으로 나타난다 — 베버의 용어를 빌리면 "고정관념화된"(stereotypiert) 것으로 나타난다. 의미의 소통은 이 방법으로만 이해할 수 있다. 동시에 그것은 종교가 "의미하는" 바가 무엇인지에 대해 정교하면서도 전문가가 관리하는 사전 이해가 필요 없이 종교에 대한 소통의 관련을 이해하는 데 필수적인 조건이다. 그러나 이것은 일탈이 가치를 입증되는 혁신으로 **상기되는** 것을 방해하는 잠재적 기능도 가지고 있다. 따라서 이 시대에는 남자들의 집에 보관되는 선조의 유골이 수시로 교체되고,[7] 주술적이거나 점술적인 수단 투입이 요구되기 때문에 기호가 필요한 만큼 조달되어야 하더라도 변이와 선택의 실행된 구분이 없다.[8] 종교는 거의 전제조건이 없는 것에서 시작할 수 있으며, 회귀들(Rekursionen)을 발전시키며, 거기서 고유한 자기생산을 발견할 수 있다.

주술은 실제로 이미 알려진 자연적인 과정들과 기술(記述)들의 병렬 구성 — 내세로 옮겨진 병렬 구성 — 이기에, 매력적이고 상상하기 쉽다. 그것은 성공을 위한 과잉 확실성으로서, 또는 어차피 드러나는 운명을 뒤집기 위한 시도로 실행될 수 있다. 그것은 성공과 실패에 대한 고유한 설명으로 장착되었으며 복제 절차에서 획득한 변항이다. 즉 실패한다고 해서 즉시 포기할 성공을 보장하는 처방은 아니다. 주술은 이례적이며 개인에게 일어나는 (멋지게 나타난!) 사건들의 설명에 사용될 수도 있다. 더욱이 삶의 모든 가능한 문제들과 내재적인 안정성의 긴밀한 얽힘이 돋보이며, 이와 함께 진화상 확산과 둔감성이 돋보인다. 심지어는 근대조차 주술에 대한 믿음을 근절할 수 없었다. 특히 그것을 믿는지 믿지 않는지를 물을 필요도 없고, 결정할 필요는 더더욱 없기 때문이다.[9] 주술은 다른 세계의 현존(Gegenwart)

---

[7] 이 보기는 Fredrik Barth, *Ritual and Knowledge among the Baktaman of New Guinea*, Oslo 1975에 있다. 바르트(Barth)는 씨족의 정통한 사람들과 나머지 구성원들(여성들, 아이들, 성인들)의 의미론적 세계가 얼마나 분명하게 다른지를 보여준다. 그리고 그것은 전형화와 적응적 실용주의의 분화와 공존을 가능하게 하는 도식으로 평가될 수 있다.

[8] Roy A. Rappaport, *Pigs for the Ancestors: Ritual in the Ecology of a New Guinean People*, New Haven 1967을 참조할 것. ders., "The Sacred in Human Evolution", in: *Annual Review of Ecology and Systematics 2* (1971), 23-44쪽도 참조할 것.

[9] 이것은 특히 일본에서 연구하기 쉬운데, 그곳에서는 많은 곳에서 점술과 주술 관행이 아직 존속하고 있다는 것을 접할 수 있다. 그리고 그것은 특히 집단이 충분한 안정을 제공하

을 입증하지만, 일상의 경험과 너무 가깝게 제시되어서, 이 세계와 저 세계 간 관계가 아니라 상황 간의 관계에서 일관성 문제가 드러난다 — 예를 들어 이전에는 건강했는데 그 후 병에 걸린다. 종교적인 의미 관련과 일상적인 실천에서의 의미 관련들은 구분하기 매우 쉽다. 희생제물을 태우는 불꽃이 높이 치솟지 않으면, 불길한 징조일 수 있다. 그러나 점화기를 잊었으면 가지러 가야 한다.

물론 사람들은 종교의 질문들은 결코 "합리적인 상호이해"에 내맡기지 않는다. 종교는 결코 "합의 모색" 과정을 통해 진화하지 않는다. 오히려 사회적 조율은 대상과 "유사-대상들"의 도움으로 달성된다.[10] 진화는 이 대상 선로를 사용하며 복잡한 관계들에 더 잘 적응된 다른 유사대상들을 대체할 수 있다. 그런 식으로 황홀 상태에서 예언자가 나오고, 결국 형이상학이 세계를 세계 안에 완전하게 배치하기 위해 보이는 것과 보이지 않는 것 사이의 구분을 제공할 것이다. 이런 의미에서 희생제물들과 의례들은 복합단위들로 연출되며 그로써 객관화된다. 사람들은 필연성과 기회에 대해 다른 의견을 가질 수 있겠지만, 실행 방식에 대해서는 그렇지 않다.[11]

지 못하여 개인이 자기 자신을 스스로 지켜낼 줄 알아야 하는 곳에서 잘 연구할 수 있다. 사람들은 사업의 계속적인 성공을 보장하기 위해 특정한 샘에서 철망 바구니에 돈을 세탁한다. (그리고 바구니를 끌고 달리는 차량들과 바구니에 든 돈을 가지고 판단하면 이 일을 하는 사람들은 가난한 사람들 가운데 가장 가난한 사람들은 아니다.) 사람들은 시험에 응시하기 전에 예언을 들어보기 위해 절에 가기도 한다. 그리고 이 모든 것은 아마도 그 밖의 세계 지식과 관련하여 어떤 불일치도 경험하지 않았기 때문에, 그것을 믿느냐 아니냐의 질문은 거의 이해되지 않고 명확한 답을 얻지도 못한다.

10 Michel Serres, *Genèse*, Paris 1982, 146쪽 이하의 의미에서의 "유사-대상". 그런 대상들의 "유사함"이 종교적으로 함께 소통되지 않는다는 것은 그 자체로 이해되는 일이다. 그러나 여기서도 2차 질서 관찰자 관점에서 발명과 상상, 즉 변이를 위한 허용이 있다는 것을 인식한다 — 예를 들어 황홀 상태의 해석과 무엇보다도 종교가 최근까지도 자행하는 "영혼"이라는 유사대상의 발명에 있어서 매우 효과적이다.

11 근대적인 등가물은 기술이 기능한다는 것일 것이다. 사람들은 황혼이 어스름하게 시작할 때 이미 전등을 켜는 것이 적절한지에 대해 의심하고 의견을 달리 할 수 있다. 그러나 불을 켜면 밝아진다는 것은 또 다른 합의 모색을 필요로 하지 않는다. 객관화를 통해 합의 필요들의 방향이 정해지고, 생략되고 또한 확장될 수도 있다. 기능 맥락에 장치된 객

따라서 적응적 변이는 물론 알고 있지만 변이 기제와 선택 기제의 분리는 알지 못하는 종교적 진화의 초기에는 사회적 분화가 전제되는데, 그 분화의 경계는 엄격한 구속과 실용적인 취급의 분리와 공동 작용을 가능하게 한다. 그래서 종교가 항상 다른 형식들에서의 단순한 반복에서 언제 그리고 어떻게 더 비개연적인 형식의 선택으로 넘어가며, 그 결과 종교적 소통의 체계가 틀림없이 재안정화되었는지의 질문이 관건일 때는 이 차이에서 시작해야 한다.

여기서 종종 그렇듯이, 경계들이 차이를 드러내고 그것들의 통일성을 숨기기에, 창조적인 구조들이라는 것을 발견할 수 있다. 체계는 신성한 힘의 유능한 처리(kompetenter Umgang)와 무능한 처리(inkompetenter Umgang)의 차이에서 성장하고 새로운 형식들을 형성할 수 있다. 체계는 이 지점에서 번성할 수 있고, 상황 역할에서 상속 가능성이나 규정된 적정성 요구를 가지는 전문직 역할로 넘어갈 수 있으며, 지식, 기술 등을 축적할 수 있으며, 의심스러운 상황을 위해 권위와 책임을 형성할 수 있다. 주술사, 샤먼, 사제를 위해 뚜렷하게 구분되는 역할들이 생겨난다. 무기력하지만 죄가 없지 않은 현재 평신도들의 관점에서 보면, 두 가지 경계가 합쳐지고 서로를 강화한다. 즉 유능/무능 원칙에서의 사회적 차이와 속세의 일상 세계가 막강한 내세 권력과 맺는 차이가 합쳐지고 서로를 강화한다.

전문가들의 그런 "현실적인-위계"(Hier-archie)에서 일상 욕구들을 너무 자유롭게 처리하는 것을 어렵게 만들 — 또는 그것을 기억하지 않고 일어나도록 할 수 있을 — 자기차단이 생겨났을 수 있을 것이다. 그것은 쌍방 관찰의 문제들이었다. (유익하기도 한) 망각을 방지하기 위한 쓰기의 도입으로

관화들은 그것들이 의례들이든, 기술들이든, 그렇지 않으면 가능하지 않았을 어떤 것을 가능하게 만들며, 그로써 비로소 상호이해의 필연성들을 구성하기(konfigurieren) 때문이다.

인해 처음으로 강력한 변화가 일어났다.[12] 쓰기의 발명은, 역설적이지는 않더라도 양가적으로 작용한다. 쓰기는 구조 보전과 반복된 사용의 목적으로 생각되었으며 상기의 분명하게 종교적인 평가 능력을 지니는 동시에, 지금까지 효과적이었던 안정화 기제를 파괴했다 — 일탈을 '인지-하지-않음'과 전승하지 않음의 기제가 파괴되었다. 쓰기는 특히 가계("경제적") 영역과 법적 영역에서 있을 수 있는 일탈을 가시화하기 위해 발명된 것으로 보이며, 이것은 쓰기와 언어의 조율 이전에 이미 그러했다.[13] 그러나 쓰기는 언어화되고 결국 근동의 다국어 영역에서 음운화되자마자, 등재 목적을 넘어서서 구두 **소통**과 문자 **소통** 사이의 새로운 종류의 차이가 생겨난다.[14]

의미를 현재성(Aktualität)과 가상성(Virtualität)의 통일성으로 이해한다면, 쓰기는 가상성 영역의 거대한 확장으로 이해할 수 있을 것이다. 현재성은 포기해서도 안 되고 포기할 수도 없지만, 쓰기와 읽기의 현재성은 상호작용의 사회적 압력으로부터 부담을 던다. 그리고 소통(과 그것과 함께 의식)은 의미 체험의 가상적인 측면에 완전하게 집중할 수 있다. 그 결과 세계 내에

---

12 문자로 인해 종교가 변형되었는지의 질문에 관한 문헌은 개괄할 수 없을 정도로 확장되었지만, 일반적으로는 이론 지향적이지 않다. 도입하는 개괄은 예를 들어 Jack Goody, *Die Logik der Schrift und die Organisation von Gesellschaft*, 독일어 판본. Frankfurt 1990, 25쪽 이하를 볼 것. Walter J. Ong, *The Presence of the Word: Some Prolegomena for Cultural and Religious History*, New Haven 1967도 볼 것.
13 Harald Haarmann, *Universalgeschichte der Schrift*, Frankfurt 1990, 70쪽 이하를 참조할 것. Alexander Marshack, *The Roots of Civilization: The Cognitive Beginnings of Man's First Art, Symbol and Notation*, London 1972도 볼 것. 여기서는 언어를 복사하는(처음에는 완전하게 복사하는이라고 확실하게 말할 수는 없겠지만) 문자로의 전환을 위한 진화상 전제가 메소포타미아에 있었던 것으로 보인다 — 일반적으로 쓰기의 발명으로 간주되지만 동일성과 일탈을 가시화하는 기술적인 가능성을 물려받았고 그래서 비교적 신속하게 수행될 수 있었던 발전 단계를 위한 전제조건이었다. Denise Schmandt-Besserat, "An Archaic Recording System and the Origin of Writing", in: *Syro-Mesopotamian Studies* ½ (1977), 1-32; Jean Bottéro, "De l'aide-mémoire à l'écriture", in: ders., *Mésopotamie: L'écriture, la raison et les dieux*, Paris 1987, 89-112를 볼 것.
14 이 점에 대해 Niklas Luhmann, "The Form of Writing", in: *Stanford Literature Review 9* (1992), 25-42쪽을 볼 것.

서의 모든 발상을 보관한다는 것은 명백하게 불가능하기에, 새로운 종류의 더 추상적인 질서 강제가 생겨난다. 어떤 것이 가능하다고 생각되는 바로 그때, 그것은 신빙성의 특수 조건, 즉 가능한 현실화의 특수 조건을 충족시켜야 한다.

신성한 사안들을 다루어내는 능력의 분화와 쓰기 확산이라는 두 가지 성취가 합쳐지면, 상당한 효과를 기대할 수 있다. 진화의 결과는 후속 진화의 조건들을 변화시킨다. 능력이 공급되면서 쓰기에 숙달했을 것으로 생각되며 또 의미 있게 활용할 수 있는 사람들의 범위가 좁아진다. 그래서 쓰기에 관한 지식이 많은 사례에서 일단 비밀 지식으로 다루어졌다는 것은 믿을 만한 일이다.[15] 그런 신빙성은 "문자 해독 능력"의 결과를 틀림없이 쉽게 흡수할 수 있도록 만들었을 것이다. 그러나 그 후 지식의 문자화 자체가 진화의 새로운 단계를 도입했다는 것을 더 확실하게 전제할 수 있다. 특히 인쇄술 도입 이후에도 문자의 종교적인 의미 내용이 한 번 더 상당히 강조된다. 바로 문자는 비밀을 건드리지 않고도 종교의 신비로운 학문을 가시화하는 데 적합하다.[16] 그리고 쓰기는 소통에의 참여를 고유한 행동으로 경험하고 고유한 인성 구축을 위한 부수 효과를 얻을 기회를 개인에게 제공한다.[17]

그러나 모든 고등 종교가 그 기원과 전승에서 결코 문자에 의존하지 않았다는 점을 물론 인정해야 한다. 특히 브라만들의 종교와 불교는 이 규칙

---

15 개별적으로는 매우 논란의 여지가 있는, 메소포타미아 문자와 무관하며 그 이전에 생겨난 문자에 대해 그런 내용을 추정한다. 그것은 발칸에서 발견된 문자다. 그것은 신들과의 직접 교제를 위해 간직해두었던 것일 수도 있다. 즉 일종의 마법 문자일 수 있을 것이다. Haarmann a. a. O. 70쪽 이하를 참조할 것.
16 Jean Pierre Camus, *Les Diversitez Bd. 1*, 2. Aufl. Paris 1612, 375쪽 이하에, 단순하게 말해지는 어휘와는 달리 문자를 상세한 옹호하면서 그런 표현이 있다.
17 Elena Esposito, "Interaktion, Interaktivität und Personalisierung der Massenmedien", in: *Soziale Systeme 1* (1995), 225-260쪽을 참조할 것.

의 예외인데, 그 점은 아마 갈수록 강화되는 의례화 경향을 설명할 수 있을 것이다. 쓰기 기능이 비교적 늦게 실현된 것도 그 점에 영향을 미치지 못했다. 그런데도 쓰기가 종교에 영향을 미칠 때 상당한 귀결이 있다는 점은 의심할 수 없다. 이것은 많은 세부 사항에서 입증될 수 있다 — 예를 들어, 순전히 궤변적으로 수집된 점술 지식이 길조/흉조의 이항으로 코드화된 방법 지식으로 다듬어진 것, 현재 시점에 가능한 비교에 근거으로 하는 우연성 의식의 강화, 시간 지평(그 후 예를 들어 족보를 통해 채워져야 했던[18])의 확장, 지나간 것을 현재에도 여전히 작용하는 "시원"으로서 현재화할 가능성, 특히 부재하는 것을 상징화할 가능성의 확장 등을 생각할 수 있다. 그러나 인간들만 쓰는 것이 아니라, 신들도 쓴다. 그들은 장부를 기록한다 — 처음에는 메소포타미아에서 의회 결정을 통해 운명을 확정하기 위해 썼으며[19], 기독교 영역에서는 최후 심판에서 제시되고 결정의 근거로 사용할 수 있는 죄 등록부 형식으로 기록한다. 하늘의 부기(簿記) 자체는 운명에 대한 믿음에서 인간의 결정 자유를 고려하는 행위의 의로움(Werkgerechtigkeit)까지 발전한다. 하늘에는 마치 이 세계에서의 현실적인 사건들의 사진처럼 바뀌지 않는 기억이 있기 때문이다.[20] 따라서 비록 주술이 대중적인 신앙으로서 근절될 수는 없으며 엄격한 부기 또한 기도의 효과에 대한 신앙과 모순되는데도, 의미를 표현하는 대안적인 방법이 종교체계에 도입되고, 그리하여 다른 종교의 주술 신앙을 혐오스러운 것으로 거부할 수 있도록 해 준다.

여기서 모든 가능성을 완전하게 탐구할 수 없는 이 복잡한 맥락에서 진

---

18 Rosalind Thomas, *Oral Tradition and Written Record in Classical Athens*, Cambridge Engl. 1989, 95쪽 이하, 155쪽 이하에서는 "멀리 봄"(telescope)이라는 말을 하고 있다.
19 Jean Bottéro, "Symptômes, signes, écritures en Mésopotamie ancienne", in: Jean-Pierre Vernant et al., *Divination et Rationalité*, Paris 1974, 70-197쪽 (157-158쪽)을 참조할 것.
20 이 점에 대해 풍부한 자료를 갖춘 Leo Koep, *Das himmlische Buch in Antike und Christentum: Eine religionsgeschichtliche Untersuchung zur altchristlichen Bildersprache*, Bonn 1952를 볼 것.

화에 대한 진화의 소급 작용에 관한 질문은 지금까지 거의 다루어지지 않은 특수 문제를 구성한다. 문자는 일탈의 축출과 망각으로 인한 변화를 통해, 그 앞에 놓인 변이 안정화를 붕괴시킨다. 그것은 변이와 재안정화 사이에 — 구조변동 관점에서의 변이의 긍정적인 선택이든, 부정적인 선택이든 — 새로운 과정을 끼워 넣는다. 텍스트 — 그것은 바로 그 일을 하기 위해 있다 — 는 순응적인 의미 제안들과 일탈적인 의미 제안들의 차이를 인식할 수 있게 만들기 때문이다.

처음에는 막 생성된 문자는 종교를 완전하게 장악하고 있는 것으로 보인다. 그것은 신들의 세계를 길들이는 가장 중요한 수단이 된다. 이미 언급했듯이, 메소포타미아의 신들은 운명을 문자로 고정했고 그래서 읽을 수 있도록 고정한다. 물론 소수만 읽을 수 있는 비밀 기호로 고정한다. 종교 생활에 대한 자문인 점술은 읽고 쓸 수 있는 엘리트들의 관심사가 된다. **이와는 대조적으로** 예언자들의 종교는 오랜 구전 문화 전통을 바탕으로, 꿈, 환상, 황홀 상태를 바탕으로 발전한다. 여기서 신성은 활동적인 것이 되며, 예언자들에게 임시로 영감을 주며, 지시를 내리고, 경고하고 자신의 고유한 의지를 설명한다.[21] 이제는 신은 의지 권력으로서, 관찰자인 신으로서, 인격(Person)으로서 고려되어야 하는 개입하는 신으로서 스스로를 증명한다. 정치와 종교는 분리될 수 있다. 그러나 특히 이제는 음성 문자들이 사용될 수 있기 때문에, 이 발전이 그 즉시 문자로 다시 기록될 수 있다는 것은 당연하다. 예언과 함께 목격된 소통 사건들에 관해서는 문서로 보고되었다. 믿을 수 없는 것을 믿을 수 있게 만들어야 하는 보고들은 참석자들의 반응도 포함하고 있다. 그것들은 이야기들로 그려진다. 물론 종교는 항상

---

21 이 차이와 그것의 진화상 추진력에 관해 Cristiano Grotanelli, "Profezia e scrittura nel Vicino Oriente", in: *La Ricerca folkloria. La scrittura: Funzioni ed ideologie 5* (1982), 57-62쪽을 볼 것.

새로운 개입들(interventions)로부터 보호받아야 한다. 그래서 다시금 문자가 필요해진다. 예언자들은 신들의 지시를 받아쓰기하며 자기 말을 받아쓰도록 한다. 결국 시나이(Sinai)산의 경우에 텍스트는 하나님이 친히 쓰신 것이다. 그러나 그것은 신의 표상으로 남으며, 신은 영감을 주면서 소통하고 개입 준비가 된 관찰자로서 인간의 삶을 동행한다.

문자가 비로소 전통 개념을 가능하게 하며, 그 개념은 교의화하고 정보 폐기를 위해 투입될 수 있고, 전승을 선호한다는 의미로 다루어질 수 있다. 이제 이렇게 진행되는 한에서, 전통은 안정화를 보장한다. 선택은 성스러운 지식, 보전할 가치가 있는 지식의 관점에서 다루어진다. 그러나 반드시 그렇게 되는 것도 아니고, 모든 경우에 그렇게 되는 것도 아니다. 현재적인 욕구들에 직면했을 때, 텍스트들은 짧고 모호하다(18세기에는 숭고하다고 감탄하며 말한다). 그것들은 해석을 요구하며 가능하게 한다. 그리고 다시 진화 이론적인 고려에 따라, 변이, 선택, 재안정화의 진화상 기제의 중단 면에서 우발이 작용할 수 있다고 추측할 수 있다. 그리고 그것은 일시적인 이유로 현재 특별하게 분명한 것이 소통에서 신빙성 있게 표현될 수 있다는 것을 의미한다.[22]

이 점에서 출발하면서 우리는 이 문제에 대해 전형적인 경전 종교에서 발견된 가장 안정적인 해법 중 하나로서 탈무드에서 (즉, 비교적 늦게) 발전된 토라 해석 이론을 이해할 수 있다. 가르침은 기록된 텍스트, 즉 신이 세계

---

22 최근의 이념 역사적인 연구에서 특히 쿠엔틴 스키너(Quentin Skinner)는 의미론적 진화에서 이런 상황적이며, 정치적으로-논쟁적인 요인을 강조한다. 그 요인은 의미론적 혁신들이 전통의 확신 문턱을 넘어서도록 지원한다. 요약하는 문헌으로 Quentin Skinner, "Language and Political Change", in: Terence Ball/ James Farr/Russell L. Hanson (Hrsg.), *Political Innovation und Conceptual Change*, Cambridge Engl. 1989, 6-23쪽을 볼 것. Henk de Berg, *Kontext und Kontingenz: Kommunikationstheoretische Überlegungen zur Literaturhistoriographie. Mit einer Fallstudie zur Goethe-Rezeption des Jungen Deutschland*, Diss. Leiden 1994도 볼 것.

창조의 기초로 사용한 텍스트에서 시작한다. 그러나 이 텍스트는 여호와가 미래와 과거의 신이기 때문에, 서면 전승과 구두 전승의 목적으로 주어진다. 텍스트에 충실해야 하지만, 텍스트를 해석할 수 있다. 구두 해석은 여전히 미지의 미래에 적응하는 도구다. 그것은 랍비들의 다수결을 통해 이루어지며, 그들의 권리는 "아크나이 화덕"의 유명한 역사 사건에 기록된 것처럼, 랍비들이 결정 당시 분명하게 선포된 신의 의견에서 벗어날 수 있을 정도까지 확장된다.[23] 이 형식에서 문자 전통에 구축된, 쓰기의 단점에 대한 성찰을 발견할 수 있다. 그리고 이 성찰은 사실 성경에 맞서는 플라톤의 논박과는 달리 **고정된 텍스트에 근거하여** 미래를 **현재적으로 아직 규정되지 않은 선택**으로 명시적으로 보류한다. 특히 2차 성전 파괴 이후, 그리고 고유한 정치적 지배를 통한 보호 없이도 유대교의 종교적이며 법적 생존을 가능하게 했던 것(이나 이 문제를 위해 유대교의 역사적인 등장의 계기에서 발전되기도 했던 것)은, 이런 형식의 문자 다루기였을 것이다. 반면 기독교적 종교의 영역과 이슬람교에서도 비슷하게, 문자는 신학적인 사색의 계기와 불일치들과 종교 분열의 출현을 자극하는 계기가 되었다. 유대교에서 종교와 법의 국가-정치적인 보장이 부재했다는 것이 진화상-분화시키는 요인인지를 고려할 수 있을 것이다.

성경은 방아쇠로 작용했을 수 있겠지만, 그 후 기독교가 고등 종교가 된 것을 설명하지는 않는다. 고등 종교의 생성은 자기생산 체계 그 자체의 생성처럼, 다른 안정성 원칙으로의 갑작스러운 전환이다. 즉 체계이론적인 의미에서 종교적인 파국이다. 이것이 예를 들어 성소들에 건물을 짓는 등

---

[23] 예를 들어 많은 추가 자료들을 가지고 있는 Ishak Englard, "Majority Decision vs. Individual Truth: The Interpretation of the Oven of Achnai Aggadah", in: *Tradition: A Journal of Orthodox Jewish Thought* 15 (1975), 137-151쪽을 볼 것.

의 방식으로 오래된 신성 형식들이 억압받는 이유다.[24] 그렇기 때문에 새롭고 터무니없는 요구들이 제기되고 있는 것이다. 이것이 부흥과 회심의 돌발성 신화들이 나타나는 이유다. 그래서 원래 선택 강제로서 거부할 수도 있는 선택을 강요받기에 이르며, 그렇게 함으로써 종교가 믿는 것처럼 잘못된 면, 즉 재앙을 겪는 삶을 선택하지 않을 수 있다. 그리고 이것이 "내부"와 "외부" 사이에 뚜렷한 구분에 이르는 이유다. 그 구분은 어쨌든 몇몇 고등 종교에서 "신앙"의 고유한 매체의 경계를 그리며, 그 매체에서는 인물들과 신화들의 완성을 통해 상당한 복잡성에 이르는 고유 발전이 일어날 수 있다. 그것이 성공한다면 그렇다.

III.

종교의 진화에 영향을 끼친 가장 중요한 상황 중 하나는 종교와 도덕의 관계다. 종교가 보편주의적이며 세계와 관련된 요구를 추적하지 않는 한, 문제가 되지 않았을 수도 있었다. 그러나 세계종교가 등장하면서 선하고 도덕적으로 나쁘며 악하다고까지 말할 수 있는 행동이 세계에 있다는 문제가 제기된다. 창조에 대한 인간들의 특수 기여가 연출된 "인류 타락"과 함께 도덕 코드가 세계에 도입되었다. 그리고 그 후 더 이상 그 결과에서 벗어날 수 없다. 사람들은 자기 자신이 도덕적인 판단을 해야 하는 사정에 있다고 보며, 그보다 더 나쁜 것은 그들 자신이 도덕적인 판단을 받는다는 것이다.

---

24 그런 보기는 유럽의 중세 초기부터 알려져 있지만, 멕시코에서도 예를 들어 미틀라(Mitla)에서 찾아볼 수 있다.

인류 타락 신화는 다양한 해석을 허용한다. 도덕의 도입을 악마의 작업으로 볼 수도 있으며, 그래서 지옥은 실행된 도덕으로 기술할 수 있다. 즉, 육체적인 고문을 영적인 고문으로 대체하는 것으로 볼 수 있다.[25] 그러나 그것은 왜 신이 이런 일을 허용하며 정당한 처벌로 죄인을 도덕에 노출시키는지의 물음에 답하는 것은 아니다. 종교와 도덕 코드의 두 코드는 발전된 사회에서는 보편적인 요구를 따르며, 거기서부터 그 둘의 상호 관계가 어떻게 규제되는지의 문제가 나타난다.

이 갈등은 논리적으로 해결할 수도 없고 인지적으로 해결할 수도 없다. 어떤 면을 출발점으로 삼아 세계를 절개할 것인지 결정해야 한다. 그러나 이렇게 하여 문제가 세계에서 제거된 것이 아니다. 그것은 출발-구분, 즉 "일차 구분"에 의존하는 형식으로 다시 나타난다. 종교에 우선권을 인정하더라도 선한 행동과 나쁜 행동이 모두 가능하다 — 거의 허용되어 있다고 말할 수 있을 것이다 — 는 데 대해 입장을 밝혀야 한다.

이 문제는 종교적인 생각들의 진화와 종교 제도들의 진화를 위해 상당히 중요하다. 그래서 그 생각들과 제도들은 "세계"를 통한 끊임없는 도발에서 벗어날 수 없다. 그것들에 대한 믿음을 믿으려면, 그것들을 옹호하여야 하며 세속적인 계기와 관련되어야 한다. 처음에는 미시 사건들의 끊임없는 집중포화일 수도 있겠지만, 선택과 재안정화를 통해 그것으로부터 교의적인 입장과 제도적인 습관이 발전되며, 그것들은 기대를 구축하며 그 후 충족되어야 한다. 어떤 종교도 그 의미론적이며 제도적인 흔적이 무엇이든, 코드화된 세계의 문제들을 도덕적으로 다루는 일을 쉽게 회피할 수 없었을 것이다. 종교는 단순히 빈둥거리며 구호품을 받으려고 양손을 내밀 수는 없었다. 많은 사회에서 종교적인 역할과 정치적인 역할의 분리는 이 문제

---

25 Jean-Fréderic Bernard, *Eloge d'Enfer: ouvrage critique, historique et moral*, 2 Bde., Den Haag 1759에 그렇게 되어 있다.

에 하나의 틀을 제공했다. 그러나 그 분리를 통해 그 문제가 더 이상 현재적인 것이 되지 않는다는 의미에서 해결할 수는 없었다.

그래서 진화이론적인 관점에서, 단지 좋거나 나쁘다고 판단되는 행동 방식들이 단순하게 나타난다는 것만으로도 종교를 선택 압력으로 강제한다고 전제할 수 있다. 그런 선택 강제는 반드시 사회가 도덕적 표준을 수용하는 것으로 이어질 필요는 없다. 그러나 종교가 어떻게 그런 사건들에 대한 고유한 표준을 형성하고 관철할 수 있는지의 질문은 남는다. 그 질문은 사후 삶의 상이한 형식들로서의 천국과 지옥의 구분으로 그 사건들에 대응할 수 있었을 것이다. 이렇게 함으로써 그 질문들은 논쟁적으로 토론될 수 있는 신학적인 일관성 문제를 끌어들이게 된다 — 타락 교의와 영원한 형벌이 신에게 귀속된 자비(misericordia)와 양립할 수 있는지의 질문과의 관계 문제를 해결해야 한다.

종교와 도덕의 상호침투의 구조적인 문제와 비교했을 때, 이것은 연관된 구조적인 문제들과 비교한다면 신학적인 논쟁에 맡겨진 채 유지될 수 있는 "더 간단한" 문제였을 수 있다. 그러나 중세의 교회 고유의 사법권 발전과 초기 근세의 영토 국가를 통한 가능성 제거는 해법을 발전시켰지만, 나중에는 잘못된 것으로 드러난다. 구조적인 진화상 성취는 일정한 시기 동안 유지될 수 있었을 것이며, 나중에 그것을 포기하도록 강요받는 위기에 처했을 것이다. 전체적으로, 중세 이후 증가하는 도덕의 개별 관련 — 그리고 개인의 내적 태도와의 관련 — 은 가능한 해법에 관해 협상해야 하는 영역을 규정하는 것으로 보인다. 그리고 이것은 사회 구조적인 진화의 이유들로 개인의 개별성이 요구되기 때문에 그렇다.

IV.

 이제 "전통"이라는 것이 있고 이와 함께 변이와 선택이 분리되어야 한다면, 이로부터 어떤 기회나 위험이 후속 진화를 위해 생겨나는가?

 고등 종교들은 진화이론적인 관점에서 (이 용어가 얼마나 모호할 수 있으며 어려운 분류의 영역이 얼마나 광범위하든), **그 선택 기제가 안정성을 지향하고 있다는 것**을 통해 정의할 수 있다. 즉 그것들은 선택과 재안정화를 체계상 구분하는 것이 아니라, 그것들의 선택 방식을 모색한다. 그리고 물론 믿음에 따라 명료화될 수만 있을 뿐 변경될 수 없는 신앙 교리들의 존속을 지향하는 부정적인 선택과 긍정적인 선택을 모색한다. 우리는 이것을 교의학이라고 정의해야 할 것이다.

 이 점은 아주 상이한 상황의 관점에서 생성된 종교적 형식들을 종합하기 위한 노력에서 읽어낼 수 있다. 신적 세계는 이런 종합화와 관련하여 위계적이며 가족적으로, 또는 그 밖의 다른 식으로 구조적으로 질서화되며, 거의 비-자의화된다고 말할 수 있을 것이다. 그런 일관성 관리는 동시에 비종교적인 의미 영역들에 맞서며 외부를 향하는 분명한 구획을 의미한다. 종교의 외부에는 종교적 의미가 있을 수 없으며, 그것은 곧 종교들 사이의 알려진 인정 문제로 이어지거나 상이한 명칭으로 신성을 식별하려는 시도들로 이어진다. 이제 종교는 자기 자신에게서, 그리고 바로 그 때문에 종교적인 의미를 다른 의미와 분리하는 차이에서 지탱 근거를 발견한다. 얀 아스만(J. Assmann)은 이집트 종교와 관련하여 암시적 신학에서 명시적 신학으로의 이행을 말하며 이를 통해 역사의 신학화를 언급한다.[26]

---

26 Jan Assmann, *Ägypten: Theologie und Frömmigkeit einer frühen Hochkultur*, Stuttgart 1984; ders., *Das kulturelle Gedächtnis: Schrift, Erinnerung und politische Identität in*

그런 변화는 타자준거의 우선권에서 자기준거의 우선권으로 이행하는 경향을 보여준다 — 타자준거와 자기준거 모두 종교로서 친숙한/낯선의 구분에 친숙해짐, 즉 바로 이 재진입에 관련된다. 이런 새로운 의미의 종교는 이제 자기 자신과 고유한 경계 및 고유한 역사를 재생산하는 체계가 된다 — 자신의 고유한 회귀를 끊임없이 재현재화하는 체계, 간단히 말해 자기생산 체계가 된다. 종교적 의미론은 완전히 재정식화된다. 그것은 기록으로 고정될 수 있는 이론인 교의학이 된다. 그것은 다신교적인 맥락이 그리스의 경우처럼 귀족 계보와 긴밀하게 얽혀 있으며 그래서 (상당한 신빙성 손실이 있으며, 일련의 신화적인 의식으로 보충되면서) 유지될 때는, 그 맥락에서도 일어날 수 있다. 그러나 고등 종교들의 의미론은 고유한 통일성을 상징화함으로써 신빙성 있는 형식을 발견할 수 있다 — 유일한 신의 인격(Person)에서든, 종교적인 원칙으로서든, 특화된 종교적 이원성으로서든 그렇게 할 수 있다.

경전 종교들만이 일신교를 만들었으며, 오직 그것들만이 뚜렷한 일신교를 생산했다는 것은 종종 언급된 일이다. 이 경우에만, 텍스트에 기록된 신은 보이는 모습의 세계를 창조한 세계 신이 된다. 관찰자 신의 구축에 대해서는 이미 자세하게 설명했다. 모든 것은 신에 의해 창조되었다. 어떤 것도 신과 무관하게 만들어지지 않았다. 그것은 "세속적인" 생활의 모든 일상적인 관련성에도 불구하고 존재하는 모든 것에 종교적인 이차적 의미를 부여하는 것을 가능하게 한다. 그리고 종교는 그 의미를 개인들에게 설명하고자 시도한다. 그것은 원래 종교에 달려 있다. 얀센주의자들과 예수회원들은 다시 한번 이 관점을 알리는 데 전력을 다할 것이며, 동시에 지옥에 대한 두려움은 줄어들고 소유욕은 증가할 것이다.

---

frühen Hochkulturen, München 1992, 248쪽 이하에 그렇게 되어 있다.

이 개념은 별로 주목받지 못한 병렬 구성인 영혼 발상을 가진다. 그것은 죽음의 경계 경험, 즉 타인의 죽음을 관찰한 경계 경험에서 발생했을 것이다 ─ 그리고 여기서도 의미론적 번성을 유발하는 경계이며, 그것은 재-진입으로서 사후 삶의 유형을 만들어내었으며, 그것을 위해 영혼이라는 동일한 기반을 필요로 한다. 어떤 누구도 자신의 의식이 중단하는 것을 실제로 상상할 수 없기에, 이것은 매우 그럴듯한 구성이며, 엄격하게 경전을 지향하는 고등 종교뿐만 아니라 보편적으로 발견된다 ─ 조상 숭배의 형식으로든, 사자들의 저승세계 형식으로든, 재-육화의 그랜드 투어 형식으로든, 근대 심령술 형식으로든. 일신론적 맥락에서 신과 영혼이라는 두 경계 개념의 극단적인 분리는 교리 형성을 위해, 즉 구체화하는 형식 형성에 여전히 개발된 매체를 위해 채워질 필요가 있는 여지를 만들어낸다.[27] 그러면 인간은 더 이상 단순하게 운명에 내맡겨져 있지 않다. 인간의 운명은 강력한 주술을 통해 영향을 받는 것은 아니더라도 적어도 종교에 의해 추후 합리화할 수 있게 된다. 인간 자신이 신과의 관계 형식을 함께 규정하는 행위자가 된다 ─ 그의 행함을 통해서든, 올바른 신앙에 굳게 뿌리내린, 은총에의 희망을 통해서든 그렇게 한다. 그러나 어떻게 매체에서 형식이 만들어지는가의 질문, 즉 어떻게 가능성들의 느슨한 연동에서 영혼 구원 규정성의 엄격한 연동에 이르는지의 질문이 이렇게 열린 맥락에서 핵심 질문이 된다. 구원의 확실성 문제는 양극화되는 문제가 된다. 물론 어떤 종교 변항들도 여기서 수용된 '신/영혼-의미론'의 이유에서 최종 확실성을 만들어낼 수 없기 때문에, 그렇게 된다. 어쨌든 신은 절대적으로 공정한 신이라면, 잘못할 가능성도 허용한다. 그러나 그로써 기준 질문에서의 불확실성이 제거되는 것은 아니다. 그것은 더욱 상승할 뿐이다. 그것을 위한 명백한 지표는 역설적

---

27 그 점에 대해 이미 위의 제5장 제3절, 227쪽 이하를 참조할 것.

인 공식이다. 즉 징후가 외적일수록(verbum solum habemus) 확실성은 더욱 내적인 것이 된다. 또는 우려와 두려움이 클수록 구원받았다는 확신은 더욱 커진다.[28] 결국 제도적인 해결책도 성찬식을 통한 해결책도 온건한 압력을 지닌 예수회의 생활 방식 상담을 통한 해결책도, 확률론적인 외견상 입증도 있을 수 없다 — 그리고 물론 해결하지 않음, 즉 신의 거룩한 성품의 인식 불가능성의 인정을 통한 해결도 있을 수 없다.

루터가 "성서"를 아주 강조하는 것은 이 상황에서 퇴행적인 개념에 가깝다. 서면으로 전승된 텍스트에서는 주장과 보기들 및 끊임없는 타락 논쟁을 발견할 수 있다 — 그것은 차고 넘치는 설교 자료다. 그러나 사안이 그렇게 간단치 않다는 것과 최후의 심판이 의외의 일들로 가득 차 있다는 경고도 있다 — 죄인들뿐만 아니라 의인들에 대해서도 말이다. 십자가상의 마지막 발언들은 종교가 고유한 정보를 강조한다는 것을 암시한다. 이것은 비록 기록되어 있지만, 망각하거나 단순히 언급하지 않을 수도 있다. '신/영혼-의미론'은 성경 본문이 더 이상 형식 확실성을 제공하지 않으며, 기껏해야 그 대신 근거로 취할 수 있는 보충 자료만 제공하는 정도까지 종교적인 신앙의 매체를 해체한다. 신은 자연에서 관찰될 수 없으며, 의도적으로 보이지 않은 상태에 있다.[29] 자연 그 자체는 후속 질문의 무한성 공간으로 스스로 상실된다. 장 파울은 "결코 나를 시험하지 않는 그렇게 많은 별들, 섬을 포함한 세계의 부분들, 이전 세기들, 딱정벌레, 이끼, **전체** 동물 왕

---

28 Karl Heim, *Das Gewißheitsproblem in der systematischen Theologie bis zu Schleiermacher*, Leipzig 1911, 220쪽 이하 (249쪽)와 Paul Althaus, *Die Prinzipien der deutschen reformierten Dogmatik im Zeitalter der aristotelischen Scholastik*, Leipzig 1914, 재인쇄 Darmstadt 1967, 183쪽 이하를 참조할 것.
29 Louis-Sébastian Mercier, *L'homme sauvage, histoire traduite de ...*, Paris 1767을 볼 것. 그러나 저자는 여전히 미래를 희망한다. "언젠가 우리는 그를 알게 될 것이다"(119쪽). 그러나 그것은 근거가 없는 희망으로 남아 있다.

국과 식물 왕국이 나의 자유로운 종교 활동에 도대체 필요한 것인가"[30]라고 분명하게 당혹스러워하며 질문한다. 세계는 결국 가장 외부에 있는 지평에 불과하며, 그 지평은 규정된 것이 어디서부터 구분되며 무엇과 구분되는지의 또 다른 질문이 항상 제기되기에, 걸음을 뗄 때마다 그로 인해 규정된 어떤 것에 대한 모든 지시와 함께 도달 불가능한 것으로 물러선다.

이 상태를 어떻게 해석해야 할 것인가? 그것을 막스 베버처럼 세계에 대한 거부와 거부에 놓인 금욕적-합리성으로 전환하는 것은 거의 불가능할 것이다. 그것은 훨씬 더 일반적인 문제의 변형일 것이다. 반면 진화이론적인 관점에서는 선택과 재안정화의 이전에 유효했던 연관이 해체된다는 것을 인식할 수 있다. 존재론적 형이상학의 우주와 포함하는 자연 개념의 자기규범화뿐만 아니라, 특수하게 종교적인, 여기서는 성경적인 텍스트 전통은 세계가 신에 의해 창조된 사실성 속에 올바른 선택의 인식 가능한 기준을 포함하고 있다고 전제했다. 그 점은 변이를 견뎌내고, 확장할 수 있는 출발점이 된다. 항상 안정화를 향해 선택하며 혁신들(특히 더 나은 오래된 것으로의 귀환)을 다시 맞추어 넣을 수 있다고 여전히 생각했기 때문이다. 그것은 모든 종류의 혼란에도 불구하고, 자연적으로 옳음의 관념, 고정된 위치들의 관념이나 완전함과 부패의 구분 가능성 관념을 포기할 수 없었던 계층화된 사회에 적합했다. 그러나 이것은 계층화에서 기능적 분화로의 이행과 함께 변화되며, 물론 아주 넓은 전선에서 변화된다. 선택 기준들은 어디서나 안정화 전망을 포기해야 한다. 경제적 영역에서 이익 기준, 정치적 영역에서 시간에 매여 항해하며 도덕적으로 더 이상 고정 불가능한 국가 이성, 그리고 그 후에는 모든 변화와 양립할 수 있는 "민족 주권" 개념, 친밀관계에서 열정화된 사랑과 그 후 낭만적인 사랑이 그것들이다. 종교는 구원

---

30 Jean Paul, *Clavis Fichtiana seu Leibgeberiana*, zit. nach Werke Bd. 3, München 1961, 1011-1056쪽 (1053쪽)에 그렇게 되어 있다.

확실성의 결정 불가능성 문제를 가지고 정확하게 유사한 문제에 직면한다. 종교 역시 변이, 선택, 재안정화가 완전하게 탈연동되어 있으며 그 연관에 있어서 더 이상 체계상으로 사전-형성될 수 없는 사회전체적인 상황에 직면하기 때문이다. 진화는 이와 함께 완전하게 우발적인 사건이다. 그것은 임의적인 것이 발생할 수 있으며 가능한 모든 것에 대비해야 한다는 것을 뜻하는 것은 아니다. 바로 우발은 근대에 질서화된 정보 처리 계기로서 작용한다. 그것은 또한 종교가 더 이상 기능을 충족시킬 수 없을 것이라는 점을 뜻하는 것도 아니다. (그 밖에도 같은 내용이 경제, 정치, 친밀관계 등에 대해서도 타당하다.) 그리고 개인이 이제 심리적으로 불안정하게 그리고 (항상 그랬던 것처럼) 영혼 없이 살아야 한다는 것은 더더욱 의미하지 않는다. 그러나 그것은 **절대적인** 기준의 모든 주장이 이제 **사회적으로 차별적인** 효과가 있다는 것을 뜻할 수는 있을 것이다. 어떤 이들은 그것을 믿고 다른 이들은 믿지 않는다.

18세기에는 어디서나 기준 문제를 주제화한다. 경제에서는 시장 성공의 우연성에 관해, 정치에서는 "국제적인" 관계까지 질서화하는 주권국가 유형에 관해, 학문에서는 귀납 결론의 정초 불가능성에 관해(흄), 사랑에서는 항상 공명이 중요하다는 점에서, 예술에서는 모방 원칙을 포기하고 기준을 취향과 관련지음을 통해, 그리고 미학적 이론을 발전시키는 철학자들로부터는 예술 작품과 관련하여 취향도 판단 능력도 기대하지 않으며, 이론구축 기술적인 능력만 기대한다는 점을 통해 주제화된다. 그런 포기는 종교에서는 거의 기대할 수 없다. 그 대신 그것은 다원주의와 관용의 상위 질서에서 자신을 구출한다.

그러나 이제 사회체계가 제공하는 포괄적인 해법은 "문화"의 발명에 있다. 사람들은 논쟁하지 않는다. 그들은 비교한다. 우리는 그 점을 다시 다룰 것이다.

V.

    종교 소통은 오랫동안 진행된 고유한 진화의 마지막에 문제가 되며, 물론 종교 자신에 대해서 그렇게 된다. 그것은 고등 종교의 형식들이 유지되어야 할 때, 즉 진화가 여전히 안정적인 교의학의 방향으로 선택해야 할 때 문제가 된다. 그것은 이제 강하게 가속화된 사회의 변동 상황에서 종교체계 자체의 비교적 느린 진화로 나아가야 하기 때문이다. 그것은 수용과 거부가 검토되어야 하는 종교 핵심을 보전하면서 조심스럽게 교의 수정을 지향해야 하기 때문이다. "해체주의적인" 용어로는 종교적 소통이 점점 더 "수행적 모순"에 연루된다고 말할 수도 있을 것이다. 종교가 어떤 것을 주장한다면, 그것은 일단 한 번은 주장해야 한다. 소통의 확인적인 측면, 그것이 그런 상태에 있다는 통보는 통보 자체에 의해 불확실해지며, 심지어 불신받기까지 한다. 그것이 기록되어 있다면, 이제 그것은 거의 틀렸다고까지 말할 수 있을 것이다. 그것이 기록된 것이 언제였는지, 누구에 의해서였는지 즉시 질문할 수 있기 때문이다. 여전히 구술적인 계기들("플롯"의 의미에서의 "신화들")과 내적 일관성 통제가 신빙성 있게 작용할 수 있을 것이다. 그러나 괴델, 에서, 바흐[31]처럼 해결되지 않은 일관성 문제가 어떤 지점에서 가시화되는지 발견하는 것은 항상 가능하다. 믿을 수 있기 위해서는, 항상 믿고 싶어 해야 한다. 고유한 소통(수용뿐만 아니라)의 이런 어려움은 다른 종교들보다 몇몇 고등 종교에 더 큰 영향을 미친다. 그것은 교의의 경직성과 조직의 경직성에 달려 있다. 그것들은 결코 "종교의 종말"을 가리키는 신호로 평가할 수 없다. 그러나 그것들은 종교를 적절하게 기술할 수 있는

---

31   Douglas R. Hofstadter, *Gödel, Escher, Bach: An Eternal Golden Braid*, Hassocks, Sussex UK 1979와 관련된 가운데 이 말을 한다.

개념 추상화를 강요한다.

이 주장은 보완될 수 있다. 종교는 특히 근대적인 조건에서 그리고 바로 그 조건에서 사회의 다른 기능체계들과 분명하게 구분된다. 종교는 특별한 기능을 충족시키며, 사회의 다른 기능체계들이 사용하지 않는 고유한 코드를 지향한다. 종교는 내재적으로 경험하는 모든 것이 초월과 관련될 때, 자기 자신을 종교로 식별한다 — 이 계명이 의미론적으로 어떻게 실현되든 상관없이 그렇다. 그것은 세계 차원에서 작동하는 종교라는 기능체계가 근대 세계사회에 있다는 통찰로 이끈다 — 다른 기능체계와의 구분을 통해 종교로 규정되는 체계가 있다. 이런 점에서 우리는 수많은 국가가 있는 정치체계나 수많은 시장을 가진 경제체계의 경우와 다른 상황에 있는 것은 아니다. 종교체계조차 수많은 종교로 분절적으로 분화된 것으로 발견할 수 있으며, 그 종교들은 믿음의 제안이 특화되어야 한다는 것과 이것이 필연적으로 다양화로 이어진다는 필연성을 감안해야 한다. 이때 상이한 전통들을 고려할 수 있으며, 종교가 언급될 때 무엇이 중요한지가 이미 알려져 있음을 전제할 수 있는 고등 종교에서 특별히 그렇게 된다. 그러나 다양한 사회적 상황에 반응하며 근대사회가 생활 방식의 형성에 제시하는 것에 맞서는 저항의 다양한 이유에 반응하는 새로운 종교 형태도 생각할 수 있다. 종교라는 세계체계가 교의학과 조직을 통해 그런 내적 분화를 봉쇄하거나 억압하는 것이 아니라, 그 반대로 바로 코드화의 해석 필요를 통해 가능하게 만든다는 것이 결정적이다. 가톨릭교회에서 부두교(Voodoo-Kult)에 이르기까지, 육화(incarnation)에 대한 심령술사들의 믿음에서 선불교에 이르기까지 그것은 여전히 종교다. 그리고 성스러운 중심 비밀 때문에 종교인 것도 아니고 신앙 교리들이 서로 번역될 수 있기 때문에 종교인 것도 아니다. 사회 내에서 종교로서 수립된 모든 종교적인 형식들이 달리 수립된 기능체계와 구분되기도 하지만, 종교 없는 일상적 소통과도 구분되기 때문이다. 그리고 물론 환경이 이 구분을 함께 실행하든 아니든 상관없이 **스스로 구분** 되기 때문이다. 구성 원칙은 통일성이 아니라 차이이다. 세계사회적인 종교성의 전체적인 맥락에서 변이와 이에 따라 진화 기회는 19세기에 예측할 수 있었던 것보다 오늘날 훨씬 더 크다. 근대의 설득 수단과 더 이상 어떤 연결도 모색하지 않는 제식들이 거의 전제조건 없이 생겨나는, 종교의 새로운 시작이라고 할 수 있다. 사제들보다 주술사들이 더 많이 있다.[32] 사기꾼, 기적을 행하는 사람, 종교 코드를 즉시 제안으로 전환하는 모든 종류의 싸구려 공급자를 발견할 수 있다. 보편성에 대한 모든 주장을 포기하면서 선택된 전통적인 요소들을 고수하는 근본주의들도 발견할 수 있다. 형식 제안을 유연하게 유지하고자 시도하는, 전문 신학 내에서의 지성화 현상을 발견할 수 있다. 여러 관점에서, 신앙의 확실성을 제시하는 것보다 소통을 더 많이 성찰한다. 근대 신학은 "대화"를 좋아한다.

피상적으로 보면, 현상의 이런 높은 다양성, 분산 및 변이성은 "체계"의 전제를 반박하는 것처럼 보인다. 그러나 그것은 기만적이다. 바로 이 방식으로 종교체계는 근대적인 조건에서 재안정화라는 진화상 기능을 충족시킨다. 그러나 혁신이 어떻게 선택되고 이에 따라 종교체계에 들어설 수 있는 종교들이 아무리 다양하더라도, 그런데도 종교적으로 소통하는 인구는 사회의 자율적인 영역을 형성하며 종교가 그곳에 여전히 존재한다는 것을 표현할 수 있다. 그런 조건에서는 종교체계 내부에서의 또 다른 진화는 (조직상 중앙화와 교의상 중앙화의 출발점이 없다고 하더라도) 예측하기 어렵다. 그러나 진화가 예견할 수 있는 결과를 낳지 않는다는 것은, 어쨌든 진화이론이 하는 말이다.

---

32 "토스카나에는 신부보다 마술사가 더 많다." 〈La Repubblica〉(1994년 4월 23일 자) 기사의 제목은 이렇게 되어 있다.

VI.

지금까지 우리는 근본적으로 서양의 유일신교를 지향했지만, 이제 전혀 다른 종교적인 유형을 고찰하고자 한다. 삶과 죽음의 끝없는 순환으로 이어지는 인도의 종교(힌두교, 불교)를 살펴본다. 여기서도 개인의 기억에 근거하지 않는다. 심리학적인 거리를 확보하겠다는 희망으로 전생의 경험들, 상황들, 반응 방식들을 재활성화하여, 이와 함께 현재의 강박 관념들과 장애들을 설명하겠다는 시도에 근거하지도 않는다. 전생은 기억될 수 없다. 그 때문에 종교적인 해석은 일종의 확실성을 보장받는 것이다. 프레임 이론은 죽음이 다른 삶으로의 전환에 놓여 있을 뿐이며 자유로워진 위치들은 재-육화되고 다른 조건에서 생명을 시도해야 한다는 생각에 기초한다.

그 밖에도 더 나은 상황과 더 나쁜 상황의 우주적인 위계가 전제되며, 왕으로 태어날 수도 있고, 동물까지는 아니더라도 길거리 청소부로 태어날 수도 있다. 어떤 상황이 고려 대상이 되는지는 현재의 생활 방식, 특히 도덕에 달려 있다. 이 가르침에는 더 좋은 장소들과 더 나쁜 장소들에 대한 고정된 교리가 있고, 현재적인 생활 방식에 대한 도덕적인 판단의 전제조건이 있다.

이것이 사회의 도덕 수위계를 개선하는 것을 목표로 삼는 가르침이라고 생각할 수 있다. 그럴 수도 있을 것이다. 그러나 이 "기능"이 간과된다면, 그것은 더 이상 작용하지 않을 것이다. 우리는 진화상 성취의 관점에서 다른 질문에 관심을 가진다. 그런 종류의 비개연적인 구축이 세계 내부에 투입되어 분명하게 큰 성공을 거두는 종교가 되는 것이 도대체 어떻게 가능한가?

우리는 이 질문에 답하기 위해 출발 상황으로 되돌아간다. 위계적인 사회와 그에 상응하는 위계화된 우주론이 있다. 이것이 모든 사람이 배제의 길을 선택하지 않고자 하면 자기 삶을 살아야 하는 상황이라는 것은 의심할 여지가 없다. 그러나 동시에 사회는 너무 복잡해서, 개별성과 개별성의 관찰을 위한 자유 공간이 생겨나며 그 공간은 어떻게든 채워져야 한다. 이런 상황에서는 위계화와 개별화를 조합하고자 시도하는 개념들이 신빙성을 가지게 된다. 개인적인 공적을 지향하는 환생 개념은 이런 요구 상황에 부응한다. 따라서 이 개념의 성공은 역사적인 문제 상황에서 설명될 수 있으며, 문제의 종교적인 처리(정치적인 처리가 아닌)는 발견된 해법의 장기적인 안정화를 설명한다. 그 해법은 개인적인 이점과 맞바꾸어 계상할 수 없다.

따라서 우리는 변이, 선택, 그리고 재안정화를 한눈에 포착할 수 있다. 예를 들어 죽음에 이르는 방식을 기준으로 사후 삶에 관한 생각을 이미 고대 사회에서 실험했다. 여기서 변이는 새로운 것이나 완전히 낯선 것을 발명할 필요가 없었다. 그런데도 사상의 체계화와 보편화는 환생론 덕분이다. 그리고 종교가 고유한 문제, 즉 개별화와 위계화의 분리에 종교의 다른 전제에 들어맞는 의미를 부여하는 문제를 해결하기 위해 생각을 사용할 수 있을 때, 재안정화가 뒤따른다.

VII.

지금까지 종교적 진화의 가장 중요한 결과 중 하나로 **세계종교**의 출현을 고려하여야 한다. 이것은 많든 적든 발전된 우주론, 즉 궁극적으로 세계 개념을 가지는 종교를 의미하지 않는다. 그것은 물론 전형적인 경우다. 세계종교들은 민족적, 국가적, 영토적 제한 없이 모든 인간에게 신앙 내용을 제공한다. 그것은 종교사적으로 본다면, 전혀 당연한 일이 아니다. 그것은 유대교에 적용되는 것도 아니고, 일본의 신도에 적용되는 것도 아니다. 세계종교가 제공될 때는, 민족적, 국가적, 지역적인 근거를 포기해야 한다. 그것으로부터 추상화가 일어난다. 그것은 고유한 종교의 역사적인 기원이 종종 잊혀지거나 수정된다는 것을 뜻하기도 한다. 그것은 인간으로 인식될 수 있는 모든 사람에게 호소하기 위한 것이며, 그래서 개인에게 소중하고 소중할 수 있을 많은 것으로부터 추상화된다는 것을 즉시 알 수 있다.

종교적인 제안이 세계종교로 정식화되어야 한다면, 이것은 신앙 내용에 특정한 결과를 가져오겠지만, 이 결과는 처음에는 다소 부정적인 성격을 띤다. 종교에 대한 접근이 좌우될 수 있는, 가족적, 민족적, 또는 그 밖의 사회 구조적인 특징으로부터 추상화되어야 하며, 신들도 탈-지역화되어야 한다. 신들은 특정한 장소들의 선호나 특정한 인간 집단들의 선호를 특징으로 취해서는 안 된다. 가장 효과적인 정식화는 종교적인 계기에서 유일하게 신앙만이 중요하다는 것이다. 그러면 신앙이 신앙할 만하다는 것은 신앙 경험 그 자체로부터 생겨난다. 그리고 이것이 너무 동어반복적이거나 너무 임의적이거나 또는 너무 많이 개인들과 관련되는 것으로 들리면, 그런 경험은 신의 특별한 은총이라는 것을 암시할 수 있을 것이다. 또는 불교의 경우에 현상적인 세계와 개인적인 신앙의 기초가 모든 구분이 내장된 "공(空)"이라고 전제할 수 있다. 그것은 성찰(Reflexion)에서 접근할 수 있는 공이며, 다시 말하면 그것을 위해 노력하는 모두가 접근할 수 있는 공이다.

세계종교는 어쩌면 종교체계 외부분화의 가장 중요한 기여다. 그것은 세계사회를 선취하는 동시에, 비종교적인 출처에서 생겨날 수 있는 정당화 가능성들(과 이와 함께 신빙성들!)을 차단한다. 사회학자들은 이것이 신앙에 대한 요구를 강화하고 따라서 포함과 배제의 차이, 정통과 이단이나 심지어 불신자의 차이를 더욱 날카롭게 하는 것이 틀림없다고 추측할 수 있을 것이다. 종교는 고유한 요구와 집단적이거나 지역적인 종류의 외부 지지,

즉 알려진 것에 대한 소급을 대체해야 할 필연성에서 진동한다.

사람들은 도대체 왜 그런 노력이 필요한가를 질문할 것이다. 종교체계의 외부분화가 종교 자체에 접근을 가능하게 하는 형식 중 하나라는 것만이 대답이 될 수 있다.

제8장

세속화

제8장 세속화

I.

사회학에서 세속화(Säkularisierung)는 콩트 시대 이래 그 자체가 함께 포함되는 주제다.[1] 그래서 그것은 쉽게 부정할 수 없는 특징이다. 사회학은 종교를 다룰 때조차 그리고 바로 그때 종교적인 신앙 교리에서 출발하지 않는다. 사회학은 학문체계에 소속되기 위해 "방법론적 무신론"을 육성한다. 그래서 사회학의 자기기술은 종교가 나타날 때는 종교적으로 구속되지 않았다는 의미에서의 세속화만 지향할 수 있다. 그러나 그렇게 함으로써 세속화가 의미 있는 연구주제인지, 아니면 콩트 시대와 달리 더 이상 말할 필요가 없는 당연한 문제인지에 대해서는 아무 것도 말해주지 않는다.

종교가 쇠퇴했다는 명제, 즉 종교가 사회적인 중요성과 개인의 동기 능력을 상실했다는 명제는 19세기와 20세기 초반에는 확정된 진리로 간주되었다. 그것은 더 진보적인 사회이론(Sozialtheorie)과 더 보수적인 사회이론

---

[1] Bryan Wilson, "Secularization: The Inherited Model", in: Phillip E. Hammond (Hrsg.), *The Sacred in a Secular Age: Toward Revision in the Scientific Study of Religion*, Berkeley Cal. 1985, 9-20쪽을 볼 것.

의 이데올로기적인 스펙트럼의 두 측면에서 전제되었으며,[2] 그래서 실제 논쟁적으로 토론되지 않았다. 세속화 개념은 사회(societal)체계를 관련지으며, 일종의 설명으로서 어쨌든 대안적인 기술로 사용되도록 의도되었다. 오늘날 이 개념은 학문적인 문헌에서는 거의 사용되지 않는다. 그것은 사용할 수 없는 것으로 간주된다.[3] 그것은 너무 많은 이질적인 전통을 한 단어로 요약한다. 오늘날 종교사회학자들 사이에서는 "탈교회화"나 "탈제도화", 또는 종교적 행동에 대한 조직화된 접근의 퇴조라고 말할 수 있지만[4] 종교적인 것 그 자체의 중요성 상실이라고 말할 수는 없다는 것이 수용되고 있다.[5] 방향이 규정된 세속화 명제는 우리 시대의 종교 변동에 훨씬 더 개방적이지만 완전하게 규정되지 않은 질문으로 대체된다. 그것은 이론 없는 경험적인 연구를 가능하게 하지만, 그 연구는 어쨌든 지금까지는 분명한, 해석 능력이 있는 윤곽을 획득하지 못했다.

개념의 역사도 유용한 지침을 제공하지 않는다. 그것은 너무 많이 시간

---

[2] Thomas Luckmann, "The New and the Old Religion", in: Pierre Bourdieu/James S. Coleman (Hrsg.), *Social Theory for a Changing Society, Boulder* — New York 1991, 167-182쪽 (168-169쪽)을 참조할 것.

[3] 참고문헌을 직접 찾아보는 수고를 덜어주는 개괄은 다음 문헌들의 세속화 작업(Säkularisation) 항목이다. Hermann Zabel et al, *Wörterbuch Geschichtliche Grundbegriffe: Historisches Lexikon zur politisch-sozialen Sprache in Deutschland Bd. 5*, Stuttgart 1984, 789-829쪽; Giacomo Marramao, Säkularisierung, *Historisches Wörterbuch der Philosophie Bd. 8*, Basel 1992, Sp. 1133-1161쪽; ders., *Die Säkularisierung der westlichen Welt*, 독일어 판본. Frankfurt 1996. 이 주제의 적실성을 긍정적으로 평가하는 Hartmann Tyrell, "Religionssoziologie", in: *Geschichte und Gesellschaft 22* (1996), 428-457쪽 (444쪽 이하)도 참조할 것.

[4] 그리고 이것은 최근의 연구 결과에 따른 것이기도 하다. W. Jagodzinski/Karel Dobbelaere, "Der Wandel kirchlicher Religiosität in Westeuropa", in: J. Bergmann/Alois Hahn/Thomas Luckmann (Hrsg.), *Religion und Kultur, Sonderheft 33 der Kölner Zeitschrift für Soziologie und Sozialpsychologie*, Opladen 1993, 68-91쪽; *Studien- und Planungsgruppe der EKD, Fremde Heimat Kirche: Ansichten ihrer Mitglieder*, Hannover 1993만 볼 것.

[5] Luc Ferry, *L'homme-Dieu ou le Sens de la vie: essai*, Paris 1996, 207쪽은 보다 조심스럽게 "신학적-문화의 끝"이라는 말을 한다.

에 매인 구도(Konstellation)를 반영한다. "세기"(Saeculum) — 그것은 타락과 불행으로 얼룩져 있으며 구원의 필요가 있는 상태에 처한 세계에 대한 지칭이다. 장 파울(Jean Paul)은 그의 시대에 특히 명백했던 모든 형식의 신성한 것의 파괴를 "세속적-타락"(Säkular-Verderbnis)이라고 불렀다.[6] "세속화"(Säkularisation)는 대량으로 축적되었으며 쓸모없는 교회 재산의 몰수나 교회적인 특권과 통치권을 폐지하는 것이었다. 세속화(Säkularisierung) — 그것은 특히 가톨릭 국가에서 사회, 학교, 학문, 개인의 자기 규정된 생활 방식에 대한 종교적 영향들을 제거하는 이념 정치적 프로그램, 콩트의 세계사 이론과 종종 연상되는 반-교권주의적 "실증주의" 프로그램이었다. 세속화는 미지의 미래에 구조와 차이를 도입하는 목적 투사의 측면으로 파악할 수 있다. 20세기에 세속화를 언급했을 때, 콩트의 실증 철학 자체가 이데올로기로 취급된 후에도 여전히 종교 문제에 대한 인구의 증가하는 무관심, 예배 출석률 감소, 교회를 떠나는 사람들의 수와 같은 사실들을 지시할 수 있었다. 이 주제에 대한 경험적인 연구는 계속되고 있지만, 연구된 맥락에만 통일성이 있는 다차원적 개념을 사용한다.[7]

비록 이 형식에서 세속화 개념은 사실적인-기술적인 내용을 가지는 것처럼 보이지만, 즉 규정된 사실을 가리키는 것처럼 보이지만, 대체로 상이한 시대에 따라 각각 상이한 내용들로 채워지는 역사적인 개념이다. 그러나 그것은 역사적인 개념으로서 역사철학의 소용돌이에 휘말리며, 오늘날

---

6 Jean Paul, *Vorschule der Ästhetik* (*Werke Bd. 5*, München 1963, 384쪽에서 인용)에 그렇게 되어 있다.
7 예를 들어 Luca Ricolfi, "Il processo di secularizzazione nell'Italia del dopoguerra: un profilo empirico", in: *Rassegna Italiana di Sociologia 29* (1988), 37-87쪽을 볼 것. 그 이전의 연구들에 관한 보고는 Karel Dobbelaere, "Secularization: A Multi-Dimensional Concept", in: *Current Sociology 29/2* (1981)을 볼 것. ders., "Secularization Theories and Sociological Paradigms: Convergences and Divergences", in: *Social Compass 31* (1984), 199-219쪽도 볼 것.

그 안에서 비록 획기적이라 하더라도 모든 확실한 준거를 상실한다. 세속화가 계몽이었다면, 그것은 계몽의 변증법적 자기 부정에 빠진다. 그것이 근대적이었다면, 그 유형들은 포스트모더니즘에서 다양한 조합들로 자유롭게 나타날 수 있다. 그것이 유럽적이었다면, 비유럽적인 기원의 많은 종교적인 부흥에 놀랄 필요가 없다. 그것이 경험적인 의미였다면, 학교 교과과정에서 종교적이며 도덕적인 주제들의 현재적인 중요성을 환기하는 것으로 충분하다[8] — 마치 이것이 근대사회에서 문명화된 생활 방식에 대한 준비가 특별히 중요한 것처럼 말이다. 결국 그 후에는 근대사회가 세속화된 사회인지에 대해서는 더 이상 연구하지 않는다. 이렇게 주장하는 이유만 연구한다.[9] 그리고 세속화가 결코 종교적인 입증들과 경험들을 배제하지 않는다는 부인할 수 없는 사실을 고려한다면, 이것은 사실이 아니다.[10]

이 모든 타당한 이유에도 불구하고 세속화 개념을 완전히 흔적 없이 삭제할 수는 없다. 1800년대에 나타난 심각한 변화는 부정하기 어렵다. 프랑스혁명과 함께 편협함(Intoleranz)은 종교에서 정치로 옮겨진다.[11] 그리고 종

---

8 세계 차원의 비교는 John W. Meyer/David H. Kamens/Aaron Benavot, *School Knowledge for the Masses: World Models and National Primary Curricular Categories in the Twentieth Century*, Washington 1992, 특히 139쪽 이하를 볼 것.

9 특히 사회학에 대해서는 세속화된 사회가 사회전체적인 질서 문제에 있어서 종교 질문의 중심성에 고정시키는 필사적인 시도라고 추측할 수 있다 — 그러나 바로 부정적인 버전일 뿐이다. Roland Robertson, "Sociologists and Secularization", in: *Sociology 5* (1971), 297-312쪽을 참조할 것. Trutz Rendtorff, "Zur Säkularisierungsproblematik: Über die Weiterentwicklung der Kirchensoziologie zur Religionssoziologie", in: *Internationales Jahrbuch für Religionssoziologie 2* (1966), 51-72쪽은 그 주제에 관한 신학적 관심을 비슷하게 정당화한다.

10 개념의 호도하는 성향에 대해 항상 반복적으로 강조되는 것처럼, 그것은 사실이 아니다. 예를 들어 종교적 경험을 "체험했는지 아닌지"가 아니라 "어떻게 체험했는지"가 문제라는 테제를 대변하는 Donald E. Miller, "Religion, Social Change, and the Expansive Life Style", in: *Internationales Jahrbuch für Wissens- und Religionssoziologie 9* (1975), 149-159쪽을 볼 것.

11 그리고 그것은 관찰된다. Ludwig Tieck, *Frühe Erzählungen und Romane*, München 연도 불상. 177-178쪽에는 예를 들어 "불관용 정신이 정치에까지 침투했다"라고 쓰여 있다.

교적 상징화 기능은 미학에 수용되거나 최소한 함께 수행된다.[12] 그래서 적어도 낭만주의 시대에 세속화는 "대체"로서 이해할 수 있게 된다. 종교적으로 채색된 기대에서 비종교적이며 속세적인 영역으로 이동하는 것으로 파악할 수 있다.[13] 그런 급진적인 변화를 위한 개념을 사용하지 않으려면, 그것은 하나의 진공 상태, 즉 어떤 후보도 메울 수 없는 이론적 공백을 만들어낼 것이다. 우리는 이것을 관찰함 이론과 형식 개념의 도움으로 분명하게 할 수 있다. 우리는 종교를 관찰하고자 한다면, 그것을 지시할 수 있어야 한다. 즉 구분할 수 있어야 한다. 관찰함을 주도하고 구분될 수 있게 만드는 종교의 형식은 두 면을 가진 형식이다. 한 면은 자기 자신을 구분하는 종교다. 그러면 다른 면은 무엇인가?

다음의 안내에 만족할 수 있을 것이다. 다른 면은 다른 모든 것, 즉 종교를 지시할 때 지시하지 않는 모든 것이다. 다른 면은 세계의 무표 상태로서 전제된 것으로 남는다. 그것은 최소 요구를 만족시키겠지만, 적어도 두 가지 질문에 대해서는 답하지 않는다. 그 하나는, 다른 면에 지시 능력이 있도록 만들기 쉬운 면, 즉 (사회학자들에게는) 종교적이지 않은 사회의 소통 영역이 있는가의 질문이다. 다른 질문은 다음과 같다. 종교 자체는 자신의 다른 면을 어떻게 보는가? — 그것이 종교가 고유한 지시를 통해 포괄하고자 원하는 나머지 세계이든, 종교적이지 않은 사회의 소통이든 상관없이 말이다. 종교는 그렇게 하여 무엇이 포함되고 무엇이 배제되는지를 더 정확하

---

12 Friedrich von Schelling, *Philosophie der Kunst. Vorlesung 1802/03*, 1859 판본, Darmstadt 1960 재인쇄본에서 인용.
13 "대체"(displacement)에 관해 Dominick Lacapra, "The Temporality of Rhetoric", in: John Bender/David E. Wellbery (Hrsg.), *Chronotypes: The Construction of Time*, Stanford Cal, 1991, 115-147쪽; Peter Fuchs, *Moderne Kommunikation: Zur Theorie des operativen Displacements*, Frankfurt 1993을 참조할 것. Luc Ferry, *L'homme-Dieu ou le Sens de la vie: essai*, Paris 1996, 22쪽에서는 "종교적인 것의 세속적인 재조직"이라는 말을 하면서 공산주의를 보기로 언급한다.

게 진술할 수 있을 때만, 고유한 자기기술을 위한 규정성 획득을 분명하게 달성할 수 있기 때문이다.

따라서 세속화 개념은 내용적인 진술이나 상태 기술을 하지 않고도 이 두 질문에 대한 답을 총괄하는 데 사용할 수 있다. 그것은 종교의 사회전체적인 형식의 다른 면을 기술하는 것이자 종교의 내부사회적인 환경을 기술하는 것이다. 따라서 그것은 어떤 종류의 세계 대상에 관한 것이 아니다. 우리는 달이나 달의 세속화의 신적 자질이 거부된다고 해서 달의 세속화라는 말을 하고 싶지는 않다. 그리고 그것은 하나의 규정된 관찰자인 종교를 통한 기술이다. 또는 더 정확하게 말하면, 다른 관찰자가 아닌 이 관찰자에 의한, 사회의 환경에 관한 기술을 기술하는 것이다.[14]

따라서 다른 관찰자들은 이 사태를 다르게, 예를 들어 과학 실험실에서의 실험처럼 다르게 기술할 것이다. 그래서 관찰자들은 그런 경우에 기도하는 것이 효과적이라면 기도함으로써 실험 조건들(다른 조건이 같다면 관련 변인들을 완전하게 파악할 수 있다)을 위반할 것이기에 실험 성공을 위해 기도해서는 안 된다고 생각하지 않을 것이다. 종교체계의 환경에서 작동하는 체계는 자신이 **고유한** 작동을 실행하고 관찰하는 장소가 종교의 환경이라는 것으로 그 **자체가** 규정되어 있지 않다. "일요일에 늦잠을 자는 것과 성찬식을 거부하는 것 사이에는 차이가 있다. 간식을 먹는 것과 욤 키푸르(Yom Kippur, 9월이나 10월에 정해진 유대교의 단식: 역주) 단식을 모독하는 것 사이에도 차이가 있다."[15]

---

14 그것은 달리 말하면, 종교와 세속화가 종교적인 맥락에서만 대립을 나타낼 뿐이라는 것을 뜻한다. 객관적인 사실을 파악하려는 사회학적으로 경험적인 연구 방법으로는 문제에 접근하지 못한다. James E. Dittes, "Secular Religion: Dilemma of Churches and Researchers", in: *Review of Religious Research 10* (1969), 65-81쪽; Peter G. Forster, "Secularization in the English Context: Some Conceptual and Empirical Problems", in: *The Sociological Review 20* (1972), 153-168쪽을 참조할 것.

15 Robert M. Cover, "The Supreme Court, 1982 Term. Foreword: Nomos and Narrative",

그렇게 이해된 세속화 개념은 과학적인 제한성의 요구조건들을 충족시킨다. 즉 그 개념은 어떤 것을 배제한다. 동시에 그것은 관찰자에 의존하여 정식화된다. 즉 그 개념은 포함하며, 그것도 관찰함의 세속화 상태를 잠재적으로 남기는 다른 관찰자들이 있을 수 있다는 점, 심지어 그 관찰자들이 보는 것을 볼 수 있도록 만들어 주는 맹점으로 작용한다는 점을 세속화 개념의 함축으로서 포함한다. 이 말은 다시금, 3차 질서 층위에서의 관찰의 입지에서 정식화할 때만 할 수 있다. 즉 다른 관찰자가 비-종교적인 관찰 도식에 특화되어 있을 때 관찰할 수 없는 것을 이 세속화 개념의 도움으로 관찰하는 관찰자를 관찰할 때만 할 수 있다.

우리는 이 고려를 가지고 거의 해결할 수 없는 논리적인 어려움에 마주치게 된다.[16] 이 고려는 이치 논리학의 제한을 어쨌든 무너뜨린다. 그러나 동시에 상응하게 구조 풍부한 논리들을 (아직은) 사용할 수 없더라도 그 범주의 잘 알려진 역사적인 상대성을 재구성한다. 오직 근대사회만이 그런 종류의 복잡한 기술을 필요로 하며 가능하게 한다. 더 오래된 사회들은 성스러운 대상들의 관찰을 통해서, 또는 그 후 관찰자 신의 관찰에 만족할 수 있었으며, 극단적인 경우에 이 관찰자 신을 전지한-관찰자로서, 즉 세계 외부에 있는 관찰자로 전제하여 그 결과 **그가** 관찰에서 관찰하는지 아닌지가 세계 **내부에서** 아무런 차이를 만들지 않는다고 생각할 수 있었다. 즉 그 결과 관찰자들이 스스로를 종교적으로 정의하는지 아닌지에 대해 자유롭게 결정할 수 있는, 완전하게 세속화된 세계를 전제하는 것으로 뒤집을 수 있게 되었다. 그 후 신학적으로 그렇게 준비된 세계에서 비로소 다음의 특징

---

in: *Harvard Law Review* 57 (1983), 4-68쪽(8쪽)을 볼 것. 그것은 세속화된 사회에서 탈무드-전통을 미국 헌법 해석에 유용하게 만들겠다는 시도다.

16 이 점에 관해 고타르트 귄터를 참조하는 Elena Esposito, *L'operazione di osservazione: Costruttivismo e teoria dei sistemi sociali*, Milano 1992를 볼 것.

을 가진 관찰자들이 나타난다. 그 관찰자들은 이것도 여전히 보고 기술한다. 그리고 그들이 세계 관찰함의 가능성을 이해할 수 있기 위해 세속화 도식을 사용한다는 것을 그들 스스로 종교적인 의도에서든 비종교적인 의도에서든, 관찰한다는 것을 성찰할 수 있다.

우리가 이해하는 의미에서 세속화는 다맥락 영역에서(polykontextural) 관찰할 수 있는 세계에 맞추어진 개념이며, 그 세계에서는 관찰자들의 맥락 영역들이 더 이상 존재의 관점에서나 신의 관점에서 동일하지 않다(다른 경우에는 결함이 있다). 그래서 세속화는 구조들로 인해 다맥락 영역에서의 관찰을 생각나게 하고 그래서 수용이나 거부에 관한 사전 결정(이것 또한 2차 질서의 맥락 영역(Kontextur)이다)이 요구되는 사회에 속하는 개념이다. 이것은 물론 모든 사례 영역에서 그렇게 되는 것은 아니지만, 이 사회의 가능성이 소진되고 그 현실에 적합하고자 할 때는 어쨌든 그렇게 된다.

이렇게 이해하면, 세속화 개념은 이 모든 것에도 불구하고 그 개념을 사용하는 사람들을 종교가 근대사회에서 중요성을 상실했다는 테제로 끌고 가지는 않는다.[17] 오히려 종교가 어떤 의미론적인 형식들과 구성원들을 포함하고 배제하는 성향으로 세속화된 사회의 전제조건에 반응하는지의 질문에 관심이 집중된다. 세속화는 종교에 대한 도발로 관찰되며, 이것은 어쩌면 양립될 수 없으며 어쩌면 문화적으로 수용할 수 있으며 어쩌면 "특이한" 복수의 형식들이 있을 수 있으며, 종교는 이 형식들을 가지고 이 도발에 대처한다는 것도 의미한다. 우리는 종교체계의 자기기술에 관한 장에서 이 점을 다시 다룰 것이다.

---

17 종교의 "기능 상실"에 관한 설명에 관해 위의 제3장을 참조할 것.

Ⅱ.

　이러한 서론적인 고려를 살펴본 후에는, 세속화가 사회체계의 근세적인 분화 형식으로서의 기능적 분화와 관련되어야 한다는 것 ― 그리고 관련짓는 방식 ― 을 쉽게 볼 수 있다. 그것은 세기, 세속화 작업(Säkularisation), 세속화(Säkularisierung)의 개념사에서 대략적으로, 그렇지만 충분하게 이해할 수 있다. 예를 들어, 중세의 세계에서는 중요한 생활 영역, 즉 특히 성애에 기초한 사랑과 화폐의 고유 합리성의 출발점 중 몇 가지가 "이 세상"의 악덕의 증상으로서 열거되어서 종교는 금욕과 무소유를 선택하지 않을 수 없도록 압박받는다는 점이 돋보인다. 교회 재산의 몰수, 성직자 특권과 주권의 폐지와 법적으로 유효한 시민 결혼 제도, 즉 "세속화 작업"(Säkularisation)은 그 후 그 기능을 위해 필요로 하는 체계들로 수단을 이전한다는 의미에서만 일관성이 있다. 결국 신의 손의 비가시화와 "세상은 자기 힘으로 간다"가 세속화(Säkularisierung) 개념으로 등재된다. 그것은 또한 개인의 종교적인 양심의 가책과 희망들과 곤궁함과 사회의 체계들의 기능적 요구들 사이에 깊은 균열을 만들어낸다. 종교적으로나 정치적으로나 학문적으로나, 마지막으로 가족 형성과 교육이나 환자 치료에서도 종교를 끌어들이는 것은 기능적으로 큰 의미가 없어지며, 개별 수업 시간, 법적 개입 금지 또는 세금 감면 형식으로, 일종의 은총의 빵의 형식으로 종교의 구태의연해진 형상이 보장된다고 하더라도 의미가 없다. 예를 들어 가족생활의 통과의례에서의 일정한 성과도 여전히 기꺼이 요청된다. 그러나 이런 종류의 주변적인 것을 합산하는 것으로는 근대사회의 종교의 의미를 적절하게 그려낼 수 없다. 이런 기술들은 제각기 **다른** 기능체계들의 체계준거를 근거로 삼지 **종교의 체계준거를 기초로 삼지 않기** 때문이다.

기능을 지향하는 분화 형식의 세밀한 분석을 통해서만 느슨한 이념사적인 상태를 넘어설 수 있다. 이 과제는 이 지점에서 가능한 연구의 범위를 넘어선다. 그래서 우리는 몇 가지 개략적인 암시에 만족해야 한다.

기능체계들은 자기준거적으로 작동하는 체계들이다. 기능체계들은 고유한 작동들을 그 기능과 코드에 지향하며 인지적이거나 규범적인 다른 관점을 (변경 가능하며, 동일성을 결정하지 않는) 프로그램들의 층위에서만 고려하면서 자기생산적으로 폐쇄한다는 특징이 있다. 그런 질서화는 개별 사례에서 진화상으로 생성될 수 있으며, 우리는 그것을 종교체계의 사례에서 추적하였다. 이런 일이 발생하면, 그런 기능체계들은 처음에는 여전히 사회 전체적인 분화의 일차적인 양식에 기초한다. 교회의 기능 수행자들, 심지어 성인들조차 상위계층 출신이다.[18] 그리고 이런 지원이 없다면, 종교는 아마도 주술적이며 의례상의 작동으로만 구성되며 자신의 작동과 구조만으로 결정을 내리는 것을 허용하지 않는 상태로 되돌아갈 것이다. 마찬가지로 근세 이전의 종교는 중심과 주변의 분화와 상관관계에 있다. 실제로 그것은 종교적인 중심들의 분화를 통해 이 형식의 사회전체적인 분화의 생성에 근본적으로 기여한다. 고등 종교는 물론 모든 신봉자의 평등을 전제한다. 그들 모두는 영혼을 가지고 태어나고 영혼을 가지고 죽는다. 그래서 그들 모두는 전생의 삶과 후생의 삶을 보장받고 있다.[19] 그러나 신앙의 표

---

18 중세 이후 유럽의 발전에 관해 Katherine and Charles H. George, "Roman Catholic Sainthood and Social Status: A Statistical and Analytical Study", in: *Journal of Religion* 35 (1955), 85-98쪽; Pierre Delooz, *Sociologie et canonizations*, Den Haag 1969를 볼 것.
19 이것이 고유한 종교에 속하지 않는 인간들에게 적용되는 정도는 상이하게 판단될 수 있으며, 무엇보다도 중심과 주변의 차이라는 척도에 따라서 그렇게 될 수 있을 것이다. 기독교적인 고등 종교는 구원될 수 없는 고대 철학자들에 관해 염려하고 있는 반면, 나는 세례받지 않았고 그래서 영혼이 없기 때문에 "투르크 인으로" 간주되고 스스로도 그렇게 생각하는 남부 이탈리아인을 알고 있다 — 그렇지만 그가 내게 확인해주었듯이 그는 마음은 가지고 있다. 이 주제가 다른 종교권에서 어떻게 다루어지는지의 문제는 Gananath Obeyesekere, "The Great Tradition and the Little in the Perspective of Sinhalese Buddhism", in: *Journal of Asian Studies* 22 (1963), 139-153쪽을 볼 것.

현과 확증은 중심과 주변의 차이에 따라 상당히 구분될 것이다. 그리고 이 차이 자체는 이 기능에서 종교적 신앙의 주제가 되지 않은 채, 종교와 나머지 사회 간 구조적 연동을 형성한다.

이러한 형성은 사회의 기능체계들이 갈수록 자율적이고 작동상 폐쇄된 체계들로 분화되는 한에서 변화한다. 그런 진화는 전통적인 분화 형식들의 우선권을 서서히 파괴한다. 기능체계들은 계층과 '중심/주변-차이들'과의 구조적 연동에 갈수록 의존하지 않는다. 더 이상 인구는 일차적으로 서열 차이로 분류되어 고정된 신분을 분배받지 않는다. 모든 기능체계는 포함과 기회 배분을 스스로 규제한다. 갈수록 더 많은 개인이 출생을 통해 보장된 사회적 신분 없이 살아가야 한다. 그러나 그들은 읽고 쓸 수 있기 때문에, 더욱 복잡한 포함 조건들에 포섭될 수 있다. 사회는 구조적이고 의미론적인 "파국"의 형식으로 자신의 안정성 원칙을 교체한다. 달리 말하면, 사회는 자신의 분화 형식, 즉 자신이 통일성과 상이성을 화해시키는 형식을 변경한다는 것이다.

이 파국은 의미론에서 특히 모든 우주적 상관물의 해체로 드러난다. 내부 분화의 기능 관련 형식은 환경 내부에 투사될 수 있는 모든 구조와 그렇게 분명하게 구분되어서, 사회는 그 자체가 세계를 통해 유지되는 체계로 파악될 수 없다. 계층화는 위와 아래의 차이로서, "존재의 사슬"로서, 그리고 중심/주변의 분화는 중간과 주변의 구분으로서 우주화될 수 있었던 반면, 세계 내부로 기능에 상응하는 분할을 투사하는 것은 더 이상 가능하지 않다. 세계를 범주, 속, 종으로 "분할해 넣는" 서술 도식은 근거를 상실한다. 그 결과 '위/아래-도식'이 (처음에는 인간과 관련되어) '내부/외부-도식'으로 대체된다. 세계는 지지 제공자(periéchon)의 성격을 상실한다. 그리고 체계와 환경의 차이를 통해 표시되며, 이때 환경은 모든 체계의 관점에서 다른 것, 미지의 것이 되어서 어떤 공통의 본질 특성들을 가지고 구성해낼 수 없는 것이 된다.

그것은 궁극적으로 인식적 구성주의로 이어진다. 오직 체계만이 구분들을 실행할 수 있고, 그래서 오직 체계만이 관찰할 수 있기 때문이다. 반면, 환경은 단지 그 상태의 환경일 뿐이다. 알려져 있다시피 타락 이전의 낙원에서는 구분들이 내려지지 않았기 때문에(비록, 우리의 관찰자 언어로 정식화된 보고들은 끊임없이 이것과 모순되지만), 환경은 바로 잃어버린 낙원, 타락한 자연(natura lapsa)일 뿐이라고 추측할 수 있다. 금지 명령의 위반을 통해서만, 도덕적으로 관찰할 가능성, 즉 구분하며 관찰할 가능성이 생겨난다. 이를 통해 체계는 작동상 폐쇄된 체계로서 고유한 구분의 실행만을 보전할 수 있기에, 낙원은 돌아갈 수 없는 환경이 된다. 기능적 분화의 가장 중요하면서도 세속화 주제를 위해 귀결이 큰 효과 중 하나는, 이제 거의 모든 구조와 작동이 결정으로 소급될 수 있다는 것이다. 시장 경제조차 이데올로기적으로 돌아보면 마치 결정을 통해 도입된 것처럼 다루어졌다(그리고 그 때문에 그것이 지금까지 실현되지 않은 곳에서도 도입될 수 있었던 것처럼 다루어졌다). 그러나 결정에 귀속되는 것은, 종교적 세계 질서로 쉽게 소급될 수는 없다(또는 매우 인위적이고 신빙성 있는 우회를 통해서만 소급될 수 있을 뿐이다). 아주 일반적인 견해에 따르면, 귀속의 사슬은 규정된 진행, 즉 역사에서의 새로운 전환의 시작이 이루어지는 결정에서 끝난다. 그 배경을 질문한다면, 이데올로기나 의식되지 않은 동기에서 끝난다. 결정들로의 귀속을 위한 교정으로 명시적으로 발전된 의미론적 유형에서 끝난다는 것이다. 하나님이 인간을 창조에 참여시켰다는 데 대한 충분한 증거를 물론 성경에서 (그리고 특히 타락 신화에서) 발견할 수 있지만, 이것을 신학적으로 고려하고자 한다면 구원의 역사는 다시 쓰여야 할 것이다.

그러나 우리는 그것을 그대로 놔둘 수 있다. 어쨌든 그것은 환경으로부터 자신을 배제하는 기능체계들의 이런 외부분화이며, 근세 사회에서 부분적으로는 진보에 대한 기대로, 부분적으로는 불확실한 내용을 가진 미래 지평에서, 그리고 부분적으로는 이행 과정에서의 구조적인 기술이 성공하지 못한 채 상실 범주들로 등재된다. 종교체계(와 종교체계에서 어떻게 관찰되는지를 관찰하고자 시도하는 모든 이)는 사회와 그 세계를 "세속화"된 것으로 기술하는 것으로 그런 상황에 반응한다. 이에 대한 증상들과 증거들을 발견할 수는 있지만, 그것들은 세부 사항을 알려주는 것이 아니라 사회가 종교에 제공하는 이미지일 뿐이다. 세속화로서 기술하는 것은 "자본주의" 사회, 과학적-기술적으로 작동하는 체계, "위험사회", "정보사회", 또는 결국 순수하게 시간적인 개념으로 "근대적" 사회나 "포스트모던" 사회로서의 사회체계의 다른 자기기술들도 신빙성 있는 대답에 이르지 못한다는 데서 근거를 발견할 수 있다. 종교적인 "세계상"은 특히 **다른** 세계 기술과 사회 기술들도 설득력이 **없기** 때문에 불가능해진다.

III.

세속화 개념의 가장 널리 퍼진 규정 중 하나는, 사람들이 도대체 종교적으로 참여하는지 그리고 그렇다면 어떤 종교에 참여하는지가 개인적인 결정의 사항이 되었다는 것이다. 종교는 이를 통해 바로 사적 계기가 되었으며, 그것은 사적으로 편안한 느낌이 아닌 다른 어떤 것의 근거도 되지 않는다고 말해진다.[20] 그것은 단품 종교(Religion à la carte)가 된다.[21] 그러나 그

---

20 예를 들어 Gibson Winter, *The Suburban Captivity of the Churches*, New York 1962; Harvey Cox, *The Secular City*, New York 1965를 볼 것.
21 Luc Ferry, *L'homme-Dieu ou le sens de la vie*, Paris 1996, 33쪽의 각주에 그렇게 되어 있

로 인해 더 많은 수수께끼가 남겨질 뿐이다. 어쨌든 반대 개념인 "공적인 것"(öffentlich)이 대부분의 종교행사에 마찬가지로 들어맞기 때문에, "사적인 것"(privat)은 부적절한 기술이다. 과거 세계에서 "사적 영역"(Privatheit)은 배제 범주였던 반면(사적인 것(privatus) = 질서화되지 않은 것, 박탈(privatio) = 주체에서의 거부), 근대로의 이행기에 사적 영역과 개별성이 융합되어, 그 개념은 (소비자로서, 유권자로서, 판단 능력을 갖춘 주체 등으로서) 사회적으로 주목할 만한 것의 방향으로, 즉 **포함**의 방향으로 나아가는 경향이 있다. 그러나 인물이나 결정의 개별성도 역사적으로 더욱 모호한 규정이다. 그것은 항상 헌신의 강도와 관련하여 이미 어떤 역할을 수행했다. 그리고 광범위한 금욕이라는 경계 사례는 무종교성(Areligiosität)의 결정과는 거의 구분될 수 없다. 추측하건대 문제는 종교에 찬성하거나 반대하는 결정을 내릴 가능성을 사회로부터 제공받는 개인들이 결정을 내리지 않는다는 데 있다.

특히 개신교 운동에서는 수도자와 사제 및 평신도의 생활 방식의 (주술적이며-신성한) 차이가 약해지는 연관에서 개인의 재평가에 이르렀는데, 여기서 세속화라는 말을 할 수는 없을 것이다. 종교적 헌신(프랑수아, 드 세일즈)의 "근대적" 사상이나, 허버트 체르베리(H. Cherbury)의 이신론(理神論), 즉 **모든 사람이** 자신의 특수한 "실천"을 신의 의지에 직접 관련짓는 것을 가능하게 하는 일종의 메타-고백적인 종교성에 대해서도 같은 내용을 말할 수 있다. 개별화 관점은 적어도 더 정확한, 이론적이고 역사적인 관점화를 필요로 한다는 점을 언급할 수 있을 것이다.

우리는 지금은 "개인", "개별성" "개인주의"를 선호하는 사회의 의미론 층위에 있다.[22] 이 지향 개념들은 계층화된 분화에서 기능화된 분화로의 이

다.
22 더 자세한 논의는 Niklas Luhmann, "Individuum, Individualität, Individualismus", in: ders., *Gesellschaftsstruktur und Semantik Bd. 3*, Frankfurt 1989, 149-258쪽을 볼 것.

행기에 일종의 확실성을 제공했다. "개인들"은 기능체계들의 자기조직으로의 이행에 전제되어야 하는 일종의 미시다양성(Mikrodiversität)을 가리킨다.[23] 귀족과 서민, 장소들과 국가들, 교회들과 종파들, '수호 성인들/의뢰인-관계들', 그리고 특히 가계의 모든 사회적인 분할들이 흔들리기 시작하더라도, 개인들의 개별성에 의지하여 이 과정을 실행하는 동시에 그 과정에 사회의 변동에도 영향받지 않고 남겨지는 기반을 갖추어줄 수 있다. 이 개별성 의미론은 모든 사회적인 꼬리표들을 떼어내어야 했고, 일단은 예를 들어 인지 능력과 열정들, 그렇지만 특히 인간들 간의 관계를 소동에 내맡기는 내인적인 불안정 같은 몇 가지 인간학적 사실들에 제한되어야 했다.[24] 18세기는 인간의 자연에 대한 이 전제를 한 번 더 축소했다. 그새 고도로 발전된 "전기적" 의식과 환경 의존적인 개별 인간의 형성을 고려하고 이것을 다양성의 설명인 것처럼 차감하면, 자연 속성들인 자유와 평등이 인간**에** 대한 모든 **일반적인** 진술로 남는다. 자유와 평등은 당시(와 어쩌면 모든 시대)의 시민사회들에서 발견한 것과 공개적으로 모순되며 그래서 "인권"으로 격상되었다. 이 지점에서 근대적인 개인주의와 종교에 대한 세계관이 분리되며, 그 결과 오늘날 종교적 근본주의와 인권 근본주의가 해결을 전망할 수 없는 갈등에 빠진다. 모든 인간이 자신의 영적 구원에 애쓰는 것은 아니며, 어쨌든 영적 구원은 인권이 아니다. 그리고 신앙을 찾는 사람들은 종교가 식단처럼 제공되어 그것 말고는 더 이상 선택할 수 없을 때 불쾌감을 느낄 수도 있다.

---

23 이 구분에 대해 Stéphane Ngo Mai/Alain Raybaut, "Microdiversity and macro-order: toward a self-organization approach", in: *Revue Internationale de systémique 10* (1996), 223-239쪽을 볼 것.
24 이 점에 대해 자세한 분석은 Niklas Luhmann, "Frühneuzeitliche Anthropologie: Theorietechnische Lösungen für ein Evolutionsproblem der Gesellschaft", in: ders., *Gesellschaftsstruktur und Semantik Bd. 1*, Frankfurt 1980, 162-234쪽을 볼 것.

만인 평등 원칙은 종교적인 신앙고백의 차이를 허용하지만, 그것을 개인적으로 선택한 구분으로 평준화한다.[25] 만인 자유의 원칙은 과거에 "종교"(religio)로 형성되고 인정된 조건들을 외적이며 궁극적으로 무차별적인 어떤 것으로 격하시킨다. 그것들은 많든 적든 좋은 이유와 많든 적든 정당성을 가질 수 있는 강제로서 나타난다. 이런 발전은 종교의 면에서는 개인주의의 집단적 이데올로기로 매도될 수 있을 것이다.[26] 또는 당혹감이 더욱 분명해지면서, 인권에 종교적인 근거를 추후 덧붙일 수 있을 것이다. 그러나 문제는 더 깊은 곳에 있다. 그것은 의무들(Bindungen)을 서술할 가능성이 재구성된다는 데 있다. 근대에는 의무가 **어떻게** 관찰되는지 항상 함께 관찰되기 때문에, 모든 확정이 우연적이라는 고백이 불가피하게 만들어진다. 그래서 확정들은 정당화될 필요가 있으며, 그 결과 정당화 속임수도 우연적인 것으로 나타난다. "순진한" 것은 이제 개인이 스스로 결정한 의무밖에 없다. 의무는 "헌신"(commitment)이 되었다.

그러나 종교적인 고백의 결정이 서술되어야 한다면, 이것은 기껏해야 전기적으로 정초될 수 있을 뿐, 인간의 자연에 정초될 수는 없다. 이미 오래전부터 사람들은 인간의 자연에서 특정한 종교적 확신을 추론하는 옛 결론을 신뢰하지 않았다. 예를 들어 섀프츠베리에 따르면, 인간들은 자연종교와 관련하여 일관되게 생각하지 않는다.[27] 장 폴(Jean Paul)은 인간들이 위기의 시대에 스스로 "희망과 무능력 사이에 매달린 채" 있다는 것을 발견한

---

25 우리는 이 점을 아래의 "문화" 관점에서 다시 다룰 것이다. 아래의 제7절을 볼 것.
26 예를 들어 Alexandre Vinet, "Sur l'individualité et l'individualisme", in: ders., *Philosophie morale et sociale Bd. 1, Lausanne 1913*, 319-335쪽(처음에는 *Semeur*, 1836년 4월 13일)을 볼 것.
27 *An Inquiry concerning virtue or merit* (1709), Anthony, Earl of Shaftesbury, *Characteristicks of Men, Manners, Opinions, Times*, 2. Aufl. 장소 불상 (1714), 재인쇄본 Farnborough Hants. UK 1968, Bd. II, 120쪽의 인용에 그렇게 되어 있다.

다.²⁸ 그러나 일단 그 점으로부터, 일관성을 생산하기 위해 법을 통한 종교의 국가적인 설립이 필요하다는 결론에 이른다. 그것은 인간의 원래 사회적인 규율을 그가 자연적인 것으로 느끼는 도덕으로 옮긴다면, 섀프츠베리와 함께 용인할 수 있다. 그러나 그것은 더 이상 종교적으로 확신을 줄 수 없으며(그리고 그것은 언제 확신을 줄 수 있었는가?), 인간의 종교적 성향의 자연스러운 변덕(Inkonsistenz)이 후유증으로 남겨진다. 그 후 개인적인 체험이 종교적인 확신의 최종 이유로 재평가된다는 점을 덧붙인다면, 개인이 어떤 종교든 자유롭게 선택할 수 있다는 결론이 남는다. 그리고 이것이 일단 수용된다면, 그것은 사회적인 불일치, 심지어 다른 사람들과 '달리-사고함'이 종교적인 확신의 강한 동기가 될 수 있다는 사실을 깨닫는 작은 걸음에 불과하다.

최근 문헌에서는 (종교적인) **경험**이 중요하다고 종종 말한다. 경험은 소통 불가능한 것으로 생각되며, 근거로 삼을 수 있기만 할 뿐 그렇게 하여 그 경험에 대한 접근을 다른 사람들에게 허용할 수는 없다. 따라서 언어 사용은 근대의 개인주의를 확인하는 동시에 심리적 체험과 사회적 소통 간 극복할 수 없는 차이를 확인한다.

그것은 — 특히 개별화 주제에서! — 심리적 체계준거가 아니라, 사회적 체계준거, 즉 사회를 고려할 때 해명에 기여한다. 오래된 사회들에서는 신앙의 전제들(존재의 전제들, 신화들, 제식 형식의 의미와 효과)이 옳다는 것을 소통에서 전제할 수 있고, 물론 다른 사람들도 그것이 옳다는 것을 전제한다는 이유만으로 그렇게 된다.²⁹ 그런 사정은 소통의 계기에서 종교의 진술들

---

28 *Levana oder Erziehungslehre I*, (*Sämmtliche Werke Bd. 36*, Berlin 1827, 51쪽에서 인용)을 볼 것.
29 아프리카의 신앙 태도에 관해 John S. Mbiti, *Concepts of God in Africa*, London 1970, 218쪽을 볼 것. "개인은 조합 사회의 다른 구성원이 '믿는' 것을 '믿는다'. 그리고 그는 다른 사람들이 '믿기' 때문에 '믿는다'".

이 믿어지는지, 어떻게 믿어지는지, 그리고 누가 그것을 믿는지를 항상 사전에 확인해야 할 때, 근본적으로 달라진다. 주제를 — 시간을 절약하기 위한 목적 때문만이라 하더라도 — 회피하는 것이 출구가 될 수 있지만, 그렇게 하여 공통적으로 수용된 종교적 "생활세계"로 되돌아오는 일은 물론 일어나지 않는다.

17세기의 전환기에는 '더 이상 아닌/아직 아닌-상황'에 대한 충분한 증거들을 발견할 수 있다. 도덕적인 생활 방식뿐만 아니라 종교적인 신앙도 여전히 가능했으며, 물론 유일하게 옳은 방식으로만 가능한 것으로 유지되지만, 동시에 소통 불가능한 것으로 여겨졌다. "세계"는 가상, 이미지, 조작된 기호들의 세계이며, 그 안에서는 신분 질서도, 법원도, 사제도 신뢰할 수 없다. "보고, 듣고, 그리고 침묵하라". 발타자르 그라시안(Baltasar Gracián)의 모토다.[30] 그리고 세계에서 소통을 피할 수 없다면, 가상의 세계에서 움직이는 법을 배워야 하며, 언제나 진리는 보이는 것의 반대라는 것을 전제해야 한다.[31] 통일성은 여전히 전제되지만, 오직 되돌아가는 절차로만 도달할 수 있다. 불신은 신앙의 전제이며, 이것을 성찰할 때만 인간은 인물이 될 수 있고 인물로서 구원될 수 있다.

문화적인 종교 제안과 개인적인 신앙 결정이 이렇게 갈라진 결과로서 오늘날 종교적으로 질화할 수 있는 개인들의 의견들이 광범위하게 불일치한다는 것을 관찰할 수 있다.[32] 일관되고 교회 정통의 권위에 근거하여 신앙을 지키는 이들은 일관되게 무신론적이고 종교를 거부하는 견해를 대변하는 이들과 마찬가지로 소수다. 대부분은 종교적인 신앙의 몇몇 구성요소

---

30   Baltasar Gracién, *Criticón oder: Über die allgemeinen Laster des Menschen* (1651-57), 독일어 판본, Hamburg 1957, 49쪽에 그렇게 되어 있다.
31   A. a. O. 51쪽, 67쪽 등.
32   이 점에 대해 Loredana Sciolla, "La natura delle credenze religiose nelle società complesse", in: *Rassegna Italiana di Sociologia 36* (1995), 479-511쪽을 볼 것.

는 받아들이고 다른 구성요소는 받아들이지 않는다 — 신의 존재는 받아들이지만, 원죄 없는 잉태 교리는 받아들이지 않으며, 많은 비교(秘敎)적인 사상재는 받아들이지만, 점성술은 수용하지 않는다. 믿음을 통한 구원은 받아들이지만, 은총만으로 구원받는다는 것은 수용하지 않는다. 죽음 이후에도 개인으로 계속 사는 것은 성육신 전기를 통하는 일로는 받아들이지만, 규칙을 깨는 기적을 통한 일로는 수용하지 않는다. 이런 구성요소들이나 다른 구성요소들을 다른 조합에서 받아들이기도 하고 그렇지 않기도 한다. 이를 위해서는 생활 방식의 모든 측면을 관련짓는 공동체적인 생활 형식에 근거할 필요는 없지만, 예를 들어 심령술사들의 모임이나 자기발견 세미나, 비슷한 선호들을 가지는 정보지들이나 친구 집단 같은 개별적인 사회적 지탱 지점들을 필요로 한다. 사회학자 시콜라(Sciolla)를 참조하여 "취약한 제도화"라는 말을 할 수 있을 것이다.[33] 어쨌든 사회는 개인을 지원하지 않고 내버려 두는 것은 아니지만, 개인을 일관성에의 강제로부터 해방시키고 그의 신앙의 구성요소를 교체하거나 그 의미가 희미해지도록 허용할 기회를 제공한다.

다른 사람들이 믿지 **않는** 어떤 것을 믿는 것이 마침내 정당화되었다고 생각할 수 있게 되면, 부담을 느끼지 않아도 될 것이다. 신앙의 진정성은 차이에 의해 지속하고 증명된다.[34] 역설은 사회적 분화로 해체된다. 종교 결정의 개인 귀속이 일단 관철되고 그리하여 모두가 자신과 다른 사람 앞에서 해명할 의무가 있게 된 후에는 사회적 지원과 승인의 질문만이 긴급한 문제가 된다. 사회적으로 같은 생각을 하고 있다는 것은 더 이상 단순하게 숨겨진 채 존재하지 않으며, 다른 사람들의 의견을 더 이상 우연에 좌우되는 직관으로 전제할 수 없다. 오히려 가시화할 수 있고 경계 지을 수 있

---

33 A. a. O. 507쪽.
34 역사적으로 본다면, 이것이 낭만주의 이념이었다.

는 공동체 형성이 시작되어야 하며, 그 과정에서 **다른 사람들은 믿지 않거나 다르게 믿을 때도** 믿음이 사회적으로 입증될 수 있어야 한다.[35] 생각이 같다는 것은 근대사회에서 예외 현상이며, 이 경험의 반복을 예상할 수 있는 집단에 참여하도록 개인을 이끌 수 있는 의외의 경험이자 즐거운 경험이다. 아주 다양한 종류의 근본주의, 부흥 운동, 신성한 연출에 대한 신앙의 쇄신, 재신비화 등은 관심의 강도에서, 세속화로 인해 세속화에 반대한다는 사실에서 설명을 발견할 수 있을 것이다.[36] 그것들은 그것들 자체를 근본화하는 고유한 역사적인 근원에 근거하기보다, 오히려 반대 가능성을 그것들에 제공하는 근대적인 조건에 기초한다. 거기서 근대 개인주의와의 역설적인 관계가 생겨난다. 한편으로는 종교에 관한 관심이 (자연적인 생활 형식과는 대조적으로) 전제되어 있지만, 다른 한편으로는 그것이 고유한 생각에 따라 생활할 수 있는 단순한 가능성은 아니기 때문이다. 근대 개인주의는 종교적 근본주의의 형식으로 자기 자신에게 등을 돌리며, 그래서 소통은 급진성과 믿을 수 없는 것의 믿을 만함에 기초해야 한다.

첫 번째 설명을 통해, 우리는 여기서 의식 상태가 관건이 아니라 오직 **소통**만이 관건이라는 것을 다시 한번 분명하게 해야 한다. 의식 상태들은 체험에 관련되든 행위에 관련되든, 언제나 개인적이고 극도로 불안정하다. 그것은 결코 변할 수 없으며 사회구조들의 심층적인 변화를 통해서도 변할 수 없다. 변화하는 것은 의식 상태들이 개인적으로, 즉 독특하거나 다르게 소통될 수 있거나 소통되어야 하는 규모다. 이것이 사실이며 사실인 한에

35　Bryan R. Wilson, *Religion in Secular Society: A Sociological Comment*, London 1966, 160쪽 이하를 볼 것.
36　이 점에 집중하는, 이슬람 근본주의와 미국적인 (프로테스탄트적인) 근본주의의 비교에 대해 Dieter Goetze, "Fundamentalismus, Chiliasmus, Revitalisierungsbewegungen: Neue Handlungsmuster im Weltsystem?", in: Horst Reimann (Hrsg.), *Transkulturelle Kommunikation und Weltgesellschaft: Theorie und Pragmatik globaler Interaktion*, Opladen 1992, 44-59쪽을 볼 것.

서만 동기를 필요로 하며, 그 동기를 가지고 승인받기를 희망할 수 있다(개별화가 미리 규정되어 있다고 하더라도, 이것이 아직 모든 것이 허용된다는 것을 뜻하는 것은 아니기 때문이다. 몇몇 낭만주의자들의 극적인 회심을 생각해보라). 그러므로 종교처럼 중요한 영역에서 개인적으로 귀속될 수 있는 체험들과 결정들의 소통은 언제나 (이제 분명해졌을 것으로 보이는,) 수용과 거부의 새로운 형성을 뜻한다. 비로소 그 점이 이전에 획일화된 종교적인 신앙 맥락에서 이제 분열에 이르고 또한 이전에는 거부를 예상하며 정확하게 바로 그 점에서 장점이 있는 몇몇 종파들에서 이상한 종파로 바뀌고 있는지를 설명할 수 있다.

그런 개별화의 가장 중요한 효과 중 하나는 종교적 집단화를 지향하는 영역과 그것으로부터 거리를 두는 영역에서 관찰할 수 있다. 스펙트럼이 확장되면, 이런저런 종교적인 견해를 만나거나 생활 상황에 따라 매력적이거나 혐오스럽다고 느낄 가능성이 커진다. 구하는 이가 찾을 것이다. 그러나 그로써, "회심"(Konvertieren)이라고 불리던 것은 "청산"되고 있다.[37] 그것은 더 이상 외부로부터 와서 전체 생활 상황에 강력하게 작용하는, 사울/바울 방식의 충격적인 대사건이 아니다. 즉 그것은 더 이상 일종의 초월적인 세뇌가 아니라, 제안을 수용하는 개인적인 결정이다. 그것은 종종 단계 형식으로 진행되는 과정이다. 처음에는 사회적 접촉의 새로운 종류의 조건들을 시험하지만, 완전하게 확신하지는 못한다. 그 후 개인이 개인으로서, 즉 자기관찰자로서 자신에게 허용하는 참여가 이루어진다. 종종 내용적으로 사회에서 구원을 찾으며, 그것을 위해서는 생각이 같은 소통에서 사회적 지원을 받을 필요가 있다(그리고 그것은 종교의 오랜 전형에 부합한다). 그 후에

---

37 특별히 교훈적인 미국 연구에 관한 개괄은 James T. Richardson, "Studies of Conversion: Secularization or Re-enchantment", in: Phillip E. Hammond (Hrsg.), *The Sacred in a Secular Age: Toward Revision in the Scientific Study of Religion*, Berkeley Cal. 1985, 104-121쪽을 참조할 것.

는 스스로를 제한하는 습관 형성과 기대 완화 단계 — 다른 제안들이 매력적으로 나타나는 — 가 이어질 수 있다. 회심은 더 이상 이 형식에서의 신분 변경이 아니다. 오히려 그것은 개인과 사회의 관계 질서를 위해 오늘날 전형적인 것처럼, (성공하거나 실패한) 경력 유형을 따른다.

이러한 진입과 퇴장의 유동성 외에도 그리고 이 배경에서 특히 해방된 개인주의가 권위 구조와 종교체계들의 교리적인 신앙 제안에 미치는 역작용에 관한 토론이 이루어졌다 — 토론은 예를 들어 "퇴장, 항의, 그리고 충성심"(Exit, Voice, and Loyalty)의 전형을 따라 이루어진다.[38] 자기규정된 개별성, 진정성, 고유한 견해 표명의 이런 경향은 평신도뿐만 아니라 훨씬 더 심각하게 목사들까지 사로잡는다. 교회의 구성원으로 남을 수 있고 협력할 기회를 모색하지만, 많든 적든 자주 반대하게 된다. "나는 그것을 납득할 수 없어." 그러나 권위는 너무 자주 설명을 강요받지 않는다는 것으로 유지되며, 교리적인 질문들은 해석에 관한 결정이 내려져야 하면 공식화된 이의를 낳기 쉽다. 구성원들의 수뿐만 아니라 내적 자명성도 종교 결정의 개별화로 인해 영향을 받는다. 종교 자체가 근원에 어떻게 함께 작용했든, 개별성 의미론은 항상 구조 비판의 수단이었기 때문이다(모든 이는 그 자신만이 그리고 궁극적으로 신만이 처분할 수 있는 **고유한** 영혼을 가지고 있다). 근대 개인주의는 외부로부터 종교로 옮겨져, 종교를 힘들게 만들고 있다.

---

38 Albert O. Hirschman, *Exit, Voice, and Loyalty: Responses to Decline in Firms, Organizations, and States*, Cambridge Mass. 1970에 그렇게 되어 있다.

IV.

 "세속화"라는 단어를 통해 현상으로 기술된 것에서, 소통의 새로운 확산 기술은 분명히 중요했다 — 처음에는 인쇄술, 그 후에는 신문, 마지막으로 "대중매체" 개념으로 오늘날 파악할 수 있는 모든 것이 중요했다. 이때는 성경을 읽을 수 있는 모든 사람은 다른 텍스트들도 읽을 수 있으며, 책 인쇄의 확산이 시장에 의해 규정되며 종교에 의해 규정되지 않는다는 것만이 중요한 것이 아니다. 새로운 확산 기술은 훨씬 더 급진적인 의미에서 실재에 대한 사회의 이해를 깊이 변화시켰으며, 물론 특별히 실재에 대한 이미지와 텍스트의 관계를 변화시켰다.[39] 이미지와 텍스트 자체가 실재를 확증하는 것이라는 낡은 생각은 사라진다. "성경"조차 신뢰할 만한 실재 해석이 아니다. 그것은 수용하거나 — 또는 거부하거나 — 할 수 있는 신앙고백일 뿐이다. 그렇다면 제기되어야 할 질문은 다음과 같다. 개인의 일상생활에서 감동을 주고 교란하는 많든 적든 우발적인 독서의 틈새들은, 다른 사람들도 그것으로부터 경험을 추론한다는 이유로 그 개인이 전제하는 상상의 통일성으로 결합하는 것은 무엇인가?

 가장 중요한 효과들은 아마도 시간 차원에서, 그리고 물론 동시성에 대한 새로운 종류의 이해로서 발견할 수 있다. 늦어도 일간신문이 등장한 후, 동시성은 새로운 것의 시점을 통해 정의된다. 따라서 그것은 현재에 제한된다(그리고 어쩌면 다시 지나간 현재들이나 다가올 현재들로 확장된다). 지나간 것과 현재적인 것을 동시적으로 생각하는 것은 이제는 가능하지 않다 — 가족이나 성스러운 계시를 현재 요구되는 것과 동시적인 것으로 생각할 수

---

39 *Mundus in Imagine: Bildersprache und Lebenswelten im Mittelalter: Festgabe für Klaus Schreiner*, München 1996을 참조할 것.

없다. 이와 함께 이미 르네상스 시대에 신문의 출현과 함께 바로 현재적인 현재와 과거 사이의 틈이 벌어진다. 과거는 현재로부터 점점 더 멀어진다. 과거가 관련된 것으로 남으려면, 강조하는 재현재화가 필요하다. 예를 들어 단지 기억되어야 할 뿐만 아니라 상징적이며 (동일시하는) 현존이기도 한 최후의 만찬 형식에서처럼 말이다.

현재적이기만 한 새로운 동시성은 체험이 다른 사람의 체험에서 사회적으로 증명될 수 있는 방식을 동시에 변경시킨다. 동시성은 이제 상호 관찰 불가능성과 상호 영향 불가능성을 뜻하기 때문이다. 개인은 독자나 텔레비전 방송의 시청자로서 개인이 접근할 수 있는 단편들로부터 다른 사람들이 체험하는 것과 그 체험으로부터 결론짓는 것을 추론해야 한다. 그들이 같은 뉴스를 청취한다고 전제할 수 있지만, 그들이 어떤 세계를 구축하는지는 아직 드러나지 않는다. 이 틈새는 상상으로 채워진다.[40] 사람들은 모두가 불완전하게만 수용할 뿐 보완할 수 있는 것으로 수용하는 "실재"를 대중매체가 재현한다고 전제한다. 물론 이 상상된 세계에는 언제나 종교가 있다. 사람들은 종교에 대해 들어 본 적이 있고, 어쩌면 화려하며 다채로운 공연을 보았을 것이다. 그러나 상상 자체는 더 이상 종교의 형식을 취하지 않는다. 그것은 세속적인 세계의 형식을 수용했으며, 이 형식에서만 다른 사람들이 고유한 상상을 증명하는 어떤 것을 동시에 체험한다고 전제할 수 있다.

이제는 방대한 양의 완전하게 상이한 사건들이 동시적으로 일어날 수 있다. 그것들은 동시적으로 일어나야 한다. 이제는 어떤 것도 미래에 벌써 일어날 수 없고 아직 과거에 일어날 수 없기 때문이다. 그러나 동시적이라는 것은 연관이 없다는 것을 뜻한다. 관찰을 위해서 그리고 인과적인 영향

---

40 그 점에 관해 하나의 특수 사례를 위해 Benedict Anderson, *Imagined Communities: Reflections on the Origin and Spread of Nationalism*, London 1983을 참조할 것.

을 미치기 위해서는 시간을 사용해야 하기 때문이다. 그러나 연관 없는 동시성의 이러한 세계는 어떻게 통일성으로 파악될 수 있는가? 아마 종교적으로는 파악할 수 없을 것이다. 그것은 기껏해야 세계 내부에 저장된 것으로서 시간적으로 지속적인 인식과 인과적인 유발을 상상하는 것처럼 파악될 수 있을 뿐이다. 그러나 그것은 오류 가능성, 인과적인 실패들이나 예상치 못한 부작용을 대가로 치러야 한다. 이제 종교는 기껏해야 좋은 의도를 가진 사람들을 위한 위로라고 여겨질 수 있을 뿐이다.

V.

기술적으로 쉽게 파악할 수 있으며 경험적으로 설득력 있는 이런 종류의 변화들은 근대사회의 근본적인 변화들을 관련지으면서 그것들을 "설명하고자" 한다면, 이론적으로 해석할 필요가 있다. 이를 위해 적절한 출발점은 탤컷 파슨스의 문제 처리에서 찾아볼 수 있다.[41] 물론 여기서도 사사화(Privatisierung)라는 말을 한다. 그러나 그 말은 일반 행위체계의 다른 변수들에 미치는 진화상 규제들을 통한 사회적 규제의 변화들을 의도한다. 그에 따르면, 세속화 작업은 적응적 개선, 분화, 포함과 가치 일반화를 향하는 진화라는 **일반적인** 현상의 **특수한** 표현이다. 중요한 결과는 다음과 같다. 종교는 점증하는 분화에 적응하고 포함 규칙의 개별화에 적응하면서, 그런데도 여전히 통일성과 "유형 유지"를 주장하고 싶어 하는 상징 구조들을 더

---

41 특히 "Belief, Unbelief, and Disbelief"와 "Religion in Postindustrial America: The Problem of Secularization", 둘 다 Talcott Parsons, *Action Theory and the Human Condition*, New York 1978, 233-263쪽과 300-322쪽의 인용을 참조할 것.

분명하게 일반화해야 한다.[42] 또한 "신학의 세속화"(Säkularisierung)라는 언급도 있었다.[43] 파슨스는 여기서 특히 종종 "시민 종교"라고 불리는 복합체를 생각하고 있다.[44] 파슨스를 넘어서면서, 종교개혁 이후 조직 요인의 강화가 종교체계의 일종의 적응적 개선이라는 점을 환기할 수 있을 것이다. 따라서 세속화는 종교의 기능이나 중요성의 상실을 뜻하지 않는다. 그러나 어쩌면 근대사회의 조건에 대한 일시적인(?) 오적응을 뜻할 수는 있을 것이다.

우리는 이 점을 참조하지만, 포함 개념을 사회적 체계들을 관련해서만 더 좁게 해석한다. 포함은 사회적 체계들의 소통에서 (심리적 체계들의 속성 공식으로서의) 인물들이 참여자(행위자, 수신자 등)로 고려될 때 발생한다. 사회의 포함 규칙들이 분화 형식들과 함께 변화한다는 사실과 방법은 이 개념의 도움으로 보여줄 수 있다. 옛 사회들이 서열이나 '도시/농촌-구분'의 분화를 통해 개인에게 고정된 자리를 할당한 반면, 포함은 근대사회에서 기능체계들에 넘겨져 있으며 그 체계들의 관계를 위한 전체적인 공식은 어차피 더 이상 없다.[45] 따라서 중세를 특별히 강렬한 경건의 시대로 생각하는 것은 근본적으로 잘못된 일일 것이다. 당시의 종교적인 포함은 주로, 조

---

42 이 점에 대해서는 많은 증거들이 주어질 수 있다. 18세기의 요구 하나는 예를 들어 다음과 같다. 많은 교리들과 궤변들을 무시해라, 단순하게 해라! J. J. (Dom Louis), *Le ciel ouvert à tout l'univers*, 1782, 163쪽을 볼 것. "모든 것을 단순화하는 기술은 모든 것을 완전하게 하는 기술이다."

43 Peter Berger, *A Sociological View of the Secularization of Theology* (1967), ders., *Facing up to Modernity: Excursions in Society, Politics, and Religion*, New York 1977, 162-182쪽에서 인용에 그렇게 되어 있다.

44 루소가 아니라 Robert N. Bellah, *Beyond Belief: Essays on Religion in a Post-Traditional World*, New York 1970을 참조한다. 루소는 마르크시즘의 "세속적 종교"(secular religion)의 선구자로서 간주된다. 전체적으로 그의 진단은 이 세계에서의 사랑의 비유신론적인 종교를 목표로 삼으며, 60년대와 70년대의 사회운동의 영향을 받았다.

45 이 점에 대해 Niklas Luhmann, "Inklusion und Exklusion", in: ders., *Soziologische Aufklärung 6*, Opladen 1995, 237-264쪽도 볼 것.

합적, 법적, 의식적인, 그리고 고백성사 맥락에서 도덕결의론적 프로그램을 사용했다. 생활 방식을 보장하는 곳은 종교가 아니라 가정이었으며, 어쩌면 대체나 보완으로서 수도원, 대학, 동업자 협회, 길드 같은 조합적 단체였을 것이다. 기능적 분화로의 이행 과정에서 비로소 포함/배제를 위해 중요한 구조로서의 가족 가계가 탈락하며, 그 결과 비로소 기능체계들이 고유한 '포함/배제-규칙'을 발전시키고 고유 가치들을 가지고 조정할 수 있다. 어떤 사람의 "현재 모습"은 그가 가지고 있거나 버는 것, 그가 획득한 권리들, 학력, 정치, 학문, 예술, 대중매체에서의 평판 획득의 성공에 따라, 그리고 같은 의미에서 그의 종교적 고백에 따라 규정된다. 사회전체적인 포함의 전체 공식으로서 적절한 것은 기껏해야 경력 개념이다(모든 기능체계에 적용할 수 있는 넓은 의미에서 말이다). 개인적인 결정함을 중요한 것이 되도록 만들고, 노년층보다 청년층을 선호하고, 개인의 가능한 자기정의를 위한 틀을 제공하고, 자기정의가 심리적으로 어떻게 채워지거나 감당해낼 수 있을지는 미결정 상태로 두는 것, 기능적 분화와 상관관계에 있는 바로 이 구조다.

그 밖에도 개인의 전기와 "시간 예산" 관점에서 문제를 살펴본다면, 더 이상 종교가 현재화될 수 없고 가끔씩만 현재화될 수 있다는 것이 드러난다. 궁중에서 개최된 미사가 공사다망한 제후들의 일정표에 따라 기획되어야 했다는 것이 이미 15세기에 관찰되었고 또 인정되었다. 그리고 그 후 18세기에는 한 인간의 하루 일정이 종교로 인해 계속 부담을 받을 수 없다는 것이 아주 분명해진다. "우리가 종교가 평생 마땅히 받아야 할 존경을 종교에 대해 끊임없이 표현하는 것은 드문 일이다. 그것을 달갑지 않은 일로 남겨두지 마라. 그렇지 않으면, 우리는 몇 번 만나야 하지만 만남이 항상 지루한 사람들처럼 종교를 대하게 된다."[46]

포함 규칙이 개별 기능체계들에 "위임"되고 경력과 일정의 형식으로 실현됨으로써, 기능체계들이 매우 다양한 방식으로 전체 결과에 영향을 미친다는 것을 미리 볼 수 있다. 돈 없이는 사실상 생활이 어려우며, 법적 보호 없이도 마찬가지다. 모든 사람은 학교가 완전하게 부적합하지 않다면 학교에 다녀야 하고, 그 후 학교에서 무엇을 해냈는지에 대한 사람들의 질문에 대답할 수 있어야 한다. 아픈 사람은 치료받고, 만성 질환자들(상당히 다른 유형의 경우)은 만성적으로 치료받는다. 그러나 어떤 누구도 반드시 예술에 참여할 필요는 없으며, 정치에는 종종 대중매체를 통해 수동적으로 참여하면 된다. 관광도 반드시 참여할 필요가 있는 것은 아니다. 비록 많은 사람이 즐기기는 하지만, 모두가 참여할 필요는 없다. 그리고 종교도 마찬가지다. 이것은 물론 개인의 관점에서 타당하며, 이 기능체계의 사회전체적인 중요성과 불가피성에 관한 결론을 도출하는 것을 허용하지 않는다. 그러나 포함 공식들은 모든 기능체계를 위해 아주 중요한 변수이며, 개인들의 참여 여부 문제는 기능체계들을 위해 많은 것을 결정한다. 이 측면 외에도, 예컨대 기능체계들이 조직의 형식으로 구현된다는 데서 생겨나는 상호의존들이 추가된다. 신분증이 없는 사람은 일자리를 구할 수 없다. 거리에서 살아야 하는 사람은 자녀를 학교에 등록시킬 수 없다(봄베이에서 들은 말이다). 학교 교육을 수료하지 않았다면, 평판 좋은 경력이나[47] 더 좋은 직업을 위한 기회를 거의 얻지 못한다. 수입이 없으면 건강한 영양 섭취를 거의 할 수 없으며, 규칙적으로 노동할 에너지도 없다. 문맹자들은 투표권 등을 행

---

46 익명의 저자(Jacques Pernetti), *Les conseils de l'amitié*, Paris 1746, 2. Aufl. Frankfurt 1748, 5에서 인용에 그렇게 되어 있다. 이어서 주목이 이렇게 시간적으로 분할되는 것이 무신론자들의 정면 공격보다 덜 나쁘다는 것이 강조된다.
47 중요한 예외는 스포츠이며, 특히 아이스하키다.

사할 의미 있는 가능성을 거의 갖지 못한다. 물론 기능체계들로부터 원칙적으로 배제되는 일은 없지만(반면 모든 조직이 기능체계 내에서도 구성원 선택, 즉 배제에 의존한다), 언급된 부정적인 상호의존들을 거쳐, 모든 기능체계에의 참여로부터 어느 정도 효과적으로 배제되기도 한다. 그리고 제3세계와 미국에서 볼 수 있는 것처럼, 인구의 상당 부분이 이런 경우에 처한다. 개인은 신체, 신체의 생존, 굶주림, 폭력, 섹스밖에 가지고 있지 않다.

사회의 포함 영역에서는 장점들과 비용들의 조합에서, 기회들의 활용이나 비활용에서, 그리고 이 모든 것과 함께 개인적인 차이들의 실현과 상승에서 상당한 자유도를 발견할 수 있다. 여기서 인물들은 (공적인 사회 기술이 인식하도록 해주는 것 이상으로) 인물들에 대한 인지에 의존한다. 따라서 사회는 느슨하게 통합되어 있다. 이를 통해 사회는 체계의 구조적 변수를 건드리지 않는 한, 우발에서 우발로만 계속 커질 수 있는 충격들에 맞서 완충되어 있다. 반면, 배제 영역에서 사회는 엄격하게 통합되어 있다. 하나의 결핍은 다른 결핍을 강화한다. 불이익의 순환은 문을 닫고, 그곳에서 벗어나지 못한다(마피아 방식의 경력을 통해 빠져나올 수 있다는 것(피살)을 인정할 수 있더라도 말이다). 그런데도 사회는 배제된 영역에서도 잘 보호되고 있다. 여기서 어떤 일이 일어나도 아무 일도 일어나지 않는다. 여기서 출발하는 범죄적 경력과 범죄를 구성원자격의 조건으로 빈틈없이 조직하는 것은 중요하면서 어쩌면 유일한 예외다.

그러므로 (뒤르켐 이론과 같은) 고전적인 사회(societal)통합 이론은 정반대로 구축되어야 한다. 강한 통합은 언제나 부정적인 통합이며, 바로 그 때문에 치명적이다. 긍정적인 통합은 오직 느슨하게만 확립될 수 있으며, 따라서 사회적으로 수용될 수 있는 개별성에 더 큰 기회를 제공한다. 이 맥락에서는 도덕도 종교도 결정적인 변수가 아니다. 그보다는 지배적인 도덕(예를 들어 사랑, 폭력, 성애에 대한 평가에서)이 '포함-배제-관계들'에 적응하며, 사회 구조적으로 미리 나타난 차이를 완전하게 경직된 태도로 수용하지 않아도 되도록 "사회적"인 구성요소를 수용한다는 것을 현실주의적으로 전제해야 할 것이다.

그리고 종교는 어떤가?

고도로 복잡한 이 사태에 대한 우리의 개괄적인 분석은 오직 이 질문에 준비하기 위한 것이었다.

오늘날에는 종교 또한 체계 고유의 포함/배제를 수행하며, 조직에 등록된 구성원자격과 무관하게 이 일을 한다(또는 어쨌든 구성원자격 없이도 다양한 방식으로 종교적인 소통에 접근할 수 있다). 그러나 다른 기능체계들의 '포함/배제-규제들'과의 상호의존들이 매우 낮다는 점이 돋보인다. 종교로부터의 배제는 중세에 여전히 그랬던 것처럼, 사회로부터 배제를 끌어내지 않는다. 반대로 종교는 돈이 없고, 교육도 받지 않았고, 신분증도 없고, 경찰에 의해 심각한 인물로 인지되며 법정 변론 기회도 얻지 못하는, 다른 기능체계들로부터의 '거의-배제 상태'를 태연히 무시할 수 있다. 그런 상태는 저 배제들로 인해 종교와 관련된 특별한 포함 기회가 만들어진다는 것을 뜻하는 것은 틀림없이 아닐 것이다. 그것은 경험적으로 규명해야 할 질문이거나, 종교가 포함과 배제의 사회 구조적인 차이에 적응할 수 있는지, 그렇다면 어느 정도로 적응할 수 있는지에 대한 질문일 것이다.

또한 종교가 다른 영역의 포함/배제들로부터 독립적이라는 경험적으로 쉽게 확인할 수 있는 연구 결과에만 제한한다면, 그것은 근대사회에서 종교에 대한 중요한 질문들로 이끈다. 이것이 "세속화" 문제에 관한 것이라는 점은 더 이상 재식별되기 어렵다. 종교 통합의 부재 ― 그리고 물론 포함 영역에서뿐만 아니라 배제 영역에서 ― 는 물론 다른 기능체계들이 독립분화한 결과이기는 하지만, 그렇다고 해서 그것을 종교의 단점으로 볼 수 없으며 기능 상실로는 더더욱 볼 수 없다. 오히려 거기서 생겨나는 기회를 종교가 활용할 수 있는가, 그리고 어떻게 그렇게 할 수 있는가를 질문해야 한다. 우리는 이미 종교적 조직들을 다룰 때 이 질문을 제기했다.[48]

처음 볼 때는 적어도 기독교 영역에서는 종교가 그 질문에 잘 준비되어 있다는 인상을 얻을 수도 있을 것이다. 빈자들을 돌보는 오랜 전통이 있다. 복지국가적이거나 발전 정책적으로 적용되었으며 틈새를 메우는 참여 활동들이 사회 서비스 영역에 있다. 사실 종교 조직들은 사회적인 지원을 위한 자금 지원과 동기화에 집중할 수 있다.[49] 신은 부자보다 빈자에 더 가깝다는 오래된 가르침도 있다. 그러나 그것은 사회적 계층화의 기반을 상실한 위로부터의 신학으로 남아 있다. 재정적인 자원을 가진 사람들(특히 국제적으로 활동하는 은행들)이 아직도 영혼 구원에 관심이 있다 하더라도, 중세시대처럼 증여 경제나 기부 경제로 되돌아갈 것을 기대할 수도 없으며 권장해서도 안 될 일이다. 어쨌든 그것은 경제적으로 합리적인(재생산적인) 자금 사용으로 이어지지는 않을 것이다. 적개심(Ressentiment)은 친-마르크스주의적인 유형이든, 오늘날 신학계에서 접할 수 있는 더 반자유주의적인 유형이든, 오해된 경제-정치적 조건에 대한 공격으로서는 거의 도움이 되지 않으며, 오히려 신학의 부적응 상태를 드러내어 보여준다.[50] 적개심은 신학의 세속화 자체[51]를 매우 직접적으로 입증하며, 점점 더 견딜 수 없는 상황을 위한 종교 개념을 입증하는 것은 아니다.

---

48 위의 제6장 제5절을 참조할 것.
49 아마도 Dirk Baecker, "Soziale Hilfe als Funktionssystem der Gesellschaft", in: *Zeitschrift für Soziologie 23* (1994), 93-110쪽이 추후 개선과 관련된 사회의 특별한 기능체계의 틀 내에서 의도하는 것처럼 말이다.
50 이 점과 관련되어 멕시코의 이베로아메리카대학에서 1991년 9월 24일부터 27일에 개최된 국제 심포지움과 토론이 인상 깊다. 발표문들은 *La Función de la Teología en el Futuro de America Latina, Memorias*, Alvaro Obregón D. F. Mexico 1991에 출간되었다.
51 적어도 Alexandre Koyré, *La philosophie de Jacob Boehme*, 2. Aufl. 1968 이래 제기된 주제다. Berger a. a. O.도 볼 것.

교회 정책적이며 교리 정책적인 적응은 한계를 넘어서지 못한다. 라틴 아메리카에서, 가톨릭교회는 더 대중적인 종교를 지향하며 스스로 개방하는 것처럼 보인다 — 교황청의 축복과 함께 말이다. 교회는 고유한 경제적-정치적인 권고를 회피하는 만큼, 더 이상 신과 그리스도에 대한 믿음을 기대하고 수용할 수 없는 사회적인 조건에서 활동할 필요성을 인정하는 것으로 보인다. 특별히 어려운 점은 과거에 전제한 것보다 더 많은 운명이 결정에 달려 있다는, 즉 우연적으로 경험된다는 데 있다 — 그것은 금리와 대출, 법적 규제와 그 관철 가능성, 첨단 기술들의 고비용과 위험성에 달려 있지만, 사회운동의 쇄도가 신속하게 증가했다가 다시 감소하는 데 따라 달라진다. 그러나 이런 종류의 우연성들은 결정 형식으로 제공될 수 없는 조건들에 의존한다. 이런 장면에 대한 종교적인 관찰은 더 나은 조언을 알지 못한 채, 일반적인 비판 형식을 거의 필연적으로 수용할 수밖에 없다.

VI.

근대사회는 아직 "자신의 종교", 즉 근대사회에 적합한 종교를 발견하지 못했으며 그래서 실험 중이라고 전제할 수 있을 것이다 — 부분적으로는 세련된 진기함으로, 부분적으로는 (신의 죽음에 관한 교리의 의미에서) 종교 비판으로, 부분적으로는 카톨릭 교리들의 "업데이트"(aggiornamento, 예를 들어 1960년대 제2차 바티칸 공의회에 의한 가톨릭 교리의 "개선": 역주)로, 그리고 부분적으로는 종교 조직에 대한 노인의학적인 처방으로 실험하고 있다. 또는 정전근본주의나, 모두가 자신에게 들어맞는 것을 찾아낼 수 있는 다원주의적인 제안들을 가지고 실험할 수도 있을 것이다. 또는 뉴에이지 스타일의 과학적인 종류의 추가 정당화를 가지고, 또는 명상과 메스칼린(선인장에서 추출되는 흥분제), (이슬람교 수피즘의) 데르비시파의 회전무, 멕시코 버섯 숭배를 정신분석 치료의 가능한 변항으로 논의하는 신경생리학적 연구들을 가지고 실험할 수 있을 것이다. 또는 예를 들어 "플라워 파워"나, 미래 세대나 이미 기아로 죽어가는 사람들의 운명에 대한 우려처럼, 신속하게 변화하지만 항상 반대 표현 양식을 가지고 실험할 수도 있다. 그러면 세속화는 정화 활동으로 이해될 수 있다. 즉 시대에 적응한 종교적 형식들의 발전이 이루어지는 지형 정지(整地)로 이해할 수 있을 것이다.[52]

종교사적으로 판단한다면, 유신론의 미래는 중요한 질문일 수 있을 것이다. 초월의 대표자로서 사람들이 체험하고 행하는 모든 일에 시선으로 동행하며 일어나는 모든 것을 이미 원했으며 망각하지 않으면서도 용서만 하는 관찰자 신이 필요한가? 또는 무신론적인 사랑의 종교들이 다른 기능 체계들의 성공 기준과 정당성 기준에 의존하지 않은 채, 특정한 헌신을 "무조건 의미 있다"고 생각할 기회를 가지고 있는가? 이 두 가지 경우 모두에서 전통으로부터의 단절을 생각할 수 있지만, 그 둘은 (여기서 대표하는 이론에 따르면) 내재적으로 일어나는 모든 것에 초월로서 맞서는 차이 지점을 주장할 때에야 비로소 종교로 인식될 수 있을 것이다. 즉 규정된 목적들을 긍정하는 것만이 중요한 것이 아니다.

사회학적인 관찰자들의 전형적인 반응은 종교 개념에 대한 요구사항들을 약화시킴으로써 반응하는 것이다.[53] 이때 종교를 고유한 경계를 확장하

---

52 Kees W. Bolle, "Secularization as a Problem for the History of Religions", in: *Comparative Studies in Society and History 12* (1970), 242-259쪽을 볼 것.
53 예를 들어 후기 초월 현상학적으로 기술할 수 있을 종교적인 현상들의 일정한 구조적인 공통성을 확정하겠다는 의도가 있는 Thomas Luckmann, *The Invisible Religion*, London 1967을 볼 것. 또는 의미론적 일반화들의 필연성을 진화이론적으로 설명하는 맥락에서 Parsons a. a. O.를 볼 것.

는 대상으로 생각해야 할 것이다. 그러나 결국에는 그런 불가결한 존재 기준이 도대체 있는가의 질문에 직면한다. 과학적 연구와 특별히 종교사회학적 연구는 그런 것을 마련할 수 없었다.[54] 근대 (아방가르드) 예술은 이 질문을 예술 분야에서 모범적으로 실험했다. 그것은 예술 작품들 사이와 예술 작품들과 다른 사물 사이에서 감각적으로 지각될 수 있는 모든 차이(보르헤스(Borges)의 경우에는 텍스트의 차이를 포함하여)를 제거하여, **예술 작품 자체를 통해**, 예술이 도대체 무엇을 통해 구분되는지의 질문으로 끌고 간다.[55] 예술가가 설명하는 **의도**를 지적하여 대답하는 것으로는 분명히 충분하지 않다. 그것은 사회학자들이 보기에는, 이 의도가 무엇에 의해 규정되며 누구에 의해 확인되는지의 또 다른 질문을 낳을 것이기 때문이다. 우리는 비슷한 이유에서 종교의 경우에 "주관주의적인" 대답들도 배제해야 한다. 그래서 우리는 심리학적인 대답을 사회학적 대답으로 대체하지만, 이것 또한 마찬가지로 형식적이다. 종교는 종교로서 관찰될 수 있는 것이다. 그리고 이것은 2차 질서 관찰 층위에서 그렇다. 종교적인 규정성에서 관찰하는(이 말을 반복하면, "관찰한다"는 것은 체험하거나 행위한다는 것을 뜻한다) 사람이 자신의 관찰함에서 자신이 관찰된다는 것을 안다면, 이 일을 할 수 있다는 것이다. 이는 그가 승인을 구하고 발견해야 한다는 것을 뜻할 필요는 없다. 그러나 그의 관찰함의 질화가 반드시 종교적인 것으로 함께 수행된다는 것을 의미하기는 한다. 또는 더 조심스럽게 말하면, 주된 관찰자는 자신의 관찰됨을 종교적인 것으로서 관찰할 수 있어야 한다 — 다른 관찰자들에게 실제로 어떻게 진행되더라도 상관없이 말이다. 그것은 예를 들어, 분명히 다

---

54 이 점에 대해 Detlef Pollack, "Was ist Religion: Probleme der Definition", in: *Zeitschrift für Religionswissenschaft 3* (1995), 163-190쪽을 볼 것.
55 이 점에 대해 Arthur C. Danto, *Die Verklärung des Gewöhnlichen: Eine Philosophie der Kunst*, 독일어 판본. Frankfurt 1984를 볼 것. 그는 이 저술에서 예술 자체가 자신을 동일시하는 "철학적" 문제를 발견한다.

른 유형에 분류되는 참여(예를 들어 우표수집)를 배제하며, 개인적인 변덕으로, 특이성으로만 분명하게 관찰되는 참여도 마찬가지로 배제한다.

이와 함께 고전적인 특징을 가지는 "세속화" 주제는 해체된다. 종교의 상황에서 근대사회를 가리키는 것은, 종교적인 것의 규정이 종교체계의 자기기술의 회귀적 관계망에 넘겨져 있다는 것이다. 그러나 이것은 모든 다른 기능체계들(우리는 막 예술체계를 언급했다)에 대해서도 마찬가지로 타당하다. 이 명제를 가지고 더 나아갈 수 있다. 즉 체계의 고유한 관찰 맥락에서의 모든 작동을 우연적인 것으로 성찰할 수 있기 위해서는 이항 코드가 필요하다는 것이다. 그리고 사회체계의 한 가지 기능이 채워져야 하며, 그렇지 않으면 기능적으로 분화된 사회체계의 맥락에서 재생산 개연성이 감소하기 때문이다(어쩌면 조직을 통해서만 보장될 수 있다고 말할 수 있을 것이다). 이를 통해 종교체계의 사회학적(즉 종교 외적) 기술을 위해 분명하게 제한하는 선규정들이 정식화된다. 그런 선규정들이 학문체계에 놓여 있는 이유들로 인해 보완되거나 대체될 수 있다는 것을 배제할 수도 없으며 배제해서도 안 된다. 어쨌든 그것들은 학문이 "진정한" 종교의 본질 규정에 고정되는 것을 배제한다. 그렇게 하는 것은 필연적으로, 학문이 고유한 이론에 따라 (이론이 과학적으로 유지될 수 있다면) 자율적이며 구조가 결정되었으며 자기생산적 체계가 되는 것의 내부에 차별적으로 개입한다는 것을 뜻할 것이기 때문이다.

VII.

이를 통해 "세속화" 개념이 정의될 수 있는 긴밀한 개념의 의미에서 해체되어 있다면, 그 개념 대신 근대사회에서 종교가 관찰되고 실행되는 조건들에 관해 진술할 수 있는지 그리고 어떻게 할 수 있는지의 질문이 남는다. 이것이 예를 들어 종교적인 사상재를 과학적 세계관에 적응시키는 것이나, 종교적인 형식들을 "상징적인" 형식들로만 파악하는 신학에 관한 것처럼, 종교적인 사상재의 "근대화"에 관한 것이어서는 안 된다. 그렇게 하는 것은 종교로서 살아 있는 너무나 많은 신앙 형식들과 실천들과 모순된다. 그런데도 관찰할 수 있는 것은, 18세기 후반 "문화"라는 새로운 개념이 등장하여 인간이 만들어낸 모든 인공물과 텍스트로 신속하게 확장된다는 것이다. 그때까지, 문화는 어떤 것을 돌보는 것으로 이해되었다 — 예를 들어 농업이나 영혼의 경작(cultura animi)처럼 이해되었다. 이제 문화는 "자연"과 구분되며 논리는 아니더라도 고유한 조건에 따라 발전하는 독립적인 현상 영역이 된다.[56]

18세기의 (여전히 유럽적인) 사회는 이 문화 개념을 가지고 공간적이며 시간적인 지평의 엄청난 확장과 그 공간들이 새롭게 채워지는 데 반응한다. 더 큰 범위 내에서, 더 많은 상이성이 등재되어서, 그리스인과 야만인, 기독교인과 이교도, 문명인과 야만인 같은 오래된 틈새들은 현상 질서화 능력을 상실한다. 이것은 지역적이며 역사적인 종류의 비교들로 대체된다 — 처음에는 유럽 중심적이며 현재 지향적이며 가치 평가들의 사전 규정을 가지고 비교했으며, 그 후 19세기가 진행되는 동안 그 가치 평가들에 대해 문화과학적이거나 정신과학적인 개념이 추가로 발전되었다. 비교는 그 자체가 문화적으로 위치가 정해지는 비교 관점들을 필요로 하며, 그래서 "문

---

56 이 점에 관한 상세한 논의는 Niklas Luhmann, "Kultur als historischer Begriff", in: ders., *Gesellschaftsstruktur und Semantik Bd. 4*, Frankfurt 1995, 31-54쪽; ders., "Religion als Kultur", in: Otto Kallscheuer (Hrsg.), *Das Europa der Religionen*, Frankfurt 1996, 291-315쪽을 볼 것.

화"라는 징후는 자기 자신에 기초하게 된다. 문화는 한편으로 공간적이거나 시간적인 제한 없이 관찰된다. 문화는 인간 보편적인 현상으로 간주되며, 예를 들어 파슨스는 문화를 행위 개념의 구성요소 중 하나로 관찰한다. 그러나 다른 한편 관찰이 이 형식으로 일어난다는 사실 자체는 결정적으로 근세적인 현상이며, 처음에는 현상으로서 사회사적으로, 궁극적으로 사회학적으로 설명되어야 하는 특별히 유럽적인 현상이다. 이 "문화" 징후의 근대성은 궁극적으로 매우 특수한 보편주의가 생성된다는 데 근거하며, 그 보편주의는 가장 기이한 것과 가장 멀리 떨어진 것, 가장 낯선 것과 이해할 수 없는 것도 단지 "흥미롭게" 만들어지기만 하면, 즉 비교를 통해 서술될 수 있기만 하면 함께 관련된다.

비교하는 관심들의 이런 보편화의 결과로서 모든 현상의 이중화가 발생하며, 바로 그것이 문화다. 문화는 일상생활의 올바른 방향을 잡아주는 기술들의 재기술이다. 문화가 문화적으로 미리 주어진(그래서 문화적으로 다양한) 관점들에 맞추어지는 체험의 자연(Erlebnisnatur)이라고 처음에는 특별히 미학에서 전제할 때, 자연도 문화에 포함된다. 그래서 문화가 있기 때문에, 1차 질서 관찰과 2차 질서 관찰을 구분해야 한다. 1차 질서 관찰에서는 대상의 사용 의미, 대상들이 나타나는 모습을 보며, 예를 들어 규정의 명령이나 금지 의미, 또는 신성한 대상과 행위의 성스러움을 본다. 그리고 이것은 문화에 의해 부정되지도 적대시되지도 않는다.[57] 이 대상들의 의미는 오직 이중화될 뿐이며 2차 질서 관찰의 층위로 복제 투입된다. 여기서 자연스러우며 필연적인 것으로 간주된 것은 인위적이며 우연적인 것으로 나타난다.

---

57 우리는 실러(Shiller)가 순진하고 감상적인 시에 관한 논문에서 이러한 태도를 (감상적인 것과 구분되는 의미에서) 순진한 것으로 지칭했다는 사실을 무시한다 — 그러나 그것의 고유한 관찰 방식에서 순진한 것이 아니라, 오늘날의 감상주의적인 시인이 보기에만 순진하다.

제8장 세속화   357

그리고 왜, 누구를 위해, 어떤 것이 그 모습으로 나타나는지를 이해하고자 한다면(그리고 이제야 비로소 모든 문화적 자산에서 "이해"가 중요하다), 그때는 관찰자를 함께 관찰해야 한다. 이 이중화로부터 근대 문화 내에서 결과 문제들이 나타난다. 그것들은 "상대주의", "역사주의", "실증주의" 그리고 "결정론" 같은 비난성 개념으로 다루어지고, 다른 한편 결과 문제들이 다시금 문화 개념에 불과하기에 고유한 약속을 이행할 수 없는 직접성, 진정성, 순정(純正), 동일성에 대한 힘겨운 숭배로 이어진다. 마테이 칼리네스쿠(Matei Călinescu)의 성공적인 정식화를 사용하면, 모든 문화적 항목을 다른 어떤 것의 증상으로 다루는, 예를 들어 이해관심, 억압된 동기, 잠재적 기능들에 대한 의심으로 다루는 문화적 징후학(Symptomatologie)이 등장한다고 말할 수 있을 것이다.[58]

여기서 흥미로운 점은 종교가 사회에서 문화의 부분 영역으로 관찰될 때 그것이 종교에 대해 무엇을 의미하는가 하는 것밖에 없다.[59] 신학은 종교체계의 성찰 형식으로서 특별히 이 문제의 당사자가 되며, 신학은 아주 다양한 기원의 종교과학들에 직면하며 자신이 대표하는 자신이 많은 것 중 하나에 불과하다는 사실을 고려해야 한다. 오랜 전통과 정반대로 종교적인 신앙의 특수성과 자신의 신앙을 참된 신앙으로 우대하는 것은 이를 통해 신학적 성찰의 배경 주제가 된다. "세속화"는 근대사회의 점점 더 비종교적인 성향에 종교가 영향을 받는 것을 의미하는 반면, "문화"에 있어서는 종교가 다른 것들과의 비교에 노출되어 비교 관점들의 규정에서 주권을 포기

---

58 Matei Calinescu, "From the One to the Many: Pluralism in Today's Thought", in: Ingeborg Hoesterey, *Zeitgeist in Babylon: The Postmodernist Controversy*, Bloomington Ind. 1991, 156-174쪽 (157쪽).
59 이 질문에 대한 체계적인 관심은 특히 탤컷 파슨스의 일반 행위체계 이론의 맥락에서 발견할 수 있다. *Action Theory and the Human Condition*, New York 1978, 167쪽 이하에서 종교에 관한 후기 논문을 참조할 것. 그러나 분석은 부분 측면들로만 심화될 뿐, 체계 분류에서는 형식적인 수준을 벗어나지 못하고 있다.

해야 하는 것이 중요하다. 모든 것을 책임지는 유일신이 다른 민족에 대해 무엇을 생각하고 있는지의 질문은 더 이상 중요하지 않다. 그 대신 이제 그 비교는 일신론 종교 대 다신론 종교, 또는 신에 대한 명확한 개념이 없는 정령숭배 종교를 끌어들일 수 있다. 또는 세계를 긍정하는 종교들과 부정하는 종교들이나, 도덕과의 관계에서의 차이나 사후 삶의 질문과의 관계에서의 차이를 관련지을 수도 있다. 문화적 비교들은 암묵적으로 구축된 선호들에 따라 달리 나타날 수 있다. 어쨌든 그것들이 진지하게 의도되었다면, 그것들의 비교 관점들을 중립적으로 선택하여야 하고, 그것들을 비교하는 종교 중 하나에 맞추어서는 안 되며, 그 결과 다른 종교들은 개념의 원래적이거나 고도의 의미에서의 종교로서 나타나서는 안 된다.

문화현상학자들이 전제하는 것과는 달리, 비교의 방법론적 증명 능력은 불변적인 것들을 변이시켜 끌어냄으로써 사안의 "본질"로 서술할 수 있다는 데 있는 것이 아니다.[60] 오히려 비교된 현상들이 다양할수록 유사점들이 더 많이 돋보인다는 데 있다. 비교는 규정된 현상들에 있어서 그것들의 내적 자기규정에 따라 특이한 것을 지나치게 확장하여 그리하여 공동화(空洞化)하는 경향이 있다. 그것은 인식 획득의 기반을 의외성, **예기치 않은** 유사성에 두며, 그러면 이런 종류의 통찰이 종교적 태도에서 항상 전제된 것을 이해할 수 있게 만드는 "계시"와 비슷하다고 더 이상 주장할 수 없다.

이제 모든 종교는 사회의 소통에서 우연적인 것으로, 즉 선택의 사안으로 다루어진다는 것을 고려해야 한다. 그러나 그것은 비교적 피상적인 측면일 뿐이다. 모든 문화의 근거가 되는 비교를 더 정확하게 분석하면 훨씬 심층적인 양립 불가능성이 나타난다. 모든 비교는 비교의 관점을 전제하며, 이 관점은 그 자체가 비교에 포함되지 않으며 함께 비교되지 않는다(또

---

60 방법론에 대해서는 Edmund Husserl, *Erfahrung und Urteil: Untersuchungen zur Genealogie der Logik*, Hamburg 1948을 참조할 것.

다른 비교들이 그 비교를 포함할 수 있다고 하더라도 말이다). 따라서 비교는 "세 번째" 값, 즉 관찰되지 않은 관찰자를 전제한다. 그러나 이 관찰되지 않은 관찰자는 더 이상 전통에서처럼 신이 아니다. 그는 관련 차이들을 정의하고 그에 따라 분류하는 악마 맥스웰에 가깝다.

비교로 인해 촉발되었으며 동기를 의심하는 2차 문화에서도 사정은 마찬가지다. 19세기부터는 무의식적인 것으로부터 행위를 조종하는 잠재적인 동기, 이해관심, 기능들, 구조들을 차이 설명에 사용한다. 여기서도 다음 내용이 옳다. 눈에 띄지 않게 작동하기 때문에 효과를 발휘할 수 있는 결정은 신이 아니라 다른 어떤 것이다. 체계가 체계 자체에 대해 불투명성일 수밖에 없다는 이유로 그렇게 된다.

인식하는 이성(ratio)과 행위를 규정하는 의지의 전통적인 형식들 — 그것들의 최고 형식들(사고를 능가할 수 없는)이 신에게서 융합되는 — 은 이제 갑자기 신의 속성 중 몇 가지, 특히 비가시성과 통제 불가능성에 의해 흡수되는 대안을 가지게 된다. 신의 속성들은 최종 정당화를 제공하지 않는다. 그러나 그것은 대체 무엇인가? 그것들은 의심, 비판, 계몽, 치료, 이차 질서 관찰의 대상이다, 그 후에는 불투명성의 통제를 위한 이런 모든 노력이 좌초할 경우에는 신은 그것을 방어하는 위치에 있다. 그러나 그때 그 신은 더 이상 생명을 믿고 맡길 은총의 옛 신이 아니다.

그런 문화 비교들이 종교를 약화시키는 효과가 있다고 추측할 수도 있지만, 그것은 성급한 결론일 것이다. 결국 장식된 화분은 다른 민족들이 화분을 달리 장식한다는 이유만으로 아름답지 않게 느껴지는 것은 아니다. 그리고 비교를 통해 독특한 특징들에 더 많이 주목하게 되고 문화 대상들의 속성을 더 잘 이해하게 될 수도 있다. 다른 한편 특정한 종교들이 다른 종교들로부터 구분되는 특징들이 반드시 신앙을 바로 세우고 강화하는 특성들인 것은 아니다. "문화"의 발명이 종교에 미치는 영향에 관해서는 상세한 연구가 필요하다 ― 그것은 쓰기의 영향이나 기능적 분화로의 전환 효과와 비교할 수 있다. 그런 연구의 결과는 여기서 미리 말할 수 없다. 그러나 근대사회에서 종교(또는 종교들)의 중요성에 관한 판단을 획득하는 것이 관건일 때 이 질문제기를 무시해서는 안 된다. 또한 잠재적 구조들과 기능들의 전제는 "더 높은"이라고 말할 수 있는, 의미를 부여하는 다른 유형의 불투명성이 있다는 것을 배제하지 않는다. 그러나 이렇게 주장한다면, 그 주장을 통해 동시에 오늘날 어떤 종교적인 형식들이 보전될 수 있는지 검증하는 기준도 정해진다.

근대성이 강제하는 것으로 보이는 것은 모든 기능체계로 확장되는 2차 질서 관찰 양식이다. 기능체계 내부에서도 초복잡성 상태에 도달했다. 그리고 이것은 기능체계들이 고유한 복잡성의 상이한 기술들을 동시에 생산한다는 것을 뜻한다. 이 점과 결합된, 실재의 모든 구성에 대한 도전은 처음에는 불안하게 느껴진다. 어쨌든 더 이상 고유한 관찰함의 사실성과 확실성의 보증자로서 데카르트적 주체에 의존할 수 없다. 바로 신 증명이 이 형식의 자기 확신의 가장 보잘것없는 부산물로 남겨졌다. 여기에는 더 이상 연결 가능성이 없다. 그렇게 하는 것은 종교 문제에서 확실성에 도달하는 것이 궁극적으로는 개인의 소관이라는 공허한 공식으로 이어지기만 할 뿐이기 때문이다. 종교의 문제들은 근대사회의 소통 가능성들과 관련하여 재정식화되어야 한다. 그러나 여기서 전체 문화가 다맥락 영역에서의 기술들과 이차 질서 양식의 관찰들에 맞추어져 있다면, 종교도 여기에 참여할 수 없을 것이라고 볼 수 없다. 물론 존재론적으로 확립된 우주론들을 포기해야 하고, 도덕 문제에서 자기 확실성도 마찬가지로 포기해야 한다. 그러나 바로 이 관점에서 몇몇 종교들, 예를 들어 기독교와 또한 불교는 항상 경계 횡단을 시도해 왔다.

마지막으로 우리는 근대사회에서 종교적 진화의 조건들과 가능성들을 질문해야 한다. "세속화"라는 키워드도 "문화"라는 키워드도 문제를 완전하게 파악하지 못한다. 우리는 "세속화"를 생각할 때, 다른 체계들에 대한 통제를 이 체계들 자체에 양도하는 기능적 분화의 결과만 생각한다. 문화는 비교 가능성 장치로 이해한다면, 비교함의 조건들로서 이제 제한들이 도입되어야 하며 이 일이 2차 질서 관찰 층위에서 일어나야 한다는 것을 진술할 뿐이다. 이제 새롭게 재정식화되어야 하는 "불가침 층위들"(inviolate levels, Hofstadter)은 종교적인 자질을 상실한다. 그리고 마지막으로 진화이론 자체는 예측 가능성을 제공하지 않는다. 그것은 외부분화된 체계들의 자기생산이 보장되어 있을 때 진화상 구조변동이 개연적인 것이 된다는 점과 그 방법을 보여주기만 할 수 있을 뿐이다.

그런데도 근대 세계사회에서 이미 식별할 수 있는 종교(더 정확하게는 종교들)의 진화에서 특징적인 것으로 보이는 또 다른 관점들을 수집할 수 있다. 특히 20세기 후반에 점점 더 많이 그리고 뚜렷하게 관찰할 수 있는 것처럼, 이것을 위한 충분한 자료들은 근본주의적인 흐름에 관한 토론에서 찾아볼 수 있다. 종교체계가 근대 세계의 "세계화"에 이 방식으로 반응한다는 데 대해서는 의견 일치가 있는 것으로 보인다.[61] 그러나 이론적인 기반을 갖춘 또 다른 정식화는 제출되지 않았다.

여기서 종교체계를 포함하여 모든 기능체계가 근대 세계에서 막대하게 상승한 복잡성 압력에 처한다는 것을 가능한 가설로 취할 수 있을 것이다. 진화가 적절한 매체를 제공하지 않았다면("화폐" 패러다임), 체계에서 "필수 다양성"(requisite variety)을 마련하는 것은 갈수록 어려워졌을 것이다. 그

---

61 예를 들어 Roland Robertson, "The Sacred and the World System", in: Philipp E. Hammond (Hrsg.), *The Sacred in a Secular Age: Toward a Revision in the Scientific Study of Religion*, Berkeley 1985, 347-358쪽; ders., *Globalization: Social Theory and Global Culture*, London 1992를 참조할 것.

것은 물론 체계와 환경 간 복잡성 격차를 생각한다면, 언제나 불가능한 일이다. 그러나 근대적인 조건에서 이 불가능성은 체계 자체의 내부에서도 **관찰된다.** 그러면 체계들은 세계에 적합하게 작동할 수 없으며 이 점을 **인식해야 한다**는 데 자신들의 의미 부여를 맞추어야 한다. 과학이론에서는 (급진적이거나 급진적이지 않은) 구성주의가 이 문제에 대한 대답인 것으로 보인다. 종교체계에서는 그런 적응이 훨씬 더 어려웠을 것이다. 그 점은 신이 하나의 "우연성 공식"이라는 생각이 종교적으로 수용할 수 있는지 아닌지의 질문을 통해 검토할 수 있다. 그러나 이 분석의 출발점이 옳고 세계가 체계 내에서 적절하게 재현된다는 의미에서의 "필수 다양성"이 분명하게 도달 불가능하다면, 종교체계는 어떻게 **자신의 고유한 기능과 공개적인 갈등에 빠지지 않고** 이 사실을 고려할 수 있을까?

현재 종교체계는 "필수 다양성"(requisite variety)과 "필수 단순성"(requisite simplicity) 간 관계에서 적절한 혼합을 찾고 있는 것으로 보인다.[62] 현재로서는 체계와 환경 간 관계에 있는 근본적인 역설의 해체를 통해 상이한 종교에서 매우 상이한 방식으로 실험하고 있다. 그리고 어쩌면 이것은 현재 통일적인 세계종교 사상이 불분명하고 매력적이지 않게 느껴지는 이유이기도 하다. 한편으로 "필수 단순성"은 개인에게 제안될 수 있다 — 예를 들어 개인적인 문제들을 위한 명상 실천으로서, 또는 예를 들어 일본에서처럼 집단 문화에 의해 흡수될 수 없는 불확실성 문제들을 해결할 수 있는 오래된 점술 관행의 잔존 형식들을 유지하는 것으로 제안될 수 있다. 그것은 다른 한편 특정한 종교들의 구조적인 특성들로 입증될 수 있다 — 예를 들어

---

62 역설을 다루는 특수한 형식을 위한 이 정식화는 Andrew H. Van de Ven/Marshall Scott Poole, "Paradoxical Requirements for a Theory of Organizational Change", in: Robert E. Quinn/ Kim S. Cameron (Hrsg.), *Paradox and Transformation: Toward a Theory of Change in Organization and Management*, Cambridge Mass. 1988, 19-63쪽 (30-31쪽)에 있다.

(삼위일체이기는 하지만) 유일하게 하나의 신이 있다는 명제를 가지고 그렇게 할 수 있다. 교리화된 신앙 종교들도 자기관찰과 성사고백에 의존하는 고도로 개인적인 원죄 의식 — 타락과 그 평가의 타락과 유사-문법적인 규칙들의 이름으로 예를 들어 돈이나 섹스를 다루는 것 같은 세계 주제들에 의존할 수 있으며, 이 과정에서 사회에서의 변화들을 통해 교란될 수 있는 — 을 알고 있다. 그 후 "필수 단순성" 자체가 믿기 어려워지는 위험을 무릅쓰며, 집단 특화된 충분한 근거가 있을 때만 유지될 수 있다고 추측할 수 있을 것이다. 그렇다면 종교체계는 신자들, 다르게 믿는 자들, 비신자들의 차이를 전체적으로 수용할 수 있어야 하고, 바로 그 차이, 즉 다름에서 신앙을 강화할 가능성을 획득해야 할 것이다.

VIII.

세속화된 사회에서 종교 자체는 아니더라도 교회의 상황을 흔히 위기 개념으로 설명한다. 상황의 심각성을 설명하기 위해 교회 위기라는 말을 한다. 그러나 그것은 오도하는 서술이다. 위기라는 말은 예견할 수 있는 장래에 전환 — 더 좋은 것으로의 전환이든, 더 나쁜 것으로의 전환이든 — 이 임박할 때 할 수 있다. 그러나 그런 전환은 기대할 수 없다. 문제가 되는 현상들은 기능적으로 분화된 사회의 종교 상황과 관련되어 있다. 그것은 구조적인 양립 불가능성이다 — 어쨌든 전통의 재고에서 종교를 해석할 때는 그렇다. 종교와 교회교의학은 이 상황에 이런저런 방식으로 이런저런 "스크립트"를 통해 개입할 수 있을 것이다. 그러나 "위기"의 끝은 그곳에 있지 않다. 기껏해야 근대사회에서의 기능체계로서의 자신의 가능성과 제한들에 적합해지겠다는 시도가 있을 뿐이다.

"위기"를 기술하는 것은 불필요한 극화를 포함하며 결정이 중요하다는 것을 시사한다. 그러나 결정으로서 소통되는 바로 그런 결정들(예를 들어 교의나 교회 조직의 질문에 관한)은 도움이 되지 않는다. 오히려 새로운 상황에 대한 진화상 적응 가능성이 중요하다고 전제해야 할 것이다. 종교가 새로운 근대적인 사회에서 수용하게 되는 형식은 분명하게도 아직 적절하게 파악하고 기술할 수 없다. 그것은 놀랄 만한 일이 아니다. 진화상 변화가 중요할 때, 그것은 모든 경우에 그리고 그 때문에 여기서도 회고적으로만 접근할 수 있기 때문이다. 이런 경우에 부정적인 강조점들이 우세해진다는 것은 전혀 놀랄 만한 일이 아니다. 제롬 브루너(Jerome Bruner)는 (발전이론들을 상론할 때) "우리가 지금 살아갈 때 품고 있는 무언의 절망"[63]이라는 말을 한다. 그것은 비관주의적인 진단으로 해석되어서는 안 된다. 오히려 급진적인 변동 과정에 사로잡힌 사회에서 미래를 내다볼 수 없다는 것을 증언한다.

그래서 우리는 결론적으로, 지금까지 우리가 사용해온 것 같은 세속화라는 일반적인 개념이 충분한가, 아니면 그것이 실제로 본질적인 것을 모호하게 만들고 있는 것이나 아닌지를 자문해야 한다. 이 질문은 비교 방법과 낭만주의적인 "대체"(displacement) 개념, 즉 18세기 말 출현한 지배 의미론의 변화에서 명확하게 할 수 있다. 비교 방법은 다른 것과의 직접적인 관계를 중단하고, 관찰자가 참여하지 않은 동일성, 즉 그를 (종교처럼) 참여시키지 않는 동일성을 그에게 할당한다는 이유로 벌써 세속화 작업의 지표인 것이다.[64] 이런 거리 두기는 비교되는 것을 포괄하는 문화 개념을 우리에게

---

63 *Actual Minds, Possible Worlds*, Cambridge Mass. 1986, 149에 그렇게 되어 있다.
64 요하네스 파비안(Johannes Fabian)은 "생명과학과 사회과학에서 강력하고 통일적인 패러다임이 된 유명한 '비교 방법'의 더 깊은 외피는 종교적이며 초월적인 '타자' 개념의 일

강요했지만, 동시에 관찰자를 "초월적인" 신분으로 옮긴다 — 관찰자를 세계로부터 끄집어낸다는 것이다. 우리는 낭만주의가 이전에 종교적인 의미내용들을 특히 미학적인 영역뿐만 개인적인-전기적인 다른 영역들로 옮긴다는 점을 고려하며, 낭만주의적인 "대체"라는 말을 할 수 있다. 이것은 상징 개념을 새롭게 적용하는 데서 아주 분명하게 읽어낼 수 있다. 그 둘 모두 처음에는 동시적으로 그리고 포괄적으로 고백하는 종교와의 단절을 뜻하지 않는다. 그러나 그것은 다른 이유가 기능하는지를 확인하기 위해 그 이유를 한 번 실험해본다는 인상을 준다.

종의 세속화에 있었다"고 생각한다. "Of Dogs Alive, Birds Dead, and Time to Tell a Story", in: John Bender/David E. Wellbery (Hrsg.), *Chronotypes: The Construction of Time*, Stanford Cal. 1991, 185-204쪽 (190쪽).

제9장

자기 기술

제9장 자기 기술

I.

종교의 "본질"을 "객관적으로" (그리고 심지어는 현상학적으로) 규정하려는 모든 시도는 실패한 것으로 간주할 수 있다. 그것들은 어쨌든 오랜 논쟁에서 철저히 낙담했다.[1] 종교에 대한 정의는 항상 어떤 종교적인 입장에 따라 결정된다는 것, 즉 다른 종교들이 있더라도 각자의 고유한 종교를 대표한다는 것을 발견하는 것은 어려운 일이 아니다.[2] 이 경험은 문제를 제기하는 다른 방식을 동기화할 수 있다. 종교(단수)의 "본질" 대신 종교들이 종교를 어떻게 기술하는지 질문할 수도 있다. 그 경우에는 언제나 모든 종교에 적용되는 보편적인 개념인 "자기기술"을 사용한다. 그러나 이 개념은 충분히 형식적이다. 그것은 자기기술이 각자 진리이거나 옳거나 그런데도 옳다는 것을 사회전체적인 소통의 다른 사안 영역들에 대해서도, 심지어 사회 자

---

1 이것은 일반적으로 막스 베버에게 적용된다 — 베버 사회학에서 종교의 중요성에도 불구하고 또는 바로 그 중요성 때문에 말이다. 그 점을 이제 Hartmann Tyrell, "Das Religiöse' in Max Webers Religionssoziologie", in: *Saeculum 43* (1992), 172-230쪽은 자세하게 기술했다. Detlef Pollack, "Was ist Religion: Probleme der Definition", in: *Zeitschrift für Religionswissenschaft 3* (1995), 163-190쪽도 볼 것.
2 앞 장의 연구들은 처음부터 차이 개념, 즉 기능 개념과 코드화 개념을 가지고 작업함으로써, 이 문제와 종교적인 것으로서의 자기기술을 회피했다.

체에 대해서도 전제하지 않는다. 단지 여러 소통 중 한 종류의 소통에만 관심을 기울일 뿐이다. 더욱이 예를 들어 의례 행위 같은 종교적 행위가 마치 체계의 "적용된 자기기술"로서 이해되거나 그렇게 소통된다는 것은 결코 당연한 일이 아니다. 오히려 체계의 자기기술이 종교적 소통이 자기 자신을 종교적이라고 식별하도록 돕는 원칙이나 교의로 굳어진다는 것은 비개연적인 것으로 생각해야 한다. 종교적 소통을 비종교적 소통으로부터 구분할 수 있는 훨씬 실용적인 수많은 다른 가능성이 있다. 그러나 바로 그 때문에 우리는 종교의 자기주제화를 사회학적인 관점에서 특별히 주목할 만한 변수로 간주한다. 자기주제화는 언제 일어나는가? 어쩌면, 종교의 본질이 이미 더 이상 자명하게 이해되지 않고, 이방인도 종교를 가지고 있다는 것을 알게 되는 바로 그때 일어나는 것인가? 그리고 그것이 올바른 신앙을 전파하는 신앙 교리들과 교의로 이어진다면, 종교적 소통은 어떻게 자기 자신에 대한 그런 의무화에 적응하는가?

텍스트로 고정된 "신학적" 자기기술의 필요에 병행하여, 종교체계 내에서 분화에 이른다. 12/13세기부터 수도원 학교와 대성당 학교에서 그 후에는 대학의 학부에서 신학적인 질문들에 대한 완성된 서술들을 발견할 수 있다. 그것은 체계화와 일관성을 위한 노력들과 당면한 논쟁 질문들을 처리하기 위한 노력들로 이어진다. 텍스트에 가해지는 작업은 설교와 직접 관련된 수사학적 유형들과 분리된다. 그것은 기도도 전제하지 않으며, 텍스트 생산에 직접 영향을 미치는 성스러운 기운도 전제하지 않는다. 그보다는 텍스트는 텍스트를 지향한다. (오늘날에는 "간텍스트성"이라는 말을 할 것이다.) 성직자 계급은 신학적으로 훈련받는다. 그 직업은 학업을 전제한다. 그러나 그 후 사역 활동에서는 소통에 대한 다른 조건들이 전면에 나타난다.

어쨌든 이 유형의 자기주제화는 진전된 복잡성 수준에서 비로소, 즉 문자 도입 이후에야 비로소, 그리고 그 경우에는 체계 경계에 대한 관찰의 상관물로서 생겨난다. 환경과의 고유한 경계를 작동상 만들어내기만 하는 것이 아니라 이런 일이 일어났다는 것과 계속 일어난다는 것을 관찰하기도 하는 사회적 체계들은 타자준거로부터 자기준거를 구분하고 그 둘을 조합할 수 있도록 도와주는 동일성을 필요로 한다. 동일성과 경계의 문제는 서로 밀접하게 관련되어 있다. 그렇다면 경계들은 의미체계들의 경우에는 외적 막이나 피부나 공간적인 선들이 아니다. 그것들은 모든 작동이 자기준거적인 의미지시들과 타자준거적인 의미지시들에 노출되어 있으며 이 구분을 가지고 자기 자신을 체계에 귀속시키기 때문에 모든 작동을 통해 정의된다. 모든 작동이 체계의 동일성을 지향할 필요는 없다. 모든 기도가 "나는 종교체계의 작동이다"라고 말할 필요가 없다. 정상적인 경우에는 "연결주의적"(konnexionistisch) 자기 자리매김으로 충분하며, 기도의 경우에는 성구들, 장소들, 계기들의 도움을 받는 것으로 충분하다. 그러나 구획 문제들과 소속성 문제들이 나타나며, 그리고 종교적인 소통의 경우에 특히 사회전체적인 환경의 세속화에서 나타나자마자, 매 순간 의심이 생겨날 수 있다. (바빠서 버스가 제시간에 오도록 기도해야 할까? 폐를 강화하기 위해 큰 소리로 기도해야 할까?[3] 그리고 이렇게 하고 도움이 되지 않는다고 생각할 때, 자신과 다른 사람들에게 어떤 종류의 믿음을 고백해야 하는가? 또는 반대의 경우, 신은 사회적인 섭리의 영역에서는 물러났기 때문에 그것이 도움이 되지 않을 것으로 생각한다면 어떻게 해야 하는가?)

여기서 벌써 최초의 가설을 정식화할 수 있다. 종교체계의 자기주제화의 계기들과 그것들을 위한 요구들은 사회가 종교적 소통과 비종교적 소통의 구분과 분리를 예견하는 규모와 관련되어 있다. 즉, 역사적으로 본다

---

3 장 폴이 *Religion als politischer Hebel, Jean Pauls Werke: Auswahl in zwei Bänden*, Stuttgart 1924, Bd. 2, 56쪽의 인용에서 고려하사고 제안히는 것처럼 그렇다.

면 종교의 외부분화라고 불리는 과정과 관련되어 있다. 자기기술들은 경계 경험들을 주제화한다. 종교는 고유한 형식을 모색하며, 이를 통해 의도하지 않은 것, 이를 통해 배제된 것, 즉 경계의 다른 면을 보면서 그 일을 한다. 그러나 어떻게 한다는 것인가? 배제된 것이 포함되어야 하는가? "세속화"의 경우처럼, 그것은 비록 종교가 아닌데도, 바로 종교가 아니기에 종교적인 것으로 질화되어야 하는가?

우선 강조되어야 할 것은, 비종교적인 환경이라는 사실을 포함하는 것이 결코 종교가 적응 압력에 굴복하고 스스로 "자유화"되어야 하도록 강요받는 것으로 해석될 필요가 없다는 것이다. 종교는 차이로부터 이익을 얻을 수 있다 — 오직 특화된 요구들만 만족시키는 종교적인 생활 방식만이 좋은 것이고 그 밖의 다른 것은 나쁘다는 도덕적으로 부과된 도식주의 형식에서 이익을 얻든, 종교적 소통이 환경에서 일반적인 평가들(예를 들어 과학적인 검증 가능성, 경제적인 복지나 불행)과 경쟁하지 않고 그것과 비스듬한 위치에 서서 그것으로부터 영향을 받지 않도록 정식화하는 저항문화 형식에서 이익을 얻든 상관없다.[4] 두 도시에 관한 어거스틴의 가르침에서 전형적으로 나타나듯이, 이를 통해 사회와의 거리는 한 번 인식되면 종교적 자기기술의 배경 주제가 된다. 즉, 종교는 자신이 사회의 구원 가능성을 보여주어야 한다는 압력을 받고 있다고 느낀다. 그러나 그것만으로는 이 형식에서 이 요구가 충족될 것인지는 아직 확정되지 않는다. 배경 주제는 선택, 즉 상이한 설명을 허용한다. 다양한 선택이 가능하며 종교체계에서 내적 기준에 따라 입증되거나 입증되지 않는다는 사실 자체가 체계의 자율과 자

---

[4] 고타르트 귄터의 용어로는 종교가 교차 이접적 작동들과, 그것들의 특화된 가치와 구속들의 상이성을 강조할 뿐만 아니라 다른 영역의 '긍정적/부정적-구분'을 거부하는 "거부 값"을 가지고 있다고 말할 수도 있을 것이다. Gotthard Günther, *Beiträge zur Grundlegung einer operationsfähigen Dialektik Bd. 1*, Hamburg 1976, 특히 286쪽 이하를 참조할 것.

기기술이 체계의 고유 성과라는 데 대한 암시를 준다.

　세계가 종교적으로 규정된 우주론에서 출발할 때 기대할 수 있을 것들처럼 되지 않는다는 것은 종교의 오래된 문제다. 불교는 다른 구분들로 대체하는 해법이나 어떤 구분도 하지 않는 해법을 발견했다. 신학은 얼마나 철저하게 생각된 방식으로든, 예를 들어 역사적인 우회 프로그램을 전제함으로써 신을 구출하고자 시도했다. 17세기 이후 "신정론"(Theodizee)이라는 용어를 쓴다. 그러나 이때 세계 상태가 세계와 관련된(보편주의적인) 종교 개념에서 생겨났으며 고유한 책임과 일치하지 않으며 그 모순은 설명할 수 있다고 전제했다. 세속화된 사회는 거의 감지할 수 없는 전환에서 종교를 다른 문제들에 직면시킨다. 다른 기능체계들이 종교를 거의 필요로 하지 않는다는 것은 세속화된 사회에서는 분명해진다. 또한 다른 기능체계들의 코드가 고유한 역설 전개를 만들어낸다는 것, 그것들의 '포함/배제-규칙'이 종교의 그것들과 통합되어 있지 않다는 것, 그것들이 종교의 구분도 무효화시킬 수 있는 고유한 "거부 값"(rejection value)을 가지고 있다는 것이 분명해진다. 즉 종교가 쉽게 평가할 수 있는 모순의 관계, 즉 역전된 선택의 관계는 없으며, 기능적으로 필수적인 무차별 관계가 있다는 것이다. 모순 개념은 이치 논리의 범주로서 검토할 필요가 있으며, 그것은 모순들이 역사적 변화의 추진 동기라는 최근의 변증법 사상을 포함한다.

　그러므로 근대 종교의 자기기술은 체계와 환경의 지각된 차이의 낡은 양식에서 새로운 형식을 허용해야 한다. 비종교적 소통이 종교에 주목하지 않는다고 비난하는 것으로는 더 이상 충분하지 않다. 참여하지 않는 것은 "죄"라고 규정될 수 없다. 종교의 관점에서 비참여를 발견하는 일은 여전히 유감스러운 것이겠지만, 종교체계의 자기기술을 근대사회의 틀 조건에 분류하기 위해서는 그런 폄하와 반대하는 설교는 더 이상 충분하지 않다. 또는 달리 말하면 다음과 같다. '체계/환경-관계'를 '긍정/부정-도식주의'로 기술하고 환경을 원래 (그리고 신의 의미에서도) 요구할 수 있을 것으로부터의 일탈로 파악하는 것은 더 이상 충분하지 않다.[5] 종교체계의 자율은 이제 완전하게 실현되어, '긍정/부정-도식주의'는 환경 관계의 기술에 충분하지 않다. 체계가 자신의 환경을 부정적으로 점유하면, 이 일을 스스로 해야 하며 고유한 자기기술의 계기로서 스스로 책임져야 한다. 자기생산적 자율은 — 특히 아방가르드 예술에서 보았지만, 정치적 유토피아에서도 보기를 찾아볼 수 있었다 — 체계 부정을 체계 내에 포함시킬 것을 요구한다.

종교체계는 주변 사회와 거리를 두는 오랜 전통을 가지고 있다. 왕의 통치에 대한 예언적인 비판, 후기 고대 종교의 금욕적이며 세계를 등지는 경향들이나, 불교의 출가종교를 생각할 수 있을 것이다. 그렇게 하는 것이 벌써 불가피하게 사회에의 참여, 즉 타락으로 나아가는 것이기에 소통을 최소화하거나 전혀 하지 않는 종단 규칙에서 극단적인 형식을 찾아볼 수 있다.[6] 사회학자들은 이 맥락에서 교회와 종파의 구분을 제안했고, 종교의 사회 적응을 어느 정도로 감당할 만할 수 있을지에 대한 의견 차이들의 결과로 해석했다.[7] 그러나 이런 거리 두기와 동시에 종교는 바로 그 거리 두기에 사회적인 지원을 제공한다. 이에 맞추어진 종교적 의미론 덕분에 사

---

5 단호하면서 곧 실패하는 이런 종류의 시도에 대해서는 Kai T. Erikson, *Wayward Puritans: A Study in the Sociology of Deviance*, New York 1966을 볼 것. 체계의 동일성을 동시에 정의하는 체계의 경계는 뉴잉글랜드의 초기 청교도에 의해 모든 일탈이 체계의 환경으로 기술되는 것으로 설명되고 체계 내에서 서로를 감시하는 선택된 사람들 사이에 있는 것으로 규정된다.

6 소통을 중단하는 소통의 역설과 소통을 중단하는 침묵하는 소통에 관해 Peter Fuchs, "Die Weltflucht der Mönche: Anmerkungen zur Funktion des monastisch-asztetischen Schweigens", in: *Zeitschrift für Soziologie 15* (1986), 393-405쪽을 볼 것: Niklas Luhmann/Peter Fuchs, *Reden und Schweigen*, Frankfurt 1989, 21-45의 확장된 작업도 볼 것.

7 이것은 어쨌든 Benton Johnson, "On Church and Sect", in: *American Sociological Review 28* (1963), 539-549쪽에서 이렇게 분산된 구분을 정밀화하고자 시도할 때 취하는 관점을 찾아볼 수 있다.

회 내에서 사회에 맞서 소통할 수 있으며, 그 점에 대해 종교적인 동의를 얻을 수 있다. 그것은 종교가 사회의 불의(不義)를 인정하고 내세에서의 불의의 조정을 약속할 때, 오직 이러한 '없음/있음-버전'의 한 변항일 뿐이다. 이 모든 경우에 종교적인 용어학으로 말할 수 있다면 사회의 구원이 관건이다. 고유한 죄는 물론 개인적으로 귀속되고 유죄로 기록된다. 그러나 타락 교리는 동시에 지속적인 부도덕성에 대한 이해할 만한 이유를 제공한다. 그것은 인간이 아담의 후손으로서, 늦게 태어난 자로서, 사회적인 존재로서 거의 죄를 피할 수 없다고 가르친다. 그러나 여기서도 마찬가지다. 종교가 사회의 소통에서 약속하는 것으로서, 사회로부터의 구원을 말하고 있다.

이것이 종교체계의 자기기술의 윤곽을 그리는 틀 조건이라면, 궁극적으로 역설적인 문제가 의미 있게 가능한 것을 제한하는 특화된 형식으로 제기된다. 즉 종교체계의 자기기술은 그 결과를 종교적인 것으로 의미 부여하기 위해 상상력을 발휘할 수 있을 정도로 자유롭지 않다. 종교는 체계의 분화가 체계 내에 투입하여 반영하는, 사회의 구원이라는 틀 주제에 이런저런 형식으로 부합하여야 한다. 그리고 물론 종교에 적합하게 작업된 방식으로, 즉 종교체계의 코드화와 기능에 부합하게 그렇게 되어야 한다.

언급된 사례에서 볼 수 있듯이, 의미론적 가능성의 여지는 매우 이질적인 해법들(과 이와 함께 상이한 종교들)을 가능하게 할 정도로 충분히 크다. 해법들은 금욕의 전형에 따라, 모범적이며 업적주의적인 개념을 통해 진행될 수 있다. 또는 타락, 부패 상태, 신으로부터 멀어짐 같은 개념들을 통해서도 진행될 수 있는데, 이것들은 규범으로부터의 일탈을 정상적인 것으로 선언한다. 타락은 죽음에 이르기까지의 지속 상태이며, 그것은 그리스도를 본받는 구원의 길을 걷는 것을 배제하지 않는다. 이 변항에서는 그것을 우주론적 차원을 가진 문제라고 전제하며, 그래서 종교는 질서와 무질서의 차이 저편에 있는 질서의 관점에서 우주로서의 자기기술을 입안해야 했다.[8] 이 내세는 내재적이며 그로써 구분에 묶여 관찰될 수 있는 모든 것의 저편에 있는 초월의 위치와 다르지 않다. 그러나 이 문제에 대한 이런 "거대 스타일"-해법이 유일한 해법으로 남으면서 그 후 다른 모든 것을 측정하는 근거가 되어야 하는 유일한 해법이어야 하는가?

만약 그렇다면, 종교운동 분야에서의 새로운 출간물들, 특히 20세기 후반의 출간물들을 진지하게 수용할 수 없을 것이며, 그것들이 종교체계의 자기기술에 발전 능력이 있는 기여를 하고 있다고 인정할 수 없을 것이다.[9] 그러나 문제 제기를 추상화하면, 고도의 개인적인 이동성이 있는 기능적으로 분화된 "세속화된" 사회의 구조적 조건에 더 잘 적응된 다른 대답도 할 수 있다. 분명하게도 사회의 구원 문제는 여전히 중요하며, 분명하게도 그것을 위해 사회 내에서의 사회적 공명을 요구한다. 그러나 필요한 사회적 공명은 과거와는 다른 방식으로, 즉 개별적인 결정을 통해 접근될 수 있으며 이러한 입장과 퇴장의 형식에 맞추어진 방식으로 마련된다. 우리는 훨씬 더 높은 개인적인 이동성을 고려해야 하며, 물론 자기 자신을 관찰하며 경험을 모색하고 평가하는 개인들의 이동성을 고려해야 한다는 점을 이미

---

8 이 테제의 잘 알려진 서술로서, 신은 이 차이, 반대 테제, 대조에 의존하(며 고유한 자족적인 통일성의 단순한 반복에 의존하지 않으)며, 이 방식으로 인간에게 구분 능력과 자유(=타락?)가 주어지기 때문이라는 잘 알려진 내용은 Augustinus, *De ordine libri duo*, *Corpus Scriptorum Ecclesiasticorum Latinorum 63* (1922), 판본에서 인용. New York 1962에서 재인쇄를 볼 것.

9 이런 관망하는 경향은 실제로 관찰할 수 있으며 전통적인 신앙 형식들의 옹호자들 사이에서뿐만 아니라 종교사회학자들에게서도 관찰할 수 있다. 예를 들어 Gregory Baum, *Religion and the Rise of Scepticism*, New York 1970; Bryan Wilson, *The Contemporary Transformation of Religion*, New York 1976(둘 다 1960년대 청소년 운동의 영향을 받았다)를 볼 것. 그러나 영성주의의 현재적인 카리스마적 운동과의 연결 기준을 획득하겠다는 시도로서 Michael Welker, *Gottes Geist: Theologie des Heiligen Geistes*, Neukirchen-Vluyn 1992도 볼 것.

언급했다.[10] 따라서 개인 편에서의 참여뿐만 아니라 종교체계의 참여 또한 우연적인 것이 된다. 이와 함께 주목을 얻고자 하는 경쟁이 일어날 수 있을 뿐만 아니라, 제안들이 다양해지고 부분체계들의 틈새 공간에서 분리와 공고화가 일어날 수도 있다. 그 틈새 공간은 마치 후각처럼 유혹하지만, 대중들이 몰려들고 일반화 가능한 개념들이 전제된다는 데 의존하지 않는다. 인지학(Anthroposophie)이나 "뉴에이지" 운동의 보기에서 읽을 수 있듯이, 우주론은 여전히 제공되고 있다. 그러나 그것의 사회 구조적인 기반은 바뀌었고, 그 밖에도 관찰할 수 있는 포함 전형에서 벗어나지 않는다. 현재적인 상황에서 판단하면, 자기기술 의미론의 층위에서는 합의가 이루어지지 않는다. 그러나 그렇다면 돌이켜 보면서 질문할 수 있다? 그때는 달랐는가?

달리 지향 대상이 되는 환경에 직면하여 자기 자신을 어떻게 유지할 것인가의 질문은 이 상황에서 다른 성찰 충동을 통해 억압된다. 그것은 특히 연속성과 불연속성의 구분을 통해 억압되며, 그것은 포괄적이며 원칙적인 선택은 거의 아니지만 진동으로 안내한다. 여기서 포기할 수 없는 "본질"에 대한 합의를 시도할 수 있다. 그러나 그것은 공격에 취약한 상태로 남는다. 또 다른 가능성은 모든 혁신을 전통의 "재기술"(redeiscription)[11]에 구속하는 것이 될 것이다. 그것은 불연속성에 연속성에 대한 의무를 지울 것이며, 변이의 가능한 자유도를 제한할 것이다. 그것은 여전히 오래된 주제이며 우려 사항이지만, 우리는 이제 그것을 다르게 본다.

---

10 위의 제8장 제3절을 참조할 것.
11 Mary Hesse, *Models and Analogies in Science*, Notre Dame 1966, 157쪽 이하의 은유 이론의 의미에서의 "재기술"(Redescription).

II.

　　모든 자기기술은 기술의 '자기-자신을-전제함'을 요구한다. 즉 기술된 것, 작성될 텍스트의 수행적이며 확인적 기능 사이의 구분을 약화시킬 것을 요구한다. 그래서 모든 자기기술은 작동으로서 그 대상과 구분되고 동시에 그 안에서 자신을 다시 발견해야 한다는 문제를 가진다. 또는 언어학적 용어로 말하면, 작동의 수행적 활동성이 바로 이 활동성의 확인적인 면과 긴장 관계에 빠지는 문제를 가진다. 데리다의 "해체" 개념은 (무엇보다도) 바로 이 문제를 가리키고 있다. 그 개념은 텍스트의 수행적 작동이 그 텍스트 자체가 주장하는 것과 모순된다는 것을 발견하는 작동을 가리킨다. 해체는 슐라이어마허의 유명한 저작, 『종교론: 종교를 경멸하는 교양인들에게 고함』에 적용한다면, 예를 들어 이 텍스트가 종교, 예술, 도야 같은 주제에서 직접적인 자기 관계를 더 가깝게 가져오고자 시도한다는 것, 즉 도야로서 신빙성 있게 만들고자 시도한다는 것을 보여준다. 그러나 텍스트는 이 일이 형식에 따라 목적과 모순되며 합리적으로 통제된 구분의 형식으로 실행된다는 것을 보여줄 것이다. 슐라이어마허의 텍스트는 어떻게 (종교적인 감정의) 세부 사항과 일반성의 직접적인(구분 없는) 통일성에 이를 수 있을 것인지를 알려주기 위해 구분들을 사용한다. 만약 그 텍스트가 저자의 도야에 관한 기록이라면, 그것은 종교의 다른 도야 가치를 확신시킬 수 없었을 것이다(또는 도야를 구분들의 도움으로 규정하여 종교적인 신앙 형식으로 부적절하게 나타낼 때만, 확신시킬 수 있었을 것이다.)[12] 그 텍스트는 설득력, 소통적 효

12　이 문제에 대해 ("해체"와 관련되지 않은 채) Thomas Lehnerer, "Kunst und Bildung: zu Schleiermachers Reden über die Religion", in: Walter Jaeschke/Helmut Holzhey (Hrsg.), *Früher Idealismus und Frühromantik: Der Streit um die Grundlagen der Ästhetik (1795-*

과를 논증으로부터 끌어내는 것이 아니라, 텍스트의 수행적 기능들과 확인적 기능들, 논증과 증명 목표, 논증에 필수적인 텍스트의 구분들과 도야로서의 (특히 예술적인) 자기기술의 일종의 공모적인 관계로부터 끌어낸다. "해체"는 이 이중 게임의 시연에 지나지 않는다. 즉 텍스트 논증에 대한 개입이나 반박도 아니고, 더 적절한 해석 제안도 아니며, 텍스트의 주제인 종교에 대한 진술도 아니다.[13]

성경적인 전통 내에서 그 자체로 공모적이며 그래서 공모적이고자 할 때 해체될 수 있는 개념을 찾는다면, (거룩한) 성령을 지향하는 것이 적절하다. 성령은 구약의 증거와 신약의 증거에서(그리고 상황, 시대, 지역, 인물과 무관하게) 감동된 상태 **그리고** 이 감동된 상태의 관찰로서 현재화되며 성령으로 감화된 인물의 비정상적인 상태에서 현재화되며, 그 상태는 혼란스럽게 말하기(방언) **그리고** 이 사건의 공개적인 가시성에서 드러난다. 성령은 정보와 통보의 구분을 허용하지 않으면서 소통한다. 성령은 소통의 이해 불가능성 형식으로 소통하지만, 그 소통은 바로 이 이해 불가능성 형식에서 성령의 현존으로서 이해될 수 있다. 성령의 등장은 항상 특수한 역사적 상황(예언자들의 상황, 예수의 제자들의 상황)을 전제하고 있기에, 이해할 수 없는 것을 이해할 수 있도록 만드는 맥락이 있다 — 즉 소통이 그 작동상 전제조건들을 채우지 못하는데도(아니 채우지 못한다는 바로 그 이유로 인해) 소통이 성공하도록 만드는 맥락이 있다. 그러나 그 맥락은 모든 맥락처럼 탈(脫)텍스트화할 수 있으며, 그때그때 도움이 되는 맥락의 제한은 초월될 수 있다. 성령은 상황의 단순한 해석 그 이상을 나타낸다. 이런 점에서 성령은 구분 내부의 공모에 의존하며, 이때 성령은 그 구분의 해체를 중요하게 여긴다.

1805), Hamburg 1990, 190-200쪽, 특히 199-200쪽을 볼 것.
13   이 점에 대해 Jonathan Culler, *On Deconstruction: Theory and Criticism after Structuralism*, Ithaca N. Y. 1982를 참조할 것.

즉 성령은 상황과 세계의 구분 내에서의 해체에 의존한다. 이 해체가 다시금 해체될 수 있다는 것은 그 자체로 당연하다 — 확인적이며 신을 증명하며 수행적이며 혼란스럽게 표출되는 말하기 기능 반대편으로의 역(逆)전환을 통해서라 하더라도 말이다. 데리다는 고정된 장소, 확실한 현재가 있을 수 있다는 것이 동시에 부정되는 이 유예 가능성을 차연(différance)이라고 부를 것이다.

오늘날의 지식수준에서 본다면, 성령의 등장을 의학적이며, 특히 신경생물학적으로 설명하는 것은 어렵지 않을 것이다. 명상, 춤, 약물을 통해 야기될 수 있는 황홀 상태를 생각할 수도 있을 것이다. 그런 식으로 유발된 성령은 종교적으로 해석되어야 한다면, 의례적인 틀과 그것으로 인해 보장된 관찰 가능성을 여전히 전제할 것이다. (그렇지 않다면, 그것은 일종의 치료일 것이다.) 종교적 소통의 비교 가능성의 범위는 이런 방식으로 모든 종교에서 발견할 수 있는 현상들 — 샤머니즘과 (전력을 다해 춤추는) 데르비시에서 합심 기도의 단조로움에 이르기까지, 명상에서 메스칼린 흡입까지 — 의 방향으로 상당히 확장될 수 있다. 예를 들어 모든 참여자에게 성령에 "사로잡힐" 기회를 제공하는 부두(Voodoo)-제식을 포함시킬 수 있을 것이다(그것은 그 밖에 외부자-기술이 내부자가 보고하는 것과는 크게 다른 사례다). 샤먼들이 항상 "나쁜 여행"에 빠져 그런 불행 징조의 모든 귀결과 함께 돌아오지 못할 (즉, 죽을) 위험에 처하는 반면, (거룩한) 성령은 더 이상 이런 위험과 상응하는 보장 기술을 알지 못하는 것으로 보인다. 이런 발전으로 인해 종교는 사후 세계에 대한 양가적인 평가에서 분명하게 긍정적인 평가로 성큼 나아갔다. 황홀 상태를 유발하는 제식 참여는 기도로 대체되며, 방어 및 치유 관심은 더 넓게 펼쳐져 있으며 지역적으로 광범위하기도 하며 종교적으로 확

보된 지식으로 대체된다.[14]

그런 비교들은 세계종교 체계의 모든 종교의 기초적인 구조를 규명하기 위해 ─ 이 점은 다시 다룰 것이다 ─ 의미가 없지 않을 것이다. 결국 이것은 어떤 틀 조건이 종교적 소통으로서의 해석을 가능하게 하는가의 질문으로 문제를 미룰 뿐이다. 종교와 의학의 히포크라테스적인 통일성으로 되돌아가지는 않겠지만, 의학과 종교가 이렇게 양면으로 갈라진 이후에는 매우 상이한 구분들을 가지고 작업이 이루어지고 있음을 확인하기만 할 수 있을 것이다. 학문적으로 비교하며 설명하는 그런 접근 방식의 의미와 생산성은 부정하고 싶지 않을 것이다. 그러나 이 접근 방식은 자기기술이라는 우리의 문제를 충분히 정확하게 목표로 삼지 않는다. 그리고 성서 전통에서 성령이라고 불리는 것을 놓치게 된다 ─ 바로 그렇게 되기 때문에 은폐된다.[15] 종교를 비교하면 사후 세계에 대한 생각이 양가적이며 공포로 관철된 의미에서 좋은 것으로 바뀌었다는 것을 알 수 있다. 그리고 그것이 오늘날 사회 전체적인 생활 방식의 정상 경우와의 대조를 드러내어 보여주는 이유들 중 하나였을 것이다. 그러나 우리는 이런 일의 결과를 더 분명하게 파악하기 위해서는, 종교적 소통 자체에서 해법을 찾아야 한다. 즉 그 소통이 생산하는 텍스트에서 찾아야 하며, 그것이 성스러운, 경전화된 텍스트라면 이 텍스트들의 해석 대상이 되는 텍스트에서 찾아야 한다.

텍스트들이 정전화된 텍스트의 보충물로서 종교체계의 자기기술로 삽입되는 방식은 수많은 사례에서 분명해질 수 있다. 우리는 성령에 관한 미

---

14 이 점에 대해 Georg Elwert, "Changing Certainties and the Move to a Global Religion: Medical Knowledge and Islamization Among the Anii (Baseda) in the Republic of Bénin", in: Wendy James (Hrsg.), *The Pursuit of Certainty: Religious and Cultural Formulations*, London 1995, 215-233쪽의 사례연구를 볼 것.

15 다른 종교에서도 같은 주장이 반복될 수 있다. 예를 들어 불교의 맥락에서 종교적인(일상 실천적으로 도움이 되는 것과는 다른) 명상이나 이슬람에서 관찰에 자신을 내어 맡기는 기도의 전형과 형식성의 경우에 반복될 수 있다.

하엘 벨커(Michael Welker)의 연구를 선택한다. 그 연구는 성령의 공적인 효과, 즉 성령의 공명을 강조하며 그래서 위에서 개괄한 문제 관점에 가깝기 때문이다.[16]

벨커의 텍스트는 성령의 존재나 효과에 대한 어떤 의심도 허용하지 않는다. 의심은 물론 가능한 것으로 남지만, 언급되지 않고 동반하는 교리의 자유로운 다른 면으로 지시된다. 텍스트는 매우 상이한 성경적인 증거를 사용하여 성령의 중요성과 이 유형의 통일성을 보여주고자 시도한다. 논증은 성경 증언의 양식을 따른다. 그것은 성령의 등장으로 놀라 외면하는 이들에게 하는 말씀이다. 논증 스타일은 설교에서 입증된 양보와 교훈의 모형을 단조롭게 고수한다. 그것은 그렇게 보일 수도 있지만, 실제로는 다르다.[17] 예외 없이 수사학적 표현을 만나는데, 그것은 텍스트가 언급되지 않은 것으로 나아가는 경계 너머를 내다보는 것을 금지할 필요를 느낀다는 의심을 불러일으킨다. (그러나 데리다는 "텍스트의 외부"는 없다고 말할 것이다.) 신앙을 확인하는 진술들은 직설법으로(그것은 그렇다는 식으로) 주어지며, 종교 체계 내부의 타자준거는 "경험"으로 도입된다. 텍스트는 자신의 존재 주장, 성령 임재에 대한 주장을 내적으로 펼쳐냄으로써 생명력을 유지한다. 그것은 예를 들어 신자/불신자의 구분을 넘어서는 일반화된 포괄 공식을 통해 비신자들을 포함하고자 시도하지 않으며 또 시도할 수도 없다. 텍스트는 구체적-텍스트와 관련되어 있으며, 역사적인 것으로 남는다.

텍스트의 **틀**인 믿음/불신 구분은 텍스트의 **주제**가 아니다 — 그림의 틀이 그림에서 보일 수 없는 것처럼 주제가 아니다. 텍스트가 개척하는 가능한 진술의 풍부함은 이런 배제의 배제에 기초한다. 편견 없이 읽는다면, 그

---

16 Michael Welker, *Gottes Geist: Theologie des Heiligen Geistes*, Neukirchen—Vluyn 1992를 볼 것.
17 예를 들어 a. a. O. 177쪽을 볼 것. "그러나 이런 모습은 기만적이다".

틀은 삼손 이야기(사사기, 13-16장) 같은 난해한 텍스트들을 포함할 수 있다. 그것은 근본적인 구분들(선한/악한, 진리/거짓)을 자기 안에 들여오고, 성령이 이 구분들 **내부에서** 옳은 편을 선택하는 동시에 이 구분**을 통해** (이렇게 말해야 할 텐데) 바람처럼 불고 있다는 것을 믿을 만하게 만들 수 있다.[18] 그것은 텍스트의 시간 관점을 (다시 시간성을 통한 시간 유형[19]을 가지고) 근대화할 수 있다. 그것은 사회 **내부에 있는** 상황과 관련된, 성령의 공적 효력이 동시에 사회의 구원을 의미한다는 것을 서술할 수 있다. 이 역설의 해체는 하나님의 자비로움이라는 상투어를 사용하고 해석한다.[20] 그래서 "하나님의 종의 연약함"은 종교체계와 정치체계 간 차이의 수용으로서 세속적으로 해석되는 것이 아니라, 종교 내부에서 계획되었으며 종교가 자기 자신을 지시하는 도구로 사용하는 의외성 효과로서 해석된다.[21] 성경 본문은 다른 유형의 종교에 대한 지시가 무의식적으로 나타나는 곳에서, 예를 들어 예언자적인 무아경 상태를 설명할 때, 주제화를 제한하거나 그것을 주석이나 문헌 참조로 옮긴다.[22]

벨커의 텍스트는 시편에서 발견할 수 있는 보기들[23]과는 달리 자기 자신을 입증하는 텍스트가 아니다. 그것은 이런 의미에서 그 텍스트가 의도하

---

18 "거짓말하는 영들"을 다루어내는 법(a. a. O. 87쪽 이하)과, 존중과 무시라는 사회적으로 통용되는 도덕의 선과 악에 대한 종교적인 판단(하나님의 심판)으로부터의 거리 두기(사회적 도덕주의)에 대해 49쪽 이하와 119쪽 이하를 볼 것.
19 예를 들어 301쪽의 이후 시간으로 파악된 동시성으로서의 육신적인 삶의 부활, 삶의 의미를 잃을 수 없다는 의미에서의 구원을 볼 것.
20 a. a. O. 118-119쪽을 볼 것.
21 a. a. O. 127-128쪽을 볼 것.
22 a. a. O. 82쪽 각주 6을 볼 것.
23 Cleanth Brooks, *The Well Wrought Urn: Studies in the Structure of Poetry*, New York 1947을 적절한 보기로 살펴볼 것. 간략한 인용으로 17쪽을 보라. "시는 그것이 주장하는 원칙의 증거다. 시는 주장이면서 주장의 실현이다." "발화행위" 이론의 개념성을 가지고 그것은 시이 화언적 구성요소와 수행적 구성요소의 통일성이라고 말할 수도 있을 것이다.

는 통일성의 실행으로 이해되는 상징적인 텍스트가 아니다. 그 대신 그것은 다른 텍스트들을 가리킨다. 그것은 그 자체가 상징적인 텍스트로서, 즉 계시로서, 달리 말해 그 텍스트가 말하는 것이 되는 텍스트로서 이해되는 성경 본문을 가리킨다. 이 지시를 "틀 짜기"(frame up)로 부를 수 있을 것이다. 그 자체가 틀과 주제를 구분할 필요가 없는 틀의 사용으로 부를 수 있을 것이다. 이를 통해 역설의 문제, 동일시될 수 없는 것의 동일성의 문제, 여기서는 틀과 주제의 동일성의 문제는 회피되는 것이 아니라 유예된다. 그 문제는 그것이 속하는 곳, 즉 종교의 거룩한 경전에 있는 것으로 믿어진다. 그리고 고유한 분석들은 그 후에는 추론적으로 진행될 수 있으며, 동일시할 수 있는 동일성들에 만족할 수 있다.

이 경우를 전형적인 것으로 간주할 수 있다면, 이것은 일반적으로는 자기기술에서의 접근 방법과 특수하게는 종교체계의 자기기술에서의 접근 방법에 관한 몇 가지 결론을 허용한다. 가장 중요한 것은, 체계의 경계들이 지평들로 다루어진다는 인상일 것이다. 체계 경계들은 체계 내에서 주제화된 경계들로서 횡단을 유도하겠지만, 그 경계들은 지평들로서는 도달할 수 없다. 모든 다른 주제화가 출발한 입지는 분명해지며, 존재 진술들로 고정된다. 기술들은 이 입지를 역(逆)관련지을 가능성에 기초한다. 다른 모든 것은 이 입지에서 포함될 수 있는 의미 풍부함의 질문일 뿐이다. 복잡성이 중대함에 따라 체계는 더 쉽게 교란되고, 공명 능력은 강화된다. 그 후 체계는 예를 들어 거짓말하는 영, 육신의 삶의 강조나 더 잘 알려진 신정론 문제들 같은 반대 개념을 취할 수도 있다. 이것은 체계의 부정을 체계 내부에 도입하는 문제들이지만, 체계의 자기기술 과정에서 드러나는 것처럼 외견상으로만 도입된다. 체계는 이 도입을 유발하는 구분들을 통제하기 때문이다.

제도와 체계 관행은 그런 조건으로부터 거의 저절로 "성화"될 수 있다.

의식들, 굴절된 빛만 들여보내거나 내부로부터만 조명되는 내부 공간들, 다른 소음들을 몰아내는 성가, 향을 풍기는 사제들, 보장된 반복들이 "성화"된다. 이것이 "사실 자체"가 아니라, 어쩌면 종교로서 소통되는 것으로 "그 안에" 숨겨진 사실의 드러남이라는 것이 이 모든 일에서 의식된 상태로 남는다.

이런 자기확인을 일탈행동에 맞서 관철되어야 하는 규범들의 강제로 이해하는 것은 상당히 부정확할 것이다. 이 자기기술이 **반대를 금지하지 않고도** 실행될 수 있다는 것이 특히 결정적이다. 자기기술은 자기 자신만으로 넉넉하며 충분하다. 그러나 그것은 이 주제화 틀이 주제화되지 않는다는 데 근거하며, 이 점에서 해체될 수 있는 상태로 남아 있다.

Ⅲ.

성령은 체계의 통일성을 나타내며 코드화를 가지고 미리 주어진 차이를 성령 출현의 이례성에서 표현하는 반면, 이를 통해 아직 해결되지 못한 다른 문제가 있다. 체계가 자기 자신에 대해 오직 자기관찰과 자기기술 양식으로만 정보를 얻을 수 있다면, 기술과 기술된 것의 관계는 어떻게 서술할 수 있는가? 어떻게 혼동 — 기술된 것의 같음의 형식이나 기술된 것의 동일시 형식에서의 혼동 — 을 피할 수 있는가? 또는 더 근대적으로 언어학의 문제의식으로 정식화하면, 텍스트가 주고자 하는 정보가 오직 통보로서만 이해되는 것을 어떻게 피할 수 있는가? 달리 말해 확인적 기능이 수행적 기능으로 환원되는 것을 어떻게 피할 수 있는가?

우리는 이미 이 문제가 일신론 종교에서 계시 범주를 통해 해결된다는 것, 즉 은폐된다는 것을 언급했다.[24] 계시는 자기 자체를 계시로 인식하도록 내어주는 신의 소통이다. 그것은 진정한 소통임을 주장한다. 그것이 필요하다는 것은 코드에서 직접적으로 생겨난다. 즉 내재성에서 나타나야 한다는 초월의 필연성에서 생겨난다. 그러나 이 추상적인 형식에서는 그것이 선결 요청 원리라는 것이 너무도 분명하게 남는다. 그것이 계시라는 것을 오직 계시 자체에서만 끌어낼 수 있다면, 특히 복수의 제안들이 제시될 때 그것이 계시라는 것을 어떻게 확신할 수 있는가? 그리고 바로 이것이 예수의 십자가 사건이었다.

이 지점에서 종교체계의 자기기술들이 요구된다. 그것들은 "부록들"(Parerga)을 제공해야 한다. 본질적인 것의 추가물로서 그 추가물 없이는 스스로를 주장할 수 없을, 본질보다 더 본질적인 저 부수물을 제공해야 한다.[25] 그런 유예는 종종 "기생적"이라고 명명되며, 기생체들이 코드의 이항성과 본질의 결정 불가능성이나, 부재하는 것의 존재 상태로부터 이익을 얻고 비밀리에 지배권을 넘겨받으며, 이것이 그 후 지배 자체를 기생화에 노출시킨다는 전제하에 그렇게 부른다. 그것이 "비존재"(Unwesen)에 관한 것이라는 점을 여전히 인식하도록 만드는 어떤 용어학을 취하든, 우리의 문제는 기술이 기술된 것이 되고자 하지 않는다는 데 근거하는 역설의 전개다. 기술은 그렇지 않으면 기술이 아니겠지만, 동시에 기술된 것은 기술이 없다면 무표 공간에 불과한 어떤 것이 될 것이기 때문이다.

이 출발점은 진리의 논리 측면에서 미흡할 수 있겠지만, 역사적인 경험을 위해서는 그런 "부록들", 즉 그런 역설 전개의 신빙성과 신빙성 상실의 역사적인 조건을 질문할 수 있도록 해준다는 장점이 있다. 우리는 계시에

---

24 위의 제4장, 제3절, 192-193쪽을 참조할 것.
25 바로 이 관점에서의 칸트 미학의 해석을 위해 Jacques Derrida, *La vérité en peinture*, Paris 1987을 볼 것.

관한 한, 다음 전제에서 출발한다. 계시의 "부록들"을 위한 관련 개념들은 16세기와 특히 17세기에 근본적으로 교체되었다. 그리고 이것은 초점을 잡기 어려운 다양한 이유들 때문에 교체되었다. 즉 프로테스탄트 종교개혁과 인쇄술의 영향 때문에, 확장되는 시장 경제 때문에, 궁정 문화의 가상 세계에 대한 비판 때문에, 왕의 정당화라는 새로운 기술 때문에 그렇게 되었다 ― 더 이상 내세 권력의 재현으로서 기술되는 것이 아니라 신하 연합 통일성의 재현으로서 기술되었기 때문이며, 특히 근대적인, 더 이상 재현하지 않으며 허구적인 무대연극이 만들어졌기 때문이다.

    기독교의 영향을 받은 영토에서 기독교가 관철된 후 계시의 보고는 세계 사실로서 수용되었고 믿어졌다고 아마 전제할 수 있을 것이다. 의심하는 이들이 있었을지 모르지만, 의심을 표현하고자 했던 이들은 죽임을 당했다. 모든 관찰자가 같은 의미로 관찰하고 있다는 것이 그런 식으로 1차 질서 관찰에 포함될 수 있었다. 이것은 계시된 지식을 상징화하는 문화를 구축할 수 있도록 만들어 주었다. 그것은 실행에 관한 순수하게 숙련된 이해, 상응하는 교회 감독을 통한 통제, 예를 들어 종교 게임에서 지나친 겉치레에 맞서는 끊임없는 싸움과 함께 진행되었다. 상징들은 그림, 건축물, 의례, 심지어 종교적인 연극의 연출일 수도 있었다. 그러나 상징적인 자질은 항상 그것들이 나타나도록 **했던** 것이라는 사실에 상징적인 자질의 특징이 있었다. 상징적인 것은 바로 그것이 구분된 것으로 전제해야 했던 것의 융합이다. 그것은 형태가 된 역설이다. 따라서 계시는 상징적인 재현으로서 현실적인 세계의 부분이었다 ― 그리고 예를 들어 단순히 신앙의 사안이 아니었다. "존재"로서 나타났던 것은 동시에 규범적인 요구를 포함하고 있었다. 그것은 그것의 지금 모습대로 있어야 한다. 존재론적 형이상학의 논리에 따르면, 그것은 그것이 아닌 것으로 있어서는 안 된다. 따라서 일탈적인 의견들은 오류로서 그리고 규범 위반으로서 다루어져야 했다.

기술과 기술된 것의 융합은 종교개혁 이후 회의주의 시대에 무너진다. 제각기 고유한 것들이 고유하게-옳은 것이라고 주장할 수 있는 상이한 의례들이 있다면, 의례들은 종교의 발생을 전혀 보장하지 않는 연출로 인식될 수 있다. 이제는 그것을 믿기보다 마음의 진정성을 질문해야 한다.[26] 종교적 소통의 "다른" 면, 즉 그 소통으로서는 도달할 수 없는 세계는 유일하게 신과의 관계를 규명할 수 있는 개인적인 의식으로 옮겨진다. 따라서 가정 교육과 학교 교육이 강조되어야 한다. 이 점에 있어서 이제는 인쇄술로 제공되는 텍스트들이 도움이 되고, 주로 구전 문화의 근거였던 판에 박힌 반복들(예를 들어 "묵주")을 대체한다. 상징들은 이제 과거에 그것 자체가 아니었던 어떤 것을 가리키는 표시로 이해된다. 그것들은 종교조차 피할 수 없는, 사회적 의미론의 사회전체적인 발전에서 기호, 표장(徽章), 우화로 해체된다. 예술은 자족적인 아름다운 가상의 고유한 세계를 만들어내기 시작한다. 이에 대한 종교적인 저항은 프로테스탄트 측과 반종교개혁 측에서 모두 실패하며, 종교에는 성스러운 예술의, 자기 영토 내 타국 영토만 남겨주며 그 영역은 더 이상 예술체계 내에서도 인정되지 않는다. 동시에 경제체계의 시장들은 더 이상 예외로서가 아니라 규칙으로서 경제적 욕구 충족을 규정하는 거래 체계로 발전된다. 잘못 추정된 체계 정점을 대표하지만 바로 그렇게 대표하기만 하는 궁정 문화 또한 개인이 성찰적으로만 처신할 수 있는 이런 현실 이미지를 확인시켜 준다. 이 모든 것과 함께 사회적 계기에 참여하는 개인은 문제가 된다 — 다른 사람에게도 그렇고 자기 자신에게도 그렇게 된다.[27] 발타자르 그라시안(Baltasar Gracián)의 극단적인

---

26 그 점의 징후는 이제 조응하는 부정 용어가 필요해진다는 것이다. "불성실"(insincérité), "진실성"(insincerity)은 16세기에 나타난다.
27 이 점에 대해 특히 Jean-Christophe Agnew, *Worlds Apart: The Market and the Theater in Anglo-American Thought, 1550-1750*, Cambridge Engl. 1986을 볼 것. 이익 — 내세에서의 이익이나 현세에서의 이익 — 에 초점을 맞추는 논쟁의 무익함에 대해 Russell

표현으로는, 세계가 제공하는 모든 것은 이미지, 즉 가상이 된다. 사람들은 모든 것이 그것의 상태인 것으로 보이는 것의 반대라는 전제를 가지고 약삭빠르게, 그렇지만 종교적으로도 살아갈 수 있다.[28] 세상에 대한 경멸(centemptus mundi)은 이제 종교 자체를 향한다.

이것은 종교에 대해, 계시 신앙이 이제는 개인 자체에 뿌리내려야 하며 물론 고유한 신앙의 진정성 형식으로 그렇게 되어야 한다는 결과를 낳는다. 그러나 루터가 결정적으로 생각한, 외적 유혹에 맞서 내적 진리에 집중하는 것은 심도 있는 연구에 적합하지 않다. 진정성이 소통될 수 없다는 것을 곧바로 깨달을 수 있게 되며, 그래서 의심을 제거하기 위한 소통(그리고 그와 함께 교회)은 불필요해진다. 소통의 확인적 측면과 수행적 측면의 늘 다시 출현하는 모순 문제는 개인적인 진정성에 대한 의심이라는 새로운 형식으로 되돌아온다. 종교에서 구원을 추구하는 대신 외적이며 소통 가능한 표시가 분명하게 존재하는 확실한 세속적인 성공에서 구원을 추구한다는 베버의 테제는 이 맥락에서 비로소 이해할 수 있다. 그러나 이것으로 종교가 어떻게 고유한 자기서술에서 그런 사태에 반응할 수 있는가의 질문에 답변이 이루어진 것은 아니다.

종교는 조직으로서 재생성될 수 있으며, 종교의 "제안"을 개인들이 수용하는지 아닌지를 보기 위해 기다리면서 행동할 수 있다. 종교는 이를 통해 종교를 "세속화된 것"으로서 파악하는 사회에 적응한다. 따라서 종교의 신은 자신의 사랑을 제공하고 수용이나 거부의 결정을 인간에게 넘겨주는 신이 된다. 그러면 계시는 사람들이 적어도 이것을 여전히 믿고 있으며 이 구

Fraser, *The War against Poetry*, Princeton N. J. 1970도 참조할 것.

[28] Baltasar Gracián, *Criticón, 1651-57*, 독일어 판본. Hamburg 1957에 그렇게 되어 있다. 조직상으로 요구되는 공로장의 인쇄 허가가 그라시안에게 평생 문제로 남아 있었고 우회해야 했거나 우회할 수 있었지만, 일반화된 불확실성외 이 그립에 함께 속한다.

분이 교회의 단순한 자기 암시이며 그래서 사소한 것으로 간주하지 않는다는 것을 의미한다. 세계와 자신의 고유한 삶에 의미를 부여할 가능성을 제공하는 것이 남는다. 그리고 이 가능성조차 더 이상 전혀 존재하지 않는다면 사회는 불행해질 것이라는 지식이 남는다.

"문화"의 새로운 의미론이 발명된 후, 18세기와 19세기에 "세계종교들"과 마지막으로 모든 종교를 비교하는 과정에서 특별한 교의학이나 정통들에 근거하여 더 이상 해결할 수 없는 새로운 종류의 자기기술 문제들이 생겨난다. "교의학"(dogmatics), "교의적인"(dogmatic), "교의주의(dogmaticism)"는 이제 일반적인 사회적 소통에서 부정적인 함의를 가진다. 그 대신 사람들은 종교의 의미를 규정할 새로운 가능성을 찾는다 ― 그리고는 인간학에서 그것을 발견한다.

"인간"은 자신의 삶에 의미를 부여할 욕구를 가지는 존재로 전제된다. 그는 자신이 의미 있는 삶을 영위하거나 어쨌든 자신의 세속적인 현존재의 무의미성, 의미 공허의 느낌을 극복할 확실성을 가지기를 원한다. 종교는 이런 의미 욕구에 반응하는 "제안"으로 이해할 수 있다. 그 제안은 역사적으로 변이하며 그때그때 사회적이며 문화적인 상황에서 신빙성을 끌어내는 형식들로 제공될 수 있고 또 제공되어야 한다. 형식들의 이런 변이를 위한 통일성 공식은 "인간의" 주관적인 체험에 정박하며, 그리하여 외부화된다. 따라서 그것은 이와 함께 세속화된 것으로 기술되는 세계에 적응하며, 비종교적인 방식으로도 사용되며 이해될 수 있는 사회의 소통에 적응한다. 따라서 인간학은 과학까지는 아니더라도 철학으로 자리매김한다.

그런데도 의미 욕구의 종교적인 귀속에서는 종교의 의미 기술이 중요하다는 것은 쉽게 인식할 수 있다. 구원과 대속에 관한 오랜 염려는 거의 완벽하게 탈(脫)교의화될 수 있으며, 의미에 관해 새로 개념화된 염려로 옮겨질 수 있다. 여기서 "인간"은 실재에 부합하지 않는 허구다. 모든 시대의 개인적인 체험 세계들의 엄청난 다양성은 체계적으로 오인되며, 상응하는 정보는 체계적으로 억압되거나 "망각된다." "인간에게" 전제된 의미 욕구는 벌써 종교가 답할 수 있다고 희망하는 해석이 된다. 문제의 해법은 이미 종교의 형식 보고(寶庫)와 "대속"과 "구원"이라는 말에 있으며, 문제는 덧붙여 발명될 뿐이다.

체계이론적으로 훈련된 관찰자가 주목해야 할 것은, 체계의 자기기술 폐쇄가 외부화를 통해 도달된다는 것이다. 그러나 이 외부화는 체계의 고유 성과이고, 체계의 자기생산적 작동 방식의 고유값이며, 체계와 환경의 차이를 체계에 다시 도입하는 인지적인 구성물이다. 체계는 이 방식으로 자신의 폐쇄성을 확신할 수 있기 위해 자기 자신을 괴델화한다. 이를 통해 동시에 분명해지는 것은, 체계의 자기기술이 체계 내부에서의 체계의 성찰로서 규정된 전체사회적인 조건에서 나타나지만, 종교적 실천에서는 전혀 필요하지 않으며 믿음의 의심을 제거할 수도 없는 특수 성과라는 것이다. 어떤 누구도 자신의 종교적인 신앙의 진정성이 그의 삶에 의미를 부여하기 위해 필요하다는 말을 듣고 진정성을 확신하지는 않을 것이기 때문이다. 또한 이런 점에서도 이 제안의 소통은 역설적이며 해체되기 쉽다. 그런 소통의 수행적인 실행은 그것이 확인적으로 주장하는 것과 모순된다.

IV.

우리 분석의 출발점은 자기기술들이 체계와 환경의 자가 생산된 차이의 관찰을 계기로 삼는다는 것이었다. 이 문제의 첨예화는 근대사회의 모든 기능체계에 진지할 수 있을 것이다. 이렇게 전제하는 것은 관련되는 연구 결과들의 비교 가능성과 근대사회를 이해하려는 노력에 대한 평가 능력을 보장한다. 그러면 이 배경에서 개별 기능체계들, 여기서는 종교의 자기기술의 특성들을 질문할 수 있다.

가장 돋보이는 발견 중 하나는 아주 최근에 서로 구분되는 복수의 고등종교들이며, 개괄할 수 없이 다양한 종교적인 종파, 숭배들, 운동들이 종종 매우 젊고 종종 단기적으로 존재한다는 것이다. 전 세계를 포괄하는 소통망인 세계사회 체계를 전제하면, 그 근본에 있어서 세계 통일적인 종교는 없다는 것이 돋보인다. 그러나 우리는 그렇다고 해서 (특정한 체계이론적인 기초를 전제하여) 세계사회의 하위체계로서 종교를 위한 기능체계를 전제할 수 없는 것은 아니다. 종교적 소통은 다른 방향을 지향하는 소통과 곳곳에서 구분될 수 있기 때문이다. 체계 경계들은 주어져 있으며 재생산된다. 몇몇 종교 형식들의 확산 속도는 새로운 종파든, 종교집단이든, 종교적 신비주의와 밀교에 관한 관심으로 인해 전 세계적으로 확산하고 있는 오랜 전통의 형식으로든, 몇몇 종교 형식들의 지역 간 이동성과 확산 속도는 아주 다양한 종류의 종교들의 세계사회적인 연관이 있다고 말해지고 있다.[29] 남미 카톨릭 주변에 있는, 인도, 아프리카, 기독교적-유럽적 기원의 특이한 융합주의는 어떤 종교에 의해서도 통제되지 않는 형식 변경을 보여주고 있다. 또한 세계사회와 더 보편적으로 근대적인 생활 조건들의 특수한 특성들은 종교적 소통의 수많은 새로운 형성에 유리한 토양을 제공하며, 특히 이슬

29　Roland Robertson, "The Sacred and the World System", in: Phillip E. Hammond (Hrsg.), *The Sacred in a Secular Age: Toward Revision in the Scientific Study of Religion*, Berkeley Cal. 1985, 347-358쪽 (352-353쪽)은 심지어 인간관계의 "세계화"가 현재 관찰할 수 있는 종교의 재활성화, 모든 종류의 근본주의의 확산 및 근대사회에서 인간이 처한 상황의 종교적인 주제화에서 근본적인 요인들 중 하나라고 전제한다. ders./Jo Ann Chirico, "Humanity, Globalization and Worldwide Religious Resurgence: A Theoretical Exploration", in: *Sociological Analysis 46* (1985), 219-246쪽도 볼 것. 요약된 내용은 Roland Robertson, *Globalization: Social Theory and Global Culture*, London 1992를 볼 것.

람교 같은 옛 종교의 급진화와 재활성화에도[30] 유리한 토양을 제공한다 — 그리고 이것은 성찰된 적대성의 형식으로 일어난다. 그러나 통일된 세계종교는 분명하게도 출현하지 않으며, "유신론"의 희미한 조짐 하에서도 나타나지 않는다. 문화가 통일성 상징을 더 강하게 일반화하여 구조적 분화에 반응한다는 파슨스의 법칙은 여기서 한계에 직면할 것이다. 필요한 일반화 성과를 제출하는 의미론은 더 이상 종교적 전통, 신화, 텍스트들에의 구속에 매여 있어서는 안될 것이며, 아마 더 이상 종교로서 인식될 수 없을 것이다. 그 의미론은 여전히 초월과 내재의 구분을 가지고 종교의 코드화를 주장할 수 있겠지만, 이 코드를 더 이상 일관되게 수용된 프로그램을 가지고 재특화할 수 없을 것이다. 이 일반화 차단을 위한 이유는 틀림없이 종교 자체에 있을 것이다.

종교는 어떤 종교도 외적 기준을 통한 반박을 허용하지 않는다는 이유만으로 다양화되기 쉽다. 예를 들어 유대인들은 토라를 해석을 위한 외부 단서를 허용하지 않는 자기준거적이며 완전하며 닫힌 텍스트로 간주한다. 그러나 의미와 논쟁을 영적으로 표현하는 자유는 해석 자체에 대해서는 훨씬 더 많이 인정된다.[31] 그리스도 출현의 역사적인 일회성에 그렇게 강하게 맞추어져 있으며 그로 인해 고립되는 기독교 신앙은 역사적인 연구에 맞서 면역력을 가지고 있다. 그것은 역사 연구의 결과로부터 교의 해석을 위한 제안을 도출할 수 있지만, 교의의 기본 구조에 대한 평가까지 허용하는 것은 아니다. 부족 문화의 신화와 의례들이나, 그것들의 오늘날의 모조품들

---

30 이 점에 대해 특별히 M. Abaza/Georg Stauth, "Occidental Reason, Orientalism, Islamic Fundamentalism: A Critique", in: Martin Albrow/Elisabeth King (Hrsg.), *Globalization, Knowledge and Society*, London 1990, 209-233쪽을 볼 것. Peter Beyer, *Religion and Globalization*, London 1994도 참조할 것.

31 예를 들어 José Faur, *Golden Doves and Silver Dots: Semiotics and Textuality in Rabbinic Tradition*, Bloomington Ind. 1986을 볼 것.

은 분석과 성공 통제의 영향을 받지 않는다. 신앙 형식이 모든 수준에서 더욱 다양해지고 지적으로 더욱 세련될수록, 바로 그 형식 다양성은 더욱 외적 통제를 거부하는 논거가 된다. 이를 통해 융합이 배제되는 것은 아니다. 그러나 융합들이 형성되면, 그 형식의 상태는 닫힌다. 고도로 혼합된 주변적인 근대의 제식들도 직접 그리고 고유한 형식 도식으로 새로운 유형을 수용할지 아니면 그들이 알고 있는 정령 신앙을 분할하여 통합할지를 결정한다. 제식들은 그런 방식을 통해서만 확장이나 변경된 억압 조건에 대한 적응으로 해석할 수 있을 구조 변경들에 종교적인 효과를 갖추어줄 수 있다. 이것은 필연적으로 종교체계 내부에서의 경계 설정을 낳는다. 다른 종교는 **다른** 종교일 뿐이다. 이것은 생물학적 진화에서 일부 집단이 유전적으로 고립되는 경우와 거의 비슷하다고 생각할 수 있다. 그러나 그것은 증명력 있는 주장이 아니라, 기껏해야 유익한 유사점일 뿐이다. 종교가 고립되는 이유는 의미 매체의 특성, 즉 종교의 특수한 기능에서 찾아야 한다.

작동상 폐쇄뿐만 아니라 의미론적 폐쇄의 이유는 모든 의미의 지시 개방성과, 미규정성을 규정 가능성으로 전환하고 코드화된 의미의 역설을 언어적으로(긍정적/부정적) 전개하는 종교의 특화된 기능에 있을 수 있다. 쿠자누스 니콜라우스(Nicholas von Kues) 방식으로 표현하자면, 세계는 식별할 수 있는 이유 없이 더 우연적으로 다양성으로 변형된 통일성이다 — 바로 그것이 신을 받아들이는 이유다. 그러나 이것은 기독교적인 관점에서 정식화된 것이다. 순수하게 논리적인 것으로 추상화하면, 역설은 다양한 방식으로 전개할 수 있다. 그리고 "더 우연적으로"라는 표현은 존재 세계의 본질 형식만 관련짓는 것이 아니라, 믿음, 관찰함, 기술함의 형식을 관련지을 것이다.

그러므로 신앙의 형식들은 다른 가능성에 맞서 고정된 교리의 형식을 취하는 경향이 있다. 이것은 종교의 기능에서 직접적으로 파생된다. 교리는 배제, 즉 미지의 것의 배제된 포함을 수행하며, 이를 통해 작동상 반복의 압력을 받는다 — 동일시하고 기억해야 한다는 것이다. 교리는 가능한 의심과 가능한 것으로 인식된 의심에 맞서 투입된다. 그것은 또한 교리가 기껏해야 자기반박을 유보하며 외부에 교란 불가능한 것처럼 보여야 한다는 것을 의미한다.

교리는 **자기 자신에 대한 적응 원칙**에 따라 세련된 이기심(Selbstheit)의 형식으로 발전한다. 기독교는 (비록 성경 본문이 이 관점에서 결코 분명한 것은 아니지만) 하나의 성령만 알며, 다양화 기능을 위해 천사나 성인 같은 특수 유형들을 만들어낸다. 더 단순한 종교들은 많은 영을 알고, 영과 천사의 어려운 구분을 요구하지 않으며 성인을 (귀신 들린 사람들과 달리) 알아보고 우대할 가능성은 더욱 가지지 못할 것이다. 고정된 신앙 교리들을 가진 고등종교의 경우에 전통과 교리가 명시적으로 확정되어 있다는 의미에서 교의학이라는 말을 할 수 있다. 그러나 자기반박의 잠재적인 유보는 일반적으로 타당하며, 그것은 직접적으로 종교의 의미(경외(re-ligio))와 자기적응 원칙으로 주어져 있다.

그래서 이런 조건에서 종교적 의미론의 진화에 이르기만 하면, 종의 다양화는 거의 피할 수 없다. 그것은 물론 사회체계 내에서 일어나며, 가능한 것의 근거와 제한을 사회 내에서 발견한다. 종교는 주어진 사회구조의 관점에서 신빙성 있게 유지되어야 한다 — 거리를 모색하거나 거부를 고민할 때, 그리고 바로 그 경우에 그렇다. 그러나 이러한 "억제", 이렇게 포함되어 있음은 그 자체가 진화상 변수로서, 발판을 제공하며 제한하는 효과가 전체사회적인 진화 과정에서 변화한다. 문서와 인쇄술과 관련하여 많이 토론된 효과를 생각하고, 계층화된 사회질서의 원칙들과 그 원칙들이 일차적으로 기능적인 분화로의 이행에서 해체된다는 점도 생각해보라.

문자와 기능적 분화 모두 유대를 느슨하게 하고, 다양한 종교가 스스로를 주장할 기회를 확대한다. 문자적인 전승은 텍스트를 분리하여 주석, 구두 설명, 텍스트의 해석학적 재생산에 넘겨준다. 고도로 발전된 유대교와 이슬람교의 풍부한 지식에 맞선 기독교적 중세의 주목할 만한 면역성은 이 점에 대한 보기를 제공한다.[32] 기능체계의 자기생산적인 자율은 사회전체적으로 순환하는 의견들을 무비판적으로 참조하라는 요구로부터 종교를 보호한다. 그리고 이 일은 고유값들을 통해서만 분명하게 재생산되는 기능체계들이 생성될 때, 종교체계의 사회전체적인 환경의 내부에서도 더욱 뚜렷하게 일어난다.

이 고유값들은 신앙으로 복종하며 또 그리하여 입증되는 종교적 교리의 형식을 취할 수 있다. 전통적인 관점에서 교리는 신앙 기초의 진정성을 상징한다. 오늘날 교리는 차이 분(分)으로서, 결정 연관들이 분명해지고 불일치들이 근절되는 분기점으로 기능하는 것으로 보인다. 그것들은 지향 지원을 제공한다 — 특정한 종교에 대한 "공감"에서 직관적으로 결정하는 것을 선호하지 않는 한에서 그렇다. 교리가 차이 분으로 파악되면, 근본 신학에 의한, 정통과 이단 간 경계의 감시는 중요성을 상실한다. 그것은 교리들이 중요성을 상실한다는 것을 뜻하는 것은 아니다. 어쨌든 교리들은 규정된 신앙 내용들을 표시하고, 이와 함께 사람들이 다른 종교들과 공유하거나 가능성들에 대한 신앙이 전혀 없이 다른 면에서 가지고 있는 것을 동시에 거부한다.

이 분석 결과는 외견상으로만 역설적이다. 즉 세계사회의 세계사회적인 종교체계가 한 번 형성되었다는 바로 그 이유로 종교 유형의 다양성이 점

---

32 증거는 또한 역방향으로 취할 수도 있다. 즉 지역적인 종류의 예외들을 가지고 입증될 수도 있다 — 즉 상이한 신앙 방향과 12세기 오트란토(Otranto)에서 그것으로 동기화되어 일어난 '에큐메니컬' 운동(교회 일치 운동)에 기초하여 입증될 수도 있다. 에큐메니컬 운동은 오늘날에도 대성당의 유명한 모자이크에서 볼 수 있다.

증할 것을 감안해야 한다. 예를 들어 기술적으로 확장된 소통(문자, 인쇄술, 전자)과 기능적 분화 같은 세계 통일적인 사회체계가 형성되는 경향을 촉발한 바로 그 요인들은 상이한 텍스트 전통에 근거하거나, 근대 문명화의 중심에서든 주변에서든 새롭게 형성되는 종교들을 가능하게 하는 데 기여한다. 그것들은 캘리포니아에서 비롯되는 "뉴 에이지"-의미론이나 베네수엘라에서 인종적이거나 사회적으로 억압받는 인구 계층에 매력적인 마리아 리오자-제식, 일본과 미국의 경력 지향적인 중산층을 대상으로 하는 천리-종파(모든 불행에는 항상 좋은 것도 있다는 메시지를 전파한다), 유럽 대학도시들의 밀교 집단이나 남미 지식인의 환생 지향적이며 치료 효과도 있는 영성주의(19세기 프랑스인 신비가 알란 카르덱에 따르면, "카르데시즘"이라고 불리는) 등이 있다 — 이 모든 것이 "바로 그" 종교체계에 통합될 수 있을 것으로 기대할 수는 없다. 그렇게 된다면, 추측할 수 있는 것처럼 종교체계의 구분 가능성을 포기하도록 이끌 것이며 이와 함께 종교적인 것 자체의 평가절하에 이를 것이기 때문이다.

우리는 그 대신 통합되지 않은 다수의 자기기술을 가진 체계(**하나의** 체계!)를 발견한다. 그 체계의 공통점으로 전제할 수 있는 것은 코드화, 기능, 비종교적인 소통에 맞서는 구분 가능성이다. 그것은 고타르트 귄터가 말한 "이접적"(transjunktional) 작동, 즉 한 맥락 영역에서 다른 맥락 영역으로의 전환, 달리 말해 한 주도 구분에서 다른 주도 구분으로의 전환을 가능하게 한다. 상이한 형식을 취하는 믿음의 자기검증 또한 공통적인 특성에 속한다. 종교체계는 인식이론적, 법이론적, 과학이론적인 논의에서 발견할 수 있는 것처럼, 상이한 이론들만 경쟁하며 특히 과학적이거나 "철학적인" 영역에서 경쟁하는 자기기술 중심주의에 이르지 않는다. 그 대신 지역적이며 사회 구조적이며 상이한 사전조건, 상이한 종류의 청중들, 포함과 배제를 위한 상이한 조건들에 대한 주목할 만한 적응 능력을 발견할 수 있다. 신비주의와 비합리성의 늪이 고갈될 것이라는 모든 진단, 즉 콩트에 맞서 20세기 말에 종교사회학에서 관철된, 종교적 소통의 다양성과 활력의 인상은 경험적이며 이론적으로 정당화된다. 그리고 종교체계의 자기기술 역시 이 상황에 부합해야 한다.

전통적인 세계종교들은 상징이나 기호 또는 의미론적 등가 같은 개념들을 가지고 작업했다. 그렇게 하는 것은 기호와 기의의 차이를 전제한다. 그러나 소쉬르에서 시작된 자기비판적 기호학은 이 차이를 한편으로는 재정식화했으며(기호는 기표와 기의의 차이이다), 다른 한편으로는 해체했다. 어떤 이는 (의도적으로 터무니없이) 준거 없는 기호 사용을 말하기도 한다. 따라서 기호 형식의 다른 면에도 어떤 기호와도 일치하지 않는 지시된 어떤 것, 즉 기의 없는 기표이며 그래서 기호 없는 기표가 있어야 할 것이다. 그것이 초월이 의미하는 것인가?

그렇다면 언어의 경우와 마찬가지로, 번역을 말할 수 있기 위해서는 항상 기호 관계, 즉 지시하는 것과 지시된 것의 관계를 전제해야 할 것이다. 번역이 가능하기에 세계 언어를 포기할 수 있다. 세계의 종교체계에 대해서도 같은 것이 적용되어야 할 것이다.

V.

종교체계가 전체 체계의 획일적인 자기기술을 포기해야 하거나 인간학으로서 외부화해야 한다는 통찰은 우리의 또 다른 질문을 방해하지 않는다. 오히려 이미지들의 다채로움은 이런 풍부한 현상들을 질서화할 수 있을 문제 제기를 모색하라고 자극한다. 그리고 출발점은 다음과 같다. 무엇이 다양성을 생산하는가?

다른 진화에서와 마찬가지로 여기서도 주어진 것으로부터의 일탈들(차이들!)이 이식될 수 있는 종교는 항상 있다는 것을 전제한다. 작동상으로 그리고 의미론적으로 닫히는 자기생산적 체계의 이류이 관건일 때조차, 이전 상태는 체계를 위해 종교로서 해석될 수 있어야 한다. 그렇지 않다면, 그 상태로부터 종교적인 형식 다양화가 아니라 다른 어떤 것이 생겨날 수 있을 것이다. 그리고 종교가 최종적으로 타당한 형식을 재귀적인 자기조직의 층위에서 비로소 획득할 때조차, 이것은 종교적 소통의 내용이 풍부한 "미시다양성"(Mikrodiversität)을 전제한다. 그러나 여기서 출발하면서, 차이 자체를 고유한 진화의 생산물로 가지는 적어도 두 가지 상이한 유발 방식을 구분할 수 있다.

아주 먼 옛날부터 심지어 오늘날에도 마치 종교적 에너지가 이 원천으로 흘러 들어가는 것처럼 (예를 들어 고대 헬레니즘 시대나 오늘날의 시대에) 새로운 종파가 종종 대량으로 등장한다. 그것은 고대 문화에서는 거의 귀족 계보에서만 기록되며, 더 이상 종교로서 기록되지 않는 호메로스 형상의 노화와 시, 특히 비극의 세속화에 적용된다. 오늘날에는 그런 일은 종교가 다양한 방식으로 이득을 얻는 기능적 분화의 효과로 나타난다. 그 효과는 종교적 소통을 **뚜렷한 작동 방식**으로서 가시화하며, 상황적으로만이 아니라 **지속적인** 체계 경계를 가지고 가시화한다. 그것은 예를 들어 **종교적인** 일탈자들의 **정치적인** 박해를 어렵게 한다 — 정치적인 이유에서라 하더라도 말이다.[33] 그 밖에도 기능적 분화의 효과들은 기능체계에서 적절하게 처리

---

33 따라서 어떤 종교적인 운동이 정치적으로 위험한지를 정의하는 것이 정치체계의 자율에 있다는 것을 고려할 때 기능적 분화를 통해 종교가 부담을 던다는 이 확인은 상대화된다. 그것은 민족주의적인 지향의 정권이나, 특히 유일하게-옳은 의견을 정의하는 것을 당이 결정하도록 하는 '일-당-체제'나, 또는 구체적으로 승려들로 이루어진 마르크시즘적인 지향의 아시아 정권의 문제들에서 드러난다. 이 점에 대해 Donald E. Smith, *Religion*

되지 않고 그대로 남겨지는 **파생 문제들**(Folgeprobleme)을 대량으로 만들어 낸다. 우리는 포함된 인구집단과 배제된 인구집단의 갈수록 극명한 차이들을 이미 언급한 바 있다. 그러나 덜 첨예한 차이들도 고등 종교에서 대답하지 않았거나 적절하게 대답하지 않은, 종교에 관한 질문을 만들어낼 수 있다 — 예를 들어 개인과 사회의 경력 형식의 통합[34]에서 지속적으로 발생하는, 경력 불확실성과 경력 중단 영역에서 질문을 만들어낼 수 있다. 두 가지 경우, 즉 배제의 경우와 포함 영역 내에서의 경력 운명의 경우에 종교적으로 새롭게 형성되는 결과가 나타난다. 예를 들어 황홀 상태를 가지고 작업하며 사회의 배제 영역에서 종교적인 포함에 도달하는 의례들이나, "의식 확장" 기술들이나 약물에 의존하며 그 상황에 어울리는 종교적인 사상재를 수용하는, 비교(秘敎)에 대한 지성인들의 관심이 나타날 수 있다.

완전히 다른 다양화 형식들이 고등 종교 내부에서 생겨나며, 물론 성스러운 경전이 문자로 고정된다는 점과 경전을 해석하는 교의학의 결과 생겨난다. 쓰기의 경우에 전형적인 것처럼 전승에서도 불일치들이 가시화되거나 원하는 경우 생산 가능해진다.[35] 그 결과 제각기 종교체계의 자기기술의

---

and Politics in Burma, Princeton 1965; Milton Sacks, "Some Religious Components in Vietnamese Politics", in: Robert F. Spencer (Hrsg.), Religion and Change in Contemporary Asia, Minneapolis 1971, 44-66쪽; Holmes Welch, Buddhism under Mao, Cambridge Mass. 1972를 볼 것. 그 밖에도 Urmila Phadnis, Religion and Politics in Sri Lanka, Manohar 1976; S. J. Tambiah, World Conqueror and World Renouncer: A Study of Buddhism and Polity in Thailand Against a Historical Background, Cambridge Engl. 1976; Somboon Suksamran, Buddhism and Politics in Thailand: A Study of Socio-Political Change and Political Activism of the Thai Sangha, Singapore 1982를 볼 것.

34 통합은 여기서 (다른 곳에서와 마찬가지로) 일치로 합의되는 것이 아니라 참여한 체계들의 자유도의 쌍방 제한으로 이해된다.
35 무신론 종교로서 신과 친구도 될 수 있으며 많은 지역적인 버전에서 대중화를 허용하는 불교에서 이 점이 얼마나 허용되지 않는지는 이미 여러 번 논의되었다. Maung Htin Aung, Folk Elements in Burmese Buddhism, Westport Conn. 1962; Michael M. Ames, "Magical Animism and Buddhism: A Structural Analysis of the Sinhalese Religious System", in: Edward B. Harper (Hrsg.), Religion in South Asia, Seattle 1964, 21-52쪽;

통일성을 보전하기 위해 일관성 통제에 대한 요구들이 상승한다. 그러나 모든 체계화는 또한 분열시키는 주장들에 민감하게 만들고, 엄격하게 파악되는 모든 것은 순응하지 않는 다른 면을 생산한다. 이런 긴장을 보여주는 가장 중요한 보기는 중세 가톨릭 신학과 조직의 수단과 법적 수단을 가지고 교회정책적으로 긴장을 통제하려는 시도에서 발견할 수 있다. 신학을 일관되게 체계화하려는 바로 그 시도는 더 인지주의적이거나 더 자원주의적인 토대에서든, 더 본질 형식의 현실주의적이거나 더 개인주의적이며 명목주의적인 토대에서든, (예를 들어 성찬식에 대한 이해에서나 은혜의 구원 확실성 주제 영역에서) 한계점에 도달했으며, 그것은 결국 교회 분열로 이어졌다. 신앙의 신조는 제정되자마자 논쟁의 쟁점이 될 수 있으며, 그 논쟁은 교의학이 개념적인 기반들과 연관들에 대해서까지 철저하게 생각된 것이라면 개별 지점에 제한된 상태에 머무르지 않는다. 종교 분리에 이르자마자, '일관성/비일관성-문제'가 이제는 "교파"라고 부르는 단위들 내에서 반복된다. 그리고 교파들은 신앙 규칙들과 신학적인 교리를 중세 가톨릭주의 전체보다 더 많이 체계화하여 이를 통해 서로 구분될 수 있다는 데 붙들려 있다. 이와 함께 자기기술은 이전보다 더 많이 체계의 통일성을 보장하고 그리하여 통일성을 위험에 빠뜨리는 작동 양상이 된다.

그래서 종교를 종교로 자기관찰하고 자기기술하기 위한 작동상 층위에서의 발전은 다양화가 성립하는 방식의 이해를 위해 핵심 변수인 것으로 보인다. 분명하게 둘 다 있다. 구분되는 계기를 가지는 일탈적인 형식들의 자발적인 생성을 발견할 수 있다. 여기서는 구분 자체가 거부될 수 있다 —

S. J. Tambiah, *Buddhism and Spirit Cults in North-East Thailand*, Cambridge Engl. 1970; Steven Piker, "The Problem of Consistency in Thai Religion", in: *Journal for the Scientific Study of Religion 11* (1972), 211-229쪽을 볼 것. 아마도 이것은 체계의 자기기술이 모든 구분의 무가치성을 강조하며, 그 안에서 통일성을 모색하며 바로 그 때문에 구분을 가지고 일이갈 수 있다는 데 달려 있을 것이다.

정령 신앙과 주술적 의례가 카톨릭 종교의 세계 개념에 영향을 미치는 것처럼 말이다.[36] 일관성에 대해서는 전혀 염려하지 않는다. 형식들의 발전은 종교의 동일성과 종교의 경계에 대한 자기기술에 의존하지 않기 때문이다. 그러나 그 밖에도 교회 정책적인 '일관성/비일관성-문제학'이 지속하며, 그것은 예를 들어 "해방신학"이 생성된 계기에서, 특히 라틴 아메리카적인 카톨릭주의의 분리를 예상할 수 있는지의 질문으로 이어진다.

현재로서는 세계사회의 종교체계 내에서 18세기에 예상한 것 같은 "문명적인" 진보는 분명하게도 없다 — 세속적인 요소들이 갈수록 종교에 침투하는 방향으로도 없고, 도덕적이며 문화적인 공의회주의 방향으로도 없다. 이것들은 여전히 종교체계의, 방향을 제시하는 통일적인 자기기술에서 출발한 이념이었다. 그리고 그것들은 2차 질서 관찰의 관점에서 종교 형식들의 전체성을 원시적이며 문명화된, 야만적, 전통적, 근대적으로 나누는 데 의존하고 그 다음에 하나의 (오늘날 "포스트 관습적"이라고 말하는) 개인화된 종교적인 자기발견과 이에 부합하는 소통 단계를 예상하는 생각이었다. 당시의 실재들은 비동시성의 동시성이라는 유형을 통해 고려하고자 시도했다. 그러나 복잡성의 이런 "역사화"는 그 자체가 이미 종교적인 기술에서 두드러지게 나타나는 다맥락 영역성에 대한 대답이었다. 체계의 통일성은 자기 자신을 문화로 성찰하는 문화의 맥락에서 역사적으로만 기술될 수 있었다. 그러나 그것조차 오늘날에는 더 이상 가능하지 않으며, "유럽 중심주

---

36 나는 칠레의 안다콜로에서 주로 인디안 주민들이 기념하는 마리아 축제에서 한 고위 카톨릭 성직자가 한숨을 쉬었던 것을 기억한다. 그들이 하나님을 믿는지 그들이 카톨릭 신자인지 나는 모르겠다. 그들이 마리아를 믿는 것은 확실하다. 그리고 그 밖에도 차이가 있다는 것을 볼 수 있었고 특히 들을 수도 있었다. 교회 앞에서는 악기를 사용하는 주술적으로 동기화된 댄스 집단이 있었으며, 교회로부터는 확성기를 통해 아베 마리아가 춤추는 (서로 구분되지만 교회와는 구분되지 않는) 집단 위로 울려 퍼졌다. 그 밖에도 그 집단은 집단으로서 교회에 받아들여진 것이 아니라, 개인 인물로서 받아들여졌으며, 그곳에서 교회의 축복을 받을 수 있었다.

의적"인 특성은 너무 쉽게 드러날 수 있다.

그 대신 포함/배제 문제에서 시작하여 사회체계와 종교체계의 이중적인 체계준거와 관련된 가운데 시작한다면, 다음을 질문하게 된다. 종교체계는 종교적인 포함의 가능성을 투입하여 다른 기능체계에서 배제된 인물들도 포함할 수 있는가? 그리고 할 수 있다면, 어떻게 할 수 있는가? 고등 종교의 성찰 엘리트들에 의해 발전되었으며 그 체계의 주변 현상들(민속신앙 등)에 맞서 관철된 것 같은 자기기술의 전통적인 규정 원칙들은 이 질문에 대답하지 못한다. 그리고 그렇다면 사회학적 관찰자는 종교체계의 자기기술에 대해서는 접근을 허용하지 않는 종교의 기능 개념으로 되돌아가는 것이 바람직하다.

여기서 의미의 규정 불가능성의 암호화이든 우연성 공식이든, 형식 역설의 전개이든, 그 밖의 어떤 개념성을 투입하고자 하든, 언제나 통일성의 다양성으로의 해체와 이것이 오직 다른 가능성을 곁눈질하면서, 즉 "우연적으로"만 일어날 수 있다는 통찰이 중요하다. 이것은 고전적인 필법의 신학에서 유일한 신이 원했으며 관찰하는 세계의 완전성 기술이다. 사회학자는 여기에 종교체계가 (사회에 "적응하지" 않은 채) 이 형식 저장소에서 (종교체계의 전통 자체를 함께 포함하는) 주어진 사회의 조건에서 신빙성에 도달할 수 있는 것을 선택한다는 점을 덧붙일 수 있을 것이다. 그는 체계의 자기기술 또한 모든 다른 작동처럼 체계의 자기생산에 기여하는 체계의 작동으로 본다. 자기기술은 "교의들"을 고정할 수 있다. 그러나 그것들 역시 불가피하게 구분으로 남는다. 즉 다른 면 — 대립이나 다른 가능성의 무표 공간 — 을 가지는 형식들로 남는다. 그래서 자기기술들은 모든 종교적인 소통처럼 신빙성 검증의 대상이다. 그것들은 변경될 수도 있고 유지될 수도 있다. 그러나 자기기술들이 부적절해지면, 종교적 소통은 자기기술들로 훈련되지 않은 직접적인 신성함의 형식으로 옮겨질 것이다. 기독교 신학에서는 예를 들어 "과학이론적인 기초 확립과 과장된 일반화를 포기하고 성경으로 되돌아가는 경향을 발견한다.[37] 그것은 물론 성경의 신성성을 전제한다.

VI.

요약하면, 자기기술의 일반적인 특성 하나를 살펴보아야 한다. 모든 기술과 마찬가지로 자기기술 역시 그것이 병합할 수 없는 모든 것을 내버려 두는 단순화다. (우리는 자기기술 형식의 다른 면이라는 말을 했다.) 이 배제 효과는 교의학이 일관성을 유지하고자 할 때만 일어나는 것은 아니다. 그것은 열린 역설이나 양가적인 공식을 가지고 작업할 때도 생겨난다. 이 수사학적 기술은 사용되는 동시에 저지되는 그때그때 규정된 구분에 근거하고 있기 때문이다. 그것은 텍스트를 형성하는 모든 경우에 일어나는 동반 현상이다. 그래서 자기기술은 "담론"으로 파악되거나 텍스트로 해석되기만 할 수 없다. 고려되지 않고 남겨진 의미 영역에서 제기되는 장애에 자기기술이 민감하다는 결론을 단순화하는 구조로부터 추론할 수 있다.

따라서 자기기술은 그것이 입증하는 것뿐만 아니라, 그것에 어려움을 만들어 주는 것도 "조종한다." 그것은 옳은 신앙을 강화할 뿐만 아니라, 비록 방해가 되더라도 거부되어야 하는 것을 같은 순간에 규정한다. 그것은 텍스트뿐만 아니라, 공개적이든 비밀스럽게든 텍스트가 지향하는 것도 재생산한다.[38] 우리는 종교적으로 의미 있는 것이 의미 매체 내에서 소통되어

---

37 Michael Welker, *Schöpfung und Wirklichkeit*, Neukirchen—Vluyn 1995만 볼 것.
38 문학에서의 상응하는 테제는 Henk de Berg/Matthias Prangel (Hrsg.), *Kommunikation und Differenz: Systemtheoretische Ansätze in der Literatur- und Kunstwissenschaft*,

야 하며 의미를 요구할 때, 대립하는 다른 형식들도 가능하다는 통찰에서 벗어날 수 없다는 것을 이미 언급했다.[39] 최근의 보기로 카톨릭 교회에서 섹스 문제를 다루는 경우를 들 수 있을 것이다.[40] 여기서도 이중으로 구분해야 한다. 한편으로는 순응과 일탈의 확정과 다른 한편, 이 구분으로 인해 중요하지 않은 것으로, 즉 무표 공간으로 배제되는 것을 구분해야 한다.

종교의 자기기술이 사회의 구원을 약속까지 하지는 않더라도 종교를 둘러싼 사회와의 거리 두기를 모색해야 한다는 것을 수용한다면, 모든 교의화의 장기적인-위험은 분명해진다. 교의화 도식은 사회를 관련지을 수 있는데, 그 사회는 구조를 바꾸었으며 그로 인해 종교의 거리 두기를 진부한 것으로 만든다. 이 관점에서도 수많은 상이한 종교 제안과 개인적인 신앙 태세와 관련된 일종의 "시장 지향"이 문제를 완화할 수 있을 것이다. 한편으로는 그로 인해 자기기술 기능이 내부 종교적인 다툼으로 인해 더 강하게 요구된다. 그러나 다른 한편으로 이와 함께 근대사회의 매우 상이한 측면을 직시하는 넓게 펼쳐진 스펙트럼이 만들어진다. 그 스펙트럼은 인종적이며 사회적으로 취약한 계층의 욕구에 응답할 수 있으며 (사회적 지원의 형식으로만 응답할 수 있는 것이 아니라), 다른 한편 근대화에 비판적인 지성인들에게도 말할 것이 있다. 세련된 자기기술 없이 살아남으며 오직 경건함으로만 유지될 수 있는 종교운동은 분명하게도 거의 없다. 경건함도 이유를 요구한다. 문자 문화의 존재와 고등 종교의 모범이 문제 해결에 도움이 된다. 그래서 오늘날에는 기초적인 종교적 작동들이 오래된 사회를 위해 전제해도 되는 것보다 더 강하게 체계 기술을 통해 함께 규정된다. 그리고 그

Opladen 1993; dies. (Hrsg.), *Differenzen: Systemtheorie zwischen Dekonstruktion und Konstruktivismus*, Tübingen 1995를 참조할 것.
39 제1장을 볼 것.
40 Stephan H. Pfürtner, *Kirche und Sexualität*, Reinbek 1972만 참조할 것. 저자는 이 출간으로 인해 교수직을 잃었다.

것은 비교의 목적으로 다른 기능체계들을 끌어들일 때 놀랄 만한 일이 될 수 없다 — 경제의 자기조종 시도를 위한 경제이론의 중요성, 조직 계획을 위한 관리이론의 중요성, 또는 새로운 예술작품들의 창작을 위한 행위예술의 "재기술들"의 중요성은 놀라운 일이 아니다.

모든 자기기술은 고전적인 이치 논리를 가지고 (그래서 존재론적 형이상학을 가지고) 해결할 수 없는 논리적인 문제들을 다루어 내어야 한다. 어쨌든 기술이 언급되는 한, 기술자(주체)와 기술된 것(객체)의 구분이 전제된다. 그러나 동시에 자기기술의 역관련성은 자기기술이 전제하는 바로 이 구분을 방해한다. 우리는 고타르트 귄터가 희망한 것처럼, 이 문제를 감당할 수 있는 풍성한 구조의 논리들이 언젠가 발전될 수 있을지에 대해서는 열어두어야 한다. 그러나 논리적 문제들은 어떻게든 해결되어야 하며, 만약 논리를 통해서가 아니라면 특히 상상을 통해서라도 해결되어야 한다.

이 모든 것은 종교체계의 새로운 자기기술의 발전이나 전통적인 자기기술의 수정을 위한 사회학적 이론의 중요성에 관해 아직 어떤 진술도 하지 않는다. 종교체계의 성찰을 "응용사회학"으로 파악하거나, 그 성찰이 사회학적 비판의 요구를 충족시키지 않으면 그것을 비판하는 것이 분명하게도 관건일 수 없다. 내용적인 개입들은 해체만 낳을 수 있을 것이며, 문제를 다른 구성으로 계속 옮기는 결과만 낳을 수 있을 것이다. 그러나 어쩌면 종교적 우주론, 신학 또는 명상 실천의 배경 전제들이 사회학 진영에서 제안하는 일반적인 형식론에서 이득을 취할 수 있을 것이다. 오늘날에는 체계의 자기기술을 생산할 때 무엇을 허용하는지를 적어도 정확하게 기술할 수 있다. 그러면 항상 지난 시절을 그리워하거나 광신적으로 진행할 수 있다 — 그러나 더 이상 순진하게 진행하지는 않는다.

여기서 우리는 지금까지 줄곧 그러했던 것처럼, 사회학적 사회이론이 종교와 종교의 자기기술을 연구 대상으로 다루며, 그 대상을 위해 학문적인 기준에 따라 "진리인" 것으로 대변할 수 있는 진술을 생산해야 한다고 전제한다. 사회학은 고유한 이론과의 관계에서 종교의 자기기술을 **다른 것**으로 특징짓는다. 사회학과 종교 간에 소통이 성립한다면 전혀 다른 관계가 생겨날 것이다. 그러면 사회학의 입장에서는, 종교는 소통에 참여하며 그로 인해 상처받기 쉬워지는 **다른 사람**의 위치로 옮겨진다.[41] 소통을 허용할 때는 경청과 이해가 기대되고, 의미 제안들의 수용과 거부에 대한 개방성도 기대된다. 소통은 처음에는 불안하게 만들며 참여하겠다는 결정이 벌써 민감한 상태를 만든다. 물론 참여자는 아직 수용 의무가 있는 것은 아니지만, 수용을 가능성으로서 자신에게 부과하는 위치에 있다는 것을 발견한다. 그는 이 가능성을 진지하게 검토할 것을 기대받고 있다. 그는 그 결과 어떤 입지에서 거부하는지를 표현해야 하며, 이때 거부를 표현하는 정도가 거부하는 체계의 자기기술을 명료하게 만드는지 아닌지를 고려하지 않은 채 표현할 수 있다.

---

[41] 이 점에 관해 Klaus Krippendorff, "A Second-Order Cybernetics of Otherness", in: *Systems Research 13* (1996), 311-328쪽 (Festschrift Heinz von Foerster)를 볼 것.

편집자 메모

편집자 메모

니클라스 루만이 1990년대 초에 시작한 종교에 관한 이 저술 작업은 그의 질병과 사망으로 인해 중단되었다. 『사회의 사회』[1] 출간이 임박하면서 다른 모든 출판 프로젝트는 이미 철회되었다. 그 후 그는 여기에 제출된 텍스트를 마음에 들도록 완성할 시간이 더 이상 충분하지 않았다. 유고에는 아마 그가 조사하고자 했던 최신 문헌에 대한 참고 자료뿐만 아니라 주제의 다른 측면에 대한 간략한 메모도 함께 포함되어 있었다. 이 텍스트는 더 방대해질 것으로 생각할 수 있었다. 그래서 단순히 책 출간 전에 저자가 사망했다는 이유만으로 이 책이 저자의 사후 출판물이라고 말할 수는 없다. 루만이 텍스트가 출간할 만하게 다듬어졌다고 생각했다는 증거가 없기 때문이다. 지금 읽을 수 있는 내용은 이런 상황과 크게 다르지 않다. 텍스트는 단순한 단편들로 나뉜 상태를 훨씬 넘어서며, 약간의 추가 시간만 있었다면 완성된 수준으로 원고를 다듬기에 충분했을 것이다.

여기에 제시되는 저술은 1997년 2월의 컴퓨터 출력물을 기반으로 한다. 루만은 이미 사본을 전체적으로 검토했고, 이 사본의 여러 곳에 타자기로 타자한 내용을 추가했다. 나는 편집할 때 이런 추가 사항을 주 원고에 통합

---

1 Niklas Luhmann, *Die Gesellschaft der Gesellschaft*, Frankfurt 1997.

해 넣었으며, 오타 수정과 참고문헌을 완성하기만 했을 뿐이다. 그 밖에도 나는 루만이 자기 저술을 인용한 메모를 업데이트하여 독자들에게 이론의 최신 상태를 제시하였다. 루만의 습관에 따라 텍스트에 색인이 추가되었다. 주어캄프 출판사의 베른트 슈티글러와 판권 소유자인 베로니카 루만-슈뢰더는 상상할 수 있는 가장 생산적인 방식으로 서로 협력하여 이 출판물을 준비했다. 두 사람에게 진심으로 감사한다.

뮌헨, 2000년 5월
안드레 키절링

색인

ㄱ

가족 249-250, 조상숭배를 볼 것
개인, 개인주의 128-129, 333-334, 389
개혁 280 이하
거부값 86-87
결정 118-119, 274 이하, 283 이하, 331-332, 조직을 볼 것
경계 96-97, 99
경력 341, 347
계시 192 이하, 385 이하
 - 역사적 일회성 156
 - 소통으로서의 194
계층화 330 이하
고등 종교 299, 285, 298, 302
관련 문제, 기능을 볼 것
관료제 265
관찰 30, 36-37
관찰 가능한/관찰 불가능한 41, 68
관찰자 30 이하
 - 로서의 신 178 이하, 184 이하, 307, 327
 - 로서의 악마 190, 193-194

교란 81
교의학(교리) 273-274, 305 이하, 389, 394, 399-400, 교회
구성원 자격 264
구분, 관찰을 볼 것 29 이하, 144 이하, 관찰을 볼 것
구원 153-154, 177-178
 - 사회의 372 이하, 383
 - 구원 확실성 308
권위 69, 155
근본주의 339-340
금기, 금기 위반 75
기관 265
기능 136 이하
 - 종교의 135 이하, 148-149, 180, 363, 402
 - 잠재적 135, 253
 - /성과 58-59,
 - 결과 문제들 399
 - 상실 166
기능 분화 127, 146-147, 166, 201, 210-211, 328-329, 347 이하, 395-396,

기능적 분석　200

ㄴ~ㄷ

내재성/초월성　76, 91-92, 104, 코드화, 초월성을 볼 것

느슨한 연동/단단한 연동　24 이하, 매체/형식을 볼 것

다맥락 영역성　327

다신론　177

담론(하버마스)　269

대체　365

대화　340

도덕　205 이하
- 과 종교　111 이하, 201 이하, 304 이하
- 논쟁 유발(polemogene) 구조　209 이하

동시성　343-344

ㅁ

매개　96

매체/형식　19 이하 24

모방 갈등　12-13, 151

목적/수단-유예　276

무의미성　27, 42

무표 공간, 무표 상태　26, 35, 37, 43, 65, 104

문화　355 이하
- 로서의 종교　200, 358

미시다양성　256 이하, 334 이하, 398-399

ㅂ

반대, 비대칭　213 이하

반복　69

배제 영역　278 이하, 348 이하, 배제/포함을 볼 것

법인　261

변이, 진화상　243 이하
- 귀결 없는　294
- 의 자기 안정화　299

변이/선택　245, 292 이하

보편주의, 보편성 165
부정 20 이하, 44 이하
분화
　- 전체사회적인(사회의) 135
　- 상황분화 219 이하
　- 역할분화 224 이하, 263, 296
불확실성 흡수 271 이하
비교 359
비밀 73-74, 94-95, 297-298

ㅅ

사랑 190 이하
사제/평신도 225, 263, 역할을 볼 것
사회운동 256-257
사후 생명 56 이하, 96, 188, 266 이하, 307 이하
상징 387
상징적 폭력(부르디외) 120
상호작용 233-234
상황, 종교적 219
새로운 신화학 123
선택, 진화상 301

선택/재안정화 305 이하
성령 379-380
성서 226, 229, 291 이하, 395-396
성스러운 것 72 이하
성스러운/세속적인 104
세계 29, 59
세계 개념 20
세계사회 313, 317, 391 이하
세계종교 303, 316 이하
　- 의 다원성 392
세계화 세계사회를 볼 것
세례 263
세속화 321 이하
　- 개념 325-326
　- 로서의 초월철학 122 이하
소통 49 이하, 232 이하
　- 구두/문어 296
　- 역설적 197 이하, 377 이하
　- 종교적 47 이하, 132, 163, 195, 311
　- 으로서의 의례 220
　- 의 이해 불가능성 379
소통 매체 231
소통 불가능성 195-196, 337, 비밀을

볼 것

신 125, 173-174

- 관찰자로서의 183-184, 307, 327

- 우연성 공식으로서의 177-178

- 과의 만남 156

- 과의 언약 203

- /세계 182, 186

- /영혼 237-238, 307-308

신앙 25, 156, 158, 340,

 - 소통 매체로서의 236-237

신앙 질문

 - 에 관한 결정 275, 284-285

신 증명 181, 188

신비   비밀을 볼 것

신비학 194

신빙성 61, 157

신정론 114, 199, 207

신학 401 이하

 - 부정신학 42

 - 의 세속화 345, 351, 자기기술을 볼
   것

신화들 101, 131 이하, 221, 제식을 볼
   것

실재 33

실재 이중화 71 이하, 93, 104, 의식을
   볼 것

ㅇ

악마 191, 194-195

언약 190, 227

언어 46

역설 22-23, 67, 76, 84-85, 88, 137, 153
   이하, 158

역할 224 이하

후계 245

영원/시간 58, 115

영혼 71, 226 이하, 307 이하

완전성 182-183

우발 292 이하

우연성 공식 284

 - 으로서의 신 289 이하

원죄 115, 375

위계 83, 296

유대적 전승 77-78, 105, 194, 301-302,
   393

유명론 185

유사대상 73, 295

의미 19 이하, 297, 394

죽음의 70 이하

매체로서의 19 이하, 150, 173

의식 19, 47-48, 130, 163

이접 85, 373

이차 질서 관찰 35, 85-86, 210-211, 353 이하, 359

이해관심 240

인간 인간학을 볼 것

인간학 15-16, 162-163, 389 이하

인물 346

- 로서의 신 178

인지 53 이하

일관성/비일관성 401, 교의학을 볼 것

일신론 267

일탈 179

ㅈ

자기기술 250, 369 이하

- 로서의 세속화 326 이하
- 로서의 인간 390
- 을 통한 단순화 404

자기준거/타자준거 32-33

자원주의, 중세의 185

자유 334-335

재안정화, 진화상 310 이하

재-진입 31-32, 38, 52, 99, 266 이하

전통 77, 301, 유대적 전승을 볼 것

점술 102, 192, 289, 294

정전화 285

정초 126

제식 102 219-220, 380, 신화를 볼 것

조상 숭배 179, 282-283, 302

조직 261 이하

- 구성원자격 266
- 으로서의 교회 264 이하
- 의 자기생산 284 이하

존재론 93, 183 이하

종교

- 체계로서 255 이하, 397-398, 401 이하
- 의 종류 다양성(?) 197

외부분화 89, 92, 217 이하, 371
  - 를 위한 개념들 9 이하, 352 이하
  - 의 기능 135 이하, 148-149
  - 를 통한 통합 146
자기관찰/타자관찰 70-71, 200, 251 이
    하
  - 과 가족 249
  - 과 도덕 111 이하
  - 과 예술 253 이하
  - 과 정치 250 이하
  - 과 사회운동 256 이하
  - 과 학문 200, 251 이하
종교사회학 10 이하, 98-99, 141-145,
    251-252, 290-292, 321, 351
주술(Magie) 101 이하, 294
주제 228 이하
주체/객체-차이 12, 47
죽음 56 이하, 사후 삶을 볼 것
중개자 179
중심/주변-분화 330 이하
지속적 창조 187
지시 값/성찰 값 80
지역신들 247

지평 20, 384
진화 241 이하, 289 이하

ㅊ

창조 155
천국 332
천국/지옥 208
체계/환경 23-24
체계분화 228
초월 376
  - 지나친 요구로서의
  - 로서의 개인 127
  - 의 인물화 156, 179
  - 과 구분 147, 내재성/초월성을 볼
    것
초월론 84
초월철학 122 이하, 126
최후 심판 114
친숙한/낯선 98, 2306

ㅋ

코드, 코드화　46, 71 이하, 78 이하, 130 이하, 161 이하

　-/분할　106

　-/분화　83

　-의 기능　145

　-/프로그램화　107 이하

　-재귀성　81, 내재성/초월성을 볼 것

ㅌ

타락　303

타자성(Alterität)　406 이하

텍스트　294, 문자를 볼 것

수행적/확인적 기능　25-26, 77, 105, 198, 226, 377-378, 404

토라　393, 유대적 전승을 볼 것

통합　146, 349

　-부정적　278-279

틀　383

ㅍ

평등　335

포함/배제　168, 181, 239-240, 269-270, 277, 346-347, 400, 배제 영역을 볼 것

ㅎ

항의운동　사회운동을 볼 것

해체　17, 22, 88, 123, 188, 213, 312, 377-378

현상학　14-15, 23-24, 142 이하

현재성/가능성　23 이하

형이상학　존재론을 볼 것

환생　315-316

황홀 상태　222, 123, 380

희생제물　113, 142